"十四五"职业教育国家规划教材

供护理、助产及其他医学相关类专业使用

# 儿科护理

## ERKE HULI

主　　编　李砚池

副 主 编　王　怡　魏　超　黄　臻

编　　者　（按姓氏汉语拼音排序）

戴玉琴（首都医科大学附属卫生学校）
胡新燕（桐乡市卫生学校）
黄　臻（来宾市卫生学校）
江　豪（重庆市医药学校）
李砚池（首都医科大学附属卫生学校）
梁静纹（来宾市卫生学校附属医院）
毛惠芬（首都医科大学附属卫生学校）
王　怡（广元市利州中等专业学校）
魏　超（西安市卫生学校）
熊永红（新疆巴音郭楞蒙古自治州卫生学校）
张园园（南阳医学高等专科学校）
郑秀坤（营口市卫生学校）



科学出版社

北　京

## 内 容 简 介

本教材紧扣护理专业人才培养目标，突出“以儿童及其家庭为中心”的全方位整体护理专业特色，注重对学生职业道德和人文素质的培养，在坚持基本理论、基本知识、基本技能，“够用”为度的基础上，注入护理专业发展的新知识、新技术、新方法，对接专业标准和岗位需求，并做到了护士执业资格考试知识点的全面覆盖。本教材共分17章，第1～4章内容主要是儿童生长发育、儿童营养与喂养、儿童保健等正常儿童的护理；第5～6章内容是住院患儿护理和儿科常用护理技术；第7～17章内容主要是对不同系统疾病患病儿童的护理。

本教材可供中职护理、助产及其他医学相关类专业学生使用。

**图书在版编目（CIP）数据**

儿科护理 / 李砚池主编．—北京：科学出版社，2018.1

“十四五”职业教育国家规划教材

ISBN 978-7-03-055394-2

Ⅰ. 儿… Ⅱ. 李… Ⅲ. 儿科学–护理学–中等专业学校–教材

Ⅳ. ①R473.72

中国版本图书馆CIP数据核字（2017）第281919号

责任编辑：池 静 / 责任校对：张凤琴

责任印制：赵 博 / 封面设计：铭轩堂



科学出版社 出版

北京东黄城根北街16号

邮政编码：100717

http://www.sciencep.com

三河市骏杰印刷有限公司印刷

科学出版社发行 各地新华书店经销

*

2018年4月第 一 版 开本：787×1092 1/16

2025年7月第九次印刷 印张：16 插页：1

字数：379 000

**定价：38.00 元**

（如有印装质量问题，我社负责调换）

# 中等职业教育数字化课程建设教材

# 中等职业教育数字化课程建设教材

## 教材目录

| 书名 | 主编 | 书号 |
| --- | --- | --- |
| 1. 语文 | 孙敬华　李经春 | 978-7-03-055597-7 |
| 2. 英语 | 方　莉 | 978-7-03-055594-6 |
| 3. 医护英语 | 曹　岚 | 978-7-03-055598-4 |
| 4. 计算机应用基础 | 张全丽 | 978-7-03-055596-0 |
| 5. 职业生涯规划与就业指导 | 宋晨升 | 978-7-03-055723-0 |
| 6. 护理礼仪 | 李　蕾 | 978-7-03-055595-3 |
| 7. 人际沟通 | 王艳华 | 978-7-03-055397-3 |
| 8. 解剖学基础 | 万爱军 | 978-7-03-055390-4 |
| 9. 生物化学 | 钟楠楠　丁金娥 | 978-7-03-055482-6 |
| 10. 化学（第3版） | 丁宏伟 | 978-7-03-055914-2 |
| 11. 医用物理（第2版） | 李长驰 | 978-7-03-055913-5 |
| 12. 生理学基础 | 柳海滨 | 978-7-03-055393-5 |
| 13. 病理学基础 | 周士珍　卢桂霞 | 978-7-03-055395-9 |
| 14. 药物学基础 | 符秀华 | 978-7-03-055387-4 |
| 15. 医学遗传学基础 | 王　懿 | 978-7-03-055349-2 |
| 16. 病原生物与免疫学基础 | 郑小波　王有刚 | 978-7-03-055449-9 |
| 17. 护理学基础 | 郭　蔚 | 978-7-03-055480-2 |
| 18. 内科护理 | 张晓萍 | 978-7-03-055354-6 |
| 19. 外科护理 | 王　萌　郝　强 | 978-7-03-055388-1 |
| 20. 妇产科护理 | 李民华 | 978-7-03-055355-3 |
| 21. 儿科护理 | 李砚池 | 978-7-03-055394-2 |
| 22. 健康评估 | 袁亚红　程　颖 | 978-7-03-055391-1 |
| 23. 社区护理 | 马　英 | 978-7-03-055389-8 |
| 24. 老年护理 | 杨建芬　张　玲 | 978-7-03-055350-8 |
| 25. 传染病护理 | 曾志励 | 978-7-03-055720-9 |
| 26. 中医护理基础 | 韩新荣 | 978-7-03-055558-8 |
| 27. 急救护理技术 | 程忠义 | 978-7-03-055396-6 |

# 前 言 QIAN YAN

党的二十大报告指出“人民健康是民族昌盛和国家强盛的重要标志。把保障人民健康放在优先发展的战略位置，完善人民健康促进政策。”贯彻落实党的二十大决策部署，积极推动健康事业发展，离不开人才队伍建设。“培养造就大批德才兼备的高素质人才，是国家和民族长远发展大计。” 教材是教学内容的重要载体，是教学的重要依据、培养人才的重要保障。科学出版社积极贯彻党的二十大报告精神，坚持为党育人、为国育才。本套教材在积极落实教育部最新《中等职业学校专业教学标准（试行）》要求的基础上，结合我国医药职业院校当前的育人需求，组织多家医药职业院校编写了本套教材。本套教材具有以下特点。

1. 新形态教材　本套教材是以纸质教材为核心，通过互联网尤其是移动互联网，将各类教学资源与纸质教材相融合的一种教材建设的新形态。读者可通过中科云教育平台，快速实现图片、音频、视频、3D 模型、课件等多种形式教学资源的共享，并可在线浏览重点、考点及对应习题，促进教学活动的高效开展。

2. 对接岗位需求　本套教材中依据科目的需要，增设了大量的案例和实训、实验及护理操作视频，以期让学生尽早了解护理工作内容，培养学生学习兴趣和岗位适应能力。教材中知识链接的设置，旨在扩大学生知识面，鼓励学生探索钻研专业知识，不断进步，更好地对接岗位需求。

3. 切合护考大纲　本套教材紧扣最新《护士执业资格考试大纲（试行）》的相关标准，清晰标注考点，并针对每个考点配以试题及相应解析，便于学生巩固所学知识，及早与护考接轨，适应护理职业岗位需求。

4. 落实立德树人根本任务　将思政教育融入专业知识的学习过程中，着力培养医学专业学生敬佑生命、救死扶伤、甘于奉献、大爱无疆的崇高精神。

《儿科护理》是本套教材中的一本，本课程是护理专业、助产专业的专业核心课程，也是护士执业资格考试的重点科目之一。

本教材的编写坚持育人为本，立德树人，尊重科学、尊重教育规律，将思想性、科学性和时代性融为一体。教材内容紧密联系护理岗位能力需求，突出应用性和实践性；同时侧重与护考考点结合，实现护考知识点的全面覆盖，并设置了考点试题便于学生巩固所学知识。通过学习，学生能够掌握必要的儿科护理专业理论知识、较熟练的岗位技能，具备就业能力。

本教材在编写过程中，得到了参编院校的大力支持，在此表示诚挚的谢意。由于水平所限，教材中若存在不当之处，敬请广大读者批评指正。

编　者

2023 年 10 月

# 目录 MU LU

# 第1章 绪　论

儿科护理是研究儿童生长发育规律及其影响因素、儿童营养与喂养、儿童保健及疾病的防治与护理，以促进儿童身心健康的一门学科。

## 第1节　儿科护理的任务与范围

### 一、儿科护理的任务

儿科护理是中等卫生职业教育护理、助产专业的一门重要的专业核心课程，其主要任务是根据儿童的生长发育规律、儿童保健及疾病防治知识，运用现代护理专业理论和技能，提供“以儿童及其家庭为中心”的全方位整体护理，以增强儿童体质，降低儿童发病率和死亡率，保障和促进儿童身心健康。

### 二、儿科护理的范围

儿科护理服务的对象是自胎儿到青春期的儿童。随着医学模式的转变，儿科护理的范畴已由单纯的疾病护理转变为对所有儿童及其家庭提供生长发育、营养与喂养、儿童保健、疾病防治等的全方位整体护理，儿科护理机构也从单纯的医疗机构承担发展为全社会都参与和承担的儿童保健及护理体系，并与社会学、心理学、教育学等多门学科密切协作，以达到保障和促进小儿身心健康的目的。

## 第2节　儿科护理的特点

小儿最基本的生理特点是生长发育，这一特点决定了小儿在身体、心理和疾病等方面均有着与成人不同的特点，儿科护士应根据这些特点为小儿提供最为适当的护理。

### 一、机 体 特 点

（一）解剖特点

随着小儿体格发育，其身体不断发生着变化，如体重、身长（高）、头围、胸围的增长，囟门的闭合，骨化中心的出现，身体各部分比例的改变等，内脏器官也遵循一定规律不断发育成熟。因此，儿科护士只有熟知小儿的正常生长发育情况，才能准确鉴别正常与疾病征象。此外，小儿各器官在解剖结构方面的特殊性，对护理工作也提出了特殊的要求。如新生儿和小婴儿头颅相对较重，而颈部肌肉和颈椎发育相对滞后，因此，抱起时应注意保护头部及颈部；小儿骨骼比较柔软并富于弹性，长期受外力影响容易变形，所以应避免肢体过早负重或长期受压；婴儿皮肤、黏膜表层薄而柔嫩，容易损伤和感染，故皮肤护理和口腔护理对婴儿就具有了重要的临床意义。

（二）生理特点

不同年龄小儿的生理特点也不尽相同，熟悉这些特点对护理评估具有重要意义。如年龄越小，代谢越旺盛，生长发育速度越快，营养需要量相对越大，而小儿消化系统功能尚未成熟，故易出现腹泻、营养缺乏等健康问题。又如婴儿水代谢旺盛，而肾脏功能尚未成熟，故比成人更容易发生水和电解质紊乱。

（三）免疫特点

儿童时期免疫系统发育不成熟，防御能力差。新生儿可通过胎盘从母体获得 IgG，6 个月后浓度逐渐下降，其自身合成的 IgG 一般要到 6～7 岁时才能达到成人水平，故 6 个月以后小儿传染病发病率增高；母体 IgM 不能通过胎盘进入胎儿体内，故新生儿易患革兰阴性菌感染；婴幼儿时期 IgA 缺乏，局部分泌型 IgA（SIgA）也不足，故易患呼吸道及胃肠道感染。因此，护理中消毒隔离及适当的预防措施对低龄儿童特别重要。

（四）心理特点

儿童心理特征不同于成人，且不同年龄段的儿童心理特征也不尽相同，护理过程中要注意区别对待。儿童心智尚未成熟，缺乏适应及满足需要的能力，依赖性较强，合作性差，故常需特别的保护和照顾；儿童好奇、好动，但缺乏经验和自我保护能力，容易发生各种意外，护理中应注意防止受伤；儿童心理发育可塑性大，容易受到来自家庭、学校、社会等各方面的影响，因此，在护理工作中，应以儿童及其家庭为中心，与儿童父母、幼教教师、学校教师等共同合作，根据不同年龄阶段儿童的心理发展特点，提供相应的措施，促进儿童心理健康发展。

## 二、患病特点

（一）病理特点

相同的致病因素可在不同年龄的机体引起不同的病理改变和疾病过程。如肺炎链球菌所致的肺部感染，婴儿常发生支气管肺炎，而年长儿与成人则发生大叶性肺炎。又如维生素 D 缺乏时婴儿易患佝偻病，而成人则表现为骨软化症。

（二）疾病特点

儿童疾病种类及临床表现与成人有很大不同，如婴幼儿先天性疾病、遗传性疾病和感染性疾病较成人多见。心血管疾病中，儿童先天性心脏病多见，而成人则冠心病更为多见。儿童患感染性疾病时往往起病急、发展快，婴幼儿高热时易出现惊厥，新生儿和体弱儿在发生严重感染时，常出现体温不升、拒乳、外周血白细胞不增多甚至减少等反应低下的表现。

（三）预后特点

小儿患病时来势凶猛，若患儿年幼、体弱或治疗不及时，则病情恶化快，死亡率较高，但如诊治及时，措施恰当，好转恢复也较快。由于小儿各器官组织修复及再生能力较强，后遗症较成人为少，预后较好。

（四）预防特点

由于我国开展计划免疫和加强传染病管理，已使许多小儿传染病的发病率和病死率明显下降，如麻疹、脊髓灰质炎等。由于重视儿童保健，尤其是胎儿期、围生期和新生儿期保健，使新生儿死亡率明显降低，也使营养不良、肺炎、腹泻等多发病、常见病的发病率和病死率大大下降。通过疾病筛查，可早期发现先天性、遗传性疾病及视觉、听觉障碍和智能异常，给予早期干预、矫治和训练，可防止发展为严重伤残。

## 三、护理特点

（一）评估难度大

婴幼儿不能描述自身的疾病情况，学龄前儿童常描述不准确，学龄儿童因害怕打针、吃药等隐瞒病情或为逃避上学而夸大病情，这些都会导致健康史资料收集困难或不准确。体格检查时小儿不会或不愿意配合，也造成临床数据收集困难。儿科护士在进行检查时可不必拘于从上到下的检查顺序，可以先做一些易受其他因素影响的检查，如先听心、肺，测量呼吸和心率，再检查口腔和咽部，以免小儿因不适导致哭闹而影响心肺检查结果。采集标本、治疗操作或做其他辅助检查时多数小儿不会配合，除了劝解动员之外，为了保证患儿安全，便于检查和治疗，可选用适当的方法约束患儿，或遵医嘱应用镇静药。

（二）观察责任重

小儿患病后往往起病急、发展快、变化大，患儿又不能及时、准确地描述自己的病情，所以需要儿科护士具备敏锐的观察能力和高度的责任心，及早发现各种变化和征象。

（三）工作内容广

除疾病护理外，进行合理喂养、日常生活护理、儿童教养等方面的指导，亦是儿科护理工作的重要内容。小儿好奇、好动，但缺乏安全意识，容易发生意外，如触电、坠床、烫伤、药物的误饮误服等。因此，加强安全管理，防止发生意外也成为工作内容之一。

（四）操作要求高

由于小儿解剖特点及认知水平有限，导致护理操作时难度较大，且多数患儿惧怕检查和治疗，常拒绝配合，甚至剧烈哭闹，故对儿科护士的操作技术和沟通能力提出更高要求。

（五）关怀照料勤

住院后患儿处于陌生的环境中，活动受到限制，再加上各种检查、治疗带来的痛苦造成的不良刺激，使之产生不安与恐惧心理，儿科护士有责任帮助患儿将机体和心理的痛苦减至最小程度。护士应主动接触、关怀患儿，在与小儿交谈时注意用爱抚和商量的口吻，与之建立良好关系。

## 第3节 儿科护理理念和儿科护士素质要求

### 一、儿科护理理念

（一）以儿童及其家庭为中心

家庭是儿童生活的中心，对儿童身心健康影响非常大。促成和授权是以家庭为中心的护理理念。促成是指护理人员为满足儿童和家庭需要尽量创造机会以展示他们已获得的能力，并帮助他们获得新的能力；授权是指护理人员和儿童家长之间建立的一种互动关系，使家庭成员获得对家庭生活的把握感，激励家庭的行为向积极的方向发展。所以，儿科护理工作者应了解不同年龄段儿童的身心特点及患病特点，关注儿童家庭成员的心理感受和服务需求，与儿童及其家长建立伙伴关系，尊重和维护家庭原有的照护方式，支持并提高家庭的照护功能。儿科护理工作者还应为儿童及其家庭提供预防保健、健康指导、疾病护理和家庭支持等服务，让他们将健康信念和健康行为重点放在疾病的预防和健康促进上，使儿童健康成长。

（二）实施身心整体护理

儿科护理工作既要满足儿童的生理需要，维持和促进儿童的生长发育，减少疾病发生，促进病体康复，又要维护和促进儿童心理行为的发展和精神心理的健康，还应使儿童的生理、心理活动状态与社会环境相适应，尤其要重视环境因素对儿童身心的影响，为他们的健康成长创造良好的心理环境。

（三）减少创伤和疼痛

对于儿童来说，目前大多数治疗操作是有创的、疼痛的，导致他们出现情绪波动，甚至对治疗操作产生恐惧。儿科护理工作者必须充分认识这些过程对儿童及家庭带来的压力，应尽可能提供无创性照护，避免或减少治疗操作对儿童造成的身心伤害。无创性照护包括 3 个原则：①防止和减少儿童与家庭分离；②帮助儿童建立把握感和控制感；③防止和减少身体的伤害和疼痛。

### （四）遵守法律和伦理道德规范

儿科护理工作者应自觉遵守法律和伦理道德规范，尊重儿童人格及宗教信仰，保障儿童权利。

## 二、儿科护士素质要求

儿科护士素质要求主要体现在以下几方面。①思想道德素质：热爱护理事业，尊重儿童、爱护儿童，具有高度的责任感和科学严谨的工作态度，诚实的品格和慎独精神。②科学文化素质：具备一定的文化素养和自然科学、社会科学和人文科学等多学科知识；一定的外语水平和互联网＋护理能力。③专业素质：具有合理的知识结构和比较系统完整的专业理论知识和较强的实践技能，操作准确、技术熟练、动作轻柔。具有敏锐的观察力，发现问题和解决问题的能力，较强的沟通能力，能与儿童及家长进行有效沟通。具有评判性思维能力、创新能力及开展健康教育的能力。④身心素质：儿科护士应有健康的体魄，乐观开朗的性格，较强的适应能力，良好的情绪控制能力，要有强烈的进取心，具有可持续发展能力并能够终身学习。

# 第 4 节　儿童年龄分期及各期特点

小儿处于生长发育的动态变化过程中，既有连续性，又有阶段性，在身体形态与功能逐渐成熟完善的同时，心理和社会行为也在不断地发展。不同年龄段的儿童在解剖、生理和心理等方面各具特点，根据这些特点，人为地将儿童年龄划分为 7 个时期，见表 1-1。

**表 1-1　小儿年龄分期及各期特点**

| 年龄分期 | 年龄阶段划分及临床特点 |
| --- | --- |
| 胎儿期 | 自受精卵形成至胎儿娩出。此期是胎儿在母亲体内生长发育的过程，母亲的营养、情绪、疾病等对胎儿生长发育都有重要影响，故应重视孕期保健和胎儿保健 |
| 新生儿期 | 自出生后脐带结扎至出生后满 28 天。此期胎儿脱离母体，开始独立生存，体内外环境发生巨大变化，由于其生理调节和适应能力不够成熟，故发病率和死亡率较高，占婴儿死亡率的 1/3～1/2，故此期应加强护理，要注意保暖、合理喂养、预防感染等。胎龄满 28 周至出生后 7 天为围生期，是胎儿经历分娩、环境发生剧烈变化、生命遭受最大危险的时期，此期婴儿死亡率最高，故应加强围生期保健 |
| 婴儿期 | 自出生后至满 1 周岁。此期小儿生长发育迅速，是出生后的第 1 个生长发育高峰期，对营养的需求量相对较多，但小儿的消化吸收功能尚未完善，易发生营养不良和消化功能紊乱，提倡母乳喂养和合理的营养指导十分重要。6 个月后，婴儿体内来自母体的免疫球蛋白 IgG 逐渐消失，故易患感染性疾病，需要有计划地进行预防接种，完成基础免疫程序 |
| 幼儿期 | 自 1 周岁至满 3 周岁。此期小儿体格生长减慢，智力发育加快。学会控制大小便。开始独立行走，活动范围渐广，好奇心强，但对危险事物识别能力差，自我保护能力不足，易发生意外事故。此期小儿乳牙出齐，食物由乳类过渡到普食 |
| 学龄前期 | 自 3 周岁至 6～7 岁。此期儿童体格发育速度进一步减慢，而智能发育更趋于完善，好奇、好问、好模仿，语言和思维能力进一步发展，自理能力增强。因此期儿童具有较大的可塑性，应加强早期教育，培养良好的道德品质和生活自理能力。此期开始出现自身免疫性疾病，如肾炎、结缔组织病等 |
| 学龄期 | 自 6～7 岁至青春期前。此期儿童体格发育仍稳步增长，除生殖系统外各器官发育已接近成人水平。智力发育更加成熟，理解、分析、综合能力逐步增强，是接受文化教育的重要时期，但要注意预防近视和龋齿，端正坐、立、行姿势，安排有规律的生活、学习和锻炼，保证营养和休息 |

续表

| 年龄分期 | 年龄阶段划分及临床特点 |
| --- | --- |
| 青春期 | 女孩从 11～12 岁开始至 17～18 岁，男孩从 13～14 岁开始至 18～20 岁。此期体格发育再次加速，呈现第 2 个生长高峰，同时生殖系统发育加速并趋于成熟，至青春期末各系统发育成熟，体格生长逐渐停止。此期除保证供给充足营养以满足身体生长发育加速度所需外，还应进行生理、心理卫生及性知识的教育，使之树立正确的人生观并培养良好的道德品质和建立科学的生活方式 |

## 自测题

$A_1/A_2$ 型题

1. 新生儿期是指（ ）
   A. 从出生后到满 1 周岁
   B. 从脐带结扎到出生后满 28 天
   C. 从脐带结扎到出生后满 2 周
   D. 从妊娠期 28 周到出生后满 2 周
   E. 从妊娠期 28 周到出生后满 1 周
2. 小王是一名儿科护士，她应该熟知的儿科护理理念重要的是（ ）
   A. 注重健全儿童疾病的防治
   B. 提高残障儿童的康复技术
   C. 提高医院的救治能力
   D. 强调以儿童及其家庭为中心的整体护理
   E. 由儿童保健机构承担
3. 新生儿保健的重点是在出生后（ ）
   A. 5 周　B. 4 周
   C. 3 周　D. 2 周
   E. 1 周
4. 青春期是指（ ）
   A. 女孩从 11～12 岁至 17～18 岁，男孩从 13～14 岁至 18～20 岁
   B. 女孩从 13～14 岁至 17～18 岁，男孩从 11～12 岁至 18～20 岁
   C. 女孩从 11～12 岁至 18～20 岁，男孩从 13～14 岁至 17～18 岁
   D. 女孩从 13～14 岁至 18～20 岁，男孩从 11～12 岁至 17～18 岁
   E. 男孩、女孩均是从 12 岁至 18 岁
5. 某女婴，6 个月，护士在给家长做健康教育时，告诉家长这个年龄段小儿的特点，下列叙述正确的是（ ）
   A. 6 个月以后容易患传染病
   B. 语言发育快
   C. 运动功能发育慢
   D. 生殖系统发育快
   E. 特异性免疫能力增强

$A_3/A_4$ 型题

（6～9 题共用题干）

女孩，2 岁，护士在给家长做健康教育时，应告知

6. 该小儿属于年龄分期中的（ ）
   A. 新生儿期　B. 婴儿期
   C. 幼儿期　D. 学龄前期
   E. 学龄期
7. 此期是指（ ）
   A. 1 岁后到满 3 周岁之前
   B. 从脐带结扎到出生后满 28 天
   C. 出生后到满 1 周岁之前
   D. 3 周岁至 6～7 岁
   E. 6～7 岁到青春期前
8. 此期小儿的特点是（ ）
   A. 体格发育较快　B. 语言发育较快
   C. 免疫力较强　D. 饮食以乳类为主
   E. 开始出现免疫反应性疾病
9. 家长护理此期小儿时应注意（ ）
   A. 预防窒息　B. 合理喂养
   C. 预防发生中毒和外伤等意外事故
   D. 早期教育　E. 体格锻炼

（李砚池）

# 第 2 章

# 儿童生长发育

本章知识框架，见图 2-1。

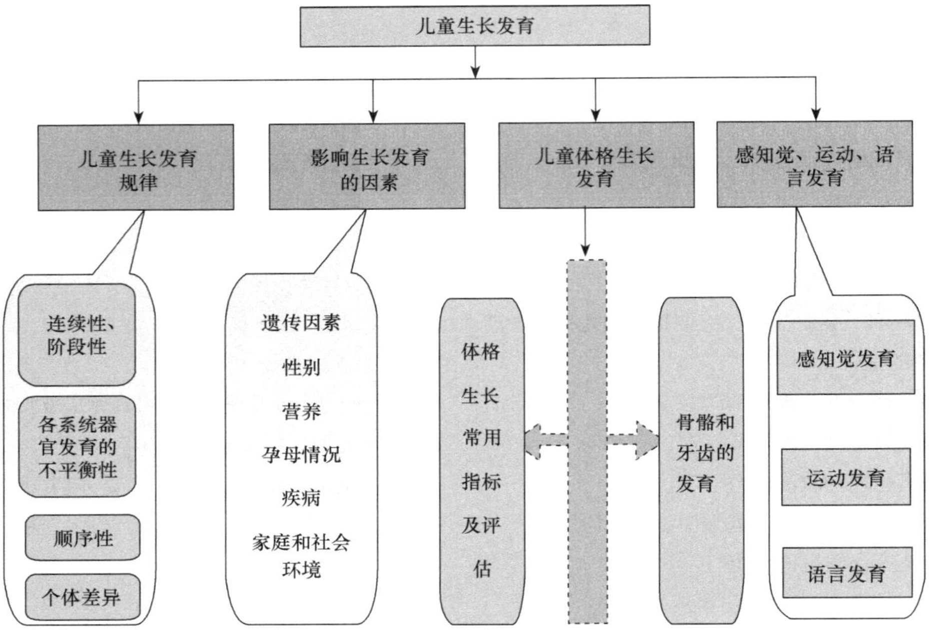


图 2-1　儿童生长发育知识框架

人的生长发育是指从受精卵到成人的整个成熟过程。生长是指儿童身体各器官、系统的体积和形态变化；发育是指细胞、组织、器官分化逐渐完善和功能逐渐成熟。人的生长发育不仅是指体格的生长，还包括情感、认知、道德水平等心理社会方面的发展。

## 第 1 节　儿童生长发育规律

### 一、生长发育的连续性和阶段性

在整个儿童时期，生长发育不断进行，呈现为一个连续的过程，但不同年龄阶段生长发育速度不同。例如，体重和身高的增长在出生后第 1 年，尤其是前 3 个月最快，第 1 年为出生后的第 1 个生长高峰期；第 2 年以后逐渐减慢，至青春期开始又迅速加快，出现第 2 个生长高峰期。

### 二、各系统器官发育的不平衡性

儿童各系统的发育快慢不同，有先有后。如神经系统的发育较早，脑在出生后 2 年内发育较快；淋巴系统于青春期前生长达高峰，以后逐渐下降；生殖系统到青春期才迅速发育；其他系统如呼吸、循环、消化、泌尿、肌肉等的发育基本与体格生长相平行（图 2-2）。

（考点：发育不平衡规律）

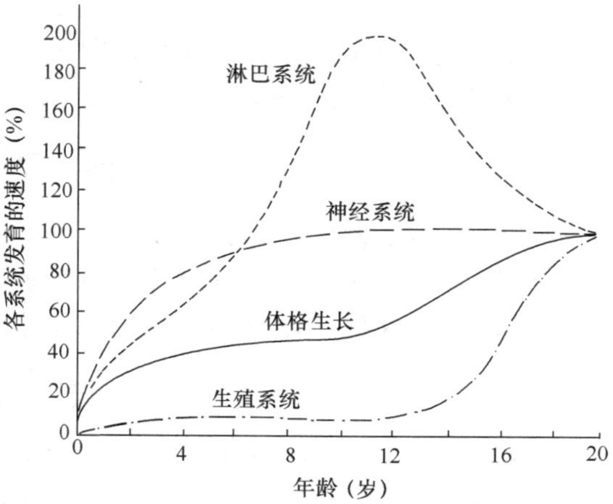


图 2-2　各系统器官发育不平衡

### 三、生长发育的顺序性

1．由上到下的规律　先抬头，后抬胸，再会坐、立、行。

2．由近到远的规律　从臂到手，从腿到脚的活动。

3．由粗到细的规律　手拿物品从全掌抓握（粗大动作）到手指拾取（精细动作）。

4．由简单到复杂的规律　先会画直线，进而能画圈、画人。

5．由低级到高级的规律　先会看、听、感觉和认识事物，再发展到记忆、思维、分析和判断事物。

### 四、生长发育的个体差异

儿童的生长发育在一定范围内，受遗传、环境等因素的影响，会出现显著的个体差异，每个人生长的“轨道”不会完全相同，所谓的“正常值”不是绝对的。因此在评价儿童生长发育是否正常时应考虑个体不同的影响因素，并需连续动态观察，才能做出正确的判断。

## 第 2 节　影响生长发育的因素

### 一、遗传因素

儿童生长发育的特征、潜能、趋势等都受父母双方遗传因素的影响，如皮肤及头发的颜色、面貌特征、身材高矮、性成熟的迟早及对疾病的易感性等都与遗传有关；遗传性疾病无论是染色体畸变或代谢性缺陷，对儿童生长发育均有显著影响。

### 二、性　别

性别也可造成生长发育的差异。如女孩青春期开始约比男孩早，但到达成人期平均身高、体重却低于男孩，原因是男孩青春期起始虽晚，但其延续时间较女孩长，最终体格发育明显超越女孩。女孩骨化中心出现较早，骨骼较轻，骨盆较宽，皮下脂肪丰满，肌肉不如男孩发达。因此，在评价儿童生长发育时应分别按男、女标准进行。

### 三、营　养

营养是儿童生长发育的物质基础，年龄越小影响越大。胎儿期母体供给充足且搭配比例恰当的营养素、适宜的生活环境，可使胎儿生长潜能得到充分的发挥，反之可使胎儿生长落后，严重时还影响脑的发育；出生后营养不良，特别是婴幼儿期的严重营养不良，可影响其体重、身高及智能的发育。

### 四、孕母情况

胎儿在宫内的发育受孕母生活环境、营养、情绪、疾病等各种因素的影响。妊娠早期的病毒感染可导致胎儿先天性畸形；妊娠期严重营养不良可导致流产、早产和胎儿生长发育迟缓；孕母接受某些药物、X线、环境毒物污染和精神创伤等可阻碍胎儿的发育。

### 五、疾　病

疾病对儿童生长发育的阻挠作用十分明显。急性感染常使体重减轻；长期慢性疾病则影响体重和身高的增长；内分泌疾病常引起骨骼生长和神经系统发育迟缓；先天性疾病及遗传代谢病对体格和精神神经发育的影响较为明显。

### 六、家庭和社会环境

良好的居住环境，如阳光充足、空气新鲜、水源清洁、无噪声、居住条件舒适，配合良好的生活习惯、科学护理、良好的教养、体育锻炼、完善的医疗保健服务等，是促进儿童生长发育达到最佳状态的重要因素。近年来，社会环境对儿童健康的影响受到高度关注。

## 第3节　儿童体格生长发育

### 一、体格生长常用指标及评估

（一）体重的增长

体重是身体各器官、组织及体液的总重量。是反映儿童体格生长与营养状况最易获得的敏感指标，也是儿科临床计算药量和补液量的重要依据。

新生儿出生体重与胎次、胎龄、性别及宫内营养状况有关。我国2005年九市城区调查结果显示：平均男婴出生体重为3.3kg±0.4kg，女婴为3.2kg±0.4kg，与世界卫生组织（WHO）的参考值一致。出生体重在2.5～4kg属正常出生体重。

儿童体重的增长不是等速的，年龄越小增长越快。出生后前3个月体重增长最快，一般每月增长600～1000g，出生后3个月末时体重约为出生时体重的2倍；第1年内婴儿前3个月体重的增加值约等于后9个月内体重的增加值，即12个月时婴儿体重约为出生时的3倍（9.5～10.5kg），是出生后体重增长最快的时期，系“第1个生长高峰”；出生后第2年体重增加2.5～3kg，2岁时体重约为出生体重的4倍（12～13kg）；2岁至青春期体重增长减慢，年增长值为2～3kg；青春期体重增长再次加速，每年可达4～5kg，持续2～3年，呈现“第2个生长高峰”。

（考点：体重增长）

当无条件测量体重时，为便于计算儿童用药量和液体量，12岁以下的儿童可用公式简单估算体重，见表2-1。

表 2-1　正常儿童体重、身高（长）估算公式

| 年龄 | 体重 | 身长（高） |
|---|---|---|
| 1～6 个月 | 出生时体重（kg）＋月龄×0.7（kg） | 50cm（出生） |
| 7～12 个月 | 6（kg）＋月龄×0.25（kg） | 65cm（6 个月） |
| 12 个月 | 10kg | 75cm |
| 2 岁 | 12kg | 85cm |
| 2～12 岁 | 年龄（岁）×2＋8（kg） | 年龄（岁）×7＋75（cm） |

（考点：体重估算）

正常同年龄、同性别儿童的体重存在个体差异，一般在 10%上下，故评价某一儿童的生长发育状况时，应连续定期检测其体重，若体重增长过多或不足，常为疾病表现。体重超过均值的 20%见于肥胖症患儿，体重低于均值的 15%为营养不良。

（二）身高（长）的增长

身高（长）指头、躯干（脊柱）与下肢长度的总和，是反映儿童骨骼发育的重要指标。3 岁以下儿童立位测量不易准确，取仰卧位测量，称身长；3 岁以上儿童立位测量，称身高。仰卧位与立位测量值差 0.7～1cm。

身高（长）的增长规律与体重相似，年龄越小，增长越快，也出现婴儿期和青春期两个生长高峰。出生时身长平均为 50cm，生后第 1 年身长增长最快，约为 25cm；前 3 个月身长增长 11～13cm，约等于后 9 个月的增长值，1 岁时身长约 75cm；第 2 年身长增长速度减慢，平均为 10cm，即 2 岁时身长约 85cm；2 岁以后身高每年增长 5～7cm，至青春期身高增长加速进入“第 2 个生长高峰”。2～10 岁小儿的身高可按表 2-1 的公式进行推算。

（考点：身长增长）

各年龄阶段头、躯干和下肢占全身长的比例不同，某些疾病可使身体各部分比例失常，因此临床需要测量上部量（从头顶到耻骨联合上缘）和下部量（从耻骨联合上缘到足底），检查其比例关系。新生儿上部量大于下部量，中点在脐上；2 岁时中点在脐下；6 岁时中点移至脐与耻骨联合之间；12 岁时上、下部量相等，中点在耻骨联合上缘（图 2-3）。

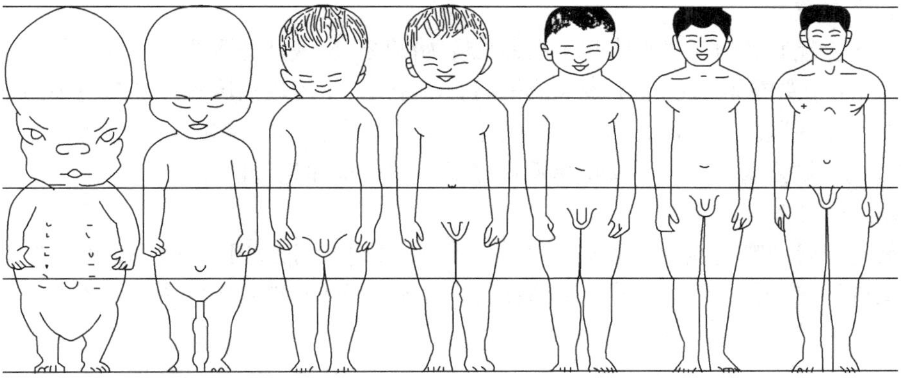


图 2-3　胎儿时期至成人身体各部比例

身高（长）的增长受遗传、种族、内分泌、营养、运动和疾病等因素的影响比较明显，短期

的疾病与营养波动不易影响身高（长）的增长。身高（长）低于均值的30%以上为矮小，见于呆小病、侏儒症等；身高（长）超长多见于内分泌疾病、先天骨发育异常等。

（三）坐高（顶臀长）的增长

坐高指由头顶至坐骨结节的长度，代表头颅与脊柱的生长。3岁以下的婴幼儿，取卧位测量（图2-4）称为顶臀长；3岁以后取坐位测量（图2-5）称为坐高。坐高占身高的百分数随年龄增长而下降，由出生时的67%下降至14岁时的53%，此百分数显示了身躯上、下部比例的改变，比坐高绝对值更有意义。

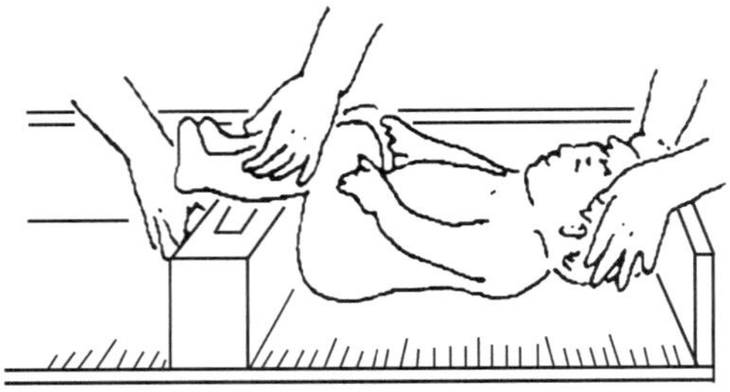

图2-4 顶臀长测量

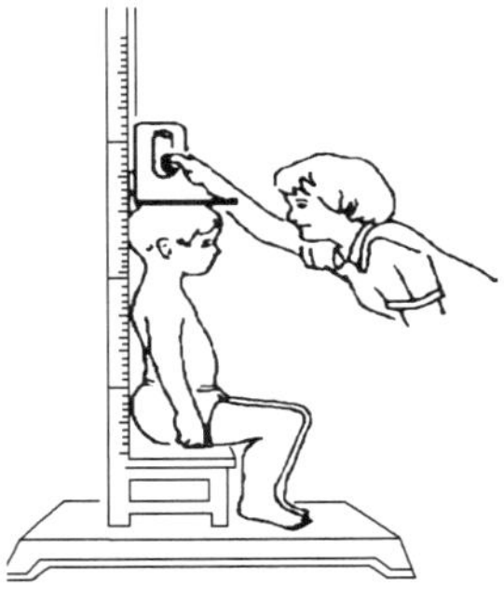

图2-5 坐高测量

（四）头围的增长

自眉弓上缘经枕骨结节绕头1周的长度为头围（图2-6）。是反映脑发育和颅骨生长的一个重要指标。正常新生儿出生时头围为33～34cm，头围在1岁内增长较快，在第1年的前3个月和后9个月均增长6cm，故1岁时头围为46cm；2岁时约为48cm；5岁时约为50cm；15岁时为54～58cm，与成人近似。

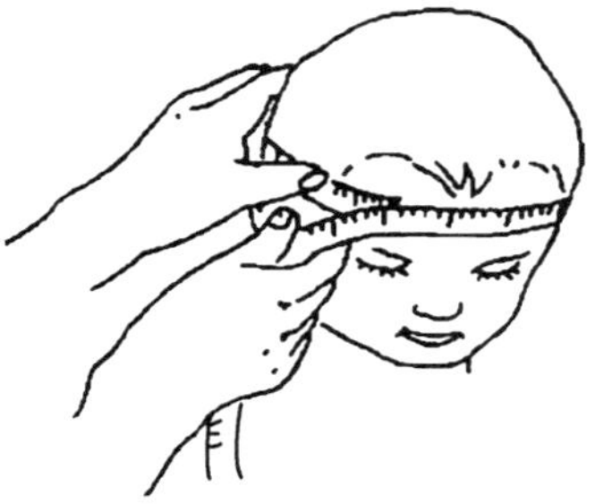

图2-6 头围测量

婴幼儿期连续追踪测量头围比一次测量更重要。头围过小多见于小头畸形、脑发育不良；头围过大或增长过快则提示脑积水、脑肿瘤的可能。

（考点：头围增长）

（五）胸围的增长

平乳头下缘经肩胛角下缘平绕胸1周的长度为胸围，反映肺与胸廓的发育。出生时胸围平均为32cm，略小于头围1～2cm。1岁时胸围与头围相等；1岁以后胸围逐渐超过头围；1岁至青春期前胸围大于头围的厘米数，约等于儿童年龄（岁）减1。儿童胸廓发育落后，与营养因素、缺乏上肢及胸廓锻炼等有关。显著的胸廓畸形见于佝偻病和先天性心脏病等。

（六）上臂围的增长

沿肩峰与尺骨鹰嘴连线中点的水平绕上臂一周的长度为上臂围。1～5岁儿童在无条件测量体重、身高的情况下，可测量上臂围来筛查营养状况。评估标准：>13.5cm为营养良好；12.5～13.5cm为营养中等；<12.5cm为营养不良。

## 二、骨骼和牙齿的发育

（一）骨骼的发育

1．颅骨的发育　新生儿出生时颅骨缝略微分离，3～4个月时闭合。前囟为顶骨和额骨边缘交界处形成的菱形间隙（图 2-7），出生时对边中点连线的距离为 1.5～2.0cm，至 1～1.5 岁时闭合。后囟是顶骨和枕骨边缘交界处形成的三角形间隙（图 2-7），出生时即已很小或已闭合，最迟出生后 6～8 周闭合。颅囟和颅骨缝的闭合情况反映颅骨及脑的发育，尤其是前囟检查在儿科中非常重要。前囟闭合过早、头围小提示脑发育不良、头小畸形；闭合过迟或过大见于佝偻病、甲状腺功能减退症等；前囟饱满提示颅内压增高，是婴儿脑水肿、脑膜炎及脑炎的重要体征；而前囟凹陷则见于脱水或极度消瘦者。

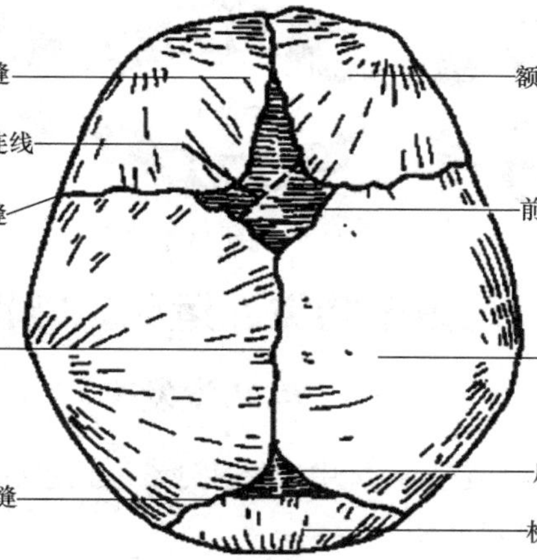

图 2-7　小儿囟门

（考点：前囟闭合时间）

2．脊柱的发育　出生时脊柱无弯曲，仅呈轻微后凸，3 个月左右随抬头动作的发育出现颈椎前凸（第 1 个弯曲）；6 个月后会坐时出现胸椎后凸（第 2 个弯曲）；1 岁左右开始行走时出现腰椎前凸（第 3 个弯曲）。生理性弯曲的形成可缓冲运动过程中产生的压力，保持身体平衡。坐、立、行姿势及骨骼病变可引起脊柱发育异常或造成脊柱畸形。

3．长骨的发育　正常儿童长骨干骺端的骨化中心随年龄按一定顺序和解剖部位有规律出现，通过 X 线检查不同年龄儿童长骨骨骺端骨化中心出现的时间、数目、形态变化，可判断骨骼发育和测定骨龄。检查腕骨骨化中心出现的顺序及数目是评价骨骼成熟程度的主要方法，腕部骨化中心出生后才出现，其顺序为：头状骨、钩骨（3 个月左右）；下桡骨骺（约 1 岁）；三角骨（2～2.5 岁）；月骨（3 岁左右）；大、小多角骨（3.5～5 岁）；舟骨（5～6 岁）；下尺骨骺（6～8 岁）；豆状骨（9～10 岁）。10 岁时出全，共 10 个，故 1～9 岁腕部骨化中心的数目约为其年龄（岁）+1。

### （二）牙齿的发育

人一生有乳牙和恒牙两副牙齿。乳牙一般于出生后 4～10 个月开始萌出，12 个月未萌出者为乳牙萌出延迟。2～2.5 岁乳牙出齐共 20 个（图 2-8），2 岁以内乳牙萌出数为月龄减 4～6。6 岁左右长出第 1 颗恒牙即第 1 磨牙，长于第 2 乳磨牙之后；6～12 岁乳牙按萌出顺序逐个脱落换恒牙；12 岁左右出第 2 磨牙；18 岁以后出第 3 磨牙（智牙），但也有人终身不出此牙。恒牙一般在 20～30 岁出齐，共 28～32 个。

（考点：牙齿萌出推算）

出牙是一种生理现象，个别儿童在出牙时可有低热、暂时性流涎、睡眠不安、烦躁等反应。充足的营养素、正常的甲状腺功能、食物的咀嚼有利于牙齿生长，佝偻病、营养不良、甲状腺功能减退等疾病的患儿出牙延迟、牙质欠佳。

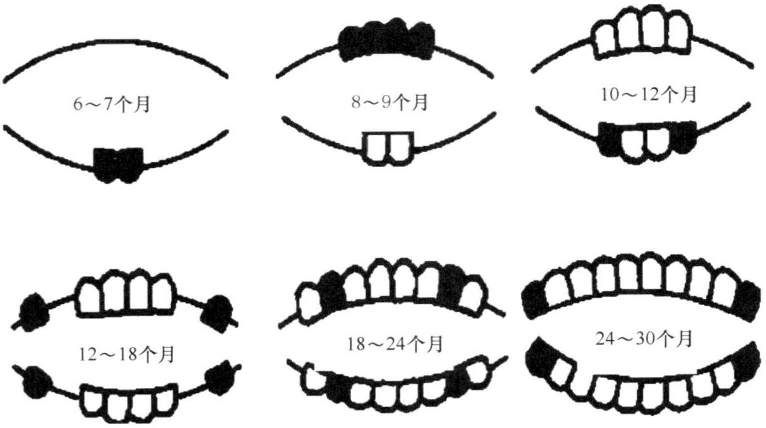

图 2-8 乳牙出牙顺序

## 第4节 儿童感知觉、运动功能和语言发育

### 一、感知觉发育

感知是儿童通过各种感觉器官从环境中选择性地获取信息的能力，对儿童运动、语言、社会适应能力的发育起着重要的促进作用。

（一）视感知

新生儿已有视觉感应功能，瞳孔有对光反应，强光可引起闭眼，在安静清晰状态下可短暂注视物体，但眼球运动不协调，只能看清 15～20cm 范围内的物体。2 个月起开始有头眼协调，可协调地注视物体；3～4 个月时头眼协调运动较好，喜看自己的手；6～7 个月时目光可随上下移动的物体垂直方向转动；8～9 个月时开始出现深度的感觉，能看到小物体；18 个月时能区别各种形状；2 岁时可区别垂直线与横线；5 岁时能区别颜色；6 岁时视深度已充分发育，视力为 1.0。

（二）听感知

新生儿出生时中耳内有羊水潴留，鼓室无空气，听力差；3～7 天听觉已达良好；3～4 个月时可将头转向声源（定向反应），听到悦耳声音时会微笑；6 个月时能区别父母声音；7～9 个月时能确定声源，区别语言意义；1 岁时能听懂自己的名字；2 岁时能区别不同高低的声音，听懂简单吩咐；4 岁时听觉发育完善。

（三）味觉和嗅觉

出生时味觉和嗅觉发育已很完善，新生儿对甜、酸、苦等不同味道可产生不同的反应；3～4 个月能区分愉快与不愉快的气味；4～5 个月时对食物味道的轻微改变已很敏感；7～8 个月开始对芳香气味有反应。

（四）皮肤感觉

皮肤感觉包括触觉、痛觉、温度觉和深感觉。新生儿的触觉已非常灵敏，尤以眼、口周、手掌、足底等部位最为敏感；新生儿对痛觉反应迟钝，2 个月后对刺激才表示出痛苦；新生儿的温度觉很灵敏，环境温度骤降时啼哭，保暖后变安静；2～3 岁可辨别物体的软、硬、冷、热等属性；5～6 岁可区别体积和重量不同的物体。

（五）知觉

知觉包括空间知觉和时间知觉。婴儿 6 个月前主要通过感觉认识事物，6 个月后，随运动发育，能对一个物体形状、大小、质地及颜色等产生初步的综合性知觉。1 岁时空间知觉初步发育，3 岁能辨上下，4 岁能辨前后，5 岁能辨左右。时间知觉发育较晚，4～5 岁时有早上、晚上、白天、明天、昨天的时间概念；5～6 岁能区别前天、后天、大后天；6～8 岁时对与学习、生活密切相关的时间概念能较好地掌握；10 岁时能掌握秒、分、时、月、年的知识。

（考点：知觉发育）

## 二、运 动 发 育

随着大脑皮质功能逐渐发育及神经髓鞘的形成，儿童的运动发育逐渐完善，分为大运动（包括平衡）和精细运动两大类。

### （一）平衡和大运动（图 2-9）

1．抬头　新生儿俯卧位时能抬头 1～2 秒；3 个月时抬头较稳；4 个月时抬头很稳并能自由转动。

图 2-9　婴幼儿运动发育

2. 翻身 7个月时能有意识地从仰卧位翻身至俯卧位，然后从俯卧位翻身至仰卧位。

3. 坐 6个月时能双手向前撑住独坐；8个月时能坐稳并能左、右转身。

4. 匍匐、爬 新生儿仰卧位时已有反射性的匍匐动作；2个月时俯卧能交替踢腿；3～4个月时能用手撑起上身数分钟；7～8个月时能用手支撑胸腹；8～9个月时会用上肢向前爬；12个月左右爬时能手脚并用；18个月时能爬上台阶。

5. 站、走、跳 9个月时可扶站；11个月时能独自站立片刻；15个月时能独自走稳；18个月时能跑及倒退走；2岁时能并足跳；2岁半时会独脚跳；3岁时双足交替走下楼梯；5岁时能跳绳。

知识链接

**大运动发育**

大运动发育过程以月龄为特点归纳成顺口溜："二抬四翻六会坐，七滚八爬周会走"。

（二）精细运动

3～4个月握持反射消失之后手指可以活动；6～7个月时出现换手、捏、敲等探索性动作；9～10个月时可用拇、示指拾物，喜撕纸；12～15个月时学会用匙，乱涂画；18个月时能叠2～3块方积木；2岁时可叠6～7块方积木，会翻书；3岁时在成人的帮助下会穿衣服；4岁时能独自穿、脱衣服，剪纸、绘画及书写等。

（考点：运动发育）

## 三、语言发育

语言的发育与大脑、咽喉部肌肉的正常发育及听觉的完善有关，是人类特有的高级神经活动，是儿童全面发育的标志。语言的发育要经过发音、理解和表达3个阶段。新生儿会用哭声表达饥饿和疼痛；2个月发出和谐的喉音；3～4个月是咿呀发音；5～6个月时能喃喃发出单词音节；7～8个月后能发出双字重音如"爸爸""妈妈"，但无意识；8～9个月时喜欢模仿成人的口唇动作练习发音；10个月左右才会有意识地叫"爸爸""妈妈"；1.5～2岁能讲2～3个字的词组，能认识和指出身体的部位，能用代词"你""我"等；3～4岁会说短小的歌谣，会唱歌；5～6岁能讲完整的故事。

儿童运动、语言、智能发育发展进程见表2-2。

（考点：语言发育）

**表2-2 儿童运动、语言、智能发育发展进程**

| 年龄 | 粗、细动作 | 语言 | 适应周围人和物的能力及行为 |
| --- | --- | --- | --- |
| 新生儿 | 无规律、不协调动作，紧握拳 | 能哭叫 | 铃声使全身活动减少 |
| 2个月 | 直立位及俯卧位时能抬头 | 发出和谐的喉音 | 能微笑，有面部表情，眼随物转动 |
| 3个月 | 仰卧位变为侧卧位，用手摸东西 | 咿呀发音 | 头可随看到的物品或听到的声音转动180°，注意自己的手 |
| 4个月 | 扶着髋部时能坐，可在俯卧位时用两手支撑抬起胸部，手能握持玩具 | 笑出声 | 抓面前物体，自己玩手，见食物表示喜悦，较有意识地哭和笑 |
| 5个月 | 扶腋下能站得直，两手各握一玩具 | 能喃喃发出单词音节 | 伸手取物，能辨别人声，望镜中人笑 |

续表

| 年龄 | 粗、细动作 | 语言 | 适应周围人和物的能力及行为 |
|---|---|---|---|
| 6个月 | 能独坐一会，用手摇玩具 | 能听懂自己的名字 | 能认识熟人和陌生人，自拉衣服，自握足玩 |
| 7个月 | 会翻身，自己独自坐很久，将玩具从一手换到另一手 | 能发“爸爸”“妈妈”等复音，但无意识 | 能听懂自己的名字，自握饼干吃 |
| 8个月 | 会爬，会自己坐起来、躺下去，会扶着栏杆站起来，会拍手 | 重复大人所发的简单音节 | 注意观察大人的行动，开始认识物体，两手会传递玩具 |
| 9个月 | 试独站，会从抽屉中取出玩具 | 能懂几个较复杂的词句，如“再见”等 | 看见熟人会手伸出来要熟人抱，或与人合作游戏 |
| 10～11个月 | 能独站片刻，扶椅或推车能走几步，拇指、示指对指拿东西 | 开始用单词，一个单词表示很多意义 | 能模仿成人的动作，招手“再见”，抱奶瓶自食 |
| 12个月 | 独走；弯腰拾东西；会将圆圈套在木棍上 | 能叫出物品的名字，如灯、碗，指出自己的手、眼 | 对人和事物有喜憎之分，穿衣能合作，用杯喝水 |
| 15个月 | 走得好，能蹲着玩，能叠一块方木 | 能说出几个词和自己的名字 | 能表示同意、不同意 |
| 18个月 | 能爬台阶，有目标地扔皮球 | 能认识和指出身体各部分 | 会表示大、小便，懂命令，会自己进食 |
| 2岁 | 能双脚跳，手的动作更准确，会用勺子吃饭 | 会说2～3个字构成的句子 | 能完成简单动作，如拾起地上的物品，能表达喜、怒、怕、痛 |
| 3岁 | 能跑，会骑三轮车，会洗手、洗脸，脱、穿简单衣服 | 能说短歌谣，数几个数 | 能认识画上的东西，认识男、女，自称“我”，表现自尊心、同情心、害羞 |
| 4岁 | 能爬梯子，会穿鞋 | 能唱歌，讲述简单故事情节 | 能画人像，初步思考问题，记忆力强、好发问 |
| 5岁 | 能单足跳，会系鞋带 | 开始识字 | 能分辨颜色，数10个数，知物品用途及性能 |
| 6～7岁 | 参加简单劳动，如扫地、擦桌子、剪纸、泥塑、结绳等 | 能讲故事，开始写字 | 能数几十个数，可简单加减，喜独立自主 |

（考点：运动、语言和智能发育）

## 自测题

$A_1/A_2$ 型题

1．判断小儿体格生长的主要指标是（　　）

A．语言的发育

B．牙齿的发育

C．运动功能的发育

D．体重、身长、头围的测量

E．感知的发育

2．小儿脊柱的自然弯曲全部出现的时间为（　　）

A．新生儿　　B．出生后3个月

C．出生后6个月　　D．出生后12个月

E．3岁

3．有关小儿前囟的描述，错误的是（　　）

A．出生时为1.5～2.0cm（两对边中点连线）

B．出生后数月随头围增大而略增大

C．至1～1.5岁时闭合

D．前囟闭合过迟见于小头畸形

E．前囟饱满、紧张、隆起表示颅内压增高

4．对小儿感知能力的训练应除外（　　）

A．婴儿床上悬吊风铃

B．家人经常面对婴儿说话、唱歌

C．每日按时播放悦耳的音乐

D．选择颜色鲜艳的发声玩具

E．玩水、沙土和橡皮泥

5．一正常小儿，体重7.5kg，身长68cm，前囟0.5cm×0.5cm，头围44cm，出牙4个，能独坐，并能以拇、示指拿取小球。该小儿最可能的月龄

是（　　）

A. 5个月　　B. 8个月

C. 10个月　　D. 18个月

E. 20个月

6. 一母亲来儿童保健门诊咨询，其孩子16个月，应有的牙齿数是（　　）

A. 4～6个　　B. 7～9个

C. 10～12个　　D. 13～15个

E. 16～18个

7. 一健康小儿，体重9.2kg，身长75cm，头围46cm，胸围46cm，牙齿8个。其年龄是（　　）

A. 8个月　　B. 10个月

C. 12个月　　D. 16个月

E. 18个月

$A_3/A_4$型题

（8～11题共用题干）

护士为6个月男孩小宝做健康体检，检查结果正常。护理病史资料：该小儿采取母乳喂养，体格、神经、精神、心理发育正常，体重7.2kg。

8. 该小儿的大运动发育应会（　　）

A. 抬头　　B. 爬

C. 独坐　　D. 翻身

E. 扶站

9. 该小儿的精细运动发育应会（　　）

A. 两手紧紧握拳　　B. 开始有意识取物

C. 能用手摇玩具　　D. 可用拇、示指拾物

E. 开始学会用勺

10. 该小儿的语言发育应会（　　）

A. 会哭叫

B. 开始发出喉音

C. 能听懂自己的名字

D. 发出“爸爸”“妈妈”等语音

E. 会说单音字

11. 该小儿的感觉发育应会（　　）

A. 开始头眼协调注视物体

B. 开始能认识母亲

C. 能区分各种形状

D. 能区别垂直线与横线

E. 能区别颜色

（王　怡）

# 第3章 儿童营养与喂养

本章知识框架，见图 3-1。

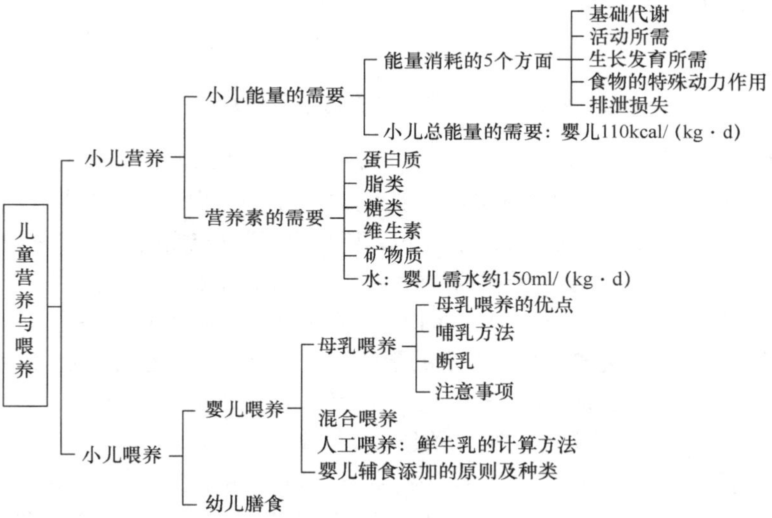


图 3-1　儿童营养与喂养的知识框架

儿童生长发育迅速，代谢旺盛，对热量和营养素的需要量相对较大，但消化功能尚未完全成熟，易发生营养紊乱性疾病，给予合理的营养与喂养是儿童健康成长的重要条件之一，因此，根据儿童年龄合理营养与喂养十分重要。

## 第 1 节　儿童能量与营养素的需要

### 一、儿童能量的需要

儿童能量由食物中的蛋白质、脂肪和糖类供给。1g 糖可供能量 17kJ（4.1kcal），1g 脂肪可供能量 38kJ（9.1kcal），1 克蛋白质可供能量 17kJ（4.1kcal）。

1．能量消耗　包括基础代谢、食物的特殊动力作用、活动、生长发育及排泄丢失等 5 个方面，其中生长发育对能量的需求是小儿时期所特有的。

（1）基础代谢：指维持人体基本生理活动如体温、呼吸、循环等代谢所消耗的能量。小儿基础代谢占人体总能量的 50%～60%。

（2）活动所需：主要为肌肉活动所需，个体差异较大，它与活动量的大小、活动时间的长短有关，占总能量的 15%～25%。哭闹时比通常安静状态下多 3～4 倍，睡眠时是通常安静状态下的 50%。

（3）生长发育所需：该项热量的需要是小儿所特有的。年龄越小需求相对越多，婴儿此项所需占总热量的 25%～30%，以后逐渐降低，青春期再次增高。

（4）食物的特殊动力作用：食物经胃肠道消化、吸收及代谢过程中均需要耗能。此部分所耗能量，婴儿占总热量的 7%～8%，年长儿占总热量的 5%。

（5）排泄损失：每日摄入的食物中，有一小部分不能被吸收而排出体外，一般不超过总热量的 10%，腹泻时丢失增多。

（考点：小儿时期特有的能量需求）

2．儿童总能量的需要　上述 5 个方面所需能量的总和为能量的总需要量，年龄越小能量的总需要量越多。婴儿为 460kJ/（kg·d）[110kcal/（kg·d）]，每增长 3 岁减少 42kJ/（kg·d）[10kcal/（kg·d）]，到 5 岁时约为 250kJ/（kg·d）[60kcal/（kg·d）]。

（考点：婴儿总能量的需要量）

## 二、儿童营养素的需要

人体必需的营养素包括蛋白质、脂类、糖类、维生素、矿物质、水和膳食纤维。

1．蛋白质　蛋白质是构成人体细胞和组织的重要成分，也是保证生理功能的重要物质基础。因此，小儿对于蛋白质的需要量相对较高，小儿不仅需要蛋白质补充能量消耗，还要用于生长发育。由蛋白质提供的能量约占小儿每日总能量的 15%。母乳喂养者需要 2g/（kg·d），牛乳喂养者需要 3.5g/（kg·d）。1 岁以后需要量相对减少。蛋白质含量丰富的食物有乳类、蛋、肉、鱼和豆类。

婴儿消化功能尚未发育完善，摄入过多的蛋白质时，可对身体造成损害，如出现慢性失水，影响糖类的消化。蛋白质缺乏时，可出现消化不良症状、机体的防御功能减低、生长迟缓等表现；长期蛋白质摄入不足，出现低蛋白水肿，严重者可导致死亡。

2．脂类　包括脂肪和类脂，主要功能是提供能量和保证脂溶性维生素的吸收。婴儿时期脂肪所提供的能量占每日总能量的 35%，随年龄的增长，脂肪提供能量的比例逐年下降。含脂肪丰富的食物有乳类、肉类、黄油及各种植物油等。

脂肪长期缺乏可导致营养不良、脂溶性维生素缺乏症；而脂肪性食物摄入过多，则影响食欲，甚至引起消化不良等。

3．糖类　是人体供能的主要来源。小儿对糖类的需要量相对较成年人多，糖类所提供的能量占每日总能量的 50%～60%。1 岁以内婴儿糖类需要量约为 12g/（kg·d），2 岁以上需要量约为 10g/（kg·d）。乳类、谷类、水果和蔬菜是糖类的主要来源。

糖类供应不足时，机体将动员脂肪以保证能量的供应，小儿可发生营养不良、消瘦、酸中毒等；糖类供应过多时，可使小儿体重增加，严重的可有肥胖症。

4．维生素　主要功能为调节人体的新陈代谢，但不能供给能量，多数在体内不能合成或合成量不足，故必须从食物中供给。维生素按其溶解性可分为脂溶性维生素（维生素 A、维生素 D、维生素 E、维生素 K）与水溶性维生素（维生素 B 族和维生素 C 等）两大类。

脂溶性维生素溶解于脂肪及脂肪溶剂，可储存于体内，缺乏时症状出现较迟，过量易中毒。水溶性维生素不在体内储存，须每日供给，缺乏时发病较快。

5．矿物质　人体矿物质按其含量多少分为宏量元素（如钠、钾、氯、钙、磷等）和微量元素（如铜、铁、锌等）。婴儿生长发育最容易缺乏的矿物质是钙、铁、锌等。

6．水　水参与体内所有的新陈代谢及体温调节活动，是体液的重要组成部分。年龄越小，需水量相对越多。婴儿需水量约为 150ml/（kg·d），以后每增长 3 岁减少 25ml/（kg·d），成年人需水量约为 50ml/（kg·d）。

7. 膳食纤维　是食物中不被人体消化的成分。根据溶解特性的不同，膳食纤维可分为水溶性膳食纤维和非水溶性膳食纤维两大类。

（考点：人体必需营养素的成分、需要量及比例）

# 第 2 节　小儿喂养

## 一、婴儿喂养

（一）母乳喂养

母乳是婴儿最理想的天然食品，为了婴儿的健康成长，世界卫生组织大力提倡母乳喂养。

1. 母乳喂养的优点　①母乳营养丰富，比例适当。母乳中蛋白质、脂肪、糖类比例约为 1:3:6，适合婴儿比例需要。母乳中的蛋白质以乳清蛋白为主，在胃内形成凝块小，有利于消化吸收；母乳中含有较多的必需氨基酸，如牛磺酸，能促进婴儿神经系统和视网膜的发育；母乳中的脂肪以不饱和脂肪酸为主，利于婴儿大脑发育；母乳中的糖类为乙型乳糖，利于大脑发育，利于双歧杆菌和乳酸杆菌生长，抑制大肠埃希菌生长，可减少腹泻的发生；母乳中虽然矿物质含量较低，但吸收率远高于牛乳，如母乳铁的吸收率要高于牛乳；母乳的钙磷比例适宜（2:1），钙吸收好。②母乳可以增强免疫力。母乳中含有丰富的免疫物质，如分泌型 IgA（SIgA）、乳铁蛋白、巨噬细胞、中性粒细胞、淋巴细胞、溶菌酶、补体等，提高了婴儿的抵抗力，减少感染的发生。③母乳喂养卫生、方便、经济。④母乳喂养可增进母子感情。⑤母亲产后哺乳，可促进子宫收缩，有助于子宫恢复，减少产后出血；可推迟月经复潮，减少母亲受孕机会；还可减少乳腺癌和卵巢癌的发生。

**知识链接**

**初乳的好处**

张女士分娩后为了迅速恢复身材，不想给宝宝哺乳，但是医生告诉她初乳的好处以后，张女士改变了想法，决定哺乳。

什么是初乳？医学研究认为，产后 5 日内分泌的乳汁为初乳。初乳黏稠、色微黄，其中所含蛋白质远高于成熟乳的含量，还含有分泌型 IgA 和乳铁蛋白等，它们吸附在黏膜内，可结合和中和病毒，阻止感染。此外，初乳中锌的含量是血清的 4～7 倍，对宝宝的生长发育很有益处。

（考点：母乳喂养的优点）

2. 哺乳方法

（1）开奶时间：母婴均无异常的情况下，30 分钟内即可进行母乳喂养，以促进产妇乳汁早分泌、多分泌。

（2）喂哺次数：0～2 个月的婴儿应按需哺乳，随饿随哺，待婴儿和母亲相互协调后再逐渐固定喂哺时间。2 个月后一般每 2～3 小时喂哺 1 次，逐渐延长至 3～4 小时喂哺 1 次。3 个月后夜间停喂 1 次，每日喂哺 6～7 次，每次哺乳时间为 15～20 分钟。

（3）喂乳方法：哺乳前，母婴先做好清洁准备工作。喂哺时母亲多采取坐位，抱婴儿于斜坐位，其头、肩置于母亲哺乳侧肘弯部，另一手拇指和其余四指呈 C 形托住乳房，让婴儿含住乳头及大部分乳晕，这样既可使婴儿能够用力吸吮，又不致堵住婴儿口鼻。当奶流过急时，母亲可采取示指和中指轻夹乳晕两旁的“剪刀式”喂哺姿势，以控制乳汁流出速度。每次尽量使一侧乳房排空后，再喂另一侧，下次哺乳时则先吃上次未排空的一侧。哺乳后将婴儿竖抱，头部靠在母亲肩上，轻拍背部，使空气排出，然后保持右侧卧位 3～5 分钟，以防溢乳。

3．断乳　小儿自 4～6 个月开始添加辅食以增加营养，逐步减少哺乳次数，为断奶做准备。一般 10～12 个月可完全断乳。若遇炎热的夏季，或小儿患病期间食欲差，可推迟断乳，但最迟不超过 18 个月（世界卫生组织建议母乳喂养应至婴儿 2 岁）。

4．注意事项

（1）母亲感染人类免疫缺陷病毒（HIV），患有严重疾病如活动性肺结核、心脏病、肾脏疾病、乳腺炎、急性传染病等均不宜或暂停母乳喂养。

（2）母婴暂时分离不能直接哺乳时，可用吸乳器将乳汁吸出，消毒后喂食。

（二）混合喂养

指母乳与牛乳或其他代乳品混合使用的一种喂养方法。有补授法和代授法。

1．补授法　指 6 个月以内的婴儿，因母乳分泌不足采用其他代乳品补充的喂养方法。

2．代授法　指 6 个月以内的婴儿，母亲由于各种原因，不能按时补授婴儿，1 日内有 1 次或几次用其他代乳品进行喂养的方法。

（三）人工喂养

指 6 个月以内的婴儿，以其他代乳品代替母乳喂养，称为人工喂养。

1．人工喂养的食品

（1）配方乳粉（母乳化乳粉）：是以母乳的营养素含量及其组成为依据，对牛乳进行改造的奶制品。这种代乳品营养接近母乳，已经成为首选的代乳品。目前已有适用于不同月龄的配方乳粉。

（2）鲜牛乳：曾经是最常用的代乳品，但目前多被配方乳粉所取代。与母乳相比，牛乳成分不适合婴儿，有以下缺点和不足：①牛乳中的蛋白质以酪蛋白为主，遇胃酸后形成凝块较大，不易消化；不饱和脂肪酸含量低，脂肪球大，缺乏脂肪酶，故较难消化吸收；糖含量低，乙型乳糖含量较少，主要以甲型乳糖为主，易造成大肠埃希菌生长。②矿物质较多，不利于消化，还可增加肾脏负担；钙、磷比例不当（1.2∶1），不利于钙的吸收。③缺乏各种免疫因子，易患感染性疾病。

（3）全脂奶粉：是由鲜牛奶浓缩而成的干粉。其配制方法按重量比例为 1∶8（1g 奶粉加 8g 水），按容量比例为 1∶4（1 容积奶粉加 4 容积水），调配成鲜牛奶的浓度。

（4）羊乳：和鲜牛乳成分接近，但比鲜牛乳易消化，由于缺乏叶酸和维生素 $B_{12}$，长期哺喂易引起巨幼细胞贫血。

知识链接

**鲜牛乳的计算方法**

100ml 全牛奶供能约 67kcal（280.45kJ），8%糖牛乳 110ml 供能约 110kcal（460.44kJ）。婴儿所需总热量为 460kJ（110kcal）/（kg·d），需水量（奶与水量）约为 150ml/（kg·d）。

举例：3 个月婴儿，体重 5kg，用牛奶人工喂养。

每日该婴儿需总热量为 110×5＝550kcal

每日该婴儿需 8%糖牛乳量为 550ml

每日该婴儿需糖量为 550×8%＝44g

每日该婴儿还需水量为 150×5−550＝200ml

（考点：鲜牛乳的计算方法）

2．人工喂养的护理

（1）牛乳的配制：①稀释。降低牛奶矿物质、蛋白质浓度，减轻婴儿消化道、肾脏负担。出生后 1～2 周的新生儿可用 2:1 乳（2 份鲜牛奶加 1 份水），以后逐渐过渡到 3:1 或 4:1 乳，满月后即可用全乳。②加糖。每 100ml 牛乳中加糖 5～8g，配制成 5%或 8%的糖牛乳。8%糖牛乳 100ml 提供的能量约为 100kcal（418.59kJ）。③煮沸。鲜牛乳需煮沸，但时间不宜过长，3～4 分钟即可。煮沸既可达到灭菌的要求，又能使奶中的蛋白质变性，使之在胃内不易凝成大块，从而利于吸收。

（2）注意事项：人工喂养与母乳喂养一样，也需有正确的喂哺技巧。①加强奶具卫生：每次配乳、喂乳所需的奶具应洗净、消毒。②选用适宜的奶嘴：奶嘴的软硬度与奶嘴孔的大小应适宜，孔的大小应以奶瓶倒置时液体呈滴状连续滴出为宜。③测试乳液温度：喂哺前先将乳汁滴在成年人手腕掌侧测试温度，若无过热感，则表明温度适宜。④喂哺时婴儿应半卧位于母亲怀中，奶瓶前端充满奶液，以免小儿吸入过多空气。喂完后拍背，排除胃内空气，并将小儿置于右侧卧位以防溢乳。⑤及时调整奶量：婴儿食量存在个体差异，要注意观察婴儿的食欲、体重、粪便等，随时调整奶量。婴儿获得合理喂养的标志是发育良好、二便正常、喂奶后安静。

（四）婴儿辅助食品添加的原则及种类

婴儿 4～6 个月后，单纯依靠母乳喂养已不能满足其生长发育和营养的需要，即使人工喂养者也不能单纯依靠增加牛乳量来满足婴儿的营养，应添加辅助食品。婴儿从 4 个月开始即可添加辅助食品，原则上 6 个月以上的婴儿均应添加辅助食品，以保证婴儿生长发育的需要，并为断离母乳做准备。

1．辅助食品添加的原则　由少到多，由稀到稠，由细到粗，由一种到多种。婴儿辅食应特别制作，不要以成年人食物代替辅食。辅助食品添加应在小儿健康、消化功能正常时逐步添加。婴儿患病时，可暂停添加。应避免在炎热季节添加新辅食，以免导致消化不良。

2．辅助食品添加的顺序、种类及意义　见表 3-1。

**表 3-1　辅助食品添加的顺序、种类及意义**

| 月龄 | 食物性状 | 食物种类 | 意义 |
|---|---|---|---|
| 0.5～1 个月 | | 鱼肝油或维生素 D | 预防佝偻病 |
| 1～3 个月 | 水状食物 | 菜汤、水果汁 | 增加维生素 |
| 4～6 个月 | 泥状食物 | 蛋黄、菜泥、水果泥、米糊、鱼泥 | 向半流质食物过渡 |
| 7～9 个月 | 末状食物 | 稀饭、碎菜、肉末、豆腐、饼干、肝泥、水果、烂面、菜末 | 向固体食物过渡 |
| 10～12 个月 | 碎食物 | 软饭、挂面、带馅食品、碎肉 | 向幼儿膳食过渡 |

（考点：婴儿辅食添加的原则）

## 二、幼儿膳食

幼儿期乳牙已逐渐出齐，咀嚼功能逐渐增加，饮食由乳类转向混合膳食，并逐步接近成年人饮食。

1．应注意供给足够的能量和优质的蛋白质，幼儿所需总能量为 360～400kJ/（kg・d）。每日三餐加两点，并提供 1～2 杯牛奶或豆浆。食品需要多样化，粗细、荤素平衡搭配。在制备和烹调食物时，要注意色、香、味、形和碎、细、软、烂，适合小儿的咀嚼和消化能力。

2. 创造良好的进食环境，进食前避免剧烈运动。同时，应注意培养小儿良好的饮食习惯，做到进餐时定量、不挑食、不偏食、不吃零食和甜食等。

## 自测题

$A_1$/$A_2$型题

1. 体重4kg的婴儿用牛乳喂养，每日应供给含糖8%的牛乳约（　　）
   A. 350ml　　B. 440ml
   C. 500ml　　D. 550ml
   E. 600ml
2. 婴儿每日所需的总能量为（　　）
   A. 110kcal/kg　　B. 120kcal/kg
   C. 130kcal/kg　　D. 140kcal/kg
   E. 150kcal/kg
3. 母乳中所含乙型乳糖可抑制肠道中的（　　）
   A. 乳酸杆菌生长　　B. 变形杆菌生长
   C. 双歧杆菌生长　　D. 葡萄球菌生长
   E. 大肠埃希菌生长
4. 产后5日内的乳汁为（　　）
   A. 过渡乳　　B. 成熟乳
   C. 晚乳　　D. 初乳
   E. 牛乳
5. 用全脂奶粉配制乳液，奶粉与水的比例按容量计算一般为（　　）
   A. 1∶2　　B. 1∶4
   C. 1∶5　　D. 1∶6
   E. 1∶8
6. 单纯羊奶喂养而不及时添加辅食，小儿易患的贫血类型是（　　）
   A. 缺铁性贫血
   B. 溶血性贫血
   C. 维生素$B_6$缺乏性贫血
   D. 巨幼细胞贫血
   E. 再生障碍性贫血
7. 一般小儿完全断奶的时间是（　　）
   A. 6～8个月　　B. 8～10个月
   C. 10～12个月　　D. 12～18个月
   E. 18～24个月
8. 母乳中可对抗消化道病原体的物质主要是（　　）
   A. SIgA　　B. IgG
   C. IgM　　D. 双歧因子
   E. 乳铁蛋白
9. 下列哪项不是母乳的优点（　　）
   A. 含有较多的必需氨基酸　　B. 含酪蛋白多
   C. 含不饱和脂肪酸多　　D. 含乙型乳糖多
   E. 钙磷比例适宜

$A_3$/$A_4$型题

（10～13题共用题干）

5个月健康小儿，体重为6kg，用牛乳人工喂养。

10. 每日需要的总热量应为（　　）
    A. 450kcal　　B. 550kcal
    C. 500kcal　　D. 660kcal
    E. 600kcal
11. 采用8%的糖牛乳，每日应给多少毫升（　　）
    A. 500ml　　B. 550ml
    C. 600ml　　D. 660ml
    E. 700ml
12. 除牛乳外，还需给予水（　　）
    A. 200ml　　B. 240ml
    C. 280ml　　D. 300ml
    E. 350ml
13. 现在该小儿可以添加的辅食，以下除外（　　）
    A. 蛋黄　　B. 菠菜泥
    C. 米粉　　D. 肉末
    E. 苹果泥

（黄　臻）

# 第4章 儿童保健

本章知识框架，见图4-1。

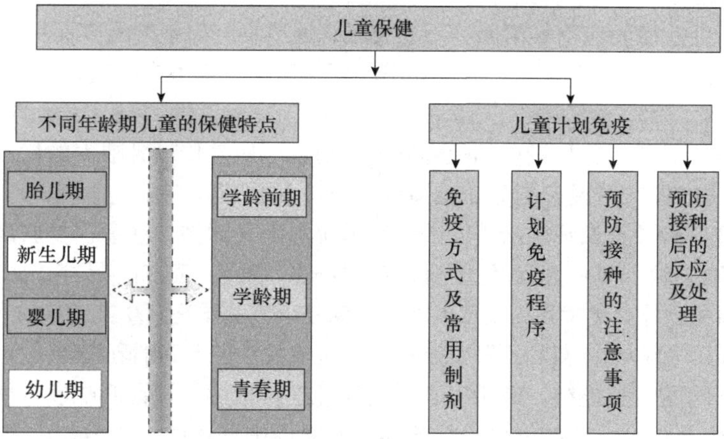

图4-1 儿童保健知识框架

**案例4-1** 男婴，3个月，母亲带其到医院做儿童保健和预防接种。

问题：1. 护士对该小儿应做哪些项目的检查？

2. 护士应对母亲做哪些保健指导？

3. 该小儿按计划免疫程序应接种什么疫苗？

儿童保健是研究儿童生长发育规律及影响因素，采取有效措施保护和促进儿童身心健康及社会能力发展。主要工作任务是对不同年龄阶段的儿童及其家庭进行预防保健指导、计划免疫和健康监测。

## 第1节 不同年龄期儿童的保健特点

### 一、胎儿期特点及保健

胎儿的发育与孕母的健康、营养、情绪和生活环境等情况密切相关。因此胎儿期的保健重点是加强对孕母的保健，包括产前保健、产时保健和产后保健。

### 二、新生儿特点及保健

（一）新生儿的特点

新生儿脱离母体后需要经历一系列重要的调整和变化，才能适应新环境，而且新生儿各组织和器官发育尚不成熟，调节功能差，抵抗力低下，此期发病率和死亡率是儿童期最高的。1岁以内婴儿死亡中有2/3死于出生后28天内，尤以第1周最高，占新生儿死亡数的70%。

（二）新生儿的保健

1. 家庭访视　新生儿期家庭访视共4次，也可视情况减至2～3次。4次访视时间分别是：①出院后1～2天的初次访视。②出生后5～7天的周访视。③出生后10～14天的半月访视。④出生后27～28天的满月访视。访视的内容包括：①了解基本情况，如新生儿出生、吃奶、睡眠、哭声、大小便，母乳分泌等。②详细体格检查，观察新生儿的面色、呼吸、脐部、黄疸等情况；测量体重、身长、体温、脉搏等。③指导日常护理，新生儿的保暖、喂养、沐浴、衣着等。④预防疾病和意外。⑤指导早期教育。

2. 保暖　新生儿房间应空气清新，阳光充足，通风良好。室内温度保持于22～24℃，相对湿度为55%～65%。冬季注意保温，防止烫伤；夏季防止护理不当引起体温过高。

（考点：新生儿室温）

3. 合理喂养　母乳喂养是最佳的喂养方法。访视时应宣传母乳喂养的优点，评估母亲乳汁分泌及乳头、乳房的保护情况，指导正确哺乳的方法和技巧。

4. 日常护理　指导家长观察新生儿的一般情况；每日沐浴，注意保持脐部、臀部皮肤清洁干燥；衣服应质地柔软、吸水性强及透气性好，样式宜简单、宽松，易穿、脱。

5. 预防疾病和意外　保持室内空气清新；母亲在哺乳和护理新生儿前应洗手；有传染性疾病者避免接触新生儿；接种卡介苗和乙肝疫苗；防止包被蒙头过严和哺乳姿势不当引起新生儿窒息。

6. 促进亲子间的情感连结　鼓励家长对新生儿进行抚触、说话和唱歌等情感交流，培养亲子感情，促进新生儿神经系统的发育，培养新生儿对周围环境的定向力及反应能力。

## 三、婴儿特点及保健

（一）婴儿的特点

婴儿期是生长发育最迅速的阶段之一，但消化系统功能发育尚不完善，易出现消化功能紊乱和营养不良等疾病；易患肺炎等感染性疾病和小儿传染病，发病率和死亡率仍很高。

（二）婴儿的保健

1. 合理喂养　4～6个月婴儿提倡母乳喂养，4个月以上的婴儿应添加辅食，辅食添加最晚不能超过6个月。指导家长辅食添加的顺序和原则，根据具体情况指导断奶（见第3章第2节小儿喂养）。

2. 日常护理　勤换衣裤，有条件者应每日沐浴；衣着应简单、宽松，注意按季节增减衣服和被褥，以婴儿两足暖和为适宜；培养良好的睡眠习惯；注意帮助婴儿清洁牙龈和刚萌出的乳牙，减轻出牙时的不舒适；加强婴儿户外活动，增强体质和预防佝偻病的发生。

3. 早期训练　婴儿出生后，应及早语言培养，开始可逗引婴儿“咿呀”学语，逐渐对简单语言做出动作反应，再到有意识地模仿发音；可通过玩具、播放音乐、说话、唱歌等，加强视、听能力的训练；婴儿3个月以后可进行大、小便训练。

（考点：婴儿的早教训练）

4. 防止意外　此期常见意外事故有异物吸入、窒息、中毒、烧伤和烫伤及跌倒或坠床等。应向家长特别强调预防意外。

5. 预防疾病和促进健康　按时完成计划免疫，定期健康检查和生长发育监测。保健人员还应对婴儿腹泻、湿疹、尿布性皮炎等常见的健康问题给予健康指导。

## 四、幼儿特点及保健

（一）幼儿的特点

体格生长较前减慢，神经心理发育迅速，但免疫功能仍不健全，感染性和传染性疾病发病率仍较高。易发生意外伤害，还会出现一些心理问题。

（二）幼儿的保健

1．合理安排膳食 供给足够的能量和优质蛋白，保证营养充足且均衡。帮助家长了解幼儿进食的特点，指导家长掌握合理的喂养方法和技巧。注意培养幼儿不吃零食、不挑食、不偏食、专心进食、不撒饭菜等良好饮食习惯，餐前避免过度兴奋和剧烈活动。

2．日常护理 幼儿衣着应宽松、保暖、轻便，颜色鲜艳便于识别；保证充足的睡眠，家人可陪伴幼儿入睡，或让其带一个喜欢的玩具上床；在父母指导下学会刷牙，少吃易致龋齿的食物，定期做口腔检查。

3．早期教育 此阶段应完成大、小便训练，大便训练较小便训练先完成；可以通过选择不同的玩具来促进幼儿动作的发育，提高注意力、想象力和思维能力；与幼儿多交谈互动，鼓励幼儿多说话、做游戏、讲故事、唱歌等，促进幼儿语言发育；培养良好的卫生习惯；注意幼儿的思想品德教育。

4．预防疾病和意外 加强预防接种，定期健康检查，预防龋齿和筛查听、视力异常，进行生长发育系统监测。指导家长防止幼儿异物吸入、烫伤、中毒、跌伤、机动车撞伤等意外的发生。

5．心理行为问题 幼儿常见的心理行为问题有违拗、发脾气和破坏性行为等，家长应针对原因采取有效措施。

## 五、学龄前期儿童特点及保健

（一）学龄前期儿童的特点

体格发育较前减慢，智力发展迅速，自理能力和机体抵抗力增强，开始出现免疫性疾病如急性肾炎等；喜模仿而无经验，易发生意外。

（二）学龄前期儿童的保健

1．合理营养 保证充足的热能和蛋白质的摄入，粗、细、荤、素合理搭配。注意培养小儿健康的饮食习惯和良好的进餐礼仪。

2．日常活动 鼓励和训练儿童独立完成进食、洗脸、刷牙、穿衣、如厕等日常生活；保证充足的睡眠。

3．早期教育 培养儿童关心集体、遵守纪律、团结协作、热爱劳动等良好品质。结合愉快的游戏，引导小儿智力发展，增强其思维能力和动手能力。

4．预防疾病和意外 每年进行1～2次健康检查和体格测量，筛查与矫治近视、龋齿、寄生虫感染等常见病。继续生长发育监测，可在此期加强预防接种。加强安全教育，预防外伤、溺水、中毒、交通安全事故等意外的发生。

5．常见的心理行为问题 常见的心理行为问题包括吮拇指和咬指甲、遗尿、手淫、攻击性或破坏性行为等，家长应针对原因采取有效措施。

## 六、学龄期儿童特点及保健

（一）学龄期儿童的特点

大脑皮质功能发育更加成熟，认知和心理社会发展非常迅速，同伴、学校和社会环境对其影响较大。机体抵抗力增强，发病率逐渐降低。

（二）学龄期儿童的保健

1．合理营养　保证营养充分而均衡，重视早餐和课间加餐，注意补充含铁丰富的食物，预防贫血。饮食习惯和方式受大众传媒、同伴和家人的影响较大，应加强营养卫生宣教，避免食用变质和不洁净的食物，纠正挑食、偏食、吃零食及暴饮暴食等不良习惯。

2．日常生活与体格锻炼　日常生活已能基本自理，但剪指甲、清洁耳朵和整理用物等方面仍需帮助。应每日进行户外活动和体格锻炼。体格锻炼时，应注意环境适宜、内容适当和运动量循序渐进。

3．预防疾病和意外　定期健康检查，继续按时预防接种。预防近视、脊柱异常弯曲、龋齿等的发生；培养良好的卫生习惯，预防肠道寄生虫病。常见的意外伤害有车祸、溺水、擦伤、割伤、挫伤、扭伤或骨折等，加强儿童法制教育，学习交通规则和意外事故的防范知识，减少伤残的发生。

4．培养良好习惯　改掉儿童吸烟、饮酒、随地吐痰等不良习惯，培养良好的学习习惯和性情，加强素质教育，通过体育锻炼培养儿童的毅力和奋发精神，通过兴趣的培养陶冶高尚情操。

5．常见的心理行为问题　不适应上学是此期常见问题，表现为焦虑、惊恐或拒绝上学。学校与家长应相互配合，查明原因，采取相应措施，帮助儿童适应学校生活。

## 七、青春期特点及保健

（一）青春期的特点

体格生长迅速，认知、心理、社会和行为发展日趋成熟，但神经内分泌调节尚不稳定，面对更多的社会压力，会出现一些特殊问题，是一生中决定体格、体质、心理和智力发育和发展的关键时期。

（二）青春期的保健

1．加强营养　此期为生长发育的第 2 个高峰期，体格生长迅速，应增加营养素的摄入。青少年受大众传媒和同伴的影响，喜欢吃一些营养成分不均衡的流行快餐食品，加之经常不吃早餐，尤其女孩开始关心自己的外貌和身材，出现过度偏食或挑食，易发生营养不良。应正确指导青少年选择营养适当的食物和保持良好的饮食习惯。

2．日常活动　良好的个人卫生、充足的睡眠、适当的体格锻炼、健康的生活方式，对促进青少年的健康成长十分重要。

3．预防疾病和意外　重点防治龋齿、屈光不正、肥胖、神经性厌食、月经不调、痤疮、脊柱弯曲、结核病、风湿病和沙眼等，应定期检查，早发现、早治疗。常见的意外有运动创伤、车祸、溺水及打架斗殴等，以男性青少年多见，此期应加强安全教育。

4．性教育　性教育内容包括介绍生殖器官的结构与功能、第二性征、月经和遗精等知识，正确认识有关与异性正常交往、妊娠及性传播疾病的知识，对青春期的自慰行为，应给予正确引导。

5. 常见的心理行为问题 常见的心理行为问题为多种原因引起的出走、自杀及对自我形象不满而出现的心理问题等。家庭及社会应给予重视，并采取积极的措施解决此类问题。

## 第 2 节 儿童计划免疫

儿童计划免疫（简称计划免疫）是指有计划、有目的地将生物制品接种到婴幼儿体内，确保儿童获得可靠的免疫，达到预防、控制和消灭相应传染病的目的。计划免疫的核心是预防接种。

### 一、免疫方式及常用制剂

（一）主动免疫及常用制剂

主动免疫是指给易感者接种特异性抗原，以刺激机体产生特异性免疫抗体，从而产生主动免疫力。

主动免疫制剂统称为疫苗。按生物性质可分为灭活疫苗、减毒活疫苗、类毒素疫苗、组分疫苗（亚单位疫苗）及基因工程疫苗。

（考点：疫苗分类）

（二）被动免疫及常用制剂

未接受主动免疫的易感儿在接触传染病患者后，可给予相应的抗体，使之立即获得免疫力，称之为被动免疫。

被动免疫制剂包括特异性免疫球蛋白、抗毒素、抗毒血清。此类制剂来源于动物血清，注射后容易引起过敏反应或血清病，应慎重使用。

### 二、免疫程序

2008 年，卫生部颁布了扩大现行国家儿童免疫计划的规划，要求在现行全国范围内接种的乙肝疫苗、卡介苗、脊灰疫苗、百白破疫苗、麻疹疫苗的基础上，将甲肝疫苗、流脑疫苗、乙脑疫苗和麻腮风疫苗纳入国家免疫规划，对适龄儿童进行常规接种（表 4-1）。

**表 4-1 儿童计划免疫程序**

| 疫苗种类 | 接种时间 | 接种部位和途径 | 备注 |
| --- | --- | --- | --- |
| 卡介苗（减毒活疫苗） | 出生时 | 上臂三角肌中部略下处（皮内注射） | 接种后 2 周左右可出现局部红肿，8～12 周后结痂，如出现化脓，可局部处理，防感染扩散 |
| 乙肝疫苗（基因工程疫苗） | 出生时初种第 1 次<br>1 月龄初种第 2 次<br>6 月龄初种第 3 次 | 上臂三角肌（肌内注射） | |
| 脊髓灰质炎疫苗（减毒活疫苗） | 2 月龄初种第 1 次<br>3 月龄初种第 2 次<br>4 月龄初种第 3 次<br>4 岁复种 | （口服） | 冷开水送服，服用后 1 小时内禁止饮热水 |
| 百白破混合制剂 | 3 月龄初种第 1 次<br>4 月龄初种第 2 次<br>5 月龄初种第 3 次<br>1.5～2 岁复种 | 上臂外侧三角肌（肌内注射） | |

续表

| 疫苗种类 | 接种时间 | 接种部位和途径 | 备注 |
|---|---|---|---|
| 麻风（麻疹）疫苗（减毒活疫苗） | 8 月龄初种 | 上臂外侧三角肌下缘附着处（皮下注射） | |
| 麻腮风疫苗（减毒活疫苗） | 18～24 月龄 | 上臂外侧三角肌下缘附着处（皮下注射） | |
| 乙脑减毒活疫苗 | 8 月龄，2 周岁 | 上臂外侧三角肌下缘附着处（皮下注射） | |
| 乙脑灭活疫苗 | 8 月龄，2 周岁 6 周岁 | 上臂外侧三角肌下缘附着处（皮下注射） | |
| A 群流脑疫苗 | 6～18 月龄 | 上臂外侧三角肌附着处（皮下注射） | |
| A+C 流脑疫苗 | 3 周岁，8 周岁 | 上臂外侧三角肌附着处（皮下注射） | |
| 甲肝减毒活疫苗 | 18 月龄 | 上臂外侧三角肌附着处（皮下注射） | |
| 甲肝灭活疫苗 | 18 月龄，24～30 月龄 | 上臂三角肌附着处（肌内注射） | |

（考点：免疫程序）

## 三、预防接种的注意事项

### （一）严格掌握禁忌证

患有以下疾病者，禁止进行疫苗接种：①患自身免疫性疾病、免疫缺陷者；②患有肝炎、结核病、急性传染病（包括有接触史而未过检疫期者）或其他严重疾病者；③患有肾炎、心脏病、湿疹及其他皮肤病者不予接种卡介苗；④有明确过敏史者禁种百白破疫苗、麻疹疫苗（尤其是对鸡蛋过敏者）、脊髓灰质炎疫苗（对牛乳或乳制品过敏）、乙肝疫苗（对酵母过敏或疫苗中任何成分过敏）；⑤儿童及家庭成员患癫痫、神经系统疾病，有抽搐史者禁用百白破疫苗；⑥在接受免疫抑制治疗、发热、腹泻及急性传染病期，忌服脊髓灰质炎疫苗。

### （二）接种前准备

1. 环境准备　光线明亮，空气清新流通，室内温度和湿度适宜，接种用品及急救用品摆放有序。

2. 心理准备　做好解释、宣传工作，消除家长和儿童紧张、恐惧心理。接种不宜空腹进行，以免发生晕针。

3. 疫苗制剂的准备　检查生物制品标签，包括名称、批号、有效期及生产单位，并做好登记；检查安瓿有无裂痕，药液有无发霉、异物、凝块、变色或冻结等。

### （三）接种时护理

1. 严格执行免疫程序　掌握接种的剂量、次数、间隔时间和不同疫苗的联合免疫方案。

2. 严格执行查对制度和无菌操作原则　仔细核对儿童姓名和年龄；严格执行无菌操作规程，接种活疫苗时，只能用 70%～75%乙醇消毒；抽吸后如有剩余药液放置不能超过 2 小时；接种后剩余活疫苗应烧毁。

（考点：接种活疫苗时皮肤消毒）

3．其他 ①2 个月以上婴儿接种卡介苗前必须做 PPD 试验，阴性者方可接种；②脊髓灰质炎疫苗冷开水服用，且服用 1 小时内禁热饮；③接种麻疹疫苗前 1 个月及接种后 2 周避免使用胎盘球蛋白、丙种球蛋白制剂。

## 四、预防接种后反应及处理

（一）一般反应

接种后 24 小时内出现发热和局部红肿、疼痛，或伴有淋巴结肿大、食欲减退、乏力、全身不适等反应。多数儿童的反应是轻微的，持续 1～2 天消退，无须特殊处理，注意休息，多饮水即可。反应较重时，可物理降温、局部热敷，如局部红肿继续扩大、高热不退，应到医院诊治。

（考点：预防接种不良反应的处理）

（二）异常反应

极少数儿童可能发生过敏性休克、晕针、过敏性皮疹等。一旦发生过敏性休克，应使患儿平卧，头稍低，注意保暖，给予氧气吸入，并立即皮下或静脉注射 1：1000 肾上腺素 0.5～1ml，病情稍稳定后，应尽快转至医院抢救。如发生晕针，患儿应立即平卧、头低、安静，饮用糖水，一般可恢复正常。过敏性皮疹患儿可服用抗组胺药物。

（三）偶合症

指接种者身体处于某种疾病潜伏期，接种后巧合发病，但疾病的发生与疫苗接种无关，仅是时间上巧合，如夏季偶合腹泻、冬季偶合流感等情况。

## 自 测 题

$A_1/A_2$ 型题

1．接种脊髓灰质炎疫苗时，正确的是（ ）

A．接种对象是新生儿

B．初种次数为 1 次

C．用热水送服

D．需要复种加强

E．接种方法为肌内注射

2．在小儿计划免疫中，以下不属于国家规划免疫制剂的是（ ）

A．甲肝疫苗 B．百白破疫苗

C．脊髓灰质炎疫苗 D．出血热疫苗

E．乙脑疫苗

3．麻疹疫苗初种的年龄是（ ）

A．初生儿 B．3 个月

C．4～6 个月 D．8 个月

E．12～18 个月

4．新生儿期的保健重点是（ ）

A．指导体格锻炼 B．生长发育监测

C．重视早期教育 D．建立访视制度

E．培养各种良好习惯

5．一母亲带出生 60 天的小儿到医院接种疫苗，该时期应接种的疫苗是（ ）

A．乙肝疫苗 B．百白破疫苗

C．脊髓灰质炎疫苗 D．麻疹减毒活疫苗

E．乙脑疫苗

6．属于被动免疫的措施是（ ）

A．注射卡介苗

B．注射丙种球蛋白

C．口服脊髓灰质炎疫苗

D．注射麻疹减毒活疫苗

E．注射乙脑疫苗

$A_3/A_4$ 型题

（7～10 题共用题干）

小儿，女，3 个月。母亲带其去儿童保健门诊接种百白破疫苗。

7．接种前，护士询问的内容不包括（ ）

A. 家族史　　B. 疾病史
C. 过敏史　　D. 目前健康状况
E. 接种史

8. 接种结束后，健康指导错误的是（　　）
A. 可以立即回家　　B. 多饮水
C. 多休息　　D. 饮食不需忌口
E. 观察接种后反应

9. 接种结束后，小儿出现烦躁不安、面色苍白、四肢厥冷、脉搏细速等症状。该患儿最可能发生（　　）
A. 低血钙　　B. 过敏性休克
C. 全身反应　　D. 全身感染
E. 低血糖

10. 患儿母亲非常焦虑，不停哭泣。针对患儿母亲的心理护理，错误的是（　　）
A. 告诉其患儿目前的状况
B. 告诉其当前采取的措施及原因
C. 告诉其不可陪伴患儿，以免交叉感染
D. 告知其以往类似情况的处理效果
E. 帮助其选择缓解焦虑情绪的方法

（王　怡）

# 第5章

# 住院患儿的护理

本章知识框架，见图 5-1。

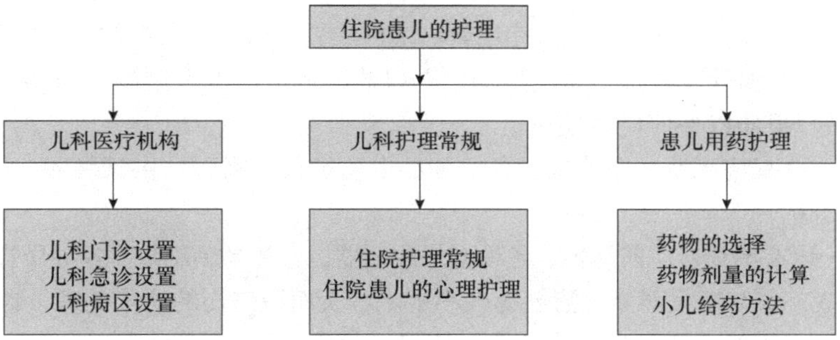


图 5-1　住院患儿的护理知识框架

## 第 1 节　儿科医疗机构的组织特点

我国儿童医疗机构分为儿童医院、妇幼保健院及综合性医院中的儿科三种形式。儿童医疗机构的设置应以患儿及其家庭为中心，实施人性化管理。

### 一、儿科门诊设置

儿科门诊一般设有预诊处、挂号处、体温测量处、候诊室、隔离诊室、诊查室、化验室、药房、收费室、治疗室等。

1．预诊处　儿童医院、妇幼保健院及综合医院中的儿科均应设预诊处。其职能是对不同疾病患儿进行分诊就医，目的是鉴别传染病，切断传染途径，减少交叉感染机会，帮助患儿家长尽快选择正确的就诊科室，节约就诊时间，赢得抢救时机，同时为患儿提供安全的就医环境。

2．挂号处　患儿经过预诊分诊后，挂号就诊。

3．体温测量处　发热小儿就诊前需到体温测量处测试体温，体温计一用一消毒。

4．隔离诊室　儿科门诊设有隔离诊室，2003 年 SASR 后增设发热隔离诊室，对疑似传染病患儿隔离诊治，切断传播途径，防止交叉感染。室内应配备隔离衣、专用诊查用品、消毒设备、洗手设备，物品尽量从简。

5．诊查室　室内设诊查桌、椅，诊查床、屏风、玩具及洗手设备等。

6．化验室　应设在诊查室附近，方便患儿化验检查。

7．药房　与诊查室相邻，方便患儿家长咨询及医生给予用药指导。

8．收费室　为方便患者，诊区内设收费室。

9．治疗室　备有各种治疗所需的设备、器械、药品，可进行必要的治疗等。

10．其他　根据医院的规模，还可设立儿科输液中心、采血中心；为方便母亲哺乳设置母乳喂养处等。

以上设置应布局合理、安全，标志醒目，室内布局符合儿童生理心理特点。

## 二、儿科急诊设置

急诊科应设有抢救室、观察室、治疗室、小手术室等，位置明显，有供患者（急救车）出入的专用绿色通道，标志明显，夜间有醒目的指示灯，双路供电装置。

1. 抢救室　抢救室空间要大，内设开放式远红外抢救台和抢救床1～3张，配备呼吸机、心电监护仪、除颤仪、输液泵、气管插管用物、负压吸引装置、供氧设备、洗胃机等必要抢救设备，以及各种穿刺包、切开包、导尿包等治疗用具。室内放置抢救车，备有常用急救药品、物品（手电筒、备用电池、体温计、各种型号注射器、开口器、舌钳、压舌板等）、记录本及笔。还应备有应急灯、简易呼吸器以备停电时使用。

2. 观察室　设有病床及一般抢救设备，如心电监护仪、吸引、供氧装置、婴儿暖箱等，并备有各种医疗文件。

3. 治疗室　设有治疗台、药品柜、各种型号注射器、各种穿刺用物、各种导管及采血试管等。

4. 小手术室　备有抢救药品，清创缝合小手术、大面积烧伤的初步处理、骨折固定等器械。

5. 其他　根据需要，还可设立化验室、药房、收费室等。

## 三、儿科病区设置

儿科病区设有病室、抢救室、护士站、医生办公室、治疗室、配膳室及配奶室、游戏室、浴室及厕所等。

儿童医院除一般病区外，还有ICU和CCU等病区。

1. 病室　设置大、小两种病室，大病室安置4～6张床，小病室安置1～2张床，作为观察、隔离之用。床头应有呼叫器，床沿有床档以防意外。一张床单位占地 $2m^2$，床与床的距离、床与窗台的距离均为1m，窗外设置较高护栏。各病室可用玻璃隔断，便于护士观察患儿，以及患儿彼此间交流。房屋墙壁、窗帘、家具、地面装饰卡通图案，减少患儿的恐惧感与陌生感，室内水电设施齐全，并有安全防护设施。病房适宜温度为20℃左右，相对湿度为50%～60%。

2. 抢救室　靠近医护办公室，室内配有各种抢救、监护仪器和药品，供危重患儿抢救使用。

3. 护士站　应设在病房的中央，靠近重症监护室，以便随时观察患儿。

4. 医生办公室　靠近护士站，便于医护联系。

5. 治疗室　分内、外两间。内间为操作室，用于各种注射及治疗；外间为准备室，用于物品准备及处理。

6. 配膳室及配奶室　为发放饮食及配奶使用。备有配奶配餐用具、冰箱、消毒柜、微波炉、清洗消毒设备等，专人管理，随时上锁。

7. 游戏室　设在病房一端，室内宽敞，阳光充足，地面采用木板或塑料材料，以防小儿跌伤。室内摆有适合小儿的桌椅、清洁的玩具、游乐设施、电视机及图书等。

8. 儿童浴室　要宽敞、明亮，地面经过防滑处理，有门但不加锁。

9. 厕所　便池及坐便器要适合小儿身高及年龄特点，防止发生意外。

10. 其他　新生儿封闭式管理病房需有接待室、更衣室、重症监护室、早产儿病室、足月儿病室、隔离病室、光疗室、消毒室及抚触室等；病区还需有库房、医护值班室、仪器室等。

（考点：儿科病区设置特点）

## 第 2 节　儿科护理常规

### 一、住院护理常规

1．迎接新入院患儿，合理安排病室　将感染性与非感染性患儿分室安置；将同病种急性期与恢复期患儿尽可能分室安置。

2．入院介绍　向患儿及其家长介绍病区环境、患儿饮食、作息时间、探视制度、主管医生、主管护士及护士长等。

3．清洁护理　若病情允许应在 24 小时内完成患儿的卫生处置工作，如洗头、沐浴、剪指（趾）甲、更换衣服等。

4．测量体重　入院时测体重 1 次，住院后每周测体重 1 次；新生儿每周测体重 2 次。

5．测量生命体征　新入院患儿 3 天内每日测体温 3 次；体温正常者 3 天后改为每日测 2 次；危重、发热、低体温者 4 小时测 1 次；高热患儿 1～2 小时测 1 次；退热处理后 0.5～1 小时复测体温 1 次。根据患儿的病情酌情测脉搏、呼吸和血压。

6．做好相关检验　入院 24 小时内按医嘱完成血常规、尿常规、粪常规等检查。

7．给药护理　按医嘱准确给药，严格查对制度，初次用药要多观察、勤巡视，发现问题及时处理。

8．饮食　按医嘱给予。乳儿尽量母乳喂养，疾病诊疗期间不间断母乳喂养。

9．休息与睡眠　病情允许时，不需过分限制活动，为患儿创设利于休息与睡眠的环境。

10．病室消毒　普通病房每周消毒 1 次；新生儿病室、重症监护病室每日消毒 1 次；治疗室每日消毒 2 次；患儿出院或死亡后，床单位应进行终末消毒。

11．安全措施　病房窗外装有护栏、药柜上锁。禁止携带刀、剪入院。患儿外出必须由成年人带领，交接班时应清点病区患儿人数。防止坠床、烫伤、触电等安全事故发生。

12．做好出院患儿健康指导　根据不同疾病指导出院患儿回家后的注意事项、复诊要求、饮食及活动要求等，特殊情况随时就诊。

13．对急、重症患儿，护士应先治疗、抢救，待病情稳定后，再完成其他入院常规工作。

### 二、住院患儿的心理护理

住院期间患儿由于年龄、病种、病情、住院时间的长短及性格特点不同，对住院有不同的心理反应，护士应根据患儿对疾病的认识、压力来源引起的不同心理反应进行有效的心理护理，以减轻或消除患儿的焦虑、紧张甚至恐惧等，促使患儿身心早日恢复健康。

1．创造和谐的人际环境　护士态度要和蔼、亲切。初次接触患儿时向其陪同者询问患儿的生活起居、性格特点等有关情况。根据患儿年龄及理解能力，用简单易懂的语言或方式，向患儿介绍医院情况和生活制度，以及相关医护人员、同病室的伙伴等，使其对新环境有所了解，降低陌生感，减少焦虑和恐惧心理。应对患儿多鼓励，不恐吓、不欺骗、不讽刺，凡答应患儿的事一定要做到。

2．减轻身体伤害和疼痛　护士应关心爱护患儿，做各项护理工作前，应用儿童可以理解的语言或方式解释操作过程；操作中要耐心、细心，技术熟练、准确，对患儿的疼痛反应及时评估，并给予有效处理；对患儿的合作给予鼓励与表扬。

3. 减轻控制感的丧失　努力取得患儿的合作，减少对肢体的束缚，增加自由活动的时间和空间。支持、鼓励患儿独立完成自己能完成的活动。

4. 护士相对固定　责任护士要固定，连续护理，以满足患儿情感及其他方面的需要。

5. 家长参与，减少分离　病情允许情况下鼓励家长陪伴，让家长尽可能多地陪伴患儿，使患儿分离性焦虑程度减轻。指导家长对患儿进行心理疏导，家长的主动参与和良好的配合，能有效减轻患儿的不良心理反应，促使其早日康复。

## 第3节　小儿用药护理

药物是治疗疾病的重要手段，生长发育中的小儿对药物的不良反应较之成年人更为敏感。因此必须了解小儿用药的特殊性，根据小儿年龄、病种、病情合理选择药物。联合用药时注意药物的配伍禁忌和不良反应。

### 一、药物的选择

1. 抗感染药物　严格掌握适应证，有针对性使用。注意药物的不良反应。

2. 肾上腺皮质激素的应用　严格掌握适应证，在诊断未明确时避免滥用，以免掩盖病情。不可突然减量或停药，防止出现反跳现象。较长期使用，可抑制骨骼生长，影响水、盐、蛋白质、脂肪代谢，降低机体免疫力。水痘患儿禁止使用肾上腺皮质激素，以免疾病扩散加重病情。

3. 镇静止惊药　患儿高热、烦躁不安、剧咳不止等情况可考虑给予镇静药。发生惊厥时可用苯巴比妥、地西泮、水合氯醛等；吗啡有呼吸抑制作用，婴幼儿禁用。

4. 解热药　小儿退热首先选用物理降温法。常用解热药为对乙酰氨基酚和布洛芬，剂量不易过大，可反复使用。用药后注意观察体温及出汗情况，并及时补充液体。

5. 祛痰、镇咳、平喘药　婴幼儿一般不用镇咳药，多采用祛痰药或雾化吸入法稀释分泌物，使痰液易于排出。哮喘患儿常用氨茶碱止喘，因其有兴奋作用，新生儿、小婴儿慎用。

6. 止泻药与泻药　小儿腹泻时应先调整饮食，补充液体，可辅以含双歧杆菌或乳酸杆菌的制剂调节肠道的微生态环境，一般不主张首选止泻药。因为止泻药虽然可以缓解腹泻，但也会加重肠道毒素吸收，甚至发生全身中毒症状。小儿便秘一般不用泻药，应先调整饮食，必要时采取松软大便的通便法。

7. 新生儿、早产儿用药　幼小婴儿的肝、肾等代谢功能均不够成熟，不少药物易引起不良反应，应谨慎用药。如磺胺药、维生素 $K_3$ 等可引起高胆红素血症。

8. 乳母用药　有些药可通过乳汁排泄经母乳作用于婴儿，故哺乳母亲用药时须考虑对小儿的影响。

9. 液体疗法　小儿水盐代谢旺盛，腹泻时易发生水、电解质和酸碱失衡，液体疗法可以纠正水和电解质及酸碱平衡紊乱，非常重要（详见第9章消化系统疾病患儿的护理）。

(考点:儿科常用药物)

### 二、药物剂量的计算

小儿用药剂量较成人更须计算准确，可按下列4种方法计算。

1．按体重计算　是最常用最基本的计算方法。大多数药物已给出每千克体重、每日或每次需要量，按体重计算总量方便易行，在临床最为常用。

每日（次）剂量＝患儿体重（kg）×每日（次）每千克体重所需药量

患儿体重应按实际测得值为准。若计算结果超出成人剂量，则以成人剂量为上限。

2．按体表面积计算　由于基础代谢、肾小球滤过滤等生理活动与体表面积关系密切，因此，此法计算药物剂量较其他方法更为准确，但计算过程相对复杂。

小儿体表面积可按下列公式计算。

＜30kg 的小儿体表面积（$m^2$）＝体重（kg）×0.035＋0.1

＞30kg 的小儿体表面积（$m^2$）＝［体重（kg）－30］×0.02＋1.05

每日（次）剂量=患儿体表面积（$m^2$）×每日（次）每平方米体表面积所需药量

3．按年龄计算　用于剂量幅度大、不需十分精确的药物，如营养类药物等，计算简单易行。

4．按成人剂量折算　仅用于未提供小儿剂量的药物，所得剂量偏小，一般不常用。小儿剂量＝成人剂量×小儿体重（kg）/50。

（考点：药物剂量的计算）

## 三、小儿给药方法

根据患儿年龄、疾病、病情选择给药途径、药物剂型和用药次数，以保证用药效果和减少不良影响。

### （一）口服法

口服法是最常用的给药方法。婴幼儿通常选用糖浆、水剂或冲剂，也可将药片捣碎加糖水喂服。

1．喂药方法与技巧　鼓励较大患儿自己服药，婴儿可以滴管或药杯喂药。喂药时从婴儿的口角处顺面颊方向慢慢倒入药液，待药液吞下后才将药匙移开，以防患儿将药液吐出。神志不清、昏迷等可采用鼻饲法。

2．喂药注意事项

（1）体位：小婴儿喂药时最好抱起或抬高其头部，以防呛咳将药吐出。

（2）喂药时间：根据药物性质决定，婴儿喂药尽量在喂奶前或 2 次喂奶间进行，以免因服药时吐奶引起误吸。

（3）不能用奶瓶喂药：药物不得与奶液混合哺喂，以免引起拒食，造成喂养困难。

### （二）注射法

注射法比口服法见效快，但对小儿刺激大，肌内注射次数过多可造成臀部肌肉挛缩、影响下肢功能，所以，非病情必须不宜采用。年长儿注射前多解释与鼓励，争取配合。肌内注射一般选择臀大肌外上方，对不合作、哭闹挣扎的婴幼儿，可采取“三快”注射法，即进针快、注药快、拔针快，以缩短时间，防止发生折针等意外。静脉推注多用于抢救，推注过程中要密切观察病情变化。静脉滴注用于给药、补充水分及营养、供给能量等，根据患儿年龄、病情、药物性质等调节滴速。

### （三）外用法

软膏居多，也可用粉剂、混悬剂、水剂等。根据不同的用药部位，适当约束患儿，以免因抓、摸使药物误入口、眼发生意外。

（四）其他方法

雾化吸入较常应用。灌肠给药采用不多，可用缓释栓剂。含剂、漱剂在小儿时期使用不便，年长儿可用。

（考点：小儿给药方法）

## 自测题

$A_1$/$A_2$型题

1. 婴幼儿禁用的镇静止惊药是（　　）
   A. 苯巴比妥钠　B. 地西泮
   C. 水合氯醛　D. 氯丙嗪
   E. 吗啡
2. 3岁患儿，因急性淋巴细胞白血病入院。在与患儿沟通时，护士始终采用半蹲姿势与其交谈。此种做法主要是应用了沟通技巧的（　　）
   A. 倾听　B. 触摸
   C. 沉默　D. 目光沟通
   E. 语言沟通
3. 3岁男孩，奔跑时摔倒，诊断为左前臂闭合性骨折。患儿在急诊科留观期间哭闹不止，护士提供正确的心理护理措施是（　　）
   A. 安慰，解释治疗的重要性
   B. 请患儿妈妈进入留观室陪伴
   C. 让患儿听舒缓的音乐
   D. 询问患儿需求，给予满足
   E. 请主治医生与患儿交谈
4. 7岁男孩，剑突下突发阵发性"钻顶样"剧烈腹痛2小时，呕出一条蛔虫，患儿立即全身发抖，双目紧闭，面色苍白，查体不配合。患儿的主要心理反应为（　　）
   A. 焦虑　B. 自卑
   C. 孤独　D. 恐惧
   E. 绝望
5. 儿科医疗机构有几种形式（　　）
   A. 1种　B. 2种
   C. 3种　D. 4种
   E. 5种
6. 1岁患儿，因肺炎合并心力衰竭注射呋塞米，其规格为每支20mg/2ml。若注射剂量为12mg，应抽取注射液量为（　　）
   A. 0.4ml　B. 0.6ml
   C. 0.8ml　D. 1.0ml
   E. 1.2ml

（毛惠芬）

# 第6章 儿科常用护理技术

## 第1节 婴儿抚触

### 一、目的

促进婴儿与父母的情感交流，促进神经系统的发育，提高免疫力，加快食物的消化和吸收，减少婴儿哭闹、增加睡眠。

### 二、操作程序及护理要点

（一）操作前准备

1. 护士准备　评估婴儿身体情况、生命体征，检查全身皮肤情况，向家长说明婴儿抚触的目的及方法，操作前洗手。

2. 物品准备　平整的操作平台、温度计、润肤油、婴儿尿布及衣服、包被。

3. 环境准备　关闭门窗，调节室温至28℃。

（二）护理要点

1. 解开婴儿包被和衣服。

2. 将润肤油倒在手中，揉搓双手温暖后进行抚触。

3. 进行抚触动作，动作开始要轻柔，慢慢增加力度，每个动作重复4～6次。

（1）头部抚触：两拇指指腹从眉间滑向两侧至发际；两拇指从下颌部中央至两侧向上滑动呈微笑状；一手轻托婴儿头部，另一手指腹从婴儿一侧前额发际抚向枕后，避开囟门，中指停在耳后乳突部轻压一下；换手，同法抚触另一侧。

（2）胸部抚触：两手掌分别从胸部的外下方，靠近两侧肋下缘处向对侧外上方滑动至婴儿肩部，交替进行。

（3）腹部抚触：双手指分别按顺时针方向按摩婴儿腹部，避开脐部和膀胱。

（4）四肢抚触：双手呈半圆形交替握住婴儿的上臂向腕部滑行，在滑行过程中，从近侧向远端分段挤捏上肢；用拇指从手掌心按摩到手指，并从手指两侧轻轻提拉每个手指。同法依次抚触婴儿的对侧上肢和双下肢。

（5）背部抚触：使婴儿呈俯卧位，以脊柱为中线，两手掌分别于脊柱两侧由中央向两侧滑行，从背部上段开始逐渐下移到臀部，最后由头顶沿脊椎抚触至臀部。

4. 包好尿布、穿衣。

5. 清理用物、洗手。

### 三、注意事项

1. 根据婴儿状态决定抚触时间，避免在饥饿和进食1小时内进行，最好在婴儿沐浴后进行，时间为10～15分钟。

2．抚触过程中注意保暖，观察婴儿的反应，如果出现哭闹、肌张力提高、兴奋性增加、肤色改变等，应暂停抚触，反应持续 1 分钟以上应停止抚触。

3．注意用力适当，避免过轻或过重。

4．抚触时保持环境安静，可以播放音乐，注意与婴儿进行语言和目光的交流。

## 第 2 节 婴儿沐浴法

### 一、目　　的

保持皮肤清洁、舒适，协助皮肤排泄和散热，促进血液循环，预防皮肤感染。

### 二、操作程序及护理要点

（一）操作前准备

1．护士准备　评估患儿病情、生命体征，检查全身皮肤情况。操作前洗手，向家长说明沐浴的目的及方法。

2．物品准备

（1）婴儿衣裤、大毛巾、包布、系带、面巾 1 块、浴巾 2 块、尿布等。

（2）护理盘：内备婴儿洗发沐浴液、婴儿润肤油、棉签、液状石蜡、碘伏、梳子、指甲剪。

（3）浴盆：内备温热水（2/3 满），水温 38～40℃（以操作者前臂内侧试温不冷不热即可）。

（4）其他：备两个操作台，一个作沐浴前脱衣服等操作用（污染区），一个作沐浴后操作用（清洁区），必要时准备水温计及磅秤等。

3．婴儿准备　沐浴于喂奶前进行，以防呕吐和溢奶。

4．环境准备　关闭门窗，采光要好，以便观察患儿。调节室温在 28℃左右。

（二）护理要点

1．抱小儿至沐浴操作台，脱衣。

2．洗面部　用面巾从内眦向外眦擦拭眼，然后擦耳，最后擦面部。

3．洗头部　抱起小儿，用左手托住头颈部，拇指与中指分别将小儿双耳郭折向前方，轻轻按住，堵住外耳道口，左臂及腋下夹住小儿臀部及下肢；右手洗头，清水冲洗干净，并用大毛巾擦干头发（图 6-1）。

4．左手握住小儿左肩及腋窝处，使其头颈部枕于操作者前臂；用右手握住患儿左腿靠近腹股沟处，使其臀部位于护士手掌上，轻放小儿于水中（图 6-2）。

图 6-1　婴儿洗头法

图 6-2　婴儿入浴盆法

5. 松开右手，淋湿小儿全身，抹沐浴液，按顺序洗颈下、胸、腹、腋下、臂、手、会阴、臀部、腿、脚。

6. 以右手从小儿前方握住小儿左肩及腋窝处，使其头颈部俯于操作者右前臂，左手抹沐浴液清洗小儿后颈及背部，以水冲净。

7. 抱小儿至清洁沐浴台，用大毛巾包裹全身并将水分吸干。脐带未脱落者，用碘伏消毒，范围包括脐带残端和脐周。在颈下、腋下、腹股沟处撒婴儿爽身粉。

8. 测量体重并记录。

9. 为小儿穿好衣裤，必要时做皮肤护理并修剪指甲。

### 三、注 意 事 项

1. 沐浴前向家长说明沐浴目的及方法，取得家长理解与配合。

2. 沐浴过程中注意观察小儿病情变化，必要时终止沐浴。

3. 注意保暖，防止受凉；注意水温，防止烫伤。出入浴盆抱稳婴儿，避免滑落坠地。不可将婴儿单独留在操作台上，防止坠落伤。

4. 水和洗发液不得入耳、入眼。婴儿头部如有结痂不可用力去除，可涂液状石蜡，待痂皮软化后清洗。

## 第 3 节　脐部护理法

### 一、目　　的

保持脐部清洁，预防脐炎。

### 二、操作程序及护理要点

（一）操作前准备

1. 护士准备　评估患儿日龄，观察脐轮有无红肿、脐窝有无出血及脓性分泌物、脐带有无脱落及脱落时间，操作前洗手。

2. 患儿准备　沐浴、更衣、换尿布。

3. 物品准备　治疗盘内备棉签、碘伏、75%乙醇、生理盐水、3%过氧化氢（双氧水）、5%～10%硝酸银和纱布等。

4. 环境准备　关闭门窗，避免对流风，调节室温至 24～28℃。

（二）护理要点

1. 核对、解释　向患儿家长说明目的。

2. 暴露脐部，检查脐部情况，按不同情况给予相应护理。

（1）脐轮不红，无脓性分泌物：以 75%乙醇涂擦脐带残端和脐轮并保持干燥。

（2）脐轮红肿，有脓性分泌物：先用生理盐水环形擦洗脐窝周围待干，用 3%过氧化氢（双氧水）环形擦洗脐窝周围待干，最后用碘伏环形擦洗脐窝及脐轮。必要时送分泌物做细菌培养。

（3）脐带一般出生后 3～7 天脱落，脱落后如有肉芽形成，可用 5%～10%硝酸银溶液点灼。

3. 覆盖无菌敷料于脐部。

4. 整理用物、洗手，记录。

## 三、注意事项

1. 为患儿进行脐部护理时，应当严密观察脐带有无特殊气味及脓性分泌物，发现异常及时报告医生。

2. 保持局部清洁干燥，不要让纸尿裤或衣服摩擦脐带残端，特别是尿布不要盖到脐部，以免排尿后污染脐部创面。

3. 脐带未脱落前，勿强行剥落，结扎线如有脱落应当重新结扎。发现异常，遵医嘱给予处理。

4. 不用甲紫消毒，甲紫虽有杀菌、收敛作用，但由于甲紫的穿透力弱，表面结痂不利于脓液引流，不利于观察。

5. 如脐轮红肿，分泌物有臭味，提示脐部感染，除局部清洁处理外，应同时全身使用抗生素。

6. 正确采集脐部分泌物标本，及时送检，协助诊断。

7. 动作轻柔，始终体现出对患儿的关爱，预防损伤及受凉。

# 第4节　更换尿布法

## 一、目　　的

保持小儿皮肤清洁、干燥和舒适，预防皮肤破损和尿布皮炎。

## 二、操作程序及护理要点

（一）操作前准备

1. 护士准备　观察小儿大小便及臀部皮肤情况，操作前洗手。

2. 物品准备　尿布、尿布桶、温水、软毛巾，视臀部皮肤情况准备治疗药物（如植物油类、软膏、抗生素等）、棉签及烤灯等。

3. 环境准备　病室温、湿度适宜，避免对流风。

（二）护理要点

1. 携用物至床旁，放下床档，揭开被盖，解开尿布带，露出臀部，以原尿布的上端两角洁净处轻拭会阴部及臀部，并以此盖上污湿部分垫于臀部下面。

2. 如有大便，用温水洗净，轻轻吸干。

3. 用一手轻轻提起小儿双足，使臀部略抬高，另一手取下污染尿布，再将清洁尿布垫于腰下，放下双足，尿布的底边双角折到腹部，两脚间的一角上拉，系好尿布带，结带松紧适宜，拉平衣服，盖好被子，整理床单位。

4. 打开污染尿布，观察大便性质（必要时留取标本送检）后放入尿布桶内。

5. 洗手，整理用物并记录。

## 三、注意事项

1. 选择质地柔软、透气性好、吸水性强的棉质尿布，或采用一次性尿布，以减少对臀部皮肤的刺激。

2. 动作应轻快，避免过度暴露或暴露时间过长。

3. 尿布包扎应松紧合适，防止因过紧而影响患儿活动，或过松造成大、小便外溢。

4. 动作轻柔，关爱患儿，预防受凉。

## 第 5 节　臀红护理法

由于婴幼儿皮肤细嫩，若长期受尿液、粪便刺激，局部湿热、摩擦，使用漂洗不净的尿布或不透气的塑料布等，这些因素可导致臀部发生炎症反应，称为臀红，又称尿布皮炎。臀红发生于尿布接触的部位，如臀、外生殖器、肛周等，主要表现为皮肤潮红、破溃，若未及时对症处理，可迅速发展为丘疹、水疱、糜烂渗液及继发感染等。

临床根据皮肤受损的程度，分为轻度臀红和重度臀红。轻度主要为表皮潮红。重度臀红又分为 3 度。重Ⅰ度：表现为局部潮红，伴有皮疹；重Ⅱ度：除以上表现外，并有皮肤溃破，脱皮；重Ⅲ度：局部大片糜烂或表皮剥脱，有时可继发细菌或真菌感染。

### 一、目　　的

缓解患儿疼痛，促进受损皮肤康复，防止继发感染。

### 二、操作程序及护理要点

#### （一）操作前准备

1. 护士准备　了解患儿诊断，观察臀部皮肤情况，操作前洗手。

2. 物品准备　水盆、清洁尿布、小毛巾、棉签、爽身粉、药物（0.02%高锰酸钾溶液、紫草油、氧化锌软膏、鱼肝油软膏、红霉素软膏、硝酸咪康唑霜等）、红外线灯或鹅颈灯。

3. 环境准备　病室温、湿度适宜，避免对流风，安静整洁安全。

#### （二）护理要点

1. 备齐用物，按操作顺序将用物放于治疗车上，推至床旁。

2. 轻轻掀开患儿下半身被褥，解开污湿尿布，若有大便，用温水将臀部洗干净，并用小毛巾吸干水分。

3. 将清洁尿布垫于臀下，使臀部暴露于空气或阳光下 10～15 分钟（在适宜的气温和室温下进行）。

4. 若臀红严重者也可用红外线灯或鹅颈灯照射臀部，灯泡 25～40W，灯泡距臀部患处 30～40cm，照射 10～15 分钟。

5. 将蘸有油类或药膏的棉签贴在皮肤上轻轻滚动，均匀涂药。用后的棉签放入弯盘内。

6. 给患儿更换尿布，拉平衣服、盖好被褥。整理用物，归还原处。

### 三、注 意 事 项

1. 臀部皮肤溃破或糜烂时禁用肥皂水，清洗时用手蘸水冲洗，避免用小毛巾直接擦洗。涂抹油类或药膏时，应使棉签贴在皮肤上轻轻滚动，不可上下涂刷，以免加剧疼痛和导致脱皮。

2. 暴露时应注意保暖，避免受凉，一般每日 2～3 次；照射时应有护士守护患儿，避免烫伤，一般每日 2 次。

3. 根据臀部皮肤受损程度选择油类或药膏：轻度臀红，涂紫草油或鞣酸软膏；重Ⅰ度、Ⅱ度臀红，涂鱼肝油软膏及 1%甲紫；重Ⅲ度臀红，涂鱼肝油软膏或康复新溶液（中药），每日

3～4次。继发细菌或真菌感染时，可用0.02%高锰酸钾溶液冲洗吸干，然后涂红霉素软膏或硝酸咪康唑霜（达克宁霜），每日2次，用至局部感染控制。

4. 保持臀部清洁干燥，重度臀红者所用尿布应煮沸、消毒液浸泡或阳光下暴晒以消灭细菌。

## 第6节 约束法

### 一、目　　的

限制小儿活动，以利诊疗；确保躁动小儿的安全，以免发生意外。

### 二、操作程序及护理要点

（一）操作前准备

1. 护士准备　了解患儿病情；向家长解释目的与方法，取得合作。

2. 物品准备

（1）全身约束：床单或大毛巾。

（2）手或足约束：棉垫、宽纱布绷带、并指手套。

（二）护理要点

1. 全身约束法

（1）方法一：折叠大毛巾（或床单）达到能盖住小儿由肩至脚跟部的宽度。①在床上放小儿于大毛巾中间，将大毛巾紧裹小儿一侧上肢、躯干和下肢，经胸、腹部至对侧腋窝处，再将大毛巾整齐地压于小儿身下；②毛巾另一边紧裹小儿另一侧手臂，经胸压于背下，如小儿活动剧烈，可用布带围绕双臂打活结系好（图6-3）。

（2）方法二：折叠大毛巾（或床单）使宽度能盖住小儿至脚跟部。①将小儿放于大毛巾中央，将大毛巾一边紧紧包裹小儿手臂并从腋下经后背到达对侧腋下拉出，再包裹对侧手臂，多余部分压至身下；②大毛巾另一边包裹小儿，经胸压于背下（图6-4）。

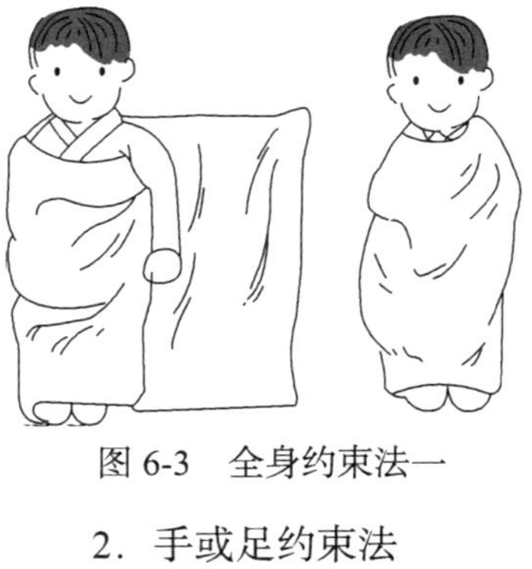
图6-3　全身约束法一

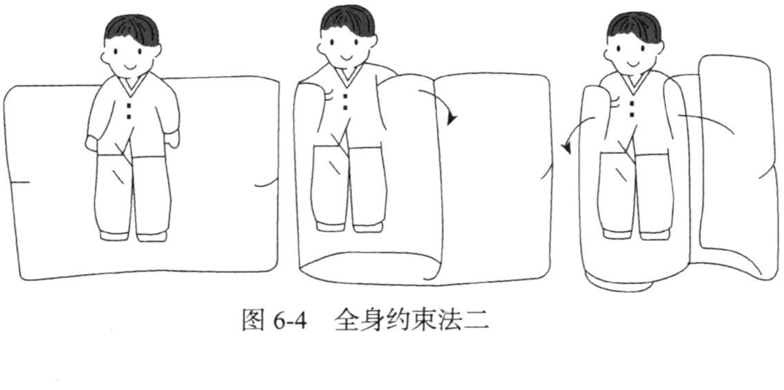
图6-4　全身约束法二

2. 手或足约束法

（1）双套结约束法：用于限制手臂及下肢的活动。先用棉垫包裹手腕或踝部，再用宽绷带打成双套结，套在棉垫外稍拉紧，以既不脱出，又不影响血液循环为宜，然后把带子系于床缘上（图6-5）。

（2）手指约束法：戴并指手套，避免指甲划破皮肤。

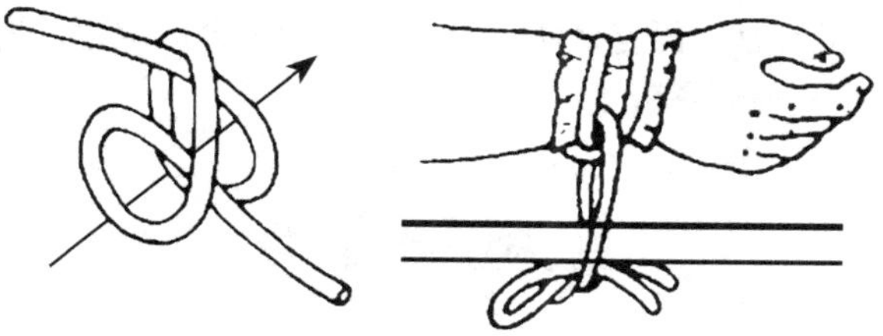

图 6-5　手或足约束法

### 三、注 意 事 项

1．约束前向家长解释目的与方法，取得合作。

2．约束后尽量多与孩子交谈，减少恐惧。

3．包裹松紧适宜，避免过紧损伤小儿皮肤，影响血供，过松则失去约束意义。

4．保持小儿姿势舒适，定时给予短时的姿势改变，减少疲劳。

5．约束期间，随时注意观察约束部位皮肤颜色、温度，掌握血液循环情况。

## 第 7 节　头皮静脉输液法

婴幼儿头皮静脉浅表易见、丰富，不滑动易固定，头皮静脉输液不影响小儿活动，也不影响其他诊疗和护理工作，并便于保暖。

### 一、目　　的

补充水分及电解质，纠正水、电解质失衡，满足患儿的治疗和营养需要。

### 二、操作程序及护理要点

（一）操作前准备

1．护士准备　了解患儿病情；向家长解释目的与方法，取得合作；操作前洗手，戴口罩。

2．物品准备　治疗盘、输液器、液体及药物、头皮针、消毒液、棉签、弯盘、胶布、治疗巾，根据需要准备剃刀、肥皂、纱布、固定物。

3．环境准备　病室温、湿度适宜，避免对流风。

（二）护理要点

1．备齐用物携至床旁，严格查对制度。

2．患儿准备　更换尿布，仰卧或侧卧，头垫小枕，助手站于患儿足端，固定其肢体、头部。必要时采用全身约束法。

3．操作者立于患儿头端，仔细选择静脉，常选用额上静脉、颞浅静脉、耳后静脉等，如所选静脉在发际内应顺头皮方向剃净局部头发，以纱布擦净局部。用乙醇消毒皮肤，再次查对。

4．操作者一手拇指、示指分别固定静脉两端皮肤，另一手持针沿静脉走行方向徐徐刺入，当针头刺入静脉时阻力减小，有落空感，同时有回血即可固定。营养不良、重度脱水、早产儿等体弱或特殊患儿因血管细小或充盈不全无回血者，可先用注射器接头皮针，驱除针内气体后再刺入，轻轻抽吸。亦可推入极少量液体，如局部无隆起，推之畅通无阻，即证实穿刺成功。

5．穿刺成功后，如无异常，固定针头，将输液管绕于合适位置，妥善固定。调节滴速，再次核对，签字并交代患儿家长注意事项。

6．清理用物，洗手，记录。

### 三、注意事项

1．注意区分头皮动、静脉。

2．密切观察输液是否通畅，局部是否肿胀，针头有无移动和脱出。输注刺激性较强的药物时，应注意观察。

3．保持与观察头皮针输液管的固定，防止头皮针移动脱落。

## 第8节　颈外静脉穿刺法

### 一、目　的

适用于婴幼儿或肥胖儿童静脉采血。

### 二、操作程序及护理要点

（一）操作前准备

1．护士准备　评估患儿身体、检查项目和穿刺部位皮肤情况；向家长解释目的与方法，取得合作；操作前洗手、戴口罩。

2．物品准备　治疗盘、注射器、消毒液、棉签、采血管、弯盘、胶布。

3．环境准备　病室温、湿度适宜，安静整洁安全。

（二）护理要点

1．按全身约束法包裹好患儿，取仰卧位，助手两前臂约束患儿躯干及上肢，固定好头、肩，使患儿肩部与治疗台边沿相齐，头部转向一侧，稍垂于治疗台边沿下，暴露颈外静脉。

2．操作者站在患儿头端，按常规消毒皮肤后，一手持注射器沿血液回心方向刺入皮肤，当患儿啼哭促使颈外静脉怒张时，将针头刺入血管，另一手慢慢抽回血。如无血抽出，可将针头缓缓后退，边退边抽，抽到血液后固定针头，采集所需血量后拔出针头，用消毒干棉球压迫穿刺点2～3分钟。托起患儿头部，给予安抚。

3．将针头取下，根据检验目的分别把血液注入相应的容器内。

### 三、注意事项

1．严重心、肺疾病及病情危重者不宜用此法。有出血倾向者穿刺时应谨慎，拔针后应延长按压时间。

2．穿刺过程中应随时观察患儿面色及呼吸情况，发现异常应立即停止操作。

## 第9节　股静脉穿刺法

### 一、目　的

采集静脉血标本。

## 二、操作程序及护理要点

（一）操作前准备

1．护士准备　评估患儿身体、检查项目和穿刺部位皮肤情况；向家长解释目的与方法，取得合作；操作前洗手，戴口罩。

2．物品准备　治疗盘、注射器、消毒液、棉签、采血管、弯盘、胶布。

3．环境准备　病室温、湿度适宜，安静整洁安全。

（二）护理要点

1．携用物至床旁，核对，协助患儿取仰卧位，固定大腿外展呈蛙形，暴露腹股沟穿刺部位，用脱下的一侧裤腿或尿布遮盖会阴部。

2．消毒患儿穿刺部位及护士左手示指。

3．在患儿腹股沟中、内 1/3 交界处，以左手示指触及股动脉搏动处，右手持注射器于股动脉搏动点内侧 0.3～0.5cm 垂直穿刺，边向上提针边抽回血。

4．见回血后固定针头，抽取所需血量。

5．拔针，压迫穿刺点 5 分钟止血。

6．取下针头，将血液沿采血管壁缓慢注入。

7．再次核对，清理用物，洗手，记录。

## 三、注 意 事 项

1．患儿有出血倾向或穿刺误入股动脉，应延长加压止血时间。

2．穿刺过程中注意观察患儿反应，若穿刺失败，不宜反复多次穿刺，以免局部形成血肿。

# 第 10 节　光 照 疗 法

## 一、目　　的

光照疗法主要用于新生儿高胆红素血症的辅助治疗。通过蓝光照射，促使新生儿体内未结合胆红素转变为水溶性异构体，易于从胆汁和尿液中排出体外，从而降低未结合胆红素水平，使黄疸减轻或消失。

## 二、操作程序及护理要点

（一）操作前准备

1．护士准备　评估患儿身体状况包括日龄、体重、黄疸、生命体征、反应、胆红素检查情况；向家长解释目的与方法，取得合作；操作前洗手，戴口罩，戴墨镜。

2．患儿准备　清洁患儿皮肤，剪短指甲，防止抓破皮肤。脱去患儿衣裤，全身裸露，双眼佩戴遮光眼罩，避免光线损伤患儿的视网膜。用长条尿布或纸尿裤遮盖会阴部，男婴注意保护阴囊。

3．物品准备

（1）光照箱：一般采用波长为 450nm 的蓝色荧光灯，光亮度以 160～320W 为宜；分单面和双面光疗箱。单面光疗可用 20W 灯管 6～8 支，平行排列成弧形；双面光疗时，上下各装 20W 灯管 5～6 支。灯管与皮肤距离为 33～50cm。

（2）遮光眼罩（用不透光的布或纸制成）、长条尿布或纸尿裤、记录单等。

4．环境准备　病室温、湿度适宜，温度维持在25～27℃，安静整洁安全。

（二）护理要点

1．入箱前准备　清洁光疗箱，接通电源，预热并检查灯管的亮度，确定功能良好、无漏电或破损等情况。调节光疗箱内温、湿度，使箱温升至患儿适中温度（30～32℃），相对湿度为55%～65%，将湿化器水箱加水至2/3满。

2．光照时的护理　把全身裸露仅遮盖眼睛和会阴部的婴儿放入已预热的光疗箱内，记录开始照射的时间。严密观察病情变化，应每2～4小时测量体温1次，使体温保持在36～37℃为宜。若用单面光疗箱，一般每2小时更换体位1次，使患儿皮肤均匀受光。同时要注意观察患儿的精神状态、呼吸、脉搏、皮肤颜色和完整性、大小便、四肢张力及黄疸进展程度等。保证营养和水分的供给，光疗过程中，因患儿不显性失水比正常小儿高2～3倍，故应定时喂奶、喂水或静脉补液。

3．光疗后护理　将患儿从箱内抱出，除去眼罩、穿衣，记录体温、出箱时间，送回病房。清洁消毒光疗设备。

知识链接

**光疗方式新进展介绍**

1．现有蓝光、白光、冷光源等光疗设备，可按当地医疗条件和患者病情需要选择。

2．采用间断蓝光治疗法的效果与持续蓝光治疗持平，但不良反应明显减少。

3．婴儿蓝光床是一种新型的蓝光治疗仪，用此种方法进行蓝光照射的新生儿不必戴眼罩，可不必额外补充液体。

## 三、注意事项

1．入箱前，须清洁患儿皮肤，禁忌在皮肤上涂粉或油类。

2．患儿光疗时，观察患儿眼罩、会阴部遮盖物有无脱落，观察皮肤有无破损。监测体温，若高于37.8℃或低于35℃时，应暂停光疗，经处理体温恢复正常后再继续治疗。若患儿出现烦躁、嗜睡、脱水、皮疹、呕吐、拒奶、腹泻等情况时，须及时与医生联系，检查原因，及时给予相应处理。光疗超过24小时可造成体内核黄素缺乏，注意及时补充核黄素，以防止继发性溶血。

3．保持灯管的清洁，防止灰尘影响光照强度。记录灯管使用时间，蓝光灯管使用时间超过300小时，治疗效果即开始衰减，累计使用1000小时必须更换。因此，必须严格记录使用时间，适时更换新灯管。

# 第11节　温箱使用法

## 一、目　　的

为出生体重低于2000g者及异常新生儿（如新生儿寒冷损伤综合征、体温不升）提供一个温、湿度适宜的环境，使患儿体温维持在正常范围。

## 二、操作程序及护理要点

（一）操作前准备

1．护士准备　评估患儿，测量体温，了解胎龄、出生体重、日龄、一般情况，评估常见护理问题；向家长解释目的与方法，取得合作；操作前洗手、戴口罩。

2．患儿准备　测体重、体温，穿单衣、裹尿布。

3．物品准备　暖箱（使用前做好清洁消毒工作、检查其性能是否完好，确保安全）、婴儿床垫、枕头、床单、清洁尿布、蒸馏水等。

4．环境准备　病室温、湿度适宜，安静整洁安全。

（二）护理要点

1．入箱前护理　检查温箱的性能，清洁消毒温箱。暖箱湿化器水箱中加蒸馏水至水位指示线。接通电源，将预热温度调至 28～32℃，预热时间需要 30～60 分钟，温度升到所需温度时，红、绿灯交替亮。调整箱内湿度维持在 55%～65%。随后，暖箱的温、湿度可根据早产儿的体重及出生日龄进行调节（表 6-1）。

**表 6-1　不同出生体重早产儿温箱温度**

| 出生体重（kg） | 温箱温度 | | | |
|---|---|---|---|---|
| | 35℃ | 34℃ | 33℃ | 32℃ |
| 1.0～ | 出生 10 天以内 | 10 天以后 | 3 周以后 | 5 周以后 |
| 1.5～ | | 出生 10 天以内 | 10 天以后 | 4 周以后 |
| 2.0～ | | 出生 2 天以内 | 2 天以后 | 3 周以后 |
| 2.5～ | | | 出生 2 天以内 | 2 天以后 |

2．入箱后护理　箱温达到预定温度，核对患儿后，患儿入箱。一切护理操作应尽量在箱内进行，如喂奶、换尿布、清洁皮肤、观察病情及检查等操作均可从边门及袖孔进行，尽量少开箱门，以免箱内温度波动。确因需要暂出暖箱治疗检查，也应注意在保暖措施下进行，避免患儿受凉。定时测量体温，根据体温调节箱温，并做好记录。在体温升至正常之前应每小时监测体温 1 次，升至正常后可每 4 小时测 1 次，维持体温在 36～37℃。每日固定时间加满水槽内水，以维持相对湿度。每日用消毒液擦拭暖箱内外，并要定期做细菌培养，以检查清洁消毒效果。

3．患儿出箱时，关闭电源，清洁皮肤，更换婴儿清洁衣服，包裹尿布。

（三）出暖箱条件

1．体重达 2000g，体温正常者。

2．患儿在暖箱中时间超过 1 个月，体重虽不足 2000g ，但一般情况良好者。

3．尝试性出箱，室温维持在 24～26℃时，能保持正常体温者。

## 三、使用暖箱的注意事项

1．使用暖箱时，应随时观察使用效果，如发现暖箱报警信号，应及时查找原因，妥善处理。

2．温箱所在房间室温应维持在 22～26℃，减少散热，暖箱不宜放置在阳光直射、有对流风及取暖设备附近，以免影响箱内温度的控制。

3．要掌握暖箱性能，严格执行操作规程，并要定期检查有无故障、失灵现象，一旦发现应立即拔出电源进行检修，保证绝对安全使用。

4．严禁骤然提高暖箱温度，以免患儿体温突然上升造成不良后果。注意保持患儿体温，腋窝温度维持在 36.5～37.5℃。操作尽量在箱内集中进行，减少开门次数和时间，以免箱内温度波动。

5．工作人员入箱操作、检查、接触患儿前必须洗手，以防感染；暖箱除每日消毒外，每周应更换1次；定期进行细菌监测；机箱下面的空气净化垫应每月清洗1次，若已破损则需更换；患儿出箱后应进行终末消毒处理。

## 自测题

$A_1/A_2$型题

1．婴幼儿盆浴的目的不包括（　　）
A．使患儿清洁舒适　B．促进血液循环
C．帮助皮肤排泄　D．帮助机体散热
E．观察呼吸及循环情况

2．约束法的注意事项不包括（　　）
A．向患儿家长解释约束的原因、目的、时间
B．结扎或包裹时尽量松些，以免影响血运
C．必要时进行局部按摩，促进血液循环
D．注意观察约束部位皮肤颜色、温度
E．保持患儿姿势舒适，减少疲劳

3．蓝光疗法的适应证为（　　）
A．新生儿硬肿症　B．新生儿破伤风
C．新生儿颅内出血　D．新生儿败血症
E．新生儿高胆红素血症

4．更换蓝光箱灯管的时间是使用（　　）
A．300小时　B．900小时
C．1000小时　D．1100小时
E．1200小时

5．新生儿需使用暖箱的情况不包括（　　）
A．极低出生体重儿
B．体重低于2000g的足月儿
C．巨大儿
D．新生儿寒冷损伤综合征
E．体温不升的新生儿

6．下列属于婴儿出暖箱指征的是（　　）
A．患儿体重不足2000g，体温正常
B．患儿在箱内生活超过1个月，体重不到2000g，但一般情况良好
C．患儿在箱内生活超过1个月，体重不到2000g，一般情况不好
D．尝试性出箱，体温低于正常范围者
E．患儿体重大于2000g，体温低于正常

7．患儿日龄5天，生后24小时内出现黄疸，进行性加重。在实施蓝光疗法时，下列措施错误的是（　　）
A．使用前调节好箱内温、湿度
B．患儿脱衣服，系好尿布，戴好护眼罩置于箱中
C．设置适宜箱温，使体温保持在36.5～37.5℃
D．光疗过程中适当限制液体供给
E．严密观察病情，注意副作用

$A_3/A_4$型题

（8～10题共用题干）

患儿，男，5个月。因“腹泻1天、大便10余次”就诊，臀部皮肤潮红，伴皮疹，有部分皮疹破溃伴少量渗出。

8．该患儿臀部皮肤出现的情况是（　　）
A．尿布皮炎　B．臀部浅表溃疡
C．水痘皮疹　D．真菌性皮炎
E．病毒性皮疹

9．该患儿臀部皮肤的病情分度为（　　）
A．轻度　B．重Ⅰ度
C．重Ⅱ度　D．重Ⅲ度
E．轻度伴感染

10．该患儿臀部护理操作正确的是（　　）
A．每次大便后用软纸擦净臀部
B．禁用肥皂水清洗
C．用油布或塑料布包裹好臀部
D．用鹅颈灯照射30分钟
E．烤灯后局部滚动涂金霉素鱼肝油

（黄　臻）

# 第7章 新生儿及患病新生儿的护理

本章知识框架，见图7-1。

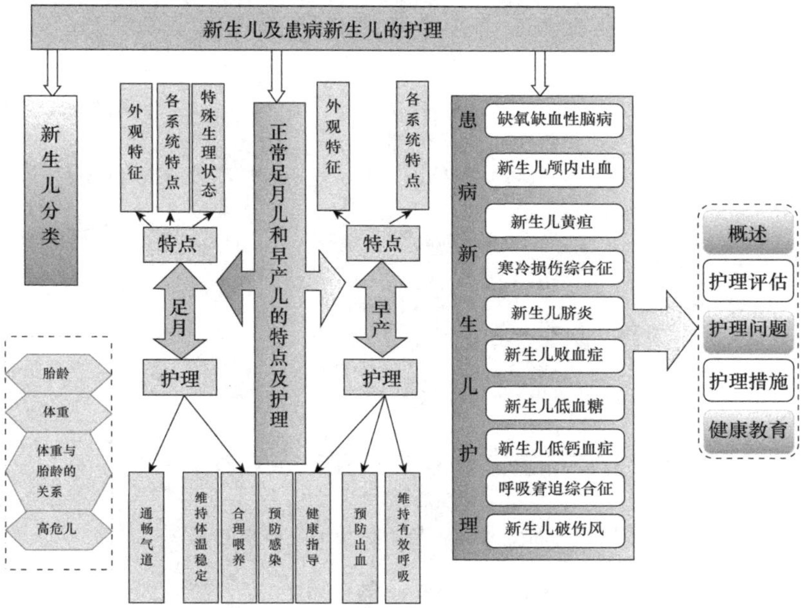


图7-1　新生儿及患病新生儿的护理知识框架

## 第1节　新生儿分类

新生儿系指从脐带结扎到出生后满28天的小儿。此期间小儿的生活环境由宫内到宫外，生存方式发生巨大变化，需要完成多方面的生理调整来适应这些改变。为了便于新生儿的保健及医疗等护理工作，将新生儿按以下方式进行分类。

### 一、根据胎龄分类

1．足月儿　指胎龄满37周至未满42周的新生儿。

2．早产儿　指胎龄未满37周的新生儿。

3．过期产儿　指胎龄满42周以上的新生儿。

### 二、根据出生体重分类

1．正常出生体重儿　出生体重为2500～4000g的新生儿。

2. 低出生体重儿　出生体重＜2500g 者。其中出生体重＜1500g 的为极低出生体重儿；出生体重＜1000g 的为超低出生体重儿。

3. 巨大儿　出生体重＞4000g 的新生儿。

## 三、根据出生体重和胎龄关系分类

1. 适于胎龄儿　出生体重在同胎龄儿平均体重第 10～90 百分位者。

2. 小于胎龄儿　出生体重在同胎龄儿平均体重第 10 百分位以下者。

3. 大于胎龄儿　出生体重在同胎龄儿平均体重第 90 百分位以上者（图 7-2）。

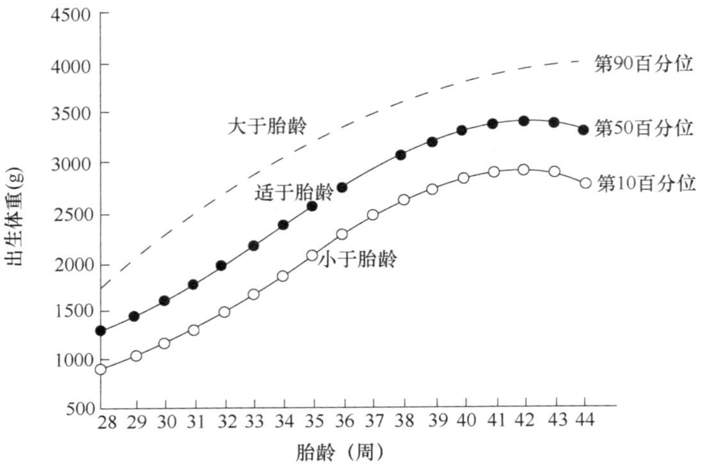


图 7-2　新生儿命名与胎龄及出生体重的关系

## 四、高　危　儿

高危儿是指已发生或可能发生危重情况需要特殊监护的新生儿，主要包括以下情况。

1. 异常妊娠史　孕母有糖尿病、妊娠高血压综合征、感染等疾病；孕母有吸烟、吸毒等不良生活习惯；孕母曾有死胎、死产及胎儿先天畸形史。

2. 异常分娩史　各种难产、手术产，分娩过程中母亲使用镇静或止痛药物等。

3. 异常新生儿　出生时 Apgar 评分＜7 分、脐带绕颈、各种先天畸形、早产儿、过期产儿、大于或小于胎龄儿、巨大儿及患有各种疾病的新生儿等。

# 第 2 节　正常新生儿和早产儿的特点及护理

## 一、正常足月儿的特点及护理

### （一）正常足月儿的特点

正常足月儿是指出生时胎龄满 37～42 周，体重 2500～4000g，身长＞47cm，无任何畸形和疾病的活产婴儿。

1．外观特点（表7-1）

**表7-1　足月儿与早产儿外观特点比较**

| 外观 | 正常足月儿 | 早产儿 |
| --- | --- | --- |
| 哭声 | 响亮 | 低弱 |
| 四肢肌张力 | 良好 | 低下 |
| 皮肤 | 红润，皮下脂肪丰满，毳毛少 | 绛红，水肿，毳毛多 |
| 头发 | 分条清楚 | 细而乱 |
| 耳壳 | 软骨发育良好，耳舟成形，直挺 | 软，缺乏软骨，耳舟不清楚 |
| 乳腺 | 乳晕清楚、结节＞4mm | 乳晕不清、无结节或结节＜4mm |
| 指（趾）甲 | 达到或超过指（趾）尖 | 未达指（趾）尖 |
| 跖纹 | 足纹遍及整个足底 | 足底纹理少 |
| 外生殖器 | 男婴阴囊褶皱多，睾丸已降至阴囊<br>女婴大阴唇完全遮盖小阴唇 | 男婴阴囊褶皱少，睾丸未降至阴囊<br>女婴大阴唇不能遮盖小阴唇 |

（考点：正常足月儿与早产儿外观特点的区别）

2．体温调节　由于新生儿体温调节中枢发育尚不完善，体表面积相对较大，皮下脂肪较薄容易散热，主要依靠棕色脂肪代谢产热维持体温，故体温易受环境温度的影响。当环境温度低时，新生儿可因产热量相对不足而引发体温降低或硬肿症。当环境温度高、体内水分不足时，易出现“脱水热”。故在“适中温度”环境中有利于新生儿维持正常体温。

知识链接

**适 中 温 度**

“适中温度”或“中性温度”是指机体代谢、氧及能量消耗最低，又能保持正常体温时的环境温度。正常足月儿适中温度通常是指在小儿穿衣、盖被的情况下，环境温度保持在22～24℃。新生儿的适中温度与胎龄、日龄和出生体重有关。

3．呼吸系统　呼吸中枢及肋间肌发育不成熟，呼吸主要靠膈肌升降而呈腹式呼吸为主，呼吸表浅，节律不匀，正常呼吸频率为40次/分左右。

4．循环系统　心率快且波动较大，为120～140次/分。波动在90～160次/分。

5．消化系统　足月儿出生时吞咽功能已经完善，但胃容量小，食管下部括约肌松弛，胃呈水平位，贲门松弛，幽门括约肌较发达，易溢乳甚至呕吐。出生后10～12小时开始排墨绿色胎粪，3～4天后转为黄色粪便。若超过24小时还未排胎粪，应检查是否有先天性肛门闭锁或其他消化道畸形。

6．泌尿系统　肾功能不成熟，肾小球滤过功能低下，肾小管浓缩功能差，易出现脱水或水肿。一般出生后24小时内排尿，若超过48小时仍无尿，需查找原因。

7．神经系统　新生儿脑相对较大，大脑皮质发育尚未完善，大脑皮质兴奋性低，睡眠时间长。足月儿出生时已具备一些原始的神经反射，如觅食反射、吸吮反射、握持反射、拥抱反射、交叉伸腿反射等，正常情况下，出生后数月这些反射自然消退。当有神经系统疾病时，原始反射减弱或不能引出。

8．免疫系统　新生儿非特异性免疫和特异性免疫功能均不成熟，皮肤黏膜薄嫩易受损；脐残端未完全闭合，细菌易进入血液；分泌型 IgA 缺乏，易患呼吸道和消化道感染；免疫球蛋白 IgG 虽可由胎盘从母体获得，但与胎龄有关，胎龄越小，含量越低；免疫球蛋白 IgA 和 IgM 不能通过胎盘传给新生儿，故易患各种感染，尤其是革兰阴性杆菌感染。

（二）新生儿的特殊生理状态

1．生理性体重下降　出生后第 1 周内由于摄入不足、胎粪排出和水分丧失，体重可暂时下降 3%～9%，在出生后 5～6 天达到最低点（一般不超过出生体重的 10%），以后逐渐回升，常于 7～10 天恢复到出生时体重，称生理性体重下降。如果体重下降的幅度超过 10%或至第 10 天还未恢复到出生时体重，则为病理状态，应查找原因。若出生后能及早合理喂哺，可减轻或避免生理性体重下降的发生。

（考点：生理性体重下降幅度）

2．生理性黄疸　因为新生儿胆红素代谢特点，约 60%的足月儿和 80%的早产儿在出生后出现黄疸。一般出生后 2～3 天出现黄疸，5～7 天最明显，足月儿 10～14 天黄疸自然消退，血清胆红素浓度不超过 221μmol/L（12.9mg/dl）；未成熟儿黄疸可延迟至 3～4 周消退，血清胆红素浓度不超过 257μmol/L（15mg/dl）。婴儿一般情况良好，无需治疗。

3．乳腺增大　男女均可发生，多在出生后 3～5 天出现，如蚕豆或鸽蛋大小，一般出生后 2～3 周自然消退。

4．假月经　部分女婴出生后 5～7 天可见阴道流出少量血液，可持续 1 周，是因出生后母亲雌激素突然中断所致，一般不必处理。

5．“马牙”和“螳螂嘴”　新生儿上腭中线和齿龈切缘上有黄白色小斑点，俗称“马牙”或“板牙”，于出生后数周至数月自行消失，此为上皮细胞堆积或黏液腺分泌物积留所致。新生儿两颊部有脂肪垫隆起，俗称“螳螂嘴”，对吸乳有利，二者均属正常现象，不应挑割，以免发生感染。

6．新生儿红斑及粟粒疹　出生后 1～2 天，在头部、躯干及四肢出现大小不等的多形性丘疹，称“新生儿红斑”，1～2 天自然消失。也可因皮脂腺堆积在鼻尖、鼻翼、颜面部形成小米粒大小的黄白色皮疹，称为“新生儿粟粒疹”，多可自然消退，不需处理。

（考点：正常新生儿特殊生理状态）

（三）正常足月儿的护理

1．护理问题

（1）有窒息的危险：与呼吸道阻塞、溢奶、吐奶等有关。

（2）有体温失调的危险：与体温调节功能不完善有关。

（3）有感染的危险：与免疫功能低下有关。

（4）知识缺乏：家长缺乏喂养及护理相关知识。

2．护理措施

（1）保持呼吸道通畅：及时清除口鼻分泌物；不得将任何物品放置在新生儿口鼻处；仰卧位时颈部垫薄枕，避免前屈或过度后仰；俯卧位时小儿双上肢自然屈曲放在头两侧，头偏向一侧；专人看护。

（2）维持体温正常：将新生儿置于“适中温度”环境中，一般室温保持在 22～24℃，相对湿度在 55%～65%。环境温度低时，新生儿须头戴绒线帽、身着保暖衣物，用棉被包裹，包被外加用暖水袋。必要时放入婴儿培养箱中保暖，每 4 小时监测 1 次体温变化。

（3）合理喂养：提倡母乳喂养，出生后 30 分钟内即可开始吸吮乳头，鼓励按需哺乳。母亲无法哺乳者，可先试喂 5%～10%葡萄糖水 10ml，吸吮、吞咽良好者可喂配方乳，注意乳具专用和消毒，乳量遵循小量渐增的原则，详细记录哺乳量。哺奶后婴儿安静、不吐、无腹胀，体重每日增长 15～30g，表明婴儿进食的奶量合适，哺乳充足。

（4）预防感染：足月新生儿室应阳光充足，空气流通、清新。保护性隔离，定期对病室进行消毒。做好皮肤护理，选用棉质，柔软、宽松舒适、无纽扣的衣物。体温稳定后可每日沐浴 1 次。脐带未脱落者，每日检查脐部有无渗血，出现渗血，则考虑重新结扎止血；无渗血者每日用 75%的乙醇棉签轻拭脐带根部，待其自然脱落；脐带脱落后脐窝内如有少量渗出液，可用 75%乙醇棉签卷清脐窝；有脓性分泌物时，先用 3%过氧化氢溶液擦拭，再涂以 0.2%～0.5%碘伏；有肉芽组织者可用 5%～10%硝酸银烧灼局部。按时预防接种，出生 1 天接种乙肝疫苗，出生 3 天接种卡介苗。

## 二、早产儿的特点及护理

### （一）早产儿的特点

早产儿又称未成熟儿，是指胎龄＞28 周，但胎龄＜37 周的活产婴儿。

1．外观特点　见表 7-1。

2．体温调节　早产儿体温中枢调节功能差，体温常随环境温度变化而升降。体表面积相对较大，棕色脂肪少，无寒战反应，产热不足，保暖性能差，体温易偏低或不升，因此早产儿保暖十分重要。

3．呼吸系统　早产儿呼吸中枢发育相对更不成熟，呼吸表浅且不规则，可发生呼吸暂停（呼吸暂停指呼吸停止超过 20 秒，或虽不到 20 秒，但心率＜100 次/分，并出现发绀及四肢肌张力减低）。早产儿肺部发育不成熟，肺泡表面活性物质缺乏时易发生肺透明膜病。有宫内窘迫史者，易发生吸入性肺炎。

4．消化系统　早产儿吸吮能力较弱，食物耐受力差。贲门括约肌松弛，胃底发育差，呈水平位，而幽门括约肌较发达，故更易发生溢乳；早产儿消化酶分泌不足，尤其是胆酸的分泌少，对脂肪的消化吸收较差；早产儿肝脏发育不成熟，肝葡萄糖醛酸转移酶活性较低，生理性黄疸程度较足月儿重，持续时间长；肝内糖原储存少，蛋白质合成不足，故易发生低血糖和低蛋白血症；由于早产儿胎粪形成较少和肠蠕动无力，易发生胎粪排出时间延迟。

5．神经系统　神经系统的功能和胎龄有密切关系，胎龄越小，反射越差，原始神经反射很难引出或引出不完全；早产儿易发生缺氧，导致缺氧缺血性脑病；脑室管膜下存在发达的胚胎生发层组织，易导致颅内出血。

6．其他　早产儿体内的特异性和非特异性免疫功能均不够完善，各种免疫球蛋白含量较低，更易患感染性疾病；而且早产儿生长速度比足月儿快，对铁、钙等矿物质及维生素 K、维生素 C、维生素 A、维生素 D 需求大，缺乏时易发生佝偻病和贫血等疾病。

### （二）早产儿的护理

1．护理问题

（1）体温过低：与体温调节功能差、体内产热不足等因素有关。

（2）自主呼吸障碍：与呼吸中枢、呼吸器官发育不成熟有关。

（3）营养失调：低于机体需要量　与吸吮无力、吞咽功能不良有关。

（4）有感染的危险：与免疫功能低下和皮肤黏膜柔嫩屏障功能差有关。

（5）潜在并发症：低血糖、出血等。

2．护理措施

（1）维持体温正常：一般室内温度应保持在24～26℃，相对湿度55%～65%。根据早产儿的体重及病情，采取不同的保暖措施：①体重>2000g者，可在箱外保暖，因头部散热量大，故应戴绒布帽，以降低耗氧和散热量。②体重<2000g者，应尽早置于婴儿暖箱内保暖。根据婴儿的体重设置婴儿培养箱的温度，体重越轻箱温越高。③密切观察体温变化，如发现异常，及时通知医生。

（2）维持有效呼吸：有缺氧症状者给予氧气吸入，如哺乳时有发绀发生，应于哺乳前后吸氧数分钟。吸入氧浓度及时间应根据缺氧程度及用氧方法而定，一般主张间断、低浓度吸氧，常用氧气浓度为30%～40%，持续吸氧时间最好不超过3天。吸入氧气浓度过高或时间过长，可能发生氧中毒，导致早产儿视力减退甚至失明。呼吸暂停时给予拍打足底、托背、刺激皮肤等方法，帮助恢复规律的自主呼吸。必要时遵医嘱采用气道持续正压呼吸模式提供支持或静脉滴注氨茶碱。

知识链接

**早产儿视网膜病变**

早产儿视网膜血管还没有发育完善，当长时间持续吸入高浓度氧气时，可引起视网膜血管收缩或阻塞，造成视网膜缺氧，刺激视网膜血管增生，新生的血管向外生长伸入玻璃体内，伴随纤维组织增生在晶状体后形成纤维膜，纤维膜的收缩牵拉视网膜，导致其脱离，最终致眼球萎缩、失明，故早产儿不宜过长时间高浓度吸氧。

（3）合理喂养：早产儿也应以母乳喂养为宜，必要时可用早产儿配方奶。开始先试喂5%糖水，以后根据胎龄及出生体重选择自行哺乳、经胃或十二指肠管饲等喂养方法。哺乳量因人而异，一般为胎龄越小，出生体重越低，每次哺乳量越少，喂奶间隔时间也越短。理想的体重为每日增长25～30g，最低应达15g。

（4）预防感染的护理：早产儿与足月儿应分室居住，病室每日紫外线照射1～2次，每次30分钟。严禁非本室人员入内，如人流量超过正常时，应及时进行空气及有关用品消毒，确保空气及仪器物品洁净，防止交互感染的发生。做好皮肤护理和脐部护理，除足月儿的护理措施外，每日要做口腔护理1～2次。

（5）预防出血的护理：早产儿易缺乏维生素K依赖凝血因子，出生后应按医嘱肌内注射维生素$K_1$，预防出血症。密切观察病情，早期发现出血征兆，争取治疗和抢救时机。

3．健康教育

（1）为父母提供接触、照顾孩子的机会，耐心解答父母提出的问题，讲解所用设备的使用和治疗措施，减轻父母的焦虑及恐惧。

（2）指导父母护理早产儿，教会家长保暖、喂养及皮肤护理操作及注意事项等。

（3）建议回家后减少他人探视，患有感染性疾病的家人应避免接触早产儿；告知家长患儿需要到医院就医的情况，做好用药指导；及时添加维生素D、铁剂、钙剂等营养素。

## 第3节　新生儿缺氧缺血性脑病的护理

新生儿缺氧缺血性脑病是各种围生期因素引起的缺氧和脑血流减少或暂停而导致的胎儿和新生儿的颅脑损伤，常是新生儿窒息后的严重并发症。病情严重，病死率高，后遗症发生率较高。

## 一、概　　述

所有引起新生儿窒息的原因都可导致本病。缺氧缺血性脑病的发病机制目前尚未清楚。

（考点：新生儿缺氧缺血性脑病的主要病因）

## 二、护 理 评 估

（一）健康史

评估母亲孕期是否有妊娠高血压综合征、心力衰竭等疾病，患儿出生时有无窒息等情况出现。

（二）身心状况

1. 轻度患儿预后良好，重度患儿病情危重者病死率高，幸存者可遗留各种神经系统后遗症，如脑瘫、共济失调、智力落后和癫痫等。主要表现为意识改变及肌张力变化。具体临床表现见表 7-2。

**表 7-2　不同程度新生儿缺氧缺血性脑病的临床表现**

| 表现 | 轻度 | 中度 | 重度 |
| --- | --- | --- | --- |
| 意识 | 兴奋、易激惹 | 嗜睡、淡漠 | 昏睡、昏迷 |
| 肌张力 | 正常 | 减低 | 减低或间歇性伸肌张力增强 |
| 拥抱反射 | 稍活跃 | 减弱 | 消失 |
| 吸吮反射 | 正常 | 减弱 | 消失 |
| 惊厥 | 无 | 有 | 多见，频繁发作 |
| 中枢性呼吸衰竭 | 无 | 无或有 | 常有 |
| 瞳孔改变 | 无 | 无或缩小 | 不对称，扩大或对光反射消失 |
| 前囟张力 | 正常 | 正常或稍饱满 | 饱满、紧张 |
| 病程及预后 | 兴奋症状 24 小时内最明显，3 天内逐渐消失，预后好 | 大多在 1 周内症状消失，10 天后仍不消失者可有后遗症 | 症状可持续数周，死亡多在 1 周内，治疗不彻底常留有后遗症 |

2. 心理社会状况　本病病情重且发生早，往往留有后遗症，住院时间长，不易配合治疗，故家长易出现沮丧、悲观，甚至绝望的情绪。

（三）辅助检查

头颅 B 超及 CT 可确定病变的位置、范围及有无出血等情况。脑电图有助于了解脑电活动的改变。

（四）治疗要点

1. 维持有效通气，避免低氧血症和高碳酸血症发生。

2. 支持治疗　①监测血糖：过高或过低时随时调整。②纠正酸中毒：根据血 pH 及血气分析进行。③维持血压稳定，保证组织灌注，可用扩容剂，如血浆、全血、白蛋白等。

3. 控制惊厥、降低颅内压　控制惊厥首选苯巴比妥钠，负荷量为 20mg/kg，静脉滴入；顽固性抽搐者加用地西泮 0.1～0.3mg/kg 静脉滴注，或加用水合氯醛 50ml/kg 灌肠。颅内压增高时首选呋塞米 0.5～1mg/kg，静脉推注；严重时选用 20%甘露醇 0.25～0.5g/kg 静脉注射。

4. 高压氧舱治疗　10 天为 1 个疗程，可重复进行。恢复期应使用营养脑细胞的药物如胞二磷胆碱、脑活素、能量合剂等。

## 三、护理问题

1. 低效性呼吸型态　与缺氧缺血致呼吸中枢损害有关。
2. 潜在并发症：颅内压升高、呼吸衰竭、颅内出血。
3. 有废用综合征的危险　与脑病严重后遗症有关。

## 四、护理措施

1. 一般护理　注意保暖，给予良好外部热源，使患儿体温维持正常。维持良好的通气、换气功能，使血气和 pH 在正常范围，有代谢性酸中毒者给小剂量碳酸氢钠纠酸。维持周身和各脏器足够的血液灌流，使心率、血压保持在正常范围。维持血糖的正常高值以保证神经细胞代谢所需。

2. 病情观察　应密切观察患儿的呼吸、心率、血压、血氧饱和度等，注意观察患儿的神志、瞳孔、前囟张力及抽搐等症状，观察药物反应，发现问题及时报告医生进行处理。

3. 治疗配合　遵医嘱给予镇静、脱水等治疗，观察药物的反应。

## 五、健康教育

对疑有功能障碍者，早期给予功能训练和感知刺激的干预，促进脑功能恢复。耐心向患儿家长解释病情及疑问，以取得理解。指导家长进行恢复期功能训练，得到家长的配合并坚持随访。

# 第 4 节　新生儿颅内出血的护理

**案例 7-1**　患儿，女，日龄 1 天。产钳助娩，出生后 6 小时开始出现呼吸急促，反复哭闹，上肢抽动。查体：体温 37.2℃，脉搏 160 次/分，呼吸 62 次/分，肺部听诊无异常，腹平软，肝肋下 2cm，脾未触及。双侧瞳孔等大，对光反射存在，四肢肌张力增高，拥抱反射增强。实验室检查：脑脊液化验正常，血钙 2.3mmol/L，血糖 2.4 mmol/L，血白细胞 $10.3\times10^9$/L，中性粒细胞 0.6。

问题：1. 该患儿可能患了什么疾病？
2. 该患儿主要的护理问题有哪些？
3. 分析该患儿的药物治疗要点及用药护理。

新生儿颅内出血是因缺氧或产伤引起的颅脑损伤。早产儿发病率较高，病死率高。本病预后差，存活者常留有神经系统后遗症。

## 一、概　述

本病的主要原因是缺氧或产伤。

1. 窒息　缺氧缺血性脑病常导致缺氧性颅内出血，多见于早产儿。缺氧时出现代谢性酸中毒，致血管壁通透性增加，血液外溢。多为渗血或点状出血，出血量常不大而出血范围较大和分散。

2. 产伤　造成胎儿头部受到挤压是产伤性颅内出血的重要原因，以足月儿多见。如胎头过大、产道过小、产道阻力过大、胎位异常、急产、高位钳产等，导致颅内血管撕裂、出血。

3. 其他　新生儿的出血性疾病及颅内先天性血管畸形也可引起颅内出血；快速扩容、补液渗透压过高、机械通气不当等医源性因素也在一定程度上促使颅内出血的发生。

## 二、护理评估

（一）健康史

评估母亲、胎儿、新生儿的健康状况。母亲有无心力衰竭、出血性疾病、妊娠高血压综合征等病史；胎儿有无脐带绕颈，分娩时有无产程过长、头盆不称、高位产钳、负压吸引助产等；新生儿是否早产，有无快速扩容、机械通气不当等。

（二）身心状况

1．临床表现　颅内出血的症状与体征主要与出血部位及出血量有关。

（1）意识改变：多表现为兴奋与抑制交替出现，如易激惹、过度兴奋、嗜睡、昏迷等。

（2）颅内压增高表现：前囟隆起、脑性尖叫、惊厥、角弓反张。

（3）眼部症状：凝视、斜视、震颤、眼球上转困难等。

（4）瞳孔：两侧不等大、对光反射减弱。

（5）呼吸改变：增快或减慢、不规则或暂停。

（6）肌张力改变：先增高，继而减弱或消失。

（7）其他：黄疸、贫血等。

2．心理社会状况　发病早、病情重者，家长缺乏心理准备，且对本病的严重程度、病情进展及预后焦虑、恐惧、茫然等。对留有后遗症的患儿表现厌恶甚至可能遗弃。

（考点：新生儿颅内出血身体状况）

（三）辅助检查

1．血液检查时可出现血红蛋白、血小板、血细胞容积下降，凝血酶原时间延长，间接胆红素增高。

2．脑脊液蛛网膜下腔及脑室内出血，脑脊液呈血性，镜检可见皱缩红细胞。

3．根据需要进行头颅 B 超及 CT 检查等检测，有助于诊断和判断预后。

（四）治疗要点

1．治疗原则　主要是对症治疗，防止继续出血。

2．治疗措施　控制惊厥首选苯巴比妥钠，负荷量为 20mg/kg，静脉滴入；顽固性抽搐者加用地西泮 0.1～0.3mg/kg 静脉滴注，或加用水合氯醛 50ml/kg 灌肠。颅内压增高时首选呋塞米 0.5～1mg/kg，静脉推注；严重时选用 20%甘露醇 0.25～0.5g/kg 静脉注射。止血可用维生素 $K_1$、酚磺乙胺；出血停止后可给予脑细胞代谢激活剂如胞二磷胆碱。

3．预防与治疗并发症　如出现脑积水可口服乙酰唑胺减少脑脊液生成，还可进行侧脑室穿刺降颅内压等。

**知识链接**

**新生儿颅内出血要慎用甘露醇**

新生儿颅内出血时，由于颅内压增高，对出血部位反而起到压迫止血作用。甘露醇降低颅内压快，有可能使已压迫止血的血管重新出血，从而加重颅内出血。故新生儿颅内出血在没有脑病征象前，首选呋塞米降低颅内压，只有可能发生脑疝时才选用甘露醇。

## 三、护理问题

1．颅内压增高　与颅内出血有关。

2．营养失调：低于机体需要量　与意识障碍不能进食有关。

3．潜在并发症：惊厥、呼吸衰竭等。

## 四、护理措施

1．一般护理　保持室内空气清新，维持稳定的体温，绝对卧床休息，抬高患儿头肩部 15°～30°，保持呼吸道通畅，及时清除呼吸道分泌物，合理用氧。尽量减少刺激，治疗护理工作集中进行，操作宜轻柔，静脉穿刺宜选用留置针。病情较重的患儿应延迟喂奶至生后 72 小时，可先喂糖水。喂奶时动作轻柔，吸吮力较差或不能进食的患儿可根据实际情况选用滴管、鼻饲喂养或静脉营养。

2．严密观察病情，防治并发症　观察患儿意识、呼吸、心率、瞳孔、肌张力、囟门的紧张度等；按时测量头围，记录阳性体征。若患儿出现意识、瞳孔等改变时应警惕脑疝的发生，及时报告医生，并协助医生进行处理。

3．用药护理　遵医嘱合理正确用药，注意药物的配伍禁忌，观察药物治疗效果，应用镇静药时要注意有无呼吸抑制现象。

## 五、健康教育

加强围生期保健，预防早产，减少难产引起的产伤及窒息；向家长讲解颅内出血的严重性及可能出现的后遗症；对家长给予安慰，减轻紧张情绪，增强战胜疾病的信心；鼓励家长坚持治疗和随访，发现后遗症时，应尽早带患儿进行功能训练。

# 第 5 节　新生儿黄疸的护理

**案例 7-2**　足月新生儿，日龄 3 天，因皮肤、黏膜及巩膜黄染 2 天入院。查体：皮肤及巩膜明显黄染，口唇黏膜苍白，心率 160 次/分，呼吸 32 次/分，双肺听诊未闻及干湿啰音，肝肋下 2cm，脾未触及，肌张力及神经反射正常。实验室检查：血清胆红素 322μmol/L，未结合胆红素 292μmol/L，血红蛋白 120g/L，网织红细胞 0.06。

问题：1．该患儿可能患了什么疾病？

2．该患儿主要的护理问题有哪些？

3．分析该患儿的治疗要点及主要护理措施。

新生儿黄疸是指新生儿时期体内胆红素积聚而引起皮肤或其他器官黄染，分为生理性黄疸和病理性黄疸两大类。生理性黄疸一般不必处理，可自行消退。病理性黄疸严重时则可能导致胆红素脑病（核黄疸），引起死亡或严重后遗症。

## 一、概　述

（一）新生儿胆红素代谢特点

1．胆红素生成过多　新生儿胆红素是血红素的分解产物，约 80%来源于血红蛋白，约 20%来源于肝脏和其他组织中的血红素及骨髓细胞前体。胎儿时期血氧分压低，红细胞数量代偿性增加，出生后氧分压升高，大量的红细胞破坏；新生儿红细胞寿命短（早产儿约 70 天，足月儿约 80 天，成年人为 120 天），血红蛋白的分解速度是成年人的 2 倍。新生儿每日生成的胆红素为

8.8mg/kg，而成年人则为 3.8mg/kg。

2．胆红素转运能力差　刚出生的新生儿常有不同程度的酸中毒，可减少胆红素与白蛋白结合。早产儿胎龄越小，白蛋白含量越低，其结合胆红素的量也越少，游离胆红素越多。

3．肝细胞处理胆红素能力差　未结合胆红素进入肝细胞后，与 Y、Z 蛋白结合，经胆汁排至肠道。新生儿出生时肝细胞内 Y 蛋白含量极少，肝细胞内尿苷二磷酸葡萄糖醛酸转移酶含量也低，因此生成结合胆红素的量较少。

4．肠肝循环特性　由于新生儿肠道的正常菌群尚未建立，进入肠道的结合胆红素不能被还原成粪胆原。但新生儿肠腔内®-葡萄糖醛酸苷酶活性较高，可将结合胆红素水解成未结合胆红素，再被肠道吸收进入血液循环，即胆红素的“肠肝循环”，导致未结合胆红素的产生和吸收增加。

（二）新生儿黄疸分类及特点

新生儿黄疸分为生理性黄疸和病理性黄疸。生理性黄疸见本章第 2 节。下面介绍病理性黄疸。

1．病理性黄疸特点

（1）黄疸出现早：出生 24 小时内出现。

（2）黄疸程度重：足月儿血清胆红素超过 221μmol/L（12.9mg/dl）；早产儿血清胆红素超过 257μmol/L（15mg/dl）；或病情发展快，血清胆红素每日上升超过 85μmol/L（5mg/dl）。

（3）黄疸消退延迟或退而复现：足月儿＞2 周，早产儿＞4 周黄疸未消退，或黄疸消退后复现。

（4）血清结合胆红素＞34μmol/L（2mg/dl）。

具备上述任何一项者均可诊断为病理性黄疸。

（考点：新生儿生理性和病理性黄疸的区别）

2．病理性黄疸的常见病因及疾病特点

（1）感染性疾病

① 新生儿肝炎：大多是病毒通过胎盘使胎儿感染，或通过产道时被感染。一般于出生后 1～3 周或更晚出现黄疸，黄疸持续不退，大便颜色变浅，有时为灰白色，患儿出现厌食，体重不增，肝大，肝功能异常等。

② 新生儿败血症及其他感染：细菌毒素可抑制葡萄糖醛酸转移酶的活力，并可破坏红细胞而致黄疸，且黄疸随感染的发展逐渐加重。

（2）非感染性疾病

① 新生儿溶血病：是指因母婴血型不合，母亲血液中存在着与胎儿血型不相容的血型抗体（IgG），这种免疫抗体通过胎盘进入胎儿循环，发生同种免疫反应，导致胎儿或新生儿红细胞破坏而引起的溶血。除黄疸外，还表现为贫血、肝脾大，严重者可发生胆红素脑病。症状轻重与溶血程度基本一致。临床以 ABO 血型系统和 Rh 血型系统不合较为常见。

ABO 血型系统不合：母亲为 O 型血，婴儿为 A 型或 B 型血，最易发生 ABO 血型不合。约 50%在第 1 胎即可发病，大多在出生后 2～3 天出现黄疸，血清胆红素以未结合型为主。

Rh 血型系统不合：Rh 血型不合溶血病主要发生在 Rh 阴性孕妇和 Rh 阳性胎儿，一般不会在第 1 胎发生，但 Rh 溶血病症状随胎次增多而越来越严重。大多在 24 小时内出现黄疸并迅速加重。

血清胆红素超过 342μmol/L 时，可发生胆红素脑病。

知识链接

**胆红素脑病**

当血清胆红素超过 342μmol/L （20mg/dl）者，可因脂溶性的未结合胆红素过多而通过血-脑屏障，使大脑神经核黄染、变性坏死，引起胆红素脑病（核黄疸）。其典型临床表现可分为 4 期。①警告期：嗜睡、尖声哭叫、肌张力下降、吸吮能力弱，时限 0.5～1.5 天。②痉挛期：双眼凝视、发热抽搐、角弓反张、呼吸不规则，时限 0.5～1.5 天或致死亡。③恢复期：抽搐减少至消失，可正常吃奶且体重增加。持续时间约为 2 周。④后遗症期：多在出生 2 个月左右，患儿出现手足徐动，耳聋，眼球运动障碍，牙釉质发育不全，智力落后等中枢神经系统损害的后遗症。

② 胆道闭锁　出生 1～3 周出现黄疸并逐渐加重，主要为结合胆红素浓度增加，皮肤呈黄绿色。尿色深黄，而粪便往往呈陶土色。病变持续进展，肝进行性增大，质地变硬，可发展为胆汁性肝硬化。

③ 母乳性黄疸：多于出生 4～7 天出现黄疸，2～3 周达高峰，停止哺乳 24～72 小时后胆红素开始下降，持续哺乳 1～4 个月胆红素亦可降到正常，尚无胆红素脑病报道。

④ 其他：红细胞 6-磷酸葡萄糖脱氢酶（G-6-PD）缺陷性黄疸、药物性黄疸等。

（三）治疗原则

1. 祛除病因，治疗原发疾病。

2. 降低血清胆红素　可采取蓝光疗法、使用酶诱导剂、中药等方法，必要时输入血浆或白蛋白，降低血清游离胆红素，防止胆红素脑病的发生，需要时行换血疗法。

3. 保护肝脏　不使用对肝脏有损害作用的药物。

4. 预防和控制感染　纠正缺氧及调节水、电解质酸碱平衡紊乱。

## 二、护理问题

1. 潜在并发症　胆红素脑病。

2. 知识缺乏　家长缺乏有关新生儿黄疸的原因和护理相关知识。

## 三、护理措施

1. 密切观察病情，预防胆红素脑病　密切观察黄疸出现的时间及皮肤、巩膜、大小便的颜色，以协助医生寻找病因，并估计血清胆红素浓度，判断病情的发展情况。观察患儿体温、呼吸、哭声、吸吮力、肌张力、面色、精神状态等变化，预防胆红素脑病发生。

知识链接

**黄疸程度粗略估计方法**

临床上，我们可以通过观察皮肤黄染的情况粗略估计黄疸的程度。当血清胆红素达到 85.5～119.7μmol/L（5～7mg/dl）时，皮肤可出现黄疸，通常先在面部，随着胆红素浓度增高，黄疸的程度加重，逐渐由躯干向四肢发展；当血清胆红素达 307.8μmol/L（18mg/dl）时，躯干呈橘黄色；当手足心转为橘黄色时，其血清胆红素可达 342μmol/L（20mg/dl）以上。

2．注意保暖、合理喂养　体温和低血糖时胆红素与白蛋白的结合受到阻碍，故应注意保暖，使体温维持在 36～37℃。提早喂养有利于建立肠道正常菌群，促进胎粪尽快排出，减少胆红素的肠肝循环，减轻黄疸的程度，如胎粪排出延迟，应予灌肠处理。患儿患病期间常表现食欲差、吸吮无力，护士应耐心喂养，保证足够的热量与营养供应。

3．降低血清胆红素浓度　可采取蓝光疗法（详见第 6 章第 10 节光照疗法）；遵医嘱输血浆或白蛋白，使未结合胆红素与白蛋白结合；遵医嘱应用苯巴比妥以诱导肝脏葡萄糖醛酸转移酶的生成，加速未结合胆红素的转化和排泄；还可应用中药，对消退黄疸有一定效果。必要时可采取换血疗法。

4．减轻心脑负担　尽量减少刺激，必要时给予氧气吸入，控制输液量及速度，切忌快速输入高渗液，以免血–脑屏障暂时开放，引起胆红素脑病。

## 四、健康教育

向家长讲解新生儿黄疸发生的原因，如何观察黄疸程度、治疗效果及预防；介绍黄疸预防知识，如对母婴血型不合者，应做好产前咨询及孕妇预防性服药；母乳性黄疸患儿，可继续母乳喂养，若患儿黄疸严重，可暂停母乳喂养 1～4 天，黄疸减轻再恢复母乳喂养；红细胞 G-6-PD 缺陷症患儿，应忌食蚕豆及豆制品，避免接触樟脑，禁用磺胺等抑制或竞争葡萄糖醛酸转移酶的药物；并发胆红素脑病留有后遗症的患儿，应及时给予康复治疗和护理指导。

（考点：新生儿黄疸）

## 五、小　结

新生儿黄疸的护理小结，见图 7-3。

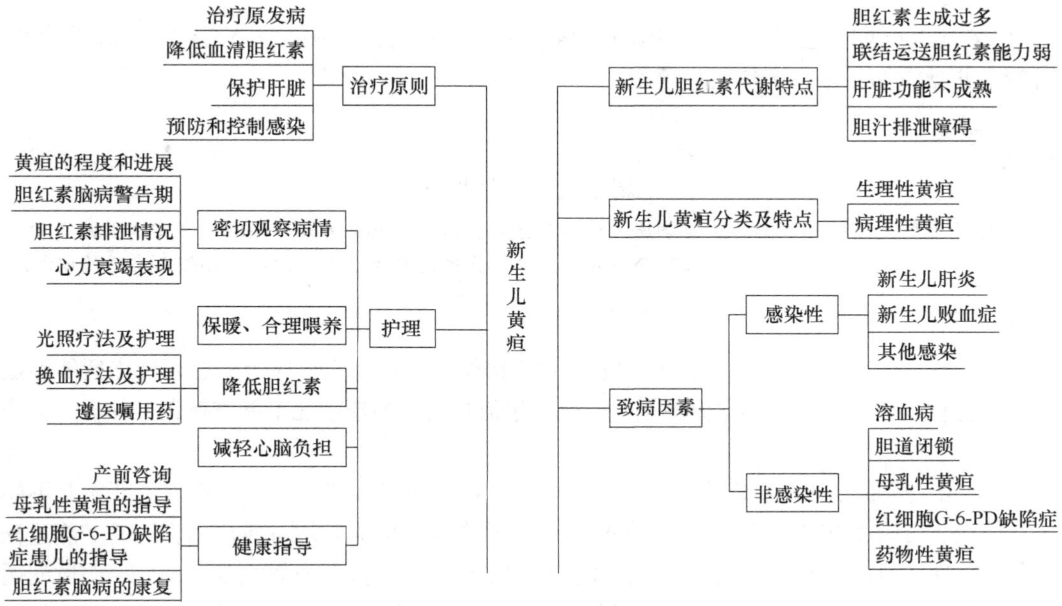


图 7-3　新生儿黄疸的护理小结

# 第6节 新生儿寒冷损伤综合征的护理

**案例 7-3** 新生儿，女，日龄3天，胎龄34周，出生后第2天出现拒乳、少哭等症状。查体：体温34℃，心率123次/分，呼吸36次/分，心肺无异常。腹稍膨隆，肝肋下2cm。双下肢外侧皮肤发硬、水肿。

**问题**：1. 该患儿可能患了什么疾病？

2. 该患儿主要的护理问题是什么？

3. 分析该患儿的护理要点。

新生儿寒冷损伤综合征又称为新生儿硬肿症。是由于寒冷和（或）多种疾病所致，其临床特征是低体温和皮下脂肪变硬和水肿，重症者发生多器官功能损害。

## 一、概　　述

（一）病因

寒冷、早产、感染和窒息均可引起新生儿寒冷损伤综合征发生。夏季发病者大多与严重感染、重度窒息有关。

（二）发病机制

1. 新生儿机体因素

（1）新生儿体温调节中枢发育不成熟，体温调节功能差，尤其是早产儿；新生儿体表面积大，血流丰富且皮下脂肪少易于失热。

（2）新生儿皮下脂肪的饱和脂肪酸比不饱和脂肪酸多，饱和脂肪酸熔点高，体温过低时易凝固变硬。

（3）新生儿时期棕色脂肪具有特殊的产热功能，但在缺氧、酸中毒、休克时产热过程受抑制，同时新生儿糖原储备少，产热更加不足。

**知识链接**

**新生儿的棕色脂肪**

**棕色脂肪是新生儿产热的主要物质，大部分分布在腋下，其次为颈、肩胛间、中心动脉、肾和肾上腺周围，胎龄越小体内棕色脂肪含量越少，体温代偿能力越有限，故早产儿较易出现低体温。**

2. 寒冷损伤　本症多发生在寒冷季节，寒冷损伤是本症的主要原因。胎儿娩出后体温随外界温度而变化，出生数日内如保温不当，产热小于散热时，即新生儿不能维持正常体温，会出现寒冷损伤。

3. 其他　严重感染、窒息等疾病时消耗增加，摄入不足，代偿性产热不够，新生儿不能维持正常体温，可诱发寒冷损伤综合征；同时缺氧、酸中毒和休克等均可使棕色脂肪的产热过程受到抑制，出现体温过低而导致硬肿症。低体温和皮肤硬肿可使皮肤血管痉挛收缩，局部血液循环受限，引起组织缺氧和代谢性酸中毒，损伤毛细血管，使其渗透性增加而导致水肿；严重病例合并弥散性血管内凝血（DIC）、肺出血、全身多器官损害。

## 二、护理评估

（一）健康史

评估患儿居室环境温度、保温措施及喂养情况；评估患儿胎龄及出生情况，是否有早产、窒息、受寒、感染等因素存在；评估患儿体温、食欲、反应、皮肤及尿量。

（二）身心状况

常发生在寒冷的冬春季，夏季发病多由于严重感染和疾病造成，主要表现为皮肤硬肿、不哭、不吃、不动、体温不升、体重不增等。

1．低体温　肛温＜35℃，重症者肛温＜30℃。肛温＞腋温提示病情轻，预后好；肛温＜腋温提示病情重，预后差。

2．硬肿　皮肤硬化和水肿，紧贴皮下组织不易捏起或移动，有水肿者呈凹陷性，患处皮肤呈暗红或青紫色。硬肿顺序：小腿→大腿外侧→整个下肢→臀部→面颊→上肢→全身。

3．多器官功能损害　早期常有心音低钝、心率缓慢、微循环障碍等表现，严重时可出现休克、DIC、急性肾衰竭和肺出血等多器官功能受损表现。

4．心理社会状况　由于家长缺乏对疾病相关知识的了解，常出现内疚、焦虑、悲伤等情绪和心理反应。

（三）辅助检查

根据病情需要，检测血常规、血气分析、血电解质等，必要时可做心电图、胸部 X 线检查等。

（四）治疗要点

治疗原则为逐渐复温，保证热量供给，维持体温平衡，防止并发症发生。

治疗的关键是复温，复温应循序渐进，同时补充能量和液体；对症治疗及合理用药，有感染者根据血培养及药敏试验结果选择敏感的抗生素；DIC 时慎用肝素，有出血倾向时应用止血药，休克时扩容、纠酸治疗。

（考点：新生儿硬肿症的治疗关键）

## 三、护理问题

1．体温过低　与体温调节功能差、寒冷、感染等因素有关。

2．营养失调：低于机体需要量　与热量摄入不足有关。

3．皮肤完整性受损　与皮肤硬肿、水肿有关。

4．有感染的危险　与机体免疫力低下有关。

## 四、护理措施

1．正确复温　肛温＞30℃，腋-肛温差为正值时，将患儿置于中性温度的温箱中，于 6～12 小时恢复体温。肛温＜30℃，腋-肛温差为负值时，将患儿置于比肛温高 1～2℃的温箱中，每小时提高箱温 0.5～1℃，箱温不超过 34℃，于 12～24 小时恢复体温。无上述条件时也可采用温水浴、热水袋、火炕、电热毯或母亲怀抱。

2．供给足够热量与液体　供给充足热量有助于体温恢复，能吃奶者应尽早哺乳。有心、肾功能障碍者限制输液速度。

3．加强皮肤护理，预防感染　保持皮肤清洁干燥，护理动作要轻柔以防损伤。勤翻身，以免局部受压过久，影响血液循环。硬肿部位可进行按摩，以改善血液循环。尽量避免肌内注射，防止皮肤感染。

4．密切观察病情 ①观察体温，复温过程中每 2 小时测肛温 1 次，体温正常 6 小时后改为 4 小时 1 次，并做好记录。②观察硬肿范围及程度，及时报告医生。根据情况调整护理计划并做好记录。③观察吸吮力、哭声、前囟、瞳孔、尿量和口鼻有无分泌物及其颜色变化。发现异常，及时与医生联系配合抢救，并认真做好记录。注意预防多脏器功能衰竭。

### 五、健 康 指 导

介绍本病的病因、主要表现、护理要点及预后，解答家长对病情的疑问；提供新生儿保暖、喂养、预防感染的知识，指导家长对患儿加强护理，注意保暖；鼓励母乳喂养，保证足够热量供给。

## 第 7 节 新生儿脐炎的护理

**案例 7-4** 足月顺产新生儿，女，日龄 10 天。生后第 5 天脐带残端脱落，无出血。今晨更换纸尿裤时发现新生儿脐窝周围皮肤红肿，有少许脓性分泌物，有臭味，现拒食、烦躁不安。

**问题**：1. 该患儿可能患了什么疾病？

2. 如何指导家长正确护理患儿脐部？

新生儿脐炎是指细菌侵入脐带残端，并在其处不断繁殖所引起的急性炎症。多由新生儿断脐时或生后脐部处理不当造成细菌感染，引发脐部发炎所致。

### 一、概 述

金黄色葡萄球菌是新生儿脐炎最常见的致病菌，其次为大肠埃希菌、铜绿假单胞菌、溶血性链球菌等，也可为混合细菌感染。发生脐炎后如能及时处理，一般均可治愈，但若延误治疗，可导致感染扩散甚至引起败血症而危及生命。

（考点：新生儿脐炎的致病菌）

### 二、护 理 评 估

（一）健康史

询问小儿出生时的情况，是否为家中土法接生，脐带残端是否脱落；评估患儿体温、食欲、反应等。

（二）身心状况

1．急性脐炎 轻者表现为脐周围皮肤发红、湿润，有渗液或渗血，若不及时处理，可出现脐轮与脐周皮肤红肿，伴有少量浆液脓性分泌物。重者脐部和脐周明显红肿、发硬，分泌物呈脓性、增多，常有臭味（图 7-4），可向周围皮肤或组织扩散，引起腹壁蜂窝织炎、脓毒血症、败血症等。全身表现可有发热、拒奶、烦躁不安等。

2．慢性脐炎 若急性脐炎治疗不规律，可导致脐部形成肉芽肿，呈樱红色肿物，突出表面

（图 7-5），流黏性分泌物。多数病程较长，迁延不愈。

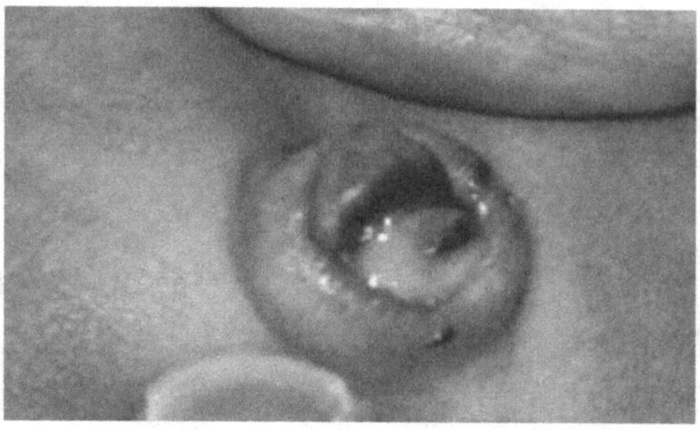

图 7-4　新生儿脐炎脓性分泌物

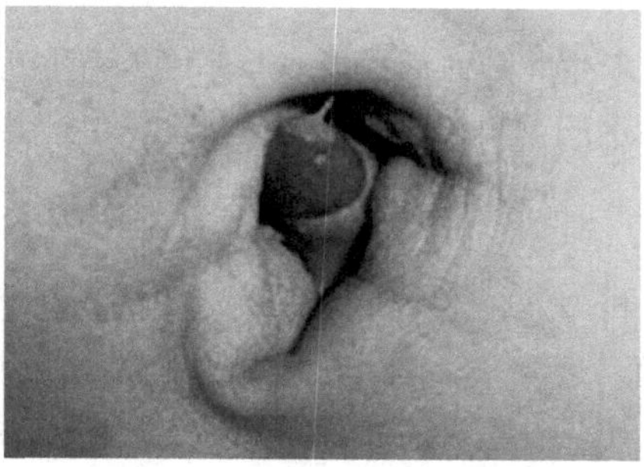

图 7-5　新生儿脐炎肉芽肿

（三）辅助检查

1．外周血检查　白细胞计数增高，以中性粒细胞升高为主。

2．病原学检查　取脐部分泌物做细菌学培养，涂片可见细菌及中性粒细胞增多。

（四）治疗要点

轻者局部使用 3%过氧化氢清洗，再涂碘伏或 75%乙醇，每日 2～3 次。脓液较多、脐周有扩散或伴全身症状者，根据细菌培养和药敏试验结果选用适当的抗生素控制感染。若有脓肿，应及时切开引流。肉芽肿形成者，可用 10%硝酸银溶液灼烧，并敷以抗生素油膏；肉芽肿较大者可手术切除。

## 三、护理问题

1．皮肤完整性受损　与脐部损伤、感染有关。

2．潜在并发症：蜂窝织炎、脓毒血症、败血症等。

## 四、护理措施

1．彻底清除脐部感染灶　①清洗：用 3%过氧化氢冲洗局部病灶。②消毒：轻者用无菌棉签蘸 0.5%碘伏，从脐根部由内向外环形消毒（图 7-6）；重者需选用适当的抗生素局部用药和静脉注射。③若有脓肿形成，及时切开引流。

（考点：新生儿脐炎的处理）

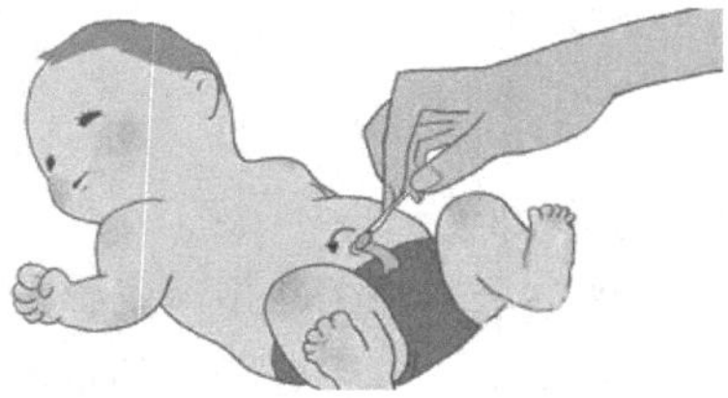

图 7-6　脐部消毒

2．保持脐部清洁干燥　注意洗澡时不洗湿脐部，洗澡后用无菌干棉签吸干脐窝、脐周的水，并用 75%乙醇消毒，保持脐部干燥。勤更换尿布或纸尿裤，防止尿液污染。

3．密切观察病情　观察脐部红肿、分泌物情况；监测患儿体温，若体温异常，且患儿少吃、少哭、少动，警惕败血症；若腹胀、腹肌紧张、腹部触痛，可能为腹膜炎。

## 五、健康教育

指导家长做好断脐后的护理，保持脐部清洁、干燥，勤换尿布或纸尿裤，避免尿布过长盖过脐部，造成尿液污染；为患儿做脐部护理前后应清洁双手；教会家长正确为患儿冲洗及消毒脐部，并注意腹部保暖。

# 第8节　新生儿败血症的护理

新生儿败血症是指病原体侵入新生儿血液循环，并在其中生长繁殖、产生毒素而造成的全身感染性疾病。其临床表现无特异性，早产儿多见，胎龄越小、出生体重越轻，发病率及病死率越高。

## 一、概　述

1. 致病菌　我国新生儿败血症的致病菌以葡萄球菌最多见，其次为大肠埃希菌等革兰阴性杆菌。近年来，随着围生医学的发展及新生儿重症监护室（NICU）的建立，极低出生体重儿、超低出生体重儿存活率显著提高，出生后长期住院，静脉留置针、气管插管及抗生素的广泛应用，使表皮葡萄球菌、克雷伯菌属、铜绿假单胞菌等的感染机会有所增加。

（考点：新生儿败血症的病原菌）

2. 免疫功能　新生儿，尤其是早产儿免疫功能不成熟，易发生感染。新生儿皮肤薄嫩易受损伤；脐残端未完全闭合，距血管近，细菌易进入血液；淋巴结发育不全，感染不能局限于局部淋巴结；IgG可通过母体获得，但胎龄越小体内IgG含量越低；IgM、IgA无法通过胎盘，新生儿体内含量很低，易发生革兰阴性菌感染。

知识链接

**新生儿败血症的感染途径**

1. 出生前感染　可发生在母亲妊娠的各阶段，病原体经母亲血流进入胎盘感染胎儿是最常见的途径，又称宫内感染。此外，母亲菌血症或泌尿生殖系统病原体感染羊膜囊、胎儿吸入污染的羊水、羊膜囊穿刺等侵入性操作消毒不严等也可导致胎儿感染。

2. 产时感染　胎儿通过产道时接触或吸入污染的分泌物、血液中的病原体；胎膜早破、产程延长、分娩时消毒不严等均可导致胎儿感染。

3. 产后感染　最常见，细菌可通过皮肤黏膜创面、呼吸道、消化道等侵入血液循环，以脐炎所致较为常见，消毒不严的导管和仪器也可造成医源性感染。

## 二、护理评估

### （一）健康史

评估母亲妊娠期是否患感染性疾病，是否有羊膜早破或羊膜囊穿刺等侵入性操作。产时是否有胎膜早破、产程延长、消毒不严等，产后患儿有无脐炎等细菌感染史。评估患儿反应、体温、有无黄疸、出血倾向等情况。

### （二）身心状况

1. 根据发病时间分为早发型和晚发型。①早发型：出生7天内起病，感染发生在出生前或出生时，常由母亲垂直传播引起，以大肠埃希菌感染为主；常伴有肺炎，呈暴发性起病，可累及多器官，病死率高达5%～20%。早发型败血症是导致新生儿发病和死亡的主要原因之一。②晚发型：出生7天后起病，感染发生在出生时或出生后，由环境因素或医源性感染导致，以葡萄球菌、机会致病菌为主。常有脐炎、肺炎、脑膜炎等感染，病死率较早发型低。

2. 症状、体征常不典型，无特异性，尤其是早产儿。一般表现为反应差、嗜睡、发热或体温不升、少吃、少哭、少动，体重不增或增长缓慢等。若出现以下表现，应高度怀疑败血症。①黄疸：可为败血症唯一症状，表现为生理性黄疸迅速加重，或退而复现，严重者可导致胆红素脑病。②肝脾大，一般为轻至中度大，出现较晚。③出血倾向：皮肤黏膜可见瘀点、瘀斑、针眼处渗血不止，消化道出血、肺出血、DIC 等。④休克：面色苍灰、皮肤发花，血压下降、尿少或无尿，如有寒冷损伤综合征表现常提示预后不良。⑤其他：呼吸窘迫或暂停、发绀、中毒性肠麻痹等。⑥合并肺炎、脑膜炎等。

（考点：新生儿败血症的临床表现）

（三）辅助检查

1．外周血检查　白细胞总数增多，以中性粒细胞升高为主。

2．血培养　使用抗生素之前进行，抽血时严格消毒，可多次在不同部位采血；阳性结果有诊断意义，但阴性不能排除本病。

3．酌情取胃液、咽拭子、脐部分泌物等涂片和培养，有助于诊断本病。

（四）治疗要点

1．合理使用抗生素　早期、静脉、联合、足量、足疗程应用抗生素。血培养阴性，但经抗生素治疗病情好转时，应继续治疗 5～7 天；血培养阳性者，疗程至少 10～14 天；有并发症者应治疗 3 周以上。早期新生儿，尤其早产儿，肝肾功能不成熟，给药次数酌减。氨基糖苷类抗生素可产生耳毒性，新生儿禁用。

2．对症、支持治疗　注意保暖，供给热量和液体，清除感染灶，维持血糖和电解质在正常水平，纠正酸中毒和低氧血症。休克时输新鲜血浆或白蛋白，减轻脑水肿。

## 三、护理问题

1．体温调节无效　与感染有关。

2．皮肤完整性受损　与局部感染性病灶有关。

3．营养失调：低于机体需要量　与吸吮无力、摄入不足及病程长消耗过大有关。

4．潜在并发症：肺炎、化脓性脑膜炎、休克、DIC 等。

## 四、护理措施

1．维持体温稳定　①体温过高时，调节环境温度，散开包被，多喂水或采用物理降温，如温水擦浴，不宜乙醇擦浴、冷盐水灌肠或使用退热药，以免出现体温过低。物理降温后 30 分钟测量体温 1 次并准确记录。②体温低或体温不升时，及时保暖，如母亲怀抱、使用热水袋等，必要时用暖箱或远红外辐射台。

2．控制感染　积极处理局部感染灶，如脐炎、皮肤黏膜破损、脓疱疮，促进病灶愈合，防止感染扩散。遵医嘱早期、静脉、联合、足量、足疗程应用抗生素。

3．保证营养供给　坚持母乳喂养，少量多次，耐心哺喂；不能进食者采用鼻胃管喂乳；病情危重者，遵医嘱静脉补充营养。

4．密切观察病情，预防并发症　加强巡视，若患儿气促或憋气、口吐白沫、发绀，考虑是否肺炎；若患儿面色青灰、呕吐、前囟饱满、尖叫、双眼凝视等，提示可能发生化脓性脑膜炎；若患儿面色青灰、皮肤发花、脉搏细速、四肢厥冷、皮肤有出血点，考虑休克或 DIC，应立即报告医生，并配合处理。

## 五、健康教育

向家长介绍疾病相关知识，指导家长正确喂养和护理患儿，注意患儿皮肤、脐部的清洁与护理。向家长解释，治疗本病需较长时间使用抗生素才能控制感染，帮家长树立治疗信心。

## 第9节 新生儿低血糖的护理

新生儿低血糖是指新生儿血清葡萄糖浓度<2.2mmol/L（40mg/dl）。常发生于早产儿、足月小样儿、糖尿病母亲的婴儿、新生儿缺氧窒息、硬肿症、败血症等。由于葡萄糖是新生儿脑细胞的基本能量来源，因此低血糖若未及时纠正将会引起小儿永久性的脑损伤。

（考点：新生儿低血糖症的诊断标准）

### 一、概　　述

新生儿低血糖分为暂时性低血糖和持续性低血糖。

1. 暂时性低血糖　指低血糖持续时间较短，一般不超过新生儿期。主要原因为：①糖原储备不足，以早产儿多见。由于糖原储备主要发生在妊娠最后4～8周，故胎龄越小糖原储备越少，而出生后所需能量要求较高，供不应求时即出现低血糖。②葡萄糖消耗增加。应激状态如窒息、严重感染等，可使小儿血糖增高，继之糖原消耗增多，血糖水平下降；低体温、先天性心脏病患儿，常可由于热量摄入不足、葡萄糖利用增多，引起低血糖。③糖尿病母亲婴儿。可由母亲高血糖时引起胎儿胰岛细胞代偿性增生，出现高胰岛素血症，而出生后母亲突然中断供给血糖导致血糖减低。

2. 持续性低血糖　指低血糖持续至婴儿或儿童期。见于婴儿先天性高胰岛素血症；先天性垂体功能低下、高血糖素及生长激素缺乏等内分泌缺陷性疾病；遗传代谢性疾病等。

### 二、护理评估

（一）健康史

评估患儿是否早产、宫内窘迫；是否有窒息、严重感染；是否低体温、先天性心脏病；母亲是否为妊娠糖尿病。

（二）身心状况

低血糖一般于出生后24～72小时出现，糖尿病母亲所生婴儿出现较早，治疗后多于24小时内恢复。大多数低血糖患儿无临床症状或症状和体征无特异性，可表现为反应差、嗜睡、喂养困难、呼吸暂停、哭声异常、发绀、震颤，甚至惊厥等，经静脉注射葡萄糖后上述症状即可消失，血糖恢复正常。

（三）辅助检查

1. 血糖测定　高危儿应在出生4小时内反复测量血糖，以后每隔4小时复查，直至血糖浓度稳定。

2. 持续性低血糖者酌情选测血胰岛素、高血糖素、$T_4$、TSH、生长激素等。

3. 高胰岛素血症时可行胰腺B超或CT检查。

（四）治疗要点

无论有无症状，低血糖者均应及时治疗。①无症状低血糖者，可口服葡萄糖，口服不能纠正者静脉输注葡萄糖，每分钟6～8mg/kg。②症状性低血糖，可先给予一次剂量的10%葡萄糖200mg/kg（2ml/kg），按每分钟1.0ml静脉注射；以后改为每分钟6～8mg/kg维持。③持续性低血糖，可根据病情使用二氮嗪、奥曲肽、高血糖素等治疗。

（考点：新生儿低血糖症时葡萄糖输注速度）

## 三、护 理 问 题

1．潜在并发症：昏迷、惊厥。

2．营养失调：低于机体需要量　与摄入不足、葡萄糖消耗增加有关。

## 四、护 理 措 施

1．保证能量供给　无症状能进食者，可先进食。若进食后低血糖未纠正，可静脉输注葡萄糖。早产儿、窒息儿应尽快建立静脉通路，输注葡萄糖并检测血糖变化，及时调整输液速度，维持血糖浓度稳定。

2．对症护理　缺氧患儿遵医嘱给予吸氧，低体重儿做好保暖，严重感染患儿遵医嘱积极抗感染治疗。

3．密切观察病情　监测血糖，观察患儿神志、呼吸、哭声、抽搐等情况，如出现昏迷、惊厥，立即报告医生并配合抢救。

## 五、健 康 教 育

指导母亲尽早开奶（出生 30 分钟内即可），母乳喂养；对可能发生低血糖的小儿，出生 1 小时即喂 10%葡萄糖；做好新生儿保暖，预防感染。向家长介绍低血糖的病因，指导家长观察低血糖发生时的症状和体征，解释疾病预后，并帮助家长缓解不良情绪。

# 第 10 节　新生儿低钙血症的护理

新生儿低钙血症是指血清总钙＜1.75mmol/L（7mg/dl），血清离子钙（游离钙）＜1.0mmol/L（4mg/dl），是新生儿惊厥的常见原因之一。极低出生体重儿血清离子钙水平通常为 0.8～1mmol/L，但没有任何临床症状。

（考点：新生儿低血钙的诊断标准）

## 一、概　　述

按起病时间分为早期低钙血症和晚期低钙血症。

1．早期低钙血症　发生在出生 3 天内，常见于早产儿、小于胎龄儿，妊娠高血压综合征、糖尿病母亲所生新生儿。孕母在妊娠后期血甲状旁腺激素（PTH）水平高，经胎盘转运给胎儿的钙增加，分娩时胎儿血钙较高，可抑制甲状旁腺功能。出生后母体血钙来源中断，新生儿 PTH 水平低，骨钙不能动员入血，即发生低钙血症。

2．晚期低钙血症　发生在出生 3 天以后。多见于牛乳喂养的足月儿，因牛乳含磷量较高，钙/磷比例不适宜，抑制钙的吸收。因过度通气（如呼吸机使用不当）导致的呼气性碱中毒、换血或输注库存血时用枸橼酸钠作抗凝血药等也可导致血钙降低。

## 二、护 理 评 估

（一）健康史

询问母亲是否有妊娠糖尿病、妊娠高血压综合征病史，是否难产。评估患儿是否早产、双胎，是否为低出生体重儿，有无窒息、颅内出血史。评估患儿喂养情况，是否母乳喂养，饮食中是否缺乏钙及维生素 D。

（二）身心状况

主要表现为神经肌肉兴奋性增高，可出现激惹、惊跳、烦躁不安、肌肉抽动、震颤；重者有惊厥；新生儿期少见手足抽搐及喉痉挛。患儿发作间歇期，一般情况良好，神志清楚，但肌张力稍高，腱反射增强，可出现踝阵挛。早产儿出生 3 天内易出现低钙血症，通常无明显症状体征，血钙降低程度与胎龄成反比。

（三）辅助检查

血清总钙＜1.75mmol/L（7mg/dl），血清离子钙＜1.0mmol/L（4mg/dl），血清磷＞2.6mmol/L（8mg/dl），碱性磷酸酶多为正常。心电图示心律失常、Q-T 间期延长（早产儿＞0.2 秒，足月儿＞0.19 秒）。

（四）治疗要点

补充钙剂、控制惊厥。严重低钙导致惊厥或心力衰竭时，需立即静脉补充钙剂，应用 10%葡萄糖酸钙，每次 1～2ml/kg，缓慢推注（10～15 分钟），必要时间隔 6～8 小时再给药 1 次，每日最大剂量为 6ml/kg。惊厥停止后可口服钙剂。补钙后惊厥仍未控制者，检查血镁，若血镁＜0.6mmol/L（1.4mg/dl），肌内注射 25%硫酸镁，每次 0.4ml/kg。

## 三、护理问题

1．有窒息的危险　与惊厥、喉痉挛发作有关。

2．有受伤的危险　与惊厥、抽搐致舌咬伤、肢体碰伤等有关。

## 四、护理措施

1．维持血钙浓度正常

（1）患儿惊厥时，应遵医嘱静脉注射 10%葡萄糖酸钙，每次 1～2ml/kg，缓慢推注（10～15 分钟）。若快速静脉注射钙剂可使血钙浓度迅速升高，进而抑制窦房结引起心动过缓，甚至心脏停搏。因此，静脉注射时应密切监测患儿心率及心律变化，保持心率＞80 次/分，如果心率＜80 次/分，应停药。同时，应防止钙剂外溢造成严重的组织坏死及皮下钙化；若发现外溢，应立即停止注射，局部使用 25%～50%硫酸镁湿敷。

（考点：注射葡萄糖酸钙的注意事项）

（2）惊厥停止后，口服 10%氯化钙 1～2g/d，服用前可用糖水稀释，以减少对胃肠道的刺激。口服钙剂避免与牛奶同时服用，应于两次喂奶之间给药，以免影响钙的吸收。

2．补钙后惊厥仍未控制者，检查血镁，若血镁＜0.6mmol/L（1.4mg/dl），肌内注射 25%硫酸镁。甲状旁腺功能不全者，长期补充钙剂的同时补充维生素 D。

3．调整饮食　停喂含磷过高的牛乳，改喂母乳或钙磷比例适宜的配方奶粉。

4．备好急救用物　如氧气、吸引器、气管插管、气管切开用物等。

## 五、健康教育

妊娠后期，孕母注意营养，多食含钙、维生素 D 丰富的食物，多晒太阳，做好产前检查，积极防治妊娠糖尿病、妊娠高血压综合征等。介绍母乳喂养的优点，鼓励母乳喂养，按时给新生儿补充钙剂和维生素 D。

# 第 11 节　新生儿呼吸窘迫综合征的护理

**案例 7-5**　女婴，34 周早产，出生 6 小时被送到新生儿监护室。患儿正常分娩，无窒息史，但出生 2 小时出现面色发绀、呻吟、呼吸困难且进行性加重。胸部 X 线示双肺野均呈白色，肺肝界及肺心界均消失。

问题：1. 该患儿最可能的诊断是什么？

2. 如何护理该患儿？

新生儿呼吸窘迫综合征又称肺透明膜病，是由于缺乏肺表面活性物质（PS）使患儿生后不久出现进行性加重的呼吸窘迫，严重时发生呼吸衰竭。多见于早产儿，且胎龄愈小发病率愈高。

## 一、概　　述

肺泡表面活性物质由肺泡Ⅱ型上皮细胞合成，于妊娠 18～20 周出现，35～36 周迅速增加并达到肺成熟水平。肺泡表现活性物质可降低肺泡表面张力，防止呼气末肺泡萎陷，缺乏时，肺泡表面张力增加，呼气末功能残气量减少，肺泡逐渐萎陷，肺顺应性降低，肺泡通气量减少，造成 $CO_2$ 潴留；通气/血流值降低，引起缺氧并造成代谢性酸中毒。缺氧和酸中毒使肺毛细血管通透性增加，液体渗出、肺间质水肿及纤维蛋白沉着于肺泡内表面而形成嗜伊红透明膜，使气体弥散障碍，进一步加重缺氧和酸中毒并抑制肺泡表面活性物质合成，进入恶性循环（图 7-7）。

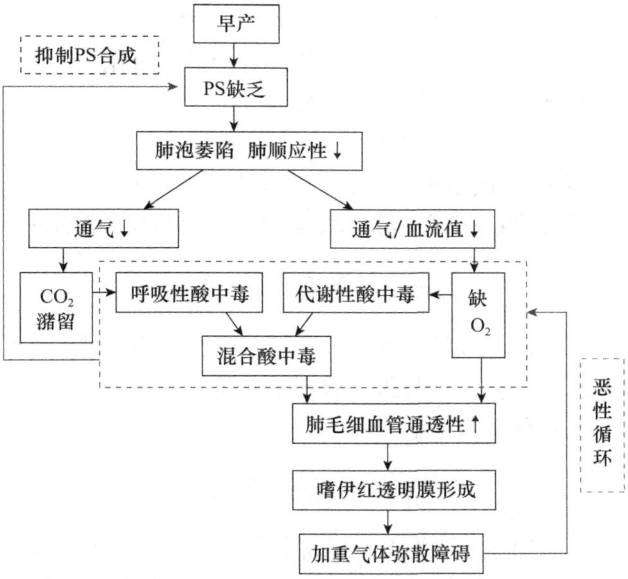


图 7-7　新生儿呼吸窘迫综合征发病机制

## 二、护 理 评 估

（一）健康史

评估患儿是否早产，有无宫内窘迫、宫内感染、产时窒息、分娩未发动前行剖宫产等病史。评估母亲是否有妊娠糖尿病、前置胎盘、胎盘早期剥离等病史。

（二）身心状况

1. 临床表现　出生2～6小时（不超过12小时），出现进行性呼吸困难、鼻翼煽动、吸气性三凹征、发绀、呼气性呻吟，胸廓扁平，听诊呼吸音减低，可闻及细湿啰音。严重时，患儿呼吸浅表、节律不整、呼吸暂停、肌张力低下。恢复期，易出现动脉导管开放，患儿喂养困难，呼吸暂停，酸中毒；心率增快或减慢，心前区搏动增强；严重者可发生心力衰竭和肺水肿。多数患儿生后第2、3天病情严重，72小时后明显好转。

（考点：新生儿呼吸窘迫综合症的体征）

2. 心理-社会状况　患儿出生后不久出现该病，家长易出现悲伤、内疚等负面情绪；缺乏本病的治疗及预后知识，易出现焦虑、恐惧等心理变化。

（三）辅助检查

1. 实验室检查　见表7-3。

**表7-3　新生儿呼吸窘迫综合征实验室检查**

| 实验室检查 | 操作方法 | 结果判定 |
|---|---|---|
| 泡沫试验 | 取患儿胃液1ml加95%乙醇1ml，振荡15秒，静置15分钟 | ①沿管壁有多层泡沫表明PS多可排除本病<br>②无泡沫表明PS少可考虑为本病<br>③两者之间为可疑 |
| 卵磷脂/鞘磷脂（L/S）值 | 羊水或患儿气管吸引物中L/S | ①L/S≥2提示“肺成熟”<br>②L/S：1.5～2提示“可疑”<br>③L/S<1.5提示“肺未成熟” |
| 血气分析 | | 血pH和$PaO_2$降低、$PaCO_2$增高、碳酸氢根减少 |

2. X线检查　毛玻璃样改变、支气管充气征、重者呈“白肺”。

3. 超声波检查　有助于确定“动脉导管开放”。

（四）治疗要点

给氧、辅助通气、保暖；尽早使用肺泡表面活性物质替代疗法（可降低气胸的发生率及本病的病死率，同时可改善肺功能）；维持酸碱平衡；保证液体和营养供应；若合并感染选择敏感的抗生素。

## 三、护理问题

1. 自主呼吸受损　与肺泡表面活性物质缺乏导致肺泡萎陷和进行性肺不张有关。

2. 营养失调：低于机体需要量　与摄入量不足有关。

3. 有感染的危险　与机体免疫力低下有关。

## 四、护理措施

1. 一般护理　置患儿于中性环境温度，保持肤温为36～36.5℃，湿度为60%左右，环境安静以减少患儿氧耗。供给足够的能量和水分，输液时避免量过多、速度过快发生动脉导管开放。出生第1～2天，输液量控制在每天60～80ml/kg，以后逐渐增至80～200ml/kg，用生理维持液。

2. 改善呼吸功能

（1）保持呼吸道通畅：及时清理呼吸道分泌物，每2小时翻身1次，必要时雾化吸入后及时吸痰。

（2）给氧及辅助呼吸：根据发绀程度及血气分析结果，选用鼻导管、面罩或头罩给氧法，维持血氧分压50～80mmHg、血氧饱和度90%～95%为宜。注意防止氧中毒。

（3）尽早使用肺表面活性物质替代疗法：滴入前彻底吸净气道内分泌物，而后经气管插管分别取仰卧位、右侧卧位、左侧卧位、再仰卧位，使药物均匀进入各肺叶，再用复苏气囊加压给氧以利于药液扩散。

3．严密观察病情　使用监护仪监测患儿生命体征、血氧饱和度等，认真做好病情记录，并随时评估患儿。若出现心力衰竭和肺水肿表现，及时通知医生并配合处理。

4．预防感染　保持室内空气清新，做好各项消毒隔离工作，严格执行无菌操作，必要时遵医嘱给予抗生素预防肺内感染。

## 五、健康教育

注意预防早产；对妊娠 24～34 周需提前分娩或有早产迹象的胎儿，出生前 7 天至出生前 24 小时给孕母肌内注射地塞米松或倍他米松，促进胎肺成熟；向家长介绍本病的病因、治疗情况及预后，缓解家长焦虑、紧张的不良情绪，使其配合治疗；教会家长相关的育儿知识，做好出院指导。

# 第 12 节　新生儿破伤风的护理

**案例 7-6**　新生儿，女，第 2 胎，足月，急产于家中。出生 5 天出现张口不大，含接乳头困难，吸吮困难，双拳紧握；而后出现牙关紧闭、苦笑面容，全身抽搐，遂来院就诊。

问题：1. 该患儿可能患了什么疾病？

2. 如何治疗及护理该患儿？

新生儿破伤风又称“脐风”“四六风”“七日风”，是指破伤风梭状杆菌侵入脐部并产生痉挛毒素而引起的急性感染性疾病。以牙关紧闭、苦笑面容、全身肌肉强直性痉挛为临床特征。一般在出生 4～7 天发病。随着无菌接生技术的广泛应用，本病发病率和病死率已明显降低。

## 一、概　　述

破伤风梭状杆菌为革兰阳性厌氧菌，其芽孢对外界的抵抗力强，普通消毒剂不能将其杀灭，需使用碘酊、气体消毒剂环氧乙烷或高压消毒。接生时，用未消毒或被污染的器械、辅料等，可使破伤风杆菌侵入脐部，而脐部包扎后形成的缺氧环境更利于破伤风梭状杆菌繁殖，产生痉挛毒素，引起全身肌肉强烈持续收缩。此毒素也可兴奋交感神经，引起心动过速、血压升高、多汗等。

## 二、护理评估

### （一）健康史

询问患儿出生方式、环境，是否无菌操作。评估患儿出生后脐部护理及脐带脱落情况，痉挛发作的时间、特点等。

### （二）身心状况

潜伏期 3～14 天，多为 4～7 天。潜伏期越短，病情越重，预后越差。病初，患儿哭闹不安，口张不大、吸吮困难，而后牙关紧闭、面肌紧张、口角上牵，呈“苦笑面容”（图 7-8）；伴阵发性双拳紧握，上肢过度屈曲，下肢伸直，呈“角弓反张”（图 7-9）。呼吸肌、喉肌痉挛可引起呼吸困难、发绀、窒息。痉挛发作时患儿神志清楚为本病的特点。间歇期肌强直继续存在，任何轻微刺激可诱发痉挛发作。合理治疗1～4周，痉挛逐渐减轻，发作间隔时间延长，完全恢复需2～3个月。

（考点：新生儿破伤风的症状）

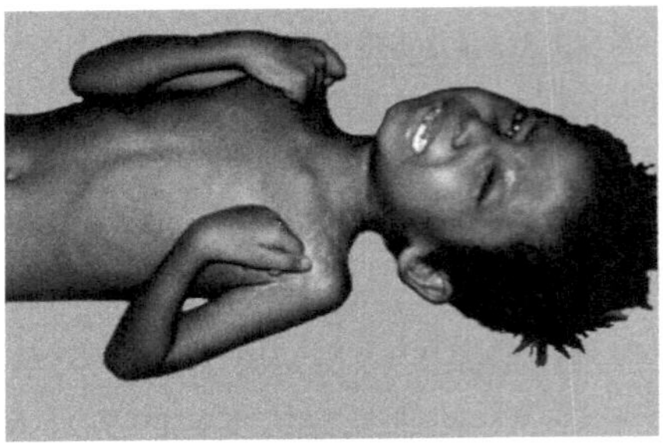

图7-8 苦笑面容

图7-9 角弓反张

（三）治疗要点

1．控制痉挛 是治疗成功的关键。首选地西泮，其次为苯巴比妥、10%水合氯醛等。

2．中和毒素 破伤风抗毒素（TAT）仅能中和游离破伤风毒素，对与神经节结合的毒素无效，须尽早使用。肌内注射或静脉滴注1万～2万U TAT，用前须做皮试。有条件的可使用破伤风免疫球蛋白（TIG）500U肌内注射，用前不必做皮试，但不易获得。

3．控制感染 使用青霉素或甲硝唑杀灭破伤风杆菌。

## 三、护理问题

1．有窒息的危险 与呼吸肌、喉肌痉挛有关。

2．有受伤的危险 与反复抽搐有关。

3．营养失调：低于机体需要量 与能量摄入不足及肌肉痉挛消耗过大有关。

## 四、护理措施

1．一般护理 患儿住单人病室，隔音、避光，减少不必要的刺激以减少痉挛发作，专人看护。必要的操作尽量在止痉后集中完成，静脉输液使用留置针，避免反复穿刺引起刺激。痉挛期暂禁食，给予静脉营养；症状减轻后，给予鼻饲喂养，以保证营养供给；病情好转后，间隔用奶瓶喂养以锻炼吸吮及吞咽功能。做好口腔护理及皮肤护理，定时翻身，预防坠积性肺炎。

2．用药护理 遵医嘱使用TAT（用前须做皮试）或TIG，联合或交替使用止痉药。

3．给氧 缺氧者，头罩法间歇给氧，避免鼻导管给氧刺激鼻黏膜引发或加剧肌肉痉挛。病情好转，缺氧改善后及时停氧，避免氧疗并发症。

4．密切观察病情 专人护理，详细记录病情变化，一旦发现异常及时报告医生并配合抢救。

5．脐部护理 用3%过氧化氢清洗脐部后涂碘伏消毒，保持脐部清洁、干燥。遵医嘱脐周注射3000U TAT，以中和未进入血液的游离毒素。

## 五、健康教育

本病预防重点是推广无菌接生法。脐部消毒不严格者24小时内对脐部应重新处置，并肌内注射破伤风抗毒素。介绍疾病相关知识，减轻家长紧张、焦虑、内疚能等不良情绪。指导家长做好患儿护理，本病病程较长，需 2～3 个月痊愈，指导家长回到家中仍应继续治疗和护理，定期复诊。

## 自测题

$A_1/A_2$ 型题

1. 正常新生儿所需室内的适中温度是（　　）
   A. 16～18℃　B. 20～22℃
   C. 22～24℃　D. 24～26℃
   E. 26～28℃
2. 胎儿能通过胎盘从母体获得的免疫球蛋白为（　　）
   A. IgA　B. IgC
   C. IgE　D. IgG
   E. IgM
3. 早产儿生理性黄疸在出生后自然消退的时间一般为（　　）
   A. 1～2 周　B. 2～3 周
   C. 3～4 周　D. 4～5 周
   E. 5～6 周
4. 早产儿高浓度、长时间吸氧易引发病变的部位为（　　）
   A. 玻璃体　B. 睫状体
   C. 视网膜　D. 角膜
   E. 脉络膜
5. 引起新生儿颅内出血的主要原因是（　　）
   A. 受寒或感染　B. 缺氧或产伤
   C. 受寒或缺氧　D. 缺氧或感染
   E. 感染或产伤
6. 病理性黄疸采用光照疗法时选用（　　）
   A. 白光　B. 黄光
   C. 蓝光　D. 绿光
   E. 红光
7. 新生儿寒冷损伤综合征硬肿首先出现的部位是（　　）
   A. 面颊　B. 前臂
   C. 躯干　D. 臀部
   E. 小腿
8. 女婴，日龄 5 天。阴道流出少量血性分泌物，其他未见异常，一般情况良好。该新生儿最有可能是（　　）
   A. 阴道黏膜炎症　B. 处女膜破裂
   C. 出血症　D. 假月经
   E. 血尿待查
9. 新生儿，日龄 2 天。出生 18 小时出现皮肤黄染，黄疸进行性加重。为确定病因，该患儿首要的辅助检查为（　　）
   A. 细菌培养　B. 母婴血型
   C. 肝胆 B 超　D. 尿常规
   E. 血常规
10. 男婴，胎龄 35 周，日龄 10 天。以低体温、反应差、拒乳、尿少、双小腿外侧皮下脂肪变硬入院。该患儿护理措施关键的是（　　）
    A. 维持有效呼吸　B. 遵医嘱用药
    C. 合理喂养　D. 逐渐复温
    E. 预防感染
11. 患儿，女，足月新生儿。出生 10 天，吃奶差，精神欠佳。脐部出现红肿、渗液。最可能的诊断是（　　）
    A. 新生儿肺炎　B. 新生儿脐炎
    C. 新生儿湿疹　D. 新生儿破伤风
    E. 新生儿败血症
12. 早产儿，胎龄 31 周。出生 12 小时，出现发绀、震颤。实验室检查：血糖 1.8mmol/L，诊断为新生儿低血糖，立即遵医嘱静脉输入葡萄糖溶液。在输入葡萄糖时应注意的是（　　）
    A. 给予高糖饮食　B. 监测血糖变化
    C. 给予高蛋白饮食　D. 防止外伤
    E. 同时使用胰高血糖素
13. 新生儿低钙血症时，静脉推注葡萄糖酸钙的护理措施中，不妥的是（　　）
    A. 选择粗直的静脉推注
    B. 剂量为 2mg/kg
    C. 经稀释后静脉推注
    D. 推注时监测心率

E. 快速推注，在短时间内升高血钙浓度

14. 新生儿败血症主要的感染途径是（　　）

A. 宫内感染　　B. 产道

C. 脐残端　　D. 口腔黏膜

E. 呼吸道

15. 患儿，女，出生 6 天。烦躁不安，不能张口吸乳，苦笑面容，现诊断为破伤风。该患儿首要的护理诊断应为（　　）

A. 组织完整性受损 与破伤风杆菌感染脐带残端有关

B. 有窒息的危险 与喉肌痉挛有关

C. 有受伤的危险 与抽搐有关

D. 婴儿喂养困难 与咀嚼肌痉挛有关

E. 潜在并发症：休克

$A_3/A_4$型题

（16～18 题共用题干）

患儿，男，日龄 6 天。因皮肤黄染逐渐加重就诊。体检：患儿体重 2500g，体温 36.1℃，脐部有脓性分泌物，初诊为新生儿败血症。按医嘱给予抗生素及蓝光照射治疗。

16. 下列不属于蓝光照射用物准备的物品是（　　）

A. 护眼罩　　B. 尿布

C. 蓝光箱　　D. 记录单

E. 爽身粉

17. 在蓝光中对患儿的护理操作正确的是（　　）

A. 灯管与患儿距离为 55cm

B. 调节箱温至 26～28℃

C. 体温为 37.5℃

D. 戴上护眼罩

E. 在箱内需穿厚衣服保暖

18. 患儿光疗过程中最可能出现的反应是（　　）

A. 呕吐　　B. 腹泻

C. 抽搐　　D. 体温下降

E. 体重下降

（19～20 题共用题干）

患儿，女，足月顺产，出生第 5 天，出现烦躁、拒奶，体温 38℃，脐周皮肤红肿，诊断为新生儿脐炎。

19. 应选用何种溶液清洁脐部（　　）

A. 0.1%依沙丫啶　　B. 0.1%新洁尔灭

C. 90%乙醇　　D. 3%过氧化氢

E. 0.5%碘伏

20. 清洁患儿脐部后，应涂何种消毒剂（　　）

A. 0.1%依沙丫啶　　B. 0.1%新洁尔灭

C. 90%乙醇　　D. 3%过氧化氢

E. 0.5%碘伏

（21～22 题共用题干）

足月新生儿，羊膜早破，出生 1 天，拒奶、呕吐。查体：体温不升，心率 140 次/分，前囟平软，颈部无抵抗，皮肤黄染，腹软，肝肋下 3.5cm。

21. 该患儿最可能的诊断为（　　）

A. 新生儿脑膜炎　　B. 新生儿颅内出血

C. 新生儿肝炎　　D. 新生儿败血症

E. 新生儿寒冷损伤综合征

22. 该患儿的护理诊断不包括（　　）

A. 体温调节无效 与感染有关

B. 营养失调：低于机体需要量　与摄入不足有关

C. 潜在并发症：休克

D. 喂养困难　与咀嚼肌痉挛有关

E. 潜在并发症：出血倾向

（熊永红　魏　超）

# 第8章 营养性疾病患儿的护理

本章知识框架，见图 8-1。

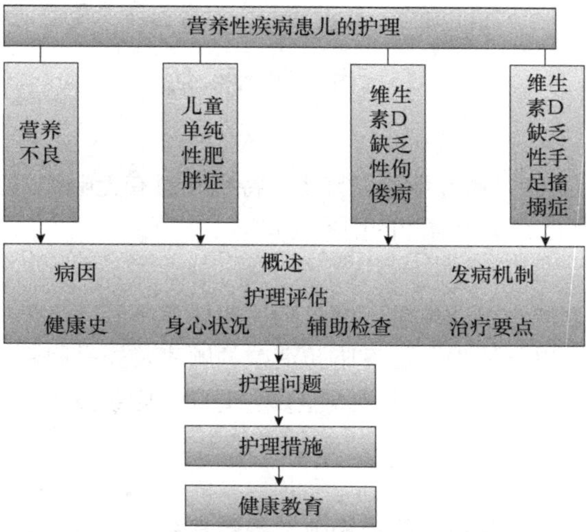


图 8-1　营养性疾病患儿护理知识框架

## 第1节　蛋白质-能量营养不良患儿的护理

**案例 8-1**　患儿，男，6个月。牛乳喂养，未加辅食，近2个月来食欲较差。体检：精神尚可，面色苍白，体重5.5kg，腹部皮下脂肪0.5cm，肌肉稍松弛。

问题：1. 该患儿可能患了什么疾病？临床分度如何？

2. 该患儿主要的护理问题有哪些？

蛋白质-能量营养不良是由于能量和（或）蛋白质缺乏或吸收障碍所致的一种慢性营养缺乏症，简称营养不良。3岁以下婴幼儿多见。

### 一、概　　述

（一）病因

1．喂养不当　是最主要原因。如母乳不足又未及时添加辅食；人工喂养奶粉配制过稀；骤然断乳，造成消化功能紊乱；长期以淀粉类食物（如米粉、粥等）为主，缺乏蛋白质和脂肪；年长儿的营养不良多因不良的饮食习惯造成的，如长期偏食、挑食、吃零食过多等。

2．疾病因素　消化系统疾病如慢性腹泻、肠吸收不良综合征等；先天畸形如唇裂、腭裂等；急、慢性传染病如肺结核、肝炎等；严重心、肝、肾脏疾病造成营养素吸收不良或消耗量增加。

3．需要量增加　早产、双胎及生长发育高峰期等小儿可因需要量增加造成营养相对不足。

（考点：营养不良主要病因）

（二）发病机制

轻度营养不良的病理改变仅为皮下脂肪减少、肌肉轻度萎缩，机体其他组织、器官的病理改变尚不明显。重度营养不良则常有肠壁变薄、黏膜皱襞消失，心肌纤维浑浊肿胀，肝脏脂肪浸润及变性。由于糖原不足或消耗过多，常致低血糖症。体内脂肪大量消耗，使血清胆固醇下降。蛋白摄入不足而消耗增加形成负氮平衡，细胞外液呈低渗状态，血钾、血钙偏低，常伴有锌及其他微量元素缺乏。当血清总蛋白＜40g/L、白蛋白＜20g/L 时，可引起低蛋白性水肿。消化液及酶分泌减少，活性减低，影响各种营养素消化吸收。心肌收缩力减弱，每搏输出量减少，血压偏低。肾浓缩能力减低，尿比重下降。神经系统调节功能失常，运动和语言发育迟缓。免疫功能低下，易并发各种感染。

## 二、护理评估

（一）健康史

询问患儿的喂养史、饮食习惯和生长发育史。特别注意有无喂养不当等因素；有无影响营养素吸收或消耗增加的疾病和需要量增加的因素。

（二）身心状况

1．体重改变　最早表现为患儿体重不增，随后为体重下降。

2．皮下脂肪逐渐减少以至消失　皮下脂肪消减的顺序首先是腹部，其次是躯干、臀部、四肢，最后是面部。严重者全身皮下脂肪消失，呈皮包骨状。腹部皮下脂肪层厚度是判断营养不良程度的重要指标之一。

（考点：营养不良身体状况）

3．其他状况　皮肤干燥、苍白，肌肉松弛，各器官系统功能低下，严重血清蛋白降低时可出现营养不良性水肿。

4．并发症

（1）营养性贫血：缺铁性贫血最常见。

（2）多种维生素和微量元素缺乏，尤其是维生素 A 缺乏。

（3）感染：因免疫功能下降，易并发感染，如上呼吸道感染、支气管肺炎、鹅口疮、结核病、中耳炎、尿路感染等。

（4）自发性低血糖：尤其是夜间或清晨易出现，表现为头晕、面色苍白、出冷汗、脉搏缓慢、神志不清、呼吸暂停等，若不及时诊治，可致死亡。

（考点：营养不良并发症）

5．分度　临床上根据各种症状的程度，将营养不良分为三度（表 8-1，图 8-2，图 8-3）。

**表 8-1　婴幼儿营养不良分度**

| 项目 | 轻度（Ⅰ度） | 中度（Ⅱ度） | 重度（Ⅲ度） |
|---|---|---|---|
| 体重低于正常均值 | 15%～25% | 25%～40% | ＞40% |
| 腹壁皮下脂肪厚度 | 0.8～0.4cm | ＜0.4cm | 消失，皮包骨 |
| 身高（长） | 正常 | 低于正常 | 明显低于正常 |
| 肤色及弹性 | 正常或稍苍白 | 苍白、弹性差 | 多皱纹、弹性消失 |
| 肌张力及肌肉 | 正常 | 明显降低、松弛 | 低下、萎缩 |
| 精神状态 | 正常 | 烦躁不安 | 萎靡、烦躁与抑制交替 |

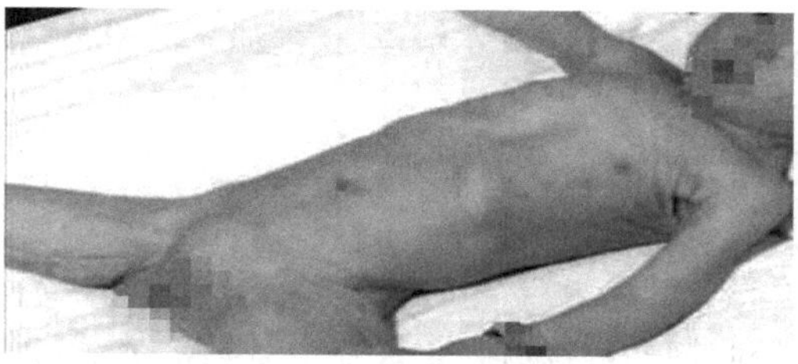

图 8-2 中度营养不良

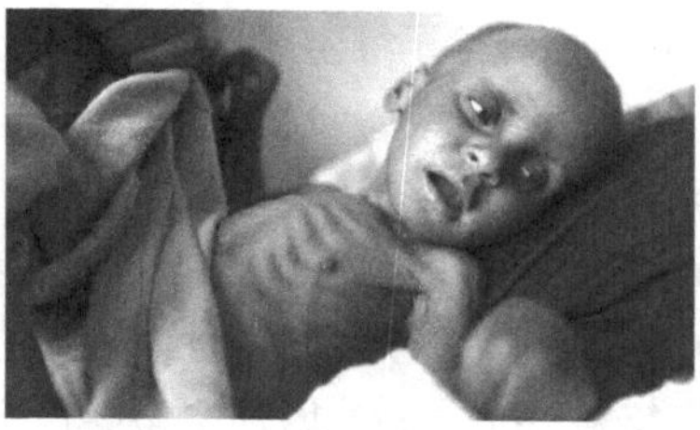

图 8-3 重度营养不良

（三）心理-社会状况

家长不了解营养不良的病情而产生焦虑，又因缺乏营养、喂养知识等产生歉疚感。

（四）辅助检查

1．血清蛋白测定　血清白蛋白降低是其特征性改变。胰岛素样生长因子 1（IGF-1）水平下降是早期诊断的灵敏、可靠的指标。

2．酶活性测定　血清淀粉酶、脂肪酶、转氨酶、碱性磷酸酶等活力均下降，治疗后可迅速恢复正常。

3．其他　胆固醇、各种电解质及微量元素含量皆可下降。

（五）治疗要点

主要采取综合治疗措施，包括调整饮食、促进消化功能改善、去除病因、治疗并发症。

## 三、护理问题

1．营养失调：低于机体需要量　与能量和（或）蛋白质长期摄入不足有关。

2．有感染的危险　与机体免疫力低下有关。

3．潜在并发症：低血糖、营养性贫血、维生素 A 缺乏。

## 四、护理措施

（一）调整饮食，增加营养

1．原则　由少到多、由稀到稠、循序渐进、逐渐增加，同时根据患儿病情轻重和消化功能来调整饮食的量及种类。

2．能量供给

（1）轻度：患儿消化功能尚好，能量从 250～330kJ/（kg·d）[ 60～80kcal/（kg·d）] 开始，以后逐渐增加直至超过正常量，达 585kJ/（kg·d）[ 140kcal/（kg·d）]，待体重接近正常后，再恢复至正常需要量。

（2）中重度：患儿消化功能较弱，对食物的耐受性差，能量从 165～230 kJ/（kg·d）[ 45～55kcal/（kg·d）] 开始，以后逐步少量增加。若消化功能恢复较好，可逐渐增至 500～727kJ/（kg·d）[ 120～170kcal/（kg·d）]，待体重与身高（长）接近正常后，再恢复至正常需要量。

3．食物调整

（1）鼓励母乳喂养或给予稀释牛乳，还可根据患儿年龄和消化能力酌情给予蛋类、肉末、肝泥等高蛋白饮食。注意控制蛋白质供给量：从 1.5～2.0g/（kg·d）开始，逐步增加至 3.0 ～4.5g/（kg·d）。避免过早给高蛋白饮食，以免出现腹胀和肝大。

（2）给予蔬菜、水果等补充维生素和微量元素。

（3）可按医嘱给予维生素及铁、锌等制剂。必要时静脉高营养，如水解蛋白、脂肪乳、氨基酸等。

4. 帮助消化、改善食欲

（1）遵医嘱给予各种消化酶和B族维生素口服。

（2）用蛋白同化类固醇制剂如苯丙酸诺龙，可促进机体蛋白质合成和增加食欲。

（3）用胰岛素和锌制剂：对食欲差的患儿，可给予胰岛素皮下注射2～3U，每日1次，注射前先服葡萄糖20～30g，增加饥饿感以提高食欲。锌制剂：每日口服元素锌0.5～1mg/kg，可提高味觉敏感度、增加食欲。

5. 病情观察　测体重1次/周，测身长1次/月，每日记录患儿进食情况及对食物耐受情况，以便及时调整营养入量。定期测量皮下脂肪的厚度以判断治疗效果。

（二）预防感染

保持皮肤清洁、干燥，防止皮肤破损；做好口腔护理，保持生活环境舒适卫生，注意做好保护性隔离，防止交叉感染。

（三）观察病情，防止并发症

密切观察病情变化，尤其是重度营养不良患儿可在夜间或清晨出现头晕、面色苍白、出冷汗、脉搏缓慢、神志不清、呼吸暂停等自发性低血糖表现，一旦发现立即报告医生，并备好25%～50%葡萄糖溶液，积极配合医生进行抢救。

### 五、健康教育

向患儿家长解释导致营养不良的原因，介绍婴幼儿科学喂养知识，指导母乳喂养、部分母乳喂养和人工喂养的具体方法；纠正小儿不良饮食习惯；指导先天畸形患儿及时手术治疗；指导患儿坚持户外活动，保证睡眠，预防感染，按时预防接种；宣传定期健康检查的重要性。

## 第2节　单纯性肥胖患儿的护理

儿童单纯性肥胖是由于长期能量摄入超过人体的消耗，使体内脂肪过度积聚、体重超过参考值范围的一种营养障碍性疾病，不伴有明显的内分泌和代谢性疾病。体重超过同性别、同身高正常小儿体重均值的20%即称肥胖。我国小儿肥胖症的发病率呈逐步增加趋势，儿童单纯性肥胖占肥胖症的95%～97%。肥胖不仅影响小儿健康，还将成为成年后高血压、糖尿病、冠心病、胆石症和猝死的原因，故应重视对本病的防治。

### 一、概　　述

（一）病因

1. 能量摄入过多　是本病的主要病因。长期摄入高脂及含糖饮料等高能量饮食，这类食物营养超过机体代谢需要，多余的能量可转化为脂肪贮存体内，引起肥胖。

2. 活动量过少　活动量过少和缺乏适当的体育锻炼是发生肥胖的重要因素。

3. 遗传因素　目前认为肥胖属于多基因遗传性疾病。比如双亲肥胖者后代发生肥胖者高达70%～80%；双亲之一肥胖者，后代发生肥胖者为40%～50%；双亲正常的后代发生肥胖者仅为10%～14%。

4. 其他因素　如进食过快、精神创伤和心理因素等均可引起小儿肥胖。

（二）发病机制

肥胖的主要病理改变是脂肪细胞数目增多或体积增大。人体脂肪细胞数目增多主要集中在三个阶段，即小儿出生前 3 个月、出生第 1 年和 11～13 岁，这三个阶段发生肥胖治疗比较困难且易复发，应积极预防。

## 二、护理评估

（一）健康史

评估患儿有无长期摄入高脂肪及含糖饮料等高能量饮食；有无家族肥胖史；评估患儿平时活动情况；是否有引起精神创伤和心理障碍等因素。

（二）身心状况

肥胖可发生于任何年龄，但最常见于婴儿期、5～6 岁和青春期。

1．症状　患儿食欲旺盛，喜食甜食与高脂食物。不爱运动，动作笨拙，明显肥胖儿常有疲劳感，用力时出现气短或腿痛。严重肥胖儿由于脂肪过度堆积限制胸廓及膈肌活动，导致肺通气不良，呼吸浅快，引起低氧血症、气急、发绀、红细胞增多、心脏扩大或出现充血性心力衰竭甚至死亡，称为肥胖–换气不良综合征。

2．体征　体检可见患儿皮下脂肪丰满而分布均匀，尤其是面颊、肩部、腹部为甚，常有假性乳房增大。严重肥胖者可因胸腹部、臀部及大腿处脂肪过多使皮肤出现白纹或紫纹。双下肢负荷过重可致扁平足、膝外翻。男孩可见阴茎隐匿在阴阜脂肪垫中，易被误诊为阴茎发育不良。肥胖小儿性发育较早，故最终身高略低于正常儿童。

3．肥胖分度

（1）轻度肥胖：体重超过同性别、同身高儿童正常标准 20%～29%。

（2）中度肥胖：体重超过同性别、同身高儿童正常标准 30%～49%。

（3）重度肥胖：体重超过同性别、同身高儿童正常标准 50%。

（三）心理–社会状况

患儿体形肥胖，怕被别人讥笑而不愿意与其他小儿交往，常有孤僻、胆怯、自卑、对抗等心理障碍。

（四）辅助检查

血清三酰甘油、胆固醇及β-脂蛋白可增高，血胰岛素水平增高，肝脏 B 超检查常有脂肪肝。

（五）治疗要点

采取控制饮食、增加活动、消除心理障碍的综合措施。其中饮食疗法和运动疗法是最主要的两项措施。

## 三、护理问题

1．营养失调：高于机体需要量　与摄入高能量食物过多和（或）运动过少有关。

2．体像紊乱　与肥胖导致自身形体变化有关。

3．知识缺乏　患儿及其家长缺乏合理营养知识。

## 四、护理措施

（一）饮食管理

在满足患儿基本营养及生长发育需要的前提下，限制患儿每日摄入的能量，使其低于机体消耗的总能量。推荐低脂、低糖和高蛋白饮食，鼓励患儿多吃体积大、饱腹感强而热能低的蔬菜水果类食物，如萝卜、青菜、黄瓜、番茄、苹果、柑橘等。养成良好的饮食习惯，如少食多餐、避免过饱、不吃夜宵和零食、细嚼慢咽等。

（二）增加运动

增加运动能促进脂肪分解，减少胰岛素分泌，使脂肪合成减少，蛋白质合成增加，促进肌肉发育。可选择患儿喜欢和有效且易于坚持的运动项目，如晨间跑步、游泳、踢球、跳绳、爬楼梯等，活动量以运动后轻松愉快、不感到疲劳为适度，每日至少坚持运动 30 分钟。

（三）帮助缓解心理压力

引导患儿正确认识身体形态的改变，帮助其建立信心，消除自卑心理。鼓励患儿参加集体活动，帮助患儿建立健康的生活方式，具备自我管理的能力。

## 五、健 康 教 育

向家长讲述科学喂养知识，培养小儿良好的饮食习惯。告诫家长不能采用成人肥胖的药物疗法、手术疗法和禁食疗法。强调肥胖的危害，改变家长“越胖越健康”的陈旧观念。对患儿进行生长发育监测，定期门诊观察。

# 第 3 节　维生素 D 缺乏性佝偻病患儿的护理

**案例 8-2**　患儿，8 个月，因夜间经常哭闹、多汗，今日来院就诊。3 个月开始人工喂养，未加辅食，很少晒太阳。查体：体温 36.5℃，脉搏 100 次/分，营养发育差，消瘦，精神差，方颅，前囟大，乳牙未出。化验检查：血钙降低。

问题：1. 最可能的诊断是什么？

2. 为明确诊断应做何检查？

3. 该患儿主要护理问题有哪些？

维生素 D 缺乏性佝偻病简称佝偻病，是由于小儿体内维生素 D 不足导致钙、磷代谢紊乱，产生的一种以骨骼病变为特征的全身慢性营养性疾病。多见于 2 岁以下婴幼儿，本病严重危害小儿健康，被列为我国儿童保健工作重点防治的“四病”之一。本病发病率北方高于南方，随着社会儿童保健工作的大力开展，发病率已逐年降低，病情也趋于轻度。

**知识链接**

**维生素 D 的代谢**

1. 维生素 D 的来源

（1）内源性维生素 D：人体皮肤中 7-脱氢胆固醇经日光紫外线照射后生成维生素 D，是人类维生素 D 的主要来源。

（2）外源性维生素 D：主要从食物中摄入，如蛋黄、动物肝、蕈类等。

（3）胎儿可通过胎盘从母体获得。

2. 维生素 D 的转化　维生素 D 无生物活性，必须经肝、肾两次羟化，转化为 1，25-二羟胆骨化醇［1，25-（OH）$_2$D$_3$］才能发挥生理作用。

3. 维生素 D 的生理作用

（1）促进肠道对钙、磷的吸收。

（2）促进肾小管对钙、磷的重吸收。

（3）与甲状旁腺协同作用，促进旧骨中钙盐释放入血；刺激成骨细胞，促进骨样组织成熟和钙盐沉积。

（4）参与多种细胞分化、增殖及免疫调控作用。

## 一、概 述

（一）病因

1．日光照射不足 是主要病因。因紫外线不能透过玻璃，婴幼儿缺乏户外活动，可使内源性维生素 D 不足。北方冬季寒冷，日照时间短，紫外线弱，均可影响内源性维生素 D 的生成。城市高大建筑、多烟雾均影响紫外线照射。

2．围生期维生素 D 不足 母亲妊娠期维生素 D 供给不足，以及早产、双胎均可导致婴儿体内维生素 D 贮存不足。

3．维生素 D 摄入不足 母乳及天然食物中含维生素 D 均少，不能满足小儿需要，如不及时添加鱼肝油或缺乏户外活动，则易患佝偻病。

4．需要增加 早产儿、双胎儿、婴儿生长发育快，需要维生素 D 多，且体内贮存不足，若不及时补充易发生佝偻病。

5．疾病及药物影响 胃肠道或肝胆疾病影响维生素 D 吸收；肝肾严重损害影响维生素 D 羟化；长期服用抗惊厥药加速维生素 D 分解为无活性的代谢产物；糖皮质激素可对抗维生素 D 对钙的转运作用。

（考点：维生素 D 缺乏性佝偻病的主要病因）

（二）发病机制（图 8-4）

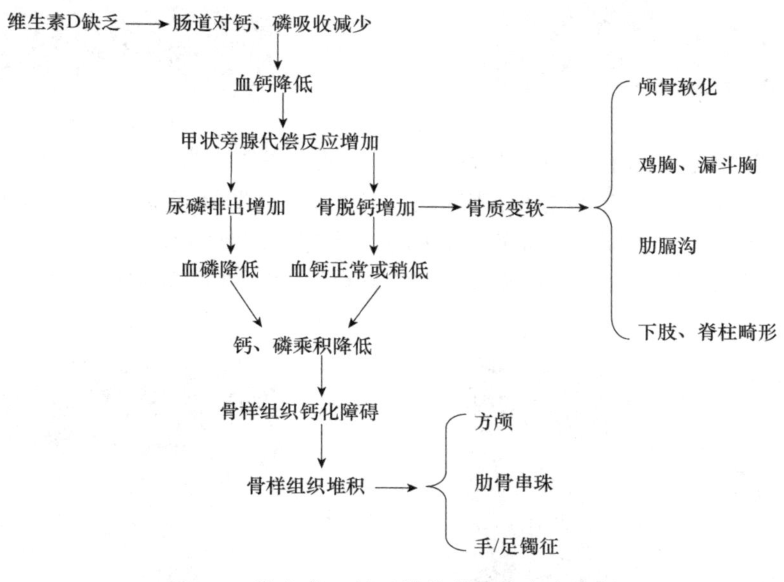


图 8-4 维生素 D 缺乏性佝偻病的发病机制

## 二、护 理 评 估

（一）健康史

评估患儿的生活环境，是否缺少户外活动；母亲妊娠期间是否补充维生素 D 及小儿出生状况，是否早产或双胎；小儿喂养方法及添加辅食情况，是否补充维生素 D；是否患有影响维生素 D 吸收、转化的疾病等。

（二）身心状况

分期：临床上根据病情演变可分为初期、激期、恢复期及后遗症期。

1. 初期（早期） 多见于3～6个月的小婴儿，主要为神经兴奋性增高的表现，如易激惹、烦躁、睡眠不安、夜啼、多汗（与室温、季节无关）。因汗液刺激头部，常摇头擦枕致枕后脱发形成“枕秃”（图8-5）。

2. 激期（活动期） 初期维生素D缺乏的婴儿未经治疗，病情加重，除神经精神症状外，出现骨骼改变、运动功能发育迟缓等。

（1）骨骼改变

①头部：a. 颅骨软化。多见于3～6月龄小儿，可有压乒乓球样感觉，称为“乒乓头”。b. 方颅。多见于7～8月龄小儿。患儿额骨和顶骨中心部分常常逐渐增厚，从上向下看呈“方盒样”头形，即方颅（图8-6）。c. 前囟增宽或闭合延迟。d. 出牙延迟，牙釉质缺乏并易患龋齿。

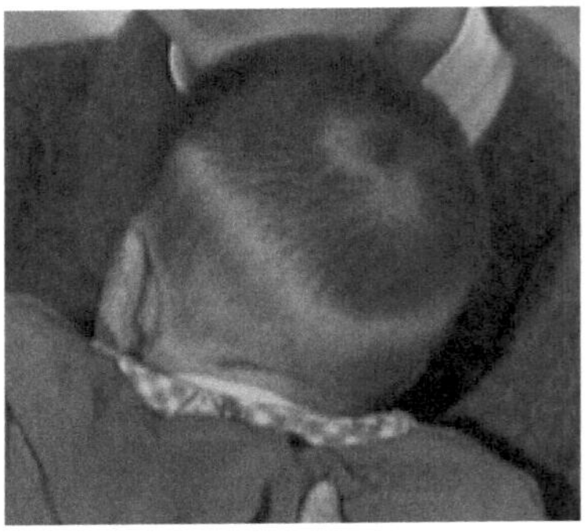

图8-5 枕秃

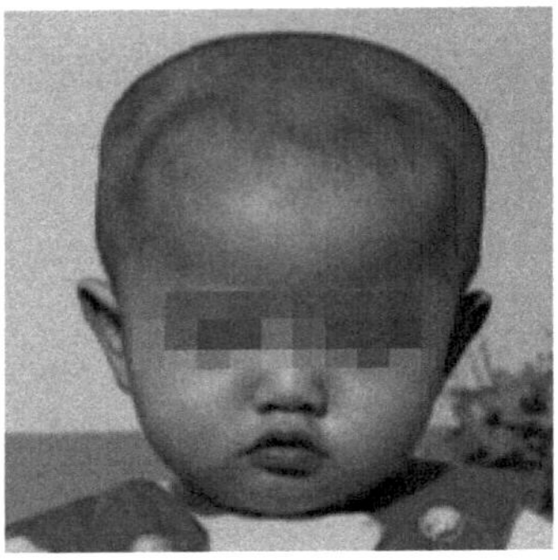

图8-6 方颅

②胸部：胸廓畸形多见于1岁左右的婴儿。a. 肋骨串珠：肋骨与肋软骨交界处因骨样组织堆积而膨大呈钝圆形隆起，上下排列如串珠状，以第7～10肋最明显（图8-7）。b. 郝氏沟或肋膈沟：膈肌附着处的肋骨长期受膈肌牵拉而内陷，形成一条沿肋骨走向的横沟（图8-8）。c. 鸡胸或漏斗胸：胸骨和邻近的软骨向前突起形成“鸡胸”（图8-9），如剑突部内陷，则形成“漏斗胸”（图8-10）。

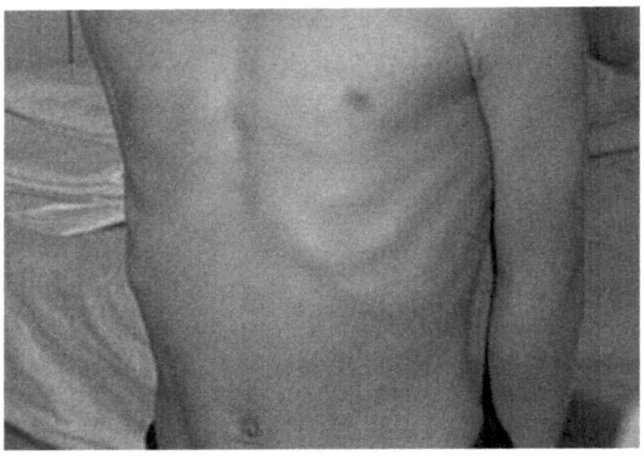

图8-7 肋骨串珠

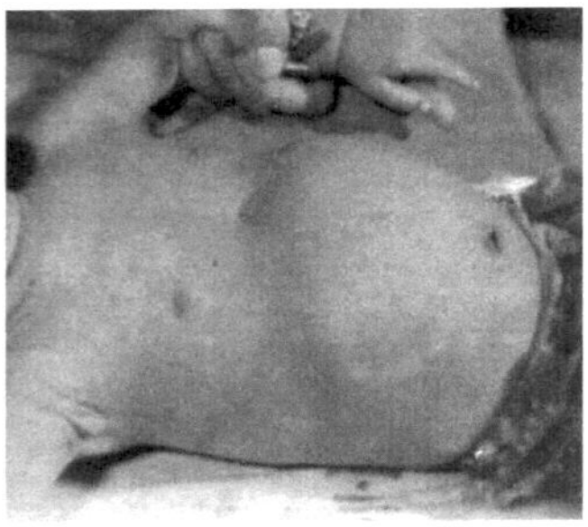

图8-8 郝氏沟或肋膈沟

③ 四肢：a. 手/足镯征。见于6个月以上婴儿。患儿手腕或踝部因骨样组织堆积形成的钝圆形隆起（图8-11）。b. “O”形腿（膝内翻）（图8-12）或“X”形腿（膝外翻）（图8-13）。多见于能站立或会行走的1岁左右的小儿。由于患儿骨质软化和肌肉关节松弛，双下肢因负重可出现下肢弯曲而形成的。

④ 其他：脊柱可出现后突或侧弯畸形（图8-14），重症患儿可出现扁平骨盆。

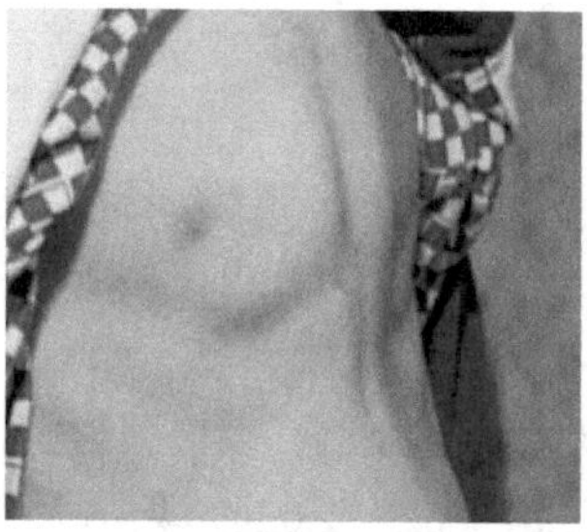

图 8-9　鸡胸

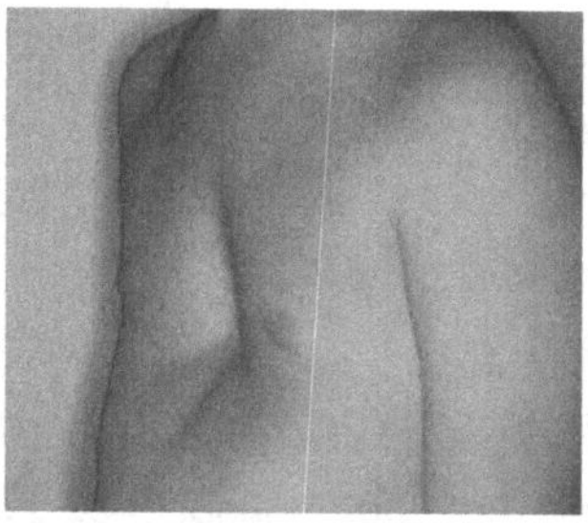

图 8-10　漏斗胸

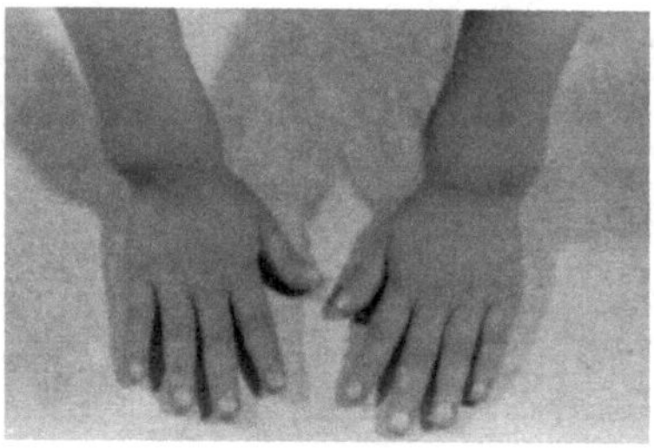

图 8-11　手镯征

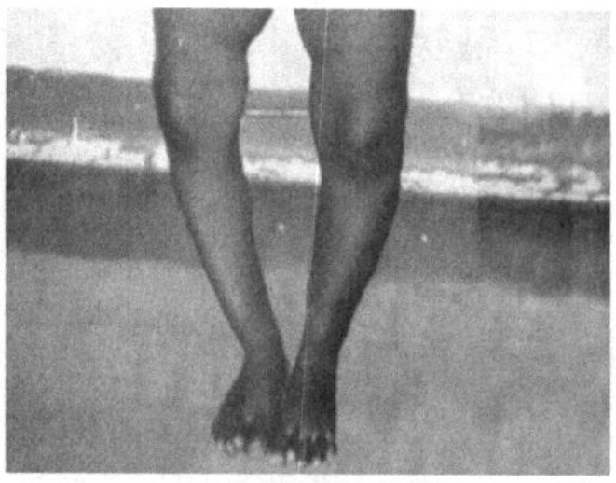

图 8-12　“O”形腿

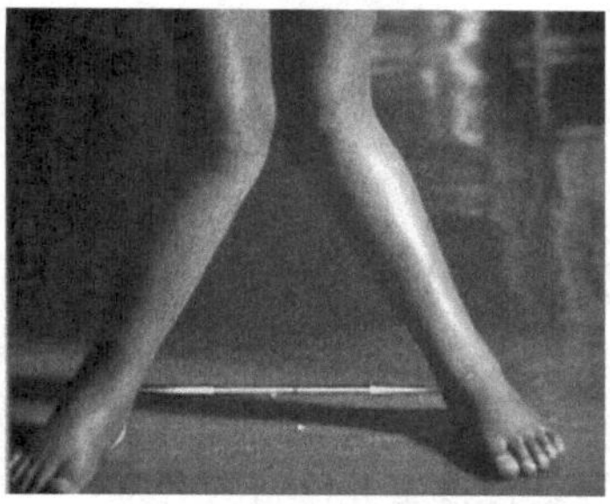

图 8-13　“X”形腿

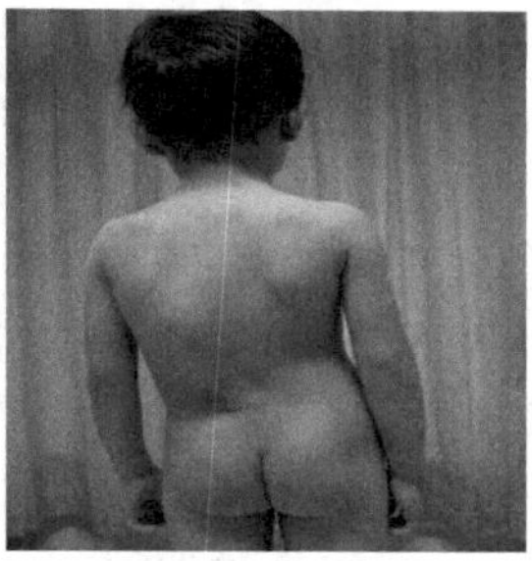

图 8-14　脊柱侧弯

（2）运动功能发育迟缓：由于低血磷致肌肉糖代谢障碍，使全身肌肉松弛，肌张力减低和肌力减弱，坐、立、行等运动功能发育落后，腹部肌肉松弛，膨隆如“蛙腹”（图 8-15）。

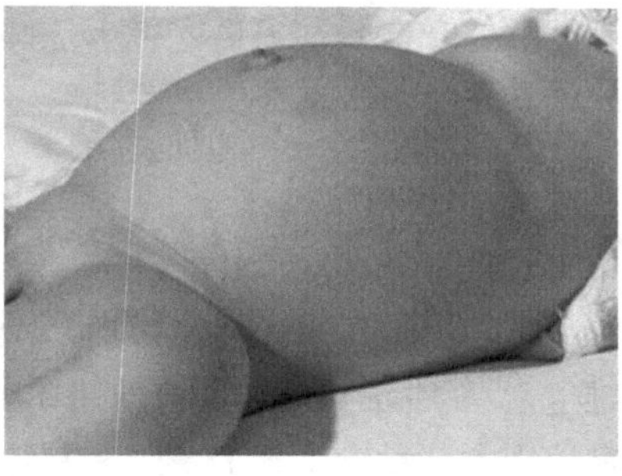

图 8-15　蛙腹

（3）神经、精神发育迟缓：重症患儿神经系统发育迟缓，表情淡漠，语言发育落后，条件反射形成缓慢。免疫力低下，易合并感染及贫血。

3．恢复期　患儿经过治疗及日光照射后，临床症状和体征逐渐减轻或消失。

4．后遗症期　多见于 2 岁以后的小儿。临床症状消失，仅留有不同程度的骨骼畸形。

（三）心理–社会状况

年长患儿可因骨骼改变导致自身形象变化而产生不良心理如自卑等。患儿家长因担心患儿遗留骨骼畸形而产生歉疚感。楼层过高或空气污染导致日光照射不足是不容忽视的社会问题。

（四）辅助检查

1．血清 25-（OH）$D_3$ 测定　早期即明显降低，是最可靠诊断指标。

2．血生化检查　初期血钙正常或稍下降，血磷降低，碱性磷酸酶正常或稍高；激期血钙稍低，血磷降低，碱性磷酸酶增高。恢复期血钙、血磷逐渐恢复正常。

3．骨骼X线检查　初期钙化带正常或稍模糊；激期钙化带消失，干骺端呈毛刷样、杯口样改变，骨骺软骨带增宽，骨密度减低，骨皮质变薄，可有骨干弯曲变形或青枝骨折。

（五）治疗要点

治疗目的在于控制活动期，防止骨骼畸形。重点是补充维生素D制剂，以口服为主，一般剂量为每日50～125μg（2000～5000U）或1，25-（OH）$_2D_3$（骨化三醇）0.5～2.0μg，4～6周后改为预防量400U/d。对于有并发症的佝偻病或无法口服者，一次肌内注射维生素D 20万～30万U，3个月后改为口服预防量。有低钙血症、严重佝偻病和营养不良时需要补充钙剂。严重骨骼畸形者可外科手术矫治。

（考点：维生素D缺乏性佝偻病临床表现）

## 三、护理问题

1．营养失调　低于机体需要量：与日光照射不足和维生素D摄入不足有关。

2．有感染的危险　与免疫功能低下有关。

3．潜在并发症：骨骼畸形、维生素D中毒。

4．知识缺乏　患儿家长缺乏佝偻病预防和护理知识。

## 四、护理措施

（一）一般护理

加强患儿生活护理，保持室内空气清新，温、湿度适宜，阳光充足。对多汗患儿，要勤洗澡、勤换内衣、被褥，保持皮肤清洁、干燥。避免带小儿去人多的公共场所，预防皮肤和呼吸道感染。

（二）配合治疗护理

1．增加户外活动　根据不同年龄和不同季节，指导家长带患儿进行户外活动。出生2～3周即可带患儿户外活动，冬季也要保证每日1～2小时的户外活动时间，在室内活动时要开窗，让紫外线能够照射到室内。夏季气温过高时，患儿可在阴凉处活动，或在上午10时前及下午4时后活动，尽量暴露皮肤。

2．调整饮食　提倡母乳喂养，按时添加富含维生素D和钙质的食物，如动物肝脏、蛋黄及维生素D强化奶粉。

3．用药护理　遵医嘱给予浓缩鱼肝油制剂或维生素D制剂，使用时可直接滴于舌上或滴于食物上，保证用量。注意事项：①因鱼肝油中既含有维生素D也含维生素A，剂量大时有发生维生素A中毒的可能，应使用单纯维生素D制剂。②3个月以下及有手足搐搦症病史的患儿，在使用大剂量维生素D前2～3天先服用钙剂，每日1～3g，以防发生低钙抽搐。③若肌内注射给药，因维生素D是油剂，宜选择较粗的针头，做深部肌内注射，以保证药物充分吸收。④治疗过程中若出现烦躁、厌食、呕吐、腹泻等维生素D中毒症状时，应报告医生，立即停药。

（三）并发症观察及护理

患儿衣着柔软、宽松，避免早坐、久坐、早站、久站和早行走，以免造成骨骼畸形。严重佝偻病患儿肋骨、长骨易发生骨折，护理操作时动作要轻，应避免重压和用力过大，以免发生骨折。

（四）心理护理

对于烦躁、睡眠不安的患儿，护理人员要态度和蔼，关心、体贴患儿。轻度的骨骼改变可以通过主动、被动锻炼加以矫正，如胸部畸形可让小儿作俯卧位抬头展胸运动；下肢畸形可进行肌肉按摩，“O”形腿按摩外侧肌群，“X”形腿按摩内侧肌群，以增加肌张力，减轻畸形。对年长儿因骨骼改变导致自身形象的变化产生不良心理时，要说明严重畸形可以通过外科手术来矫正，鼓励小儿参加集体活动，克服自卑心理。

### 五、健 康 教 育

向患儿母亲讲解有关疾病的预防、护理知识，鼓励孕妇多进行户外活动，选择富含维生素 D、钙、磷和蛋白质的食物；佝偻病的预防强调多晒太阳。足月儿出生 2 周开始补充维生素 400U/d，可连续服用至 2 岁。早产儿、低体重儿、双胎儿出生 2 周开始补充维生素 800U/d，3 个月后改为 400U/d。在预防用药的同时，告知家长避免过量服用，注意观察有无维生素 D 中毒的表现。

## 第 4 节　维生素 D 缺乏性手足搐搦症患儿的护理

**案例 8-3**　4 个月人工喂养儿，平时多汗，易惊夜啼，突然双眼直视，反复四肢抽动数次，抽后神志清醒，查体颅骨有乒乓球感。

**问题：** 1. 该患儿最可能的诊断是什么？

2. 首要的急救措施是什么？

维生素 D 缺乏性手足搐搦症是由于维生素 D 缺乏，引起血钙浓度降低致神经肌肉兴奋性增高，而出现惊厥、手足搐搦、喉痉挛等症状，同时又可伴有不同程度的佝偻病表现，所以又称佝偻病性低钙惊厥。多见于出生 6 个月以内的小婴儿。

### 一、概　　述

本病的直接原因是血清钙离子降低，引起血钙降低的因素有以下几方面。

1. 甲状旁腺反应迟钝　维生素 D 缺乏时，血钙下降，甲状旁腺反应迟钝，骨脱钙减少，致使血钙持续下降。当总血钙低于 1.75～1.88mmol/L（7～7.5mg/dl）或离子钙浓度低于 1.0mmol/L（4mg/dl）时，可出现神经肌肉兴奋性增高，引起抽搐。

2. 骨骼钙化加速　春季开始接受日光照射骤然增多或接受大剂量维生素 D 治疗而没有及时补充钙剂，致血钙下降。

3. 血磷增加　发热、感染、饥饿时，组织细胞分解释放磷，使血磷增加，致使血钙下降。

（考点　维生素 D 缺乏性手足搐搦症病因）

### 二、护 理 评 估

（一）健康史

询问患儿有无维生素 D 缺乏的病史；患儿近期是否接受日光照射增多或接受大剂量维生素 D 治疗；有无发热、感染、饥饿等病史。

（二）身心状况

1. 典型症状（“三显征”）　当血钙低于 1.75mmol/L（7mg/dl）或离子钙浓度低于 1.0mmol/L（4mg/dl）时出现以下症状。

（1）惊厥：最常见，小婴儿多见。患儿突然发生四肢抽动，两眼上翻，面肌抽动，神志不清，发作时间短至数秒或长至数分钟。发作停止后意识恢复，精神萎靡而入睡，醒后活泼如常。发作次数可数日 1 次或 1 天数次甚至数 10 次，一般不发热。发作轻者仅有短暂的眼球上翻和面肌抽动，神志清楚。

（2）手足搐搦：是本病特有表现，多见于较大婴儿、幼儿。表现为突然发生手足肌肉痉挛，双手腕屈曲，手指强直，拇指内收贴紧掌心，呈“助产式手”（图 8-16）。踝关节伸直，足趾弯曲向下，呈“芭蕾舞足”（图 8-17）。

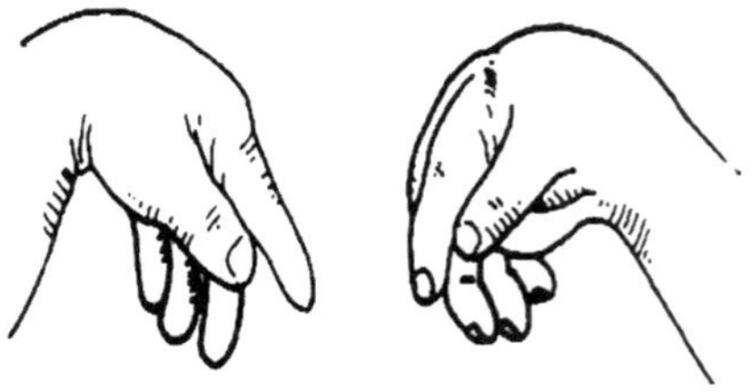

图 8-16　助产式手

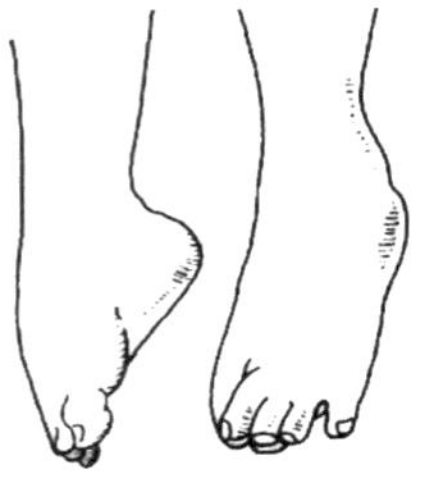

图 8-17　芭蕾舞足

（3）喉痉挛：是本病最危险的表现，婴儿多见。表现为喉部肌肉、声门突发痉挛，出现呼吸困难，吸气时喉鸣，有时可突然发生窒息甚至死亡。

（考点：维生素 D 缺乏性手足搐搦症身体状况）

2. 隐性体征（“三隐征”）　血清钙多在 1.75～1.88mmol/L，没有典型发作的症状，但可通过刺激神经肌肉引出下列体征。

（1）面神经征：以手指或叩诊锤轻击患儿颧弓与口角间的面颊部，引起眼睑和口角抽动者为阳性。

（2）陶瑟征：用血压计袖带包裹上臂，使血压维持在收缩压与舒张压之间，5 分钟内该手出现痉挛状为阳性。

（3）腓反射征：以叩诊锤叩击膝下外侧腓骨小头处的腓神经，引起足向外展者为阳性。

（三）辅助检查

血清总钙低于 1.75～1.88mmol/L 或血清离子钙低于 1.0mmol/L，血磷正常或升高。

（四）治疗要点

抢救原则：先急救再补钙最后补维生素 D。

1. 急救处理　保持气道通畅、吸氧；控制惊厥与喉痉挛，迅速使用镇静药地西泮每次 0.1～0.3mg/kg 静脉或肌内注射，或用 10%水合氯醛每次 40～50mg/kg 保留灌肠。

2. 补充钙剂　10%葡萄糖酸钙 5～10ml 加 10%～25%葡萄糖液 10～20ml 缓慢静脉注射（10 分钟以上）或静脉滴注，发作停止后可改为口服钙剂。

3. 补充维生素 D 制剂　用法同佝偻病。

（考点　维生素 D 缺乏性手足搐搦症的治疗要点）

## 三、护理问题

1. 有窒息的危险　与惊厥、喉痉挛有关。

2. 有受伤的危险　与惊厥有关。

3. 营养失调：低于机体需要量　与维生素 D 缺乏有关。

## 四、护理措施

（一）控制惊厥，防止窒息

1．惊厥发作时，首先就地抢救，防止窒息。保持室内安静，避免家长大声呼叫及摇晃小儿，松解患儿衣领使其平卧，头转向一侧，以免误吸造成窒息。在缺乏医疗条件或医生到来之前可试用指压或针刺人中、十宣穴等方法控制惊厥。出现喉痉挛时，立即将患儿舌体拉出口外，在上下牙间放置牙垫，避免舌咬伤，备好气管插管用具及抢救物品，必要时协助医生插管。

2．用药护理　地西泮静脉注射量不宜过大，速度不宜过快，以每分钟 1mg 为宜，以免抑制呼吸，引起呼吸骤停。静脉注射钙剂时速度不能过快，以防血钙骤升发生心搏骤停。注射钙剂时选用较大的静脉，避免使用头皮静脉，防止钙剂外渗，导致组织坏死。如果渗出可用 2%普鲁卡因封闭。口服钙剂最好在两餐之间服用，不可与乳制品同服。

（二）预防受伤

抽搐发作时就地抢救，避免家长摇晃、紧抱患儿，以免加重抽搐；如患儿抽搐时处于坐位，应立即将患儿放于床上或地上，移开周围一切硬物，以免摔伤；不要强压患儿肢体，勿强力撬开紧咬的牙关，以免造成损伤。

## 五、健康教育

1．向家长讲解本病的主要病因和抽搐发作时正确处理方法，如就地抢救、保持安静、避免大声呼叫及摇晃小儿等，并说明这样做的目的及意义。

2．指导家长出院后按医嘱补钙剂和维生素 D，强调服药的注意事项。

3．介绍预防本病的相关知识，如多晒太阳，及时添加含维生素 D 及钙丰富的食物，并讲解低钙引起的抽搐一般不会造成严重后遗症，减轻家长的心理压力。

## 自测题

$A_1$ / $A_2$ 型题

1．营养不良患儿常伴有多种维生素缺乏症，常见的是（　　）

A．维生素 A　　B．维生素 $B_2$
C．维生素 C　　D．维生素 D
E．维生素 $B_{12}$

2．营养不良患儿辅助检查最突出的变化是（　　）

A．生长激素分泌增加
B．维生素及微量元素缺乏
C．胆固醇水平降低
D．血清白蛋白浓度降低
E．胰岛素样生长因子水平下降

3．患儿，3 个月，维生素 D 缺乏性佝偻病。初期的症状是（　　）

A．手镯征　　B．鸡胸
C．肌肉松弛　　D．方颅
E．枕秃

4．5 个月婴儿患活动性佝偻病的主要临床诊断依据是（　　）

A．夜啼　　B．多汗
C．枕秃　　D．颅骨软化
E．夜惊

5．当发生维生素 D 缺乏性手足搐搦症时，说明血钙已低于（　　）

A．1.75～1.88mmol/L　B．1.25～1.38mmol/L
C．1.50～1.63mmol/L　D．2.0mmol/L
E．2.13mmol/L

6．幼儿，1.5 岁，诊断为佝偻病激期。为避免“O”

形腿加重，应采取下列哪项预防措施（　　）

A. 补充维生素 D　　B. 补充钙剂

C. 多晒太阳　　D. 减少行走

E. 外科矫形术

$A_3/A_4$ 型题

（7～9 题共用题干）

患儿，女，8 个月，因消瘦、食欲差来院就诊。系人工喂养，体重 7kg，腹部皮下脂肪 0.6cm，精神不振，头发黄。临床诊断：营养不良。

7. 该患儿的营养不良程度为（　　）

A. 轻度营养不良

B. 中度营养不良

C. 重度营养不良

D. 极重度营养不良

E. 佝偻病

8. 如得不到及时治疗，继续发展，脂肪减少或消失的顺序为（　　）

A. 躯干—腹部—四肢—臀部—面颊

B. 腹部—四肢—臀部—躯干—面颊

C. 面颊—躯于—四肢—臀部—腹部

D. 腹部—躯干—臀部—四肢—面颊

E. 四肢—躯干—臀部—面颊—腹部

9. 1 周后，该患儿因出现腹泻再次来诊，补液宜选择（　　）

A. 1/2 张含钠液　　B. 等张含钠液

C. 1/5 张含钠液　　D. 1/3 张含钠液

E. 2/3 张含钠液

（10～12 题共用题干）

患儿，11 个月，因睡眠不安，多汗，易惊来院就诊。体检可见明显方颅、肋骨串珠，诊断为佝偻病激期。

10. 最适合该患者儿的治疗方法是（　　）

A. 大剂量维生素 D

B. 大剂量钙剂

C. 先用维生素 D 后用钙剂

D. 先用钙剂后用维生素 D

E. 在使用维生素 D 的同时适当的补充钙剂

11. 对患儿母亲进行护理指导时，下列提法哪项不妥（　　）

A. 合理喂养，及时添加辅食

B. 多抱患儿到外面晒太阳

C. 按医嘱服用鱼肝油

D. 多给患儿进行站立等运动锻炼

E. 密切观察病情变化

12. 护士对家长健康教育中，预防佝偻病应强调的是（　　）

A. 合理喂养　　B. 经常口服鱼肝油

C. 经常口服钙片　　D. 经常晒太阳

E. 母亲孕期与哺乳期保健

（13～15 题共用题干）

4 个月小儿，系人工喂养。平时易惊，多汗、睡眠少，近 2 天来轻咳、低热，今晨突然双目凝视，反复四肢抽动，颅骨有乒乓球感

13. 患儿最可能出现了（　　）

A. 血清镁升高　　B. 血清钙降低

C. 血糖降低　　D. 脑脊液细胞数增多

E. 血清钠降低

14. 可能的诊断为（　　）

A. 热性惊厥

B. 低血糖症

C. 颅内感染

D. 维生素 D 缺乏性手足搐搦症

E. 低钠血症

15. 该患儿的紧急处理是（　　）

A. 先补钙，再止惊，最后补维生素 D

B. 先止惊，再补钙，最后补维生素 D

C. 先补维生素 D，再补钙，最后止惊

D. 先补维生素 D，再补钙

E. 先补钙，再补维生素 D

（郑秀坤）

# 第9章 消化系统疾病患儿的护理

本章知识框架，见图 9-1。

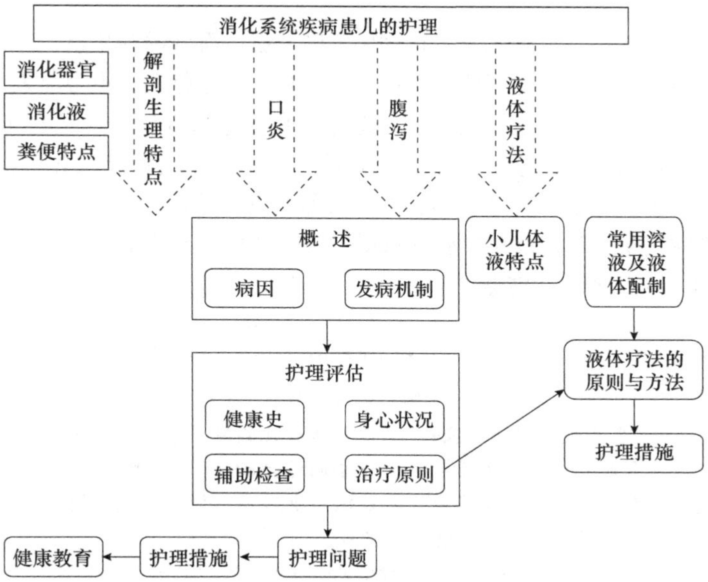


图 9-1　消化系统疾病患儿的护理知识框架

## 第 1 节　儿童消化系统解剖生理特点

### 一、口　　腔

足月新生儿出生时具有较好的吸吮和吞咽功能，早产儿则较差。3 个月内的小婴儿唾液腺发育不成熟，唾液分泌量少且淀粉酶含量低，不宜喂食淀粉类食物；3～4 个月时唾液分泌逐渐增多，5～6 个月时更为显著，但由于婴儿口底浅，不能及时吞咽，故常出现生理性流涎。

### 二、食　　管

新生儿食管长 8～10cm，1 岁时 12cm，5 岁时约 16cm，学龄儿童 20～25cm，成人约 25cm。婴儿食管呈漏斗状，黏膜纤弱，弹力组织、肌层尚不发达，食管下端贲门括约肌发育不成熟，控制能力较差，常发生胃食管反流，一般在 8～10 个月时症状消失。新生儿食管具有与成年人相同的 3 个狭窄部位，其中通过膈部的狭窄相对较窄。

### 三、胃

婴儿胃呈水平位，贲门括约肌发育差，幽门括约肌发育良好，婴儿常发生胃肠逆向蠕动，易发生溢乳和呕吐。新生儿胃容量为30～60ml，1～3个月90～150ml，1岁时250～300ml，5岁时700～850ml，成人约2000ml。由于小婴儿胃容量少，宜少量多次喂服，但由于哺喂后不久幽门即开放，胃内容物逐渐进入十二指肠，故实际哺喂容量多于上述容量。胃排空时间因食物种类不同而异：水为1.5～2小时，母乳为2～3小时，牛乳为3～4小时。早产儿胃排空慢，易发生胃潴留。

（考点：新生儿溢乳的原因）

## 四、肠及肠道菌群

婴儿肠道相对较成人长，一般为身长的5～7倍。肠道血管黏膜丰富，小肠绒毛发育好，分泌面积及吸收面积较大，利于消化吸收。但由于肠壁薄，通透性高，更容易发生全身性感染和变态反应性疾病。肠系膜相对较长且活动度大，易患肠套叠及肠扭转。早产儿肠乳糖酶活性低、肠壁屏障功能差和肠蠕动协调能力差，易发生乳糖吸收不良、全身性感染和功能性肠梗阻。

新生儿哺乳后结肠和直肠有细菌繁殖，母乳喂养儿以双歧杆菌为主，混合喂养和人工喂养儿则大肠埃希菌、嗜酸杆菌、双歧杆菌和肠球菌等并存。婴幼儿正常肠道菌群脆弱，容易受内外因素影响而菌群失调，导致消化功能紊乱。

知识链接

**双歧杆菌**

双歧杆菌是1899年由法国学者Tissier从母乳喂养儿的粪便中分离出的一种厌氧的革兰阳性杆菌。双歧杆菌在母乳喂养儿肠道内大量存在，占总肠道菌的60%，60岁以上老年人双歧杆菌只占7.9%。双歧杆菌具有营养、免疫、抗感染、抗过敏、抗肿瘤、调整肠道功能及改善营养等作用。在临床上应用双歧杆菌即可预防腹泻，又能减少便秘。

## 五、肝

小儿年龄越小，肝相对越大。正常婴幼儿在右肋缘下1～2cm易触及肝，6～7岁后不能触及。婴儿期肝细胞发育尚未完善，肝功能也不成熟，胆汁分泌较少，影响脂肪的消化、吸收，解毒能力较差。肝脏再生能力强，在感染、缺氧、中毒等情况下易发生肝大和变性。

## 六、消 化 酶

小儿出生时胰液分泌量少，3～4个月增多，6个月以下胰淀粉酶活性较低，1岁后接近成年人。3个月以下小儿唾液淀粉酶产生较少，故小儿不宜过早喂淀粉类食物，对脂肪和蛋白质的摄入也应有一定比例，否则易发生消化不良。

## 七、婴 儿 粪 便

### （一）正常粪便

1．胎粪　新生儿于出生12小时内开始排出胎粪，呈墨绿色，质黏稠，无臭味，持续2～3天，逐渐过渡为黄色糊状粪便，如果出生24小时内无胎粪排出，应报告医生检查有无肛门闭锁等消化道畸形。

2．母乳喂养儿粪便　纯母乳喂养儿粪便呈黄色或者金黄色，均匀糊状，偶有细小乳凝块，不臭，略酸性（pH4.7～5.1），每日排 2～4 次。

3．牛、羊乳喂养儿粪便　呈淡黄色，较稠，多成形，为碱性或中性，量多，较臭，每日排 1～2 次，易便秘。添加淀粉或糖类食物可使粪便变软。

4．混合喂养儿粪便　母乳加牛乳喂养者粪便与喂牛乳者相似，但比较软、黄。无论何种方法喂养，添加谷类、蛋、肉及蔬菜等辅食后，粪便性状均接近成年人。

（二）异常粪便

异常粪便是指在某些情况下，大便次数突然增加或减少、性状改变等。若大便干结，多因进食蛋白质偏多、淀粉或糖过少或肠蠕动弱、水分吸收过多所致；若大便呈黑色，系肠上部及胃出血或进食大量含铁食物或铁剂药物所致；若大便带血丝，多系肛裂、直肠息肉所致；若大便呈灰白色，则表示有胆道梗阻。

## 第 2 节　口炎患儿的护理

**案例 9-1**　患儿，女，出生 20 天，混合喂养。喂奶后母亲发现患儿口腔颊部、上腭、咽部等处有乳白色微高起白膜，不易拭去，用力拭去后黏膜潮红，来院咨询。

问题：1. 患儿可能的诊断是什么？

2. 患儿目前主要的护理问题有哪些？

3. 作为护士，请你为其父母进行健康教育。

口炎是指口腔黏膜的炎症，可由病毒、真菌、细菌等感染引起，全年可发病，多发生于婴幼儿。若病变局限于舌、牙龈、口角，亦可称为舌炎、牙龈炎、口角炎。

### 一、概　　述

口炎根据病原体不同分为 3 种类型，分别是疱疹性口炎、溃疡性口炎和鹅口疮。

1．疱疹性口炎　由单纯疱疹病毒Ⅰ型感染所致，多见于婴幼儿，有较强传染性，可在集体托幼机构引起小流行。

2．溃疡性口炎　主要由链球菌、金黄色葡萄球菌、肺炎链球菌、铜绿假单胞菌或大肠埃希菌等感染引起，多见于婴幼儿，可发生于感染、长期腹泻等机体抵抗力下降时。

3．鹅口疮　又名雪口病，为白念珠菌感染所致。本病多见于新生儿、腹泻、营养不良、久病体弱和长期应用广谱抗生素或激素的患儿。新生儿可由产道感染所致，也可因乳具不洁或污染所致。

（考点：鹅口疮的病原体）

**知识链接**

**白念珠菌**

白念珠菌是一种真菌，通常存在于正常人口腔、上呼吸道，肠道及阴道，是一种条件致病菌。其平日并不致病，只有在菌群失调、免疫力降低等情况下，方可转化为致病性念珠菌而致口腔、阴道、阴茎、呼吸道及肠道等部位感染，引发相关念珠菌性炎症如急性念珠菌性口炎、念珠菌阴道炎等。

防治白念珠菌感染，首要措施是避免滥用抗生素，防止菌群失调。同时注意保持口腔、会阴部及皮肤黏膜卫生，降低白念珠菌感染率。加强运动锻炼，及时控制引起机体免疫力下降的各类疾病。一旦受到白念珠菌感染要及时进行治疗。

## 二、护理评估

（一）健康史

了解患儿有无感染史，有无营养不良史，有无长时间使用广谱抗生素或者免疫抑制剂等药物；了解患儿的乳具、餐具有无消毒习惯，有无饮食过热史；了解患儿有无烦躁、发热、拒乳等症状。

（二）身心状况

1．身体表现

（1）疱疹性口炎：疱疹性口炎局部表现为口腔黏膜（牙龈、舌、唇、颊黏膜，有时累及上腭及咽部）早期呈散在或成簇的小水疱，水疱很快破溃形成溃疡，溃疡面覆盖黄白色膜样渗出物，周围绕以红晕，几个小溃疡可融合成较大的溃疡（图 9-2，彩图 1）。全身表现有拒食、流涎、哭闹、烦躁、发热（38～40℃）、颌下淋巴结大。病程长，发热可持续 5～7 天，溃疡 10～14 天愈合。

（2）溃疡性口炎：局部表现为初起时口腔黏膜（各部位都可发生）充血、水肿，继而形成大小不等的糜烂面或浅溃疡，散在或融合成片，表面有纤维性炎性渗出物形成的灰白色假膜（图 9-3，彩图 2），拭去后留有溢血的糜烂面，患处疼痛。全身表现为患儿哭闹、烦躁、拒食、流涎，常有发热，体温可达 39～40℃，颌下淋巴结大。

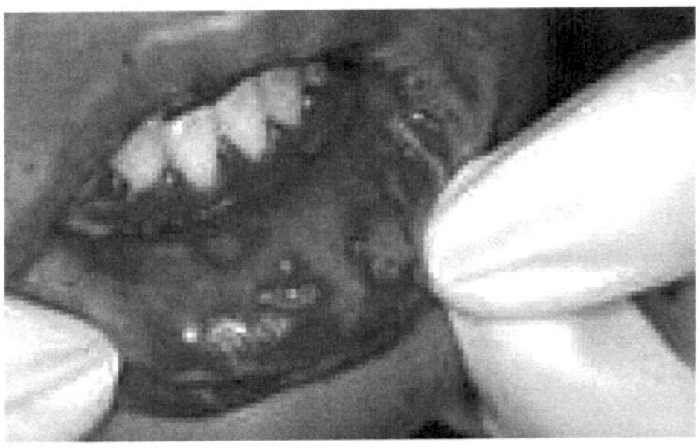

图 9-2　疱疹性口炎

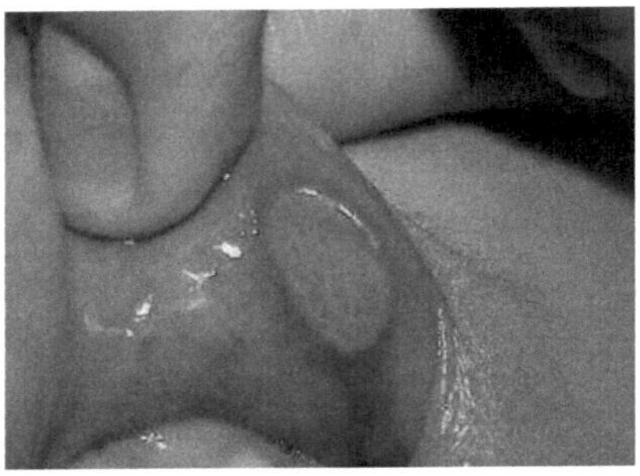

图 9-3　溃疡性口炎

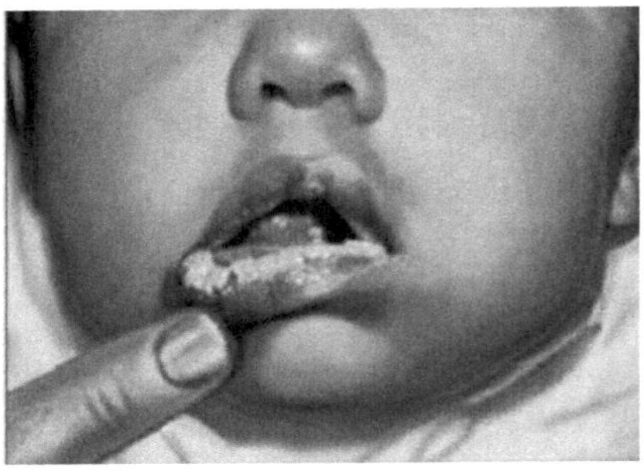

图 9-4　鹅口疮

（3）鹅口疮：鹅口疮局部表现为口腔黏膜出现白色乳凝块样物，初呈点状或小片状，可逐渐融合成大片，不易擦去，周围无炎症反应，强行拭去可见充血性创面（图 9-4，彩图 3）。患处不痛，不流涎。轻者无全身症状。严重者可累及消化道或呼吸道，引起真菌性肠炎或真菌性肺炎。

2．心理-社会状况　患儿因口腔疼痛哭闹，家长因患儿不能进食而焦虑。疱疹性口炎在托幼机构中流行，需要注意其传染性。

（三）治疗要点

1．对症治疗　清洗口腔及局部涂药，选用有效抗生素等。疱疹性口炎可在局部涂疱疹净（碘苷）、西瓜霜、锡类散等，预防继发感染可涂 2.5%～5%金霉素鱼肝油；溃疡性口炎患儿选择 3%过氧化氢溶液或 0.1%依沙吖啶溶液清洗溃疡面，并涂以 5%金霉素鱼肝油或冰硼散等；近年来临床使用重组人表皮生长因子（金因肽），可有效促进溃疡的愈合；对疼痛较重者可在进食前局部涂 2%利多卡因。鹅口疮患儿可用 2%碳酸氢钠清洗口腔，局部涂抹 10 万～20 万 U/ml 制霉菌素鱼肝油混合液。

2．控制感染　严重者全身用药，但鹅口疮一般不需口服抗真菌药，可口服微生态制剂，纠正肠道菌群失调，抑制真菌生长；疱疹病毒感染可服用清热解毒类中药辅助治疗。

3．其他　发热患者用物理或者药物降温等对症处理，注意水分及营养的补充。

（考点：鹅口疮的治疗）

## 三、护 理 问 题

1．口腔黏膜受损　与口腔不洁、抵抗力低下造成感染有关。

2．疼痛　与口腔炎症刺激有关。

3．体温过高　与口腔黏膜感染有关。

4．知识缺乏　家长缺乏有关口炎的护理及预防知识。

## 四、护 理 措 施

### （一）一般护理

1．口腔护理　鼓励患儿多饮水保持口腔清洁、湿润。流涎者，及时清除口腔分泌物，保持口角、面颊、颈部等处皮肤清洁干燥，避免引起湿疹与糜烂。

2．饮食护理　饮食以微温或凉的流食为宜，避免酸、咸、辣、热、粗、硬等刺激性食物，避免引起患儿疼痛。对于不能进食者应给予胃肠道外营养，以保证营养和水的供给。

### （二）病情观察

密切监测患儿的体温变化，当体温超过 38.5℃时给予松解包被（新生儿或小婴儿）、置冷水袋或冰袋等物理降温，必要时给予药物降温。

### （三）配合治疗护理

1．根据口炎类型选择漱口液　疱疹性、溃疡性口炎患儿选择 3%过氧化氢溶液或 0.1%依沙吖啶溶液清洗溃疡面，较大患儿可用含漱剂，鹅口疮患儿可用 2%碳酸氢钠清洗口腔，每日 2～4 次，哺乳后或者餐后 1 小时为宜。

2．遵医嘱给药　以餐后 1 小时进行为宜，涂药前应先清洗口腔，然后将纱布或干棉球垫于颊黏膜腮腺管口或舌系带两侧以隔断唾液，用干棉球吸干溃疡表面后再涂药。涂药后嘱患儿闭口 10 分钟再去除棉球或纱布，并叮嘱患儿勿立即漱口、饮水或进食。

3．防止继发感染及交叉感染　护理人员为患儿做口腔护理前后要洗手，患儿的食具、玩具、毛巾等都要及时消毒，鹅口疮患儿使用过的奶瓶、水瓶及奶嘴应放于 5%碳酸氢钠溶液浸泡 30 分钟后洗净再煮沸消毒，哺乳妇女的内衣要每日更换并清洗。疱疹性口炎具有较强的传染性，应注意隔离，以防传染。

4．疼痛护理　在清洁口腔及局部涂药时，动作一定要轻、快、准，以免使患儿疼痛加重。对疼痛较重者可按医嘱在进食前局部涂 2%利多卡因。

（考点：鹅口疮的护理）

## 五、健 康 教 育

1．向家长介绍口炎发生的病因及预防要点。

2．解释勤喂温开水的意义，指导清洁口腔的操作方法及要点，嘱年长儿进食后漱口。

3．教育孩子养成良好的卫生习惯，不吮指，正确刷牙，指导家长对食具、玩具进行清洁消毒，告诉哺乳妇女要勤换内衣，喂奶前后应清洗乳头。

4．解释流涎是患儿对疼痛的一种反应，对清洁口腔有一定作用，应注意保持口腔周围皮肤的干燥，防止出现皮肤湿疹及糜烂。

5．告诉家长疱疹性口炎的传染性较强，应与健康儿隔离。

## 第3节 腹泻病患儿的护理

**案例 9-2** 患儿，女，9个月。3天前开始发热、咳嗽并出现呕吐、腹泻。腹泻每日10余次，蛋花汤样便，量多，无腥臭味。体格检查：体温36.5℃，神志清，精神萎靡，皮肤弹性较差，干燥，浅表淋巴结无肿大。前囟、眼窝明显凹陷，哭时少泪。口唇干燥。双肺呼吸音无异常。腹平软，无压痛及反跳痛，肝右肋下2.0cm。血常规：白细胞总数$8.5\times10^9$/L，中性粒细胞0.45，淋巴细胞0.55。便常规：为水样便，白细胞0～3个/HP。

问题：1．该患儿可能的疾病是什么？

2．患儿目前主要的护理问题有哪些？

3．作为护士，该患儿入院后应做哪些护理工作？

小儿腹泻也称腹泻病，是由多病原、多因素引起的以大便次数增多和大便性状改变为特点的消化道综合征，严重者可引起水、电解质及酸碱平衡紊乱，是婴幼儿时期的常见病、多发病，严重威胁小儿健康，被国家卫生计生委列为儿童保健重点防治的“四病”之一。发病年龄以6个月～2岁多见，其中1岁以内者约占50%。一年四季均可发病，但以夏、秋季发病率最高。

### 一、概　　述

（一）病因

1．易感因素

（1）婴幼儿消化系统发育不完善，胃酸及消化酶分泌少，消化酶活性低，对食物的量及质的变化耐受性差，容易出现消化功能紊乱。

（2）婴幼儿生长发育速度快，需要营养物质相对多，消化道负担重。

（3）婴幼儿血液中免疫球蛋白、胃肠道SIgA及胃酸水平低，对感染的防御能力差。

（4）新生儿出生后尚未建立正常肠道菌群，缺乏对入侵致病微生物的抵抗；滥用广谱抗菌药物引起肠道菌群失调，这些均可引起肠道感染。

（5）牛乳、羊乳等动物乳类中缺乏母乳中含有的SIgA、乳铁蛋白等免疫物质，且人工喂养的食具极易被污染，故人工喂养儿肠道感染发生率明显高于母乳喂养儿。

2．感染因素　引起婴儿腹泻病的主要病原体有病毒、细菌、真菌和寄生虫等，约占85%以上，又分肠道内感染和肠道外感染。

（1）肠道内感染：婴幼儿腹泻80%由病毒感染引起，以轮状病毒引起的秋冬季儿童腹泻最常见（又称秋季腹泻），其次有埃可病毒、柯萨奇病毒、冠状病毒、腺病毒等。大肠埃希菌是引起夏季腹泻的主要病因，可分5种类型，即致病性大肠埃希菌、产毒性大肠埃希菌、侵袭性大肠埃希菌、出血性大肠埃希菌和黏附聚集性大肠埃希菌；其他细菌如空肠弯曲菌、耶尔森菌、沙门菌属和金黄色葡萄球菌等也可导致肠道内感染。肠道内感染性腹泻临床又称肠炎。

（2）肠道外感染：可由于发热及病原体毒素作用使消化功能紊乱，或肠道外感染的病原体同时感染肠道。因此，患儿感染肺炎、发生上呼吸道感染或者皮肤感染时可伴有腹泻症状。

3．非感染因素　非感染因素主要是由饮食不当引起的食饵性腹泻，个别婴儿对牛奶、大豆及食物成分不耐受而引起的过敏性腹泻，以及乳糖酶、双糖酶缺乏或气候突然变化等因素所致腹泻等。

（二）分类（表 9-1）

**表 9-1　小儿腹泻分类**

| 分类依据 | 类型 |
|---|---|
| 病因 | 感染性腹泻和非感染性腹泻；感染性腹泻又分为肠道内感染和肠道外感染 |
| 病程 | ①急性腹泻：病程<2 周<br>②迁延性腹泻：病程 2 周～2 个月<br>③慢性腹泻：病程>2 个月 |
| 病情 | ①轻型腹泻：胃肠道症状轻，全身症状不明显，无脱水及电解质紊乱<br>多见于肠道外感染和非感染性腹泻<br>②重型腹泻：胃肠道症状重，全身中毒症状明显，有脱水、电解质紊乱和酸碱平衡失调<br>多见于肠道内感染性腹泻 |

（考点：秋季腹泻最常见的病原体）

（三）发病机制

1．感染性腹泻　病原体侵入机体内，肠黏膜发生充血、水肿、炎症细胞浸润、溃疡和渗出等病变，使食物的消化、吸收发生障碍，未消化的食物被细菌分解（腐败、发酵），其产物造成肠蠕动亢进及肠腔内渗透压升高引起腹泻。另外，病原体产生毒素，使小肠液分泌增加，超过了结肠的吸收能力导致腹泻。腹泻后丢失大量的水和电解质，引起脱水、酸中毒及电解质紊乱。

2．非感染性腹泻　当摄入食物的量过多或食物的质发生改变，食物不能被充分消化吸收而堆积于小肠上部，可使局部酸度减低，肠道下部细菌上移和繁殖，使未消化的食物发生腐败和发酵造成消化功能紊乱、肠蠕动亢进，引起腹泻、脱水、电解质紊乱。

## 二、护理评估

（一）健康史

了解患儿腹泻开始的时间，大便的性状、次数、颜色及有无发热、呕吐、腹痛、腹胀等其他情况；了解既往有无类似病史，是否经过治疗；了解患儿的喂养方式、辅食添加情况，有无不洁饮食史等。

（二）身心状况

1．轻型腹泻　轻型腹泻以胃肠道症状为主，表现为食欲缺乏，偶有呕吐，大便每日达数次或 10 余次，一般呈黄色或黄绿色，稀薄或带水，有酸臭味，可有奶瓣或混有少量黏液。患儿一般无脱水征和全身中毒症状，数日内可痊愈。

2．重型腹泻　多由肠道内感染引起，病情较急或者轻型逐渐加重，除有较严重的胃肠道症状及全身中毒症状外，还有明显的脱水、电解质紊乱和酸碱平衡失调。

（1）胃肠道症状：患儿腹泻频繁，大便每日 10 余次甚至数十次，大便呈黄绿色或者蛋花汤样，量多，可有少量黏液，少数患儿可有血便；除腹泻外，患儿常伴有呕吐、腹胀、腹痛、食欲缺乏等，严重者可吐咖啡样物。

（2）全身中毒症状：患儿可有发热，体温可达 40℃，精神萎靡或烦躁不安、嗜睡、意识模糊甚至昏迷、休克等。

（3）水、电解质和酸、碱平衡紊乱表现

① 脱水：由于体液特点和呕吐、腹泻丢失多，摄入量不足，婴幼儿腹泻会导致轻、中、重度不同程度的脱水（表 9-2）。呕吐腹泻时丢失大量电解质，导致体液渗透压发生改变，可表现为不同性质的脱水（表 9-3）。

**表 9-2　不同程度脱水表现**

| | 轻度脱水 | 中度脱水 | 重度脱水 |
|---|---|---|---|
| 精神 | 稍差 | 萎靡、烦躁 | 表情淡漠、昏睡或昏迷 |
| 眼泪 | 少 | 明显减少 | 无 |
| 前囟、眼窝 | 稍凹陷 | 明显凹陷 | 深陷 |
| 皮肤 | 干燥、弹性可 | 干燥、弹性差 | 干燥、弹性极差 |
| 尿量 | 稍减少 | 明显减少 | 极少或无 |
| 末梢血循环 | 正常 | 四肢稍凉 | 四肢厥冷 |
| 心率 | 正常 | 快 | 快、弱 |
| 血压 | 正常 | 正常或稍低 | 血压下降 |
| 失水占体重百分比 | ＜5% | 5% ～10% | ＞10% |

（考点：轻重症腹泻的鉴别）

**表 9-3　不同性质脱水表现**

| | 低渗性脱水 | 等渗性脱水 | 高渗性脱水 |
|---|---|---|---|
| 血清钠浓度（mmol/ L） | ＜130 | 130～150 | ＞150 |
| 口渴 | 不明显 | 明显 | 极明显 |
| 皮肤弹性 | 极差 | 稍差 | 尚可 |
| 血压 | 明显下降 | 下降 | 正常或稍低 |
| 神志 | 嗜睡或昏迷 | 精神萎靡 | 烦躁，易惊厥 |

② 代谢性酸中毒：根据血中 $HCO_3^-$的测定结果，临床将酸中毒分为轻、中、重三度。轻度酸中毒（18～13mmol/L）仅表现为呼吸稍快；中度（13～9mmol/L）、重度（＜9mmol/L）酸中毒表现为口唇樱桃红色或发绀，呼吸深快，精神萎靡或烦躁不安、嗜睡甚至昏迷。

③ 低钾血症：主要表现为神经、肌肉兴奋性降低，精神萎靡、腱反射减弱或消失、腹胀、肠鸣音减弱甚至肠麻痹、心音低钝、心律失常等。心电图示 T 波改变、ST 段下降，出现 U 波。低钾血症的表现往往出现在补液过程中或脱水、酸中毒被纠正后。

④ 低钙和低镁血症：常在脱水和酸中毒被纠正后出现。低钙血症表现为抽搐或惊厥等；极少数患儿经补钙后症状仍不好转，应考虑为低镁血症，表现为震颤、手足搐搦或惊厥。

（考点：腹泻患儿脱水程度与脱水性质的判断）

3．几种肠炎及腹泻的临床特点　见表 9-4。

**表 9-4　几种肠炎及腹泻的临床特点**

| 种类 | 临床特点 |
|---|---|
| 轮状病毒肠炎 | 秋、冬季流行，又称“秋季腹泻”，多见于 6～24 个月的婴幼儿，潜伏期为 1～3 天，起病较急，常伴有发热、呕吐、上呼吸道感染症状，一般无明显中毒症状。大便每日数次到数十次，量多，呈黄色水样或蛋花汤样，无腥臭味，常伴有脱水、电解质紊乱和酸中毒。本病有自限性，病程为 3～8 天。大便检查偶见少量白细胞，可做轮状病毒抗原检测 |
| 大肠埃希菌肠炎 | 多发生在 5～8 月气温较高的季节，腹泻频繁，大便呈蛋花汤样，腥臭，有较多黏液。全身中毒症状较明显，常伴有脱水、电解质紊乱和酸中毒。大便镜检有较多白细胞，甚至红细胞 |
| 金黄色葡萄球菌肠炎 | 多由长期使用广谱抗生素继发引起。严重者多为黄色或黄绿色水样便，可有假膜排出，患儿可出现脱水、电解质紊乱和酸中毒，伴有腹痛和全身中毒症状 |
| 生理性腹泻 | 多见于 6 个月以内婴儿，外观虚胖，常有湿疹。生后不久即腹泻，但除大便次数增多以外，无其他症状，小儿食欲好，不影响生长发育。添加辅食后，大便逐渐转为正常 |
| 饥饿性腹泻 | 小儿常因饥饿而哭闹，粪便量较少，水分不多。逐渐增加食欲后，大便可转为正常 |

知识链接

**肠道与健康**

肠道是消化器官中最长的管道，是最重要的消化吸收器官，人体所需的七大营养素全部由消化道加工完成，其中 90%的营养由肠道吸收。

肠道不但是消化器官，也是人体中最大的免疫器官。肠道内部的双歧杆菌等有益菌及肠道本身的结构和功能可构成强大的生物学屏障及黏膜免疫系统，致使有害菌和病毒很难突破防线进入机体内部，从而提高人体的整体免疫力。但是消化道两端都与外界相通，各种有害微生物很容易长驱直入，寄居于肠腔。据统计，人体中 99%的毒素、84%的致病菌是从肠道进入的，近 80%的细菌在肠内。人的一生中，95%以上感染性或内源性疾病都直接或间接与消化道有关。

4．心理–社会状况　住院患儿可因住院环境陌生、与家人分离、面对治疗检查等而产生焦虑与恐惧感等。

（三）辅助检查

1．血常规　细菌感染时白细胞总数和中性粒细胞增多；寄生虫感染和过敏性腹泻时嗜酸性粒细胞增多。

2．大便检查　轻型腹泻患儿大便镜检可见大量脂肪球；中、重型腹泻患儿大便镜检可见大量白细胞，有些可有不同数量的红细胞。大便细菌培养可做病原学检查。

3．血液生化检查　血钠的浓度因不同性质脱水而异，血清钾、钙在脱水纠正后可下降。二氧化碳结合力可降低。

（四）治疗要点

1．调整饮食　腹泻期间除严重呕吐患儿暂禁食（不禁水）4～6 小时外，均应强调继续饮食，满足生理需要，补充疾病消耗，以缩短腹泻后的康复时间。但饮食需要调整，适应患儿的消化吸收功能，采取循序渐进的原则，并适当补充微量元素和维生素。

2．控制感染　合理使用抗生素。病毒性肠炎以饮食疗法和支持疗法为主，侵袭性细菌感染时结合大便细菌培养和药敏试验选用有效的抗生素。一般选择喹诺酮类、黄连素、呋喃唑酮、第三代头孢菌素及氧头孢烯类（如头孢噻肟、头孢唑肟、头孢曲松、拉氧头孢等）等。

3. 纠正水和电解质紊乱　口服补液盐（简称 ORS）溶液用于轻、中度脱水无严重呕吐患儿。静脉补液用于中、重度脱水或吐泻频繁或腹胀的患儿（详见本章第 4 节儿童体液平衡的特点和液体疗法）。

4. 微生态疗法　可口服双歧杆菌三联活菌、双歧杆菌活菌胶囊、双歧杆菌乳杆菌三联活菌片、促菌生、地衣芽孢杆菌活菌胶囊、乳酶生等。

5. 肠黏膜保护药　适用于急性水样便腹泻（病毒性或产毒素细菌性），对迁延性与慢性腹泻也有一定效果。蒙托石散口服，服用后可在胃肠黏膜上形成一层均匀的保护膜，吸附病原体及毒素，而后随肠蠕动排出体外，本身不被吸收，不影响其他药物的利用。

（考点：腹泻病原体鉴别与治疗措施）

## 三、护理问题

1. 腹泻　与饮食不当、消化道感染、消化道功能紊乱等有关。
2. 体液不足或有体液不足的危险　与呕吐、腹泻体液丢失过多及摄入不足有关。
3. 营养失调　低于机体需要量：与呕吐、腹泻进食少有关。
4. 有皮肤完整性受损的危险　与大便对臀部皮肤刺激有关。
5. 潜在并发症：电解质紊乱、代谢性酸中毒。
6. 知识缺乏　家长缺乏有关腹泻病的护理及预防知识。

## 四、护理措施

1. 一般护理

（1）饮食护理：母乳喂养儿应继续母乳喂养，减少哺喂次数，缩短哺喂时间，暂停添加辅食。人工喂养者可喂等量米汤、酸奶、脱脂牛奶，腹泻次数减少后逐渐给予半流质饮食如米粥或面条，少量多餐。病毒性肠炎患儿有双糖酶（主要是乳糖酶）缺乏，改为豆制代乳品或发酵乳。严重呕吐者可暂禁食 4～6 小时（不禁水），好转后继续喂食。对少数严重病例口服营养物质不能耐受的，必要时全静脉营养。

（考点：腹泻患儿的饮食护理）

（2）臀部护理：每次便后用温水清洗臀部，用清洁、柔软的布吸干，涂护臀油或者鞣酸软膏保护，保持局部清洁、干燥；选用柔软、吸水性强的尿布或者纸质尿布，注意及时更换，预防臀红。皮肤发红者清洁臀部后可涂 5%鞣酸软膏或者 40%氧化锌软膏；局部发现有渗出或有溃疡者，可采用暴露法，也可采用烤灯、理疗促使创面干燥愈合。

（3）消毒隔离：做好消化道隔离，最好与其他小儿分室居住；食具、衣物、尿布应专用；护理患儿前后要洗手；被腹泻患儿的粪便污染的衣、被进行消毒处理，防止交叉感染。

2. 病情观察　①观察大便情况：观察记录大便的次数、颜色、性状、量等，为治疗和输液方案调整提供依据。②观察生命体征：观察体温、呼吸、脉搏和血压、神志及精神状态等，体温过高时给予患儿多饮水，及时更换衣物或者选用恰当方式降温。③其他：观察患儿的精神状态及脱水程度变化，观察代谢性酸中毒表现、低钾血症、低钙血症、低镁血症等。

3．配合治疗护理

（1）口服补液：对于轻、中度脱水无严重呕吐者，可给予 ORS 溶液口服，轻度脱水给予 50～80ml/kg，中度脱水 80～100ml/kg，于 4～6 小时均匀喂服。2 岁以下的患儿可 1～2 分钟喂 5ml，年长儿可用杯子少量多次饮用，服药期间多饮白开水，若出现眼睑水肿，应停止服用 ORS 液，改白开水口服，新生儿、心肾功能不全、明显呕吐者不宜饮用 ORS 液。

（2）静脉补液：开放静脉通道，严格掌握补液量和补液速度，随时检查补液通路是否通畅，局部有无红肿、有无输液反应等。及时记录入院后第 1 次排尿时间、排大便次数、性状及腹泻量及 24 小时出入量，根据患儿具体情况，调整液体入量及速度。补液中应密切观察患儿皮肤弹性、前囟、眼窝凹陷情况及尿量，若输液合理，一般 3～4 小时应排尿，表明血容量恢复。若 24 小时患儿皮肤弹性及眼窝凹陷恢复，说明脱水已纠正。若尿量多而脱水未纠正，说明输入的含糖液体过多；若输液后出现眼睑水肿，说明溶液中电解质比例过高。补液后密切观察患儿的精神、肌张力及腱反射等变化，注意有无低钾血症或低钙血症的发生。

（考点：腹泻患儿补液的观察护理）

（3）用药护理：①在服用微生态制剂，如双歧杆菌三联活菌、双歧杆菌活菌胶囊、双歧杆菌乳杆菌三联活菌片、促菌生、地衣芽孢杆菌活菌胶囊、乳酶生和枯草杆菌二联活菌颗粒等时，注意避开抗生素使用时间，应与抗生素间隔至少 2 小时以上。②应用消化道黏膜保护剂时，应在两餐间空腹服用，使其更好地吸附在胃肠黏膜上以发挥作用，不能和其他药物同时服用，以防其他药物被吸附，从而起不到治疗的作用。

（4）对症处理：①眼部护理。重度脱水患儿泪液减少，结膜干燥；昏迷患儿眼睑不能闭合，角膜暴露容易受伤引起感染，可用生理盐水浸润角膜，点眼药膏，用眼罩覆盖。②腹痛护理。可轻轻按摩患儿腹部，做好腹部保暖或热敷，转移患儿注意力，严重者可按照医嘱应用解痉、镇痛药物。

## 五、健康教育

1．根据家长的文化程度及理解能力介绍婴儿腹泻的病因、转归和护理要点。在补液、饮食、用药、护理等方面应耐心宣教。讲解预防本病的要点，鼓励母乳喂养。

2．指导家长注意患儿的臀部清洁，以免粪便刺激皮肤造成臀红等。指导家长观察患儿病情变化的方法，如注意患儿尿量、眼窝及前囟的凹陷、皮肤弹性等变化，以便与医护人员配合。

3．指导不住院患儿的家长做好家庭护理，介绍预防患儿脱水的方法，指导口服补液盐的配制、喂养方法和注意事项。

4．嘱咐家长在患儿出院后要注意饮食卫生、合理喂养，气候变化时要注意小儿保暖。切忌随意给小儿服用抗菌药物，以免造成肠道菌群失调而引起肠炎迁延不愈。

5．用药指导：指导家长 ORS 液应均匀喂服，并同时饮用白开水。服用微生态制剂要避开抗生素使用时间，至少间隔 2 小时以上。讲解消化道黏膜保护药的作用及注意事项，蒙脱石散应在两餐之间空腹服用。

# 第4节 儿童体液平衡的特点和液体疗法

案例 9-3 患儿，男，9个月。发热2天，轻微咳嗽，后剧烈呕吐3次，大便10余次，呈蛋花汤样，无黏液无腥臭味。今日患儿精神萎靡，面色苍灰，全身皮肤发斑，四肢厥冷，前囟、眼窝凹陷，口唇干燥。入院检查：血红蛋白116g/L，白细胞$6.0\times10^9$/L，大便黄色糊状，白细胞0～3个/HP，血清钠128mmol/L，血钾3.6mmol/L。

问题：1. 请问该患儿为何种疾病？

2. 患儿脱水的程度和性质如何？

3. 作为护士，该如何为患儿进行护理？

体液是人体的主要组成部分，体液主要包括细胞内液和细胞外液，细胞外液由血浆和间质液组成。体液平衡包括维持水、电解质、酸碱度和渗透压平衡。儿童体液占体重比例大，肝、肾等调节器官功能不成熟，体液平衡调节能力差，极易发生体液平衡失调，故液体疗法成为了儿科治疗方法中重要内容之一。

## 一、儿童体液平衡的特点

### （一）体液总量与分布

小儿年龄越小，体液总量占体重的百分比越高，新生儿体液占体重的78%，婴儿占70%，2～14岁占65%，成人占55%～60%。小儿体液主要是间质液比例较高，血浆、细胞内液占体重的比例则与成人相近（表9-5）。

**表9-5 不同年龄的体液分布**（占体重的%）

| 年龄 | 细胞内液（%） | 细胞外液（%） | | 体液总量（%） |
|---|---|---|---|---|
| | | 间质液 | 血浆 | |
| 新生儿 | 35 | 37 | 6 | 78 |
| <1岁 | 40 | 25 | 5 | 70 |
| 2～14岁 | 40 | 20 | 5 | 65 |
| 成人 | 40～45 | 10～15 | 5 | 55～60 |

### （二）体液的电解质成分特点

小儿体液电解质成分与成人相似，细胞外液的电解质以$Na^+$、$Cl^-$、$HCO_3^-$等为主，细胞内液以$K^+$、$Mg^{2+}$、$HPO_4^{2-}$和蛋白质等离子为主。新生儿出生后数日血钾、氯和磷偏高，血钠、钙和碳酸氢盐偏低。

### （三）水的交换

小儿水代谢旺盛，婴儿每日水的交换量约等于细胞外液的1/2，而成人仅为1/7，婴幼儿水交换率比成人快3～4倍，所以小儿较成人对缺水的耐受力差，容易发生脱水。小儿生长发育快，新陈代谢旺盛，不显性失水也较多，按体重计算约为成人的2倍。年龄越小，消化液的分泌与再吸收越快，一旦出现消化功能障碍，极易出现水和电解质紊乱。小儿肾调节能力差，其浓缩、稀释功能、酸化尿液和保留碱基的能力均较低，易发生水、电解质、酸碱平衡紊乱。因此，婴儿补液时更应注意补液量和速度，并根据病情的变化、尿量、尿比重等调节输液方案。

## 二、液体疗法常用的溶液及其配制

（一）非电解质溶液

常用的非电解质溶液有 5%的葡萄糖溶液和 10%的葡萄糖溶液，主要供给水分和热量，不起维持血浆渗透压作用，所以被视为无张力溶液。

（二）电解质溶液

1．生理盐水（0.9%氯化钠溶液）　为等渗液，常与其他液体混合后使用，其含 $Na^+$和含 $Cl^-$量各为 154mmol/L，$Na^+$接近于血浆浓度（142mmol/L），$Cl^-$高于血浆浓度（103mmol/L），输入过多可使血氯过高，尤其在严重脱水酸中毒或肾功能不全时，有加重酸中毒的危险。

2．复方氯化钠　如林格溶液，主要由 0.86%的氯化钠、0.03%的氯化钾、0.03%的氯化钙组成，为等渗液。

3．碱性溶液　用于纠正酸中毒。

（1）碳酸氢钠溶液：治疗代谢性酸中毒的首选药物。1.4%碳酸氢钠溶液为等渗液，市售 5%碳酸氢钠溶液为高渗液，可用 5%或者 10%葡萄糖溶液稀释 3.5 倍即为等渗液，在紧急抢救酸中毒时可直接静脉推注。

（2）乳酸钠：1.87%乳酸钠溶液为等渗液。市售 11.2%乳酸钠为高渗液，需加入葡萄糖稀释后使用。乳酸钠需在有氧的条件下经肝代谢产生 $HCO_3^-$而起缓冲作用，显效较慢，在休克、缺氧、肝功能不全、新生儿或乳酸潴留性酸中毒时不宜使用。

4．氯化钾溶液　用于补充缺钾、生理需要和继续丢失的钾。常用的有 10%氯化钾溶液和 15%氯化钾溶液，均不能直接应用，须稀释成 0.15%～0.3%溶液静脉滴注，含钾溶液不能静脉推注，注入速度过快可发生心肌抑制而死亡。

（三）混合溶液

为适应临床不同情况的需要，将几种溶液按一定比例配制成不同的混合液，以互补其不足。常用混合液的组成见表 9-6。

**表 9-6　几种常用混合液的组成**

| 混合溶液 | 生理盐水 | 5%或 10%葡萄糖 | 1.4%碳酸氢钠（1.87%乳酸钠） | 张力 | 应用 |
|---|---|---|---|---|---|
| 1∶1 | 1 | 1 | — | 1/2 | 轻、中度等渗脱水 |
| 2∶1 | 2 | — | 1 | 等张 | 低渗或重度脱水 |
| 2∶3∶1 | 2 | 3 | 1 | 1/2 | 轻、中度等渗脱水 |
| 4∶3∶2 | 4 | 3 | 2 | 2/3 | 中度、低渗脱水 |
| 1∶2 | 1 | 2 | — | 1/3 | 高渗性脱水 |
| 1∶4 | 1 | 4 | — | 1/5 | 生理需要 |

（四）口服补液盐

简称 ORS 液，是世界卫生组织推荐用于治疗急性腹泻合并轻、中度脱水的一种溶液。2006 年世界卫生组织正式推荐使用新一代 ORS 配方——口服补液盐Ⅲ，其新配方的成分为：氯化钠 2.6g、无水葡萄糖 13.5g、氯化钾 1.5g、二水柠檬酸三钠 2.9g，加水至 1000ml，其渗透压为 1/2 张，由于新配方含有较少的葡萄糖和钠，可使溶液在小肠迅速吸收，适用于能口服的轻、中度脱水患儿，但是对呕吐频繁、脱水较重的患儿仍以静脉补液为主要补液方式。

（考点：ORS 溶液的张力）

知识链接

**溶液渗透压与张力**

血液作为一种特殊溶液有一定的渗透压，通常正常值约为 300mmol/L，溶液渗透压高于血浆渗透压的称高渗溶液，低于者称低渗溶液，在血浆渗透压正常值范围内的当然就是等渗溶液。如 0.9% 盐水、1.4%碳酸氢钠、5%葡萄糖等。

液体的张力是指溶液进入到体内后能够维持渗透压的能力。葡萄糖进入体内后很快被代谢，渗透压消失。如 5%葡萄糖 250ml+0.9%生理盐水 250ml，共计 500ml，输液之前是等渗溶液，输到体内后葡萄糖被代谢，仅有 0.9 %生理盐水 250ml 维持渗透压，所以是 1/2 张力液。

## 三、液 体 疗 法

液体疗法的目的是纠正水、电解质和酸碱平衡紊乱，以恢复机体的正常生理功能。补液方案应根据病史、临床表现及必要的实验室检查结果，综合分析水和电解质紊乱的程度、性质而定。基本方法为三定：定量、定性、定速；三先：先快后慢、先盐后糖、先浓后淡；三补：见尿补钾、见酸补碱、防惊补钙或镁。

### （一）补液三定

1. 定输液量（定量） 首先确定补液的量，第 1 天补液总量包括累积损失量、继续损失量及生理需要量三个方面。

（1）累积损失量：指自发病到补液时所损失的水和电解质的量。根据脱水程度而定，原则上婴幼儿轻度脱水应补 30～50ml/kg，中度脱水补 50～100ml/kg，重度脱水补 100～120ml/kg。实际应用时先按上述量的 2/3 给予，学龄前儿童及学龄儿童应酌减 1/4～1/3。

（2）继续损失量：指补液开始后，因呕吐、腹泻、胃肠引流等继续损失的液体量，应按实际损失量及脱水性质予以补充。一般患儿每日丢失 10～40 ml/kg。

（3）生理需要量：维持基础代谢所需要的量，婴幼儿需要 60～80ml/（kg · d），实际用量应除去口服部分。

以三部分合计，第 1 天补液总量为轻度脱水 90～120ml/kg，中度脱水 120～150ml/kg，重度脱水 150～180ml/kg，并根据治疗效果，随时进行调整。第 2 天以后的补液只需要补继续损失量和生理需要量，于 12～24 小时均匀输入，能口服者尽量口服。

2. 定输液种类（定性） 为脱水患儿补充何种液体要根据脱水的性质而定。一般情况为低渗性脱水补 2/3 张含钠液，等渗性脱水补 1/2 张含钠液，高渗脱水补 1/3～1/5 张含钠液。如临床判断脱水性质有困难，可先按等渗性脱水处理，同时应测血钠、钾、氯含量，以确定脱水性质，指导补液。补充继续损失量一般用 1/3～1/2 张含钠液。生理需要量用 1/4～1/5 张含钠液。

（考点：根据脱水性质选择合适的溶液）

3. 定输液速度（定速） 补液的速度与顺序取决于脱水的程度，原则上先快后慢。一般累计损失量（约为补液总量的 1/2）应于 8～12 小时补足，滴速为每小时 8～10ml/kg。重度脱水伴有周围循环衰竭者应首先静脉推注或静脉快速滴入 2∶1 等张含钠液 20ml/kg，总量不超过 300ml，于 30～60 分钟静脉输入，以扩充血容量，改善血循环和肾功能。继续损失量和生理需要量在后 12～16 小时输入。滴速约为每小时 5ml/kg。在补液过程中还要随时根据患儿病情的变化调节输液速度。

（考点：重度脱水伴循环衰竭患儿的补液）

（二）补液三补

1. 见酸补碱　中度以上酸中毒则需要给予碱性溶液才能纠正，一般将 5%碳酸氢钠稀释成 1.4%碳酸氢钠，先按总需要量的 1/3～1/2 给予静脉滴注，给药 4 小时后复查血气分析，随时调整剂量。

2. 见尿补钾　常用 10%或 15%的氯化钾。补钾应在尿畅情况下进行，分次口服即可；严重者须静脉滴注，液体中钾的浓度不超过 0.3%，每日用量的输入时间不应小于 6 小时，切忌静脉推注。

3. 纠正低钙血症或低镁血症　补液过程中如出现惊厥、手足搐搦，可用 10%葡萄糖酸钙每次 1～2ml/kg，最大量不超过 10ml，加入等量 5%～10%葡萄糖溶液稀释后缓慢静脉推注。在补钙后手足搐搦不见好转，应考虑低镁血症。可用 25%硫酸镁，每次 1～2ml/kg，深部肌内注射，每日 2～3 次，症状消失后停用。

（考点：临床补钾的注意事项）

（三）几种特殊情况的补液方法

1. 新生儿补液　新生儿对水、电解质和酸碱平衡的调节功能差，补液时应慎重。新生儿出生几日内血钾偏高，如无明显损失，短期补液可不给钾，但急需扩充血容量者除外。新生儿补液速度一般每小时不应超过 10ml/kg，不宜把全天的液量在短时间内一次输入。因新生儿肝功能还不完善，纠正酸中毒时宜用碳酸氢钠，而不用乳酸钠。

2. 肺炎婴幼儿补液　肺炎患儿合并腹泻时，一般情况下应尽量口服补液。若进食不足或不能进食必须静脉补液时，补液量要控制，电解质浓度不宜过高，速度也要慢，补液量按计算用量的 3/4 补充。

3. 营养不良伴腹泻患儿补液　营养不良患儿体液平时处于偏低渗状态，呕吐腹泻时多为低渗性脱水，宜补充 2/3 张含钠液。由于皮下脂肪少，在估计脱水程度时多易估计偏高，故补液量按体重计算后，应减少总量的 1/3 为宜。在补液过程中易发生低钾、低钙、低镁等，应及时补充。

（考点：营养不良患儿补液的护理要点）

## 四、儿童液体疗法的护理

（一）补液前的准备阶段

补液前全面了解患儿的病史、病情、补液目的及其临床意义。以高度责任心做好补液前准备工作。做好家长工作，取得配合；对于患儿也要做好鼓励与解释，以消除其恐惧心理，不合作患儿加以适当的约束或给予镇静药。

（二）输液过程中注意事项

1. 遵医嘱要求全面安排 24 小时的液体总量，并本着急需先补、先快后慢、先浓后淡、先盐后糖、见尿补钾的原则分批输入。

2. 掌握输液速度，明确每小时应输入量，计算出每分钟输液滴数，并随时观察，防止输液速度过快发生心力衰竭及肺水肿，过慢脱水不能及时纠正，最好使用输液泵调节速度。

3. 认真观察病情，细心做好护理。

（1）观察生命体征：若出现烦躁不安、脉率增快、呼吸加快等，警惕是否因输液量过多或输液速度太快发生心力衰竭和肺水肿。

（2）观察脱水情况：注意患儿的神志状态，有无口渴，皮肤黏膜干燥程度，眼窝及前囟凹陷程度，呕吐、腹泻次数及量，及时记录第 1 次排尿时间及 24 小时出入量，根据患儿情况调整液体入量及速度。比较治疗前后的变化，若输液合理，一般 3～4 小时排尿，表明血容量恢复；若患儿皮肤弹性及眼窝凹陷恢复，说明脱水已纠正；若尿量多而脱水未纠正，说明输入的液体中葡萄糖溶液比例过高；若输液后眼睑水肿，说明电解质溶液比例过高。

（3）观察酸中毒表现：观察患儿精神状态、面色及呼吸改变。注意酸中毒纠正后，由于血浆稀释、钙离子降低，可出现低钙惊厥。预防碱性液体漏出血管，引起局部组织坏死。

（4）观察低血钾表现：患儿有无肌张力改变，心音低钝或心律失常，腹胀，腱反射减弱或消失等低血钾表现。补钾时应按照见尿补钾的原则，严格掌握补钾的浓度和速度。

4. 记录液体出入量　液体入量包括 24 小时口服液体和胃肠道外补液量。液体出量包括尿液、粪便、呕吐和引流液的量。补液过程中，记录 24 小时液体出入量，是液体疗法护理的重要工作内容。婴幼儿大小便不易收集，可用“称尿布法”计算液体排出量。

## 自测题

$A_1$/$A_2$ 型题

1. 溃疡性口炎的主要病原体是（　　）
   A. 链球菌　B. 白念珠菌
   C. 单纯疱疹病毒　D. 柯萨奇病毒
   E. 腺病毒
2. 小儿生理性流涎发生在（　　）
   A. 出生时　B. 满月时
   C. 1～2 个月　D. 3～4 个月
   E. 5～6 个月
3. 关于母乳喂养儿粪便，下列说法错误的是（　　）
   A. 淡黄色，成形　B. 每日 2～4 次
   C. 略有酸味　D. 无臭味
   E. 偶有乳凝块
4. 下列属于等渗液体的是（　　）
   A. 5%碳酸氢钠溶液　B. 4∶3∶2 液
   C. 5%葡萄糖溶液　D. 生理盐水
   E. ORS 溶液
5. 下列属于重症腹泻患儿的是（　　）
   A. 大便呈蛋花汤样　B. 每日排便10余次
   C. 大便镜检大量脂肪球　D. 大量黏液便
   E. 血钾 2.5mmol/L
6. 患儿，男，3 岁。长期腹泻。其进食时哭闹，烦躁，发现其牙龈、颊黏膜出现多处黄白色溃疡。护士涂药后嘱患儿闭口（　　）
   A. 1 分钟　B. 2 分钟
   C. 5 分钟　D. 10 分钟
   E. 15 分钟
7. 患儿，男，3 岁。牙龈、颊黏膜出现多处黄白色溃疡，患儿疼痛、进食困难，医嘱给予 0.1%依沙吖啶溶液清洗溃疡面。清洁口腔的最佳时间为（　　）
   A. 晨起　B. 餐前
   C. 餐后立刻进行　D. 餐后 1 小时
   E. 睡前
8. 患儿，女，9 个月。“急性腹泻”收治入院。患儿经过补液已纠正脱水和酸中毒，但突然发生惊厥。其可能的原因是（　　）
   A. 血钠过低　B. 血钾过低
   C. 血钙过低　D. 血镁过低
   E. 血糖过低
9. 医嘱给予某腹泻患儿静脉补液 500ml，当瓶内剩余 200ml 时患儿开始排尿，请问剩余的生理盐水中最多可加入 10%氯化钾的量是（　　）
   A. 12 ml　B. 10 ml
   C. 8 ml　D. 6 ml
   E. 3 ml
10. 患儿，女，2 个月。母乳喂养。3 天前出现腹泻，每日 10 余次，黄色蛋花汤样。患儿前囟、眼窝稍凹陷，精神可，尿量略少，臀部皮肤发红，少量红疹。下列护理措施错误的是（　　）
    A. 继续母乳喂养
    B. 观察患儿的脱水情况
    C. 每次便后清洗臀部
    D. 臀部涂爽身粉保护
    E. 禁止使用止泻药

11. 患儿，男，1 岁。呕吐、腹泻 2 天，每日大便 10 余次，稀水样，量多。患儿前囟、眼窝明显凹陷，尿量减少，精神萎靡，呼吸深快，口唇樱桃红色。考虑腹泻伴（　　）

A. 循环衰竭　B. 代谢性酸中毒

C. 低钾血症　D. 中毒性脑病

E. 低钙血症

12. 小儿腹泻但是其脱水性质未明时，可选择下列哪项进行补液（　　）

A. 等张液　B. 2/3 张液

C. 1/2 张液　D. 1/3 张液

E. 1/5 张液

13. 患儿，男，13 个月。迁延性腹泻，每日大便 8～10 次，黄色水样便。根据病程，该患儿腹泻持续时间为（　　）

A. 1～2 周　B. 1～4 周

C. 1～8 周　D. 2～8 周

E. 大于 8 周

14. 患儿，男，5 个月。因腹泻呕吐脱水入院，补液 6 小时，出现尿量增多但脱水貌未改变，其原因可能是（　　）

A. 输入葡萄糖过多　B. 输入葡萄糖过少

C. 输入钠盐过多　D. 输入钠盐过少

E. 输入胶体溶液过多

$A_3/A_4$ 型题

（15～18 题共用题干）

患儿，男，11 个月。呕吐、腹泻 3 天。患儿入院后进食少，腹泻 8～10 次/天，黄色糊状，量中。呕吐 3～5 次，精神萎靡，前囟、眼窝明显凹陷，尿量明显减少，皮肤干燥弹性差，腹胀，肠鸣音减弱，心率 150 次/分，心音低钝，血清钠 138mmol/L，血钾 2.5mmol/L。

15. 护士估计该患儿目前的脱水程度为（　　）

A. 重度脱水　B. 无脱水

C. 中度脱水　D. 休克

E. 轻度脱水

16. 该患儿考虑可能发生（　　）

A. 高渗性脱水伴低钠血症

B. 等渗性脱水伴低钾血症

C. 低渗性脱水伴低钾血症

D. 高渗性脱水伴高钾血症

E. 低渗性脱水伴高钾血症

17. 该患儿第 1 天补液时适合补充累计损失量的混合溶液是（　　）

A. 2∶1 等渗液　B. 2∶3∶1 液

C. 1∶2 液　D. 口服补液盐

E. 生理盐水

18. 患儿病情稳定后，护士在日常护理过程中，不正确的是（　　）

A. 详细记录出入液体量

B. 加强臀部护理

C. 观察脱水纠正情况

D. 如再次发作急性腹泻，应尽早使用止泻药

E. 若患儿严重呕吐，应禁食，补液

（19～21 题共用题干）

患儿，14 个月。呕吐、腹泻黄色水样便 5 天。现无尿 8 小时，精神萎靡，前囟眼窝极度凹陷，皮肤弹性极差，四肢冷，脉搏细速，血清钠 126mmol/L。

19. 该患儿脱水程度与性质为（　　）

A. 轻度低渗性脱水　B. 中度等渗性脱水

C. 重度低渗性脱水　D. 中度低渗性脱水

E. 重度等渗性脱水

20. 根据该患儿脱水的程度与性质，应首先选择输入的液体是（　　）

A. 2∶1 等张含钠液　B. 1∶1 液

C. 4∶3∶2 液　D. 1∶4 液

E. 2∶3∶1 液

21. 该患儿输液 8 小时后，开始排尿，精神、皮肤状况好转，但出现手足抽搐，主要原因是（　　）

A. 酸中毒　B. 低血钙

C. 低血钾　D. 中毒性肠麻痹

E. 感染

（胡新燕）

# 第10章 呼吸系统疾病患儿的护理

本章知识框架，见图 10-1。

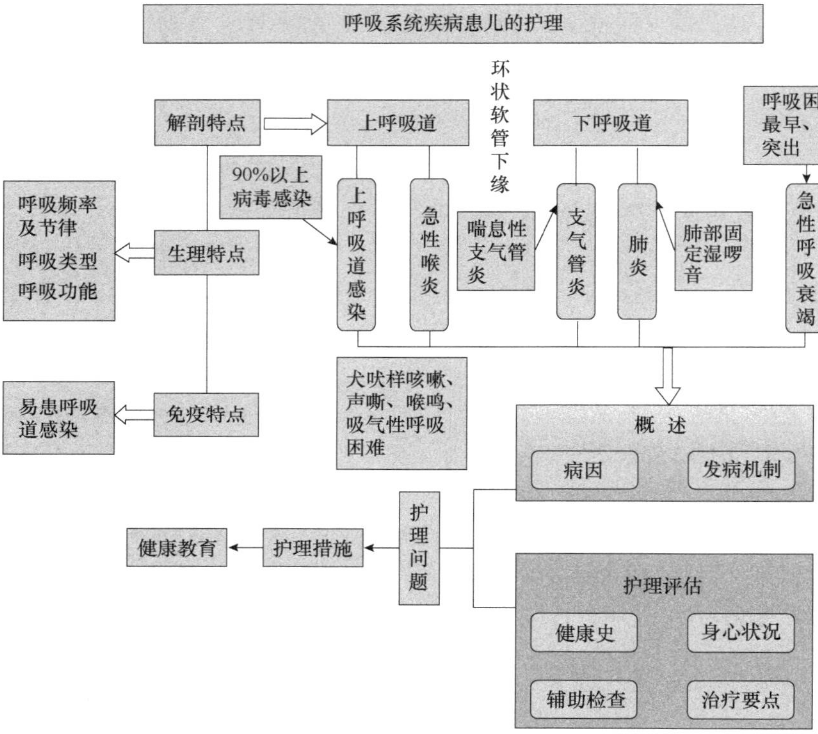


图 10-1　呼吸系统疾病患儿护理知识框架

儿童呼吸道疾病包括上、下呼吸道感染性疾病，呼吸道变态反应性疾病、呼吸道异物、呼吸系统先天性畸形、胸膜疾病及肺部肿瘤等，其中最常见的为急性呼吸道感染。

## 第 1 节　儿童呼吸系统解剖生理特点

### 一、解 剖 特 点

呼吸系统以环状软骨下缘为界，分为上、下呼吸道。上呼吸道包括鼻、鼻窦、咽、咽鼓管、会厌及喉；下呼吸道包括气管、支气管和肺。儿童呼吸系统的解剖特点及临床意义见表 10-1。

**表 10-1 儿童呼吸系统解剖特点及临床意义**

| 部位 | 解剖特点 | 临床意义 |
|---|---|---|
| 上呼吸道 | | |
| 鼻 | 鼻腔相对短小、鼻道狭窄、缺少鼻毛，鼻黏膜柔嫩、血管丰富 | 易感染，引起黏膜肿胀，造成鼻塞、呼吸困难或张口呼吸，影响吸吮 |
| 鼻窦 | 鼻窦黏膜与鼻腔黏膜相连续，鼻窦口相对大 | 急性鼻炎常累及鼻窦，学龄前期儿童鼻窦炎不少见 |
| 鼻泪管 | 婴幼儿鼻泪管短，开口接近内眦且瓣膜发育不良 | 上呼吸道感染易致结膜炎 |
| 咽鼓管 | 又称耳咽管，婴儿咽鼓管宽、短、直，呈水平位 | 上呼吸道感染易致中耳炎 |
| 咽部 | 狭窄且垂直。腭扁桃体 1 岁内发育差，4～10 岁发育达高峰，14～15 岁退化 | 扁桃体炎常见于年长儿，婴儿少见 |
| 喉 | 狭窄，呈漏斗状，声门狭小、软骨柔软，声带及黏膜柔嫩且富有血管及淋巴组织 | 喉炎时易发生声音嘶哑、吸气性呼吸困难 |
| 下呼吸道 | | |
| 气管、支气管 | 婴幼儿气管、支气管较短且狭窄，黏膜柔嫩、血管丰富，因缺乏弹力组织而支撑作用差，气道干燥，因纤毛运动较差而清除能力弱 | 婴幼儿易发生呼吸道感染，引起充血、水肿导致呼吸道阻塞 |
| | 左支气管细长；右支气管粗、短、直，为气管的延伸 | 一旦吸入异物易进入右支气管 |
| 肺 | 肺泡数量少、气体交换面积小，弹力组织发育差，但肺间质发育好，血管丰富，故含气量少而含血量多 | 易发生肺部感染，引起间质性炎症、肺气肿、肺不张等 |
| 胸廓 | 婴幼儿胸廓较短、前后径较长，呈桶状；肋骨水平、膈肌位置较高，胸腔小而肺脏相对较大；呼吸肌发育差 | 呼吸时肺的扩张受限，可引起呼吸困难 |
| 纵隔 | 相对较大，周围组织松软 | 胸腔积液或气胸时易致纵隔移位 |

（考点：上、下呼吸道分界；咽鼓管解剖特点）

## 二、生理特点

### （一）呼吸频率与节律

儿童代谢旺盛，需氧量较高，为满足机体代谢和生长发育，需通过增加呼吸频率来代偿。因此，儿童呼吸频率较成人快，且年龄越小，频率越快。新生儿及出生数月的婴儿呼吸中枢发育不完善、呼吸运动调节功能较差，可出现深、浅呼吸交替，或呼吸节律不整、间歇、暂停等现象，尤以早产儿、新生儿明显。不同年龄小儿呼吸频率见表 10-2。

**表 10-2 不同年龄小儿呼吸频率**

| 年龄 | 新生儿 | 1 个月～1 岁 | 2～3 岁 | 4～7 岁 | 8～14 岁 | 15～18 岁 |
|---|---|---|---|---|---|---|
| 呼吸频率（次/分） | 40～44 | 30 | 24 | 22 | 20 | 16～18 |

（考点：不同年龄小儿呼吸频率）

### （二）呼吸类型

婴幼儿呼吸肌发育不全、呼吸肌肌力弱，易疲劳，可导致呼吸衰竭。小儿膈肌较发达且肋骨呈水平位，肋间隙较小，故婴幼儿为腹式呼吸。随着年龄增长及站立，膈肌和腹腔脏器下降，肋骨由水平位变为斜位，逐渐转化为胸腹式呼吸。7 岁以后接近成人。

（三）呼吸功能的特点

小儿的肺活量、潮气量、每分钟通气量及气体弥散量均较成人小。安静状态下，年长儿仅用肺活量的12.5%来呼吸，而婴幼儿则需用30%左右，说明婴幼儿呼吸储备量较小，故当小儿发生呼吸障碍时易导致呼吸衰竭。另外，小儿气道阻力较成人大，因此易发生喘息。

（考点：婴幼儿呼吸系统免疫特点）

## 三、免疫特点

小儿呼吸道的非特异性和特异性免疫功能均较差。咳嗽反射及纤毛运动差，不能有效清除吸入的尘埃及异物颗粒。肺泡吞噬细胞功能不足，体内分泌型IgA（SIgA）含量低。此外，乳铁蛋白、溶菌酶、干扰素、补体等数量及活性不足，故易患呼吸道感染。

# 第2节　急性上呼吸道感染患儿的护理

**案例10-1**　患儿，女，2岁3个月。1天前因晚上踢被子受凉后开始发热，体温39.5℃，伴轻度流涕，不咳嗽，无呕吐及腹泻等症状。精神较差、食欲缺乏，体检发现咽部充血。

问题：1. 该患儿可能患了什么疾病？

2. 该患儿目前存在哪些护理问题，应如何护理？

3. 如何指导家长预防患儿感染此疾病？

急性上呼吸道感染（简称上感）系由各种病原体引起的上呼吸道急性感染，俗称“感冒”，是小儿时期最常见的疾病。本病主要累及鼻、鼻咽及咽部，常诊断为“急性鼻炎”“急性咽炎”“急性扁桃体炎”等，一年四季均可发病，以冬、春季及气候骤变时多发。

## 一、概　　述

各种病毒和细菌均可引起本病，但90%以上为病毒，如鼻病毒、呼吸道合胞病毒、流感病毒、腺病毒、冠状病毒等。细菌感染多为继发感染，最常见的是溶血性链球菌，其次为肺炎链球菌、流感嗜血杆菌等。婴幼儿呼吸道的解剖和免疫特点使其易患本病，若患有佝偻病、营养不良、先天性心脏病、贫血等，或有气候骤变、环境不良、被动吸烟等因素更易诱发本病或使病程延长。

（考点：儿童上呼吸道感染的病因）

## 二、护理评估

（一）健康史

询问近期是否有因护理不当而受凉或气候变化及不良环境因素的影响。患儿既往是否患过佝偻病、营养不良、先天性心脏病、贫血等。

（二）身心状况

1．一般类型上感

（1）年长儿的表现：以呼吸道局部症状为主，如鼻塞、流涕、打喷嚏、咽部不适、咽痛、轻微咳嗽、声音嘶哑等，可有轻微发热、全身不适、乏力，3～4 天多可痊愈。重者畏寒、高热、头痛、食欲缺乏。

（考点：年长儿上感特点）

（2）婴幼儿的表现：起病急、全身症状重，局部症状较轻，常伴有消化道症状，多有发热，体温可达 39～40℃，甚至引起热性惊厥。患儿烦躁不安、全身不适、乏力，新生儿及小婴儿可因鼻塞出现张口呼吸或拒乳。

（考点：婴幼儿上感特点）

（3）消化道症状：食欲缺乏、呕吐、腹泻、腹痛等。腹痛多为脐周阵发性疼痛，无压痛，可能为肠痉挛所致；若腹痛持续存在，可考虑并发急性肠系膜淋巴结炎。

（4）体征：咽部充血，扁桃体肿大，有时可见下颌和颈部淋巴结肿大、有触痛。肺部听诊一般正常。肠道病毒感染患儿可有不同形态皮疹。

2．两种特殊类型上感

（1）疱疹性咽峡炎：病原体为柯萨奇病毒 A 组，夏、秋季多见。起病急骤，表现为持续高热、咽痛、流涎、厌食、呕吐等。查体可见咽部充血，咽腭弓、软腭、悬雍垂黏膜上有多个 2～4mm 大小的灰白色疱疹，周围有红晕，1～2 天后疱疹破溃形成小溃疡（图 10-2，彩图 4），溃疡疼痛引起患儿哭闹且影响患儿吞咽和进食。病程 1 周左右。

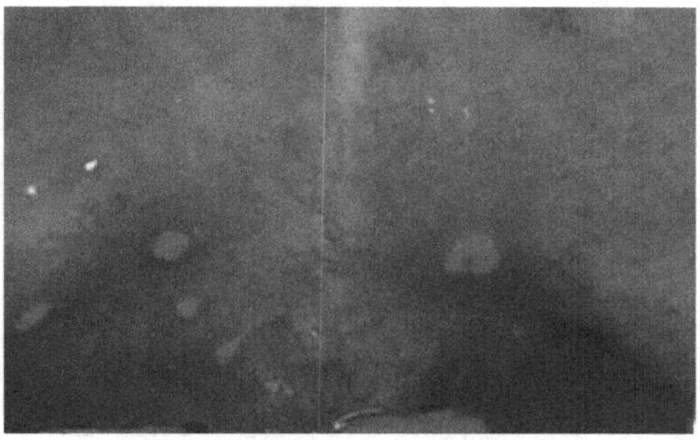

图 10-2 疱疹性咽峡炎黏膜溃疡

（2）咽结合膜热：病原体为腺病毒 3、7 型，春、夏季多见，散发或发生小流行。以发热、咽炎、结膜炎为特征。表现为高热、咽痛、眼部刺痛，伴有消化道症状。查体可见咽部充血，有白色点块状分泌物，周围无红晕，可剥离；单侧或双侧眼结膜炎，可伴球结膜出血；颈部及耳后淋巴结增大。病程 1～2 周。

（考点：两种特殊类型上感的病原体）

（三）并发症

婴幼儿多见，可出现热性惊厥，若累及邻近组织器官可引起中耳炎、鼻窦炎、咽后壁脓肿、扁桃体周围脓肿、颈淋巴结炎、喉炎、支气管炎、肺炎等。年长儿若因 A 组 β 溶血性链球菌导致上感，则可引起急性肾小球肾炎和风湿热。

（考点：急性上呼吸道感染并发症）

（四）辅助检查

病毒感染者白细胞计数正常或偏低，淋巴细胞计数相对增高。细菌感染者白细胞计数升高、中性粒细胞增多。C-反应蛋白（CRP）和前降钙素原（PCT）有助于鉴别细菌感染。

（五）治疗要点

病毒性上感为自限性疾病，无需特殊治疗，以支持疗法、对症治疗、防止交叉感染及预防并发症为主。嘱患儿多饮水、多休息。有细菌感染者可选用抗生素，如青霉素类、头孢菌素类、大环内酯类等。链球菌感染或既往有风湿热、肾炎病史者，需使用青霉素治疗 10～14 天。高热患儿可给对乙酰氨基酚或布洛芬，也可物理降温；热性惊厥者给予镇静、止惊处理。

## 三、护理问题

1．体温过高　与上呼吸道感染有关。

2．潜在并发症：热性惊厥。

3．知识缺乏　患儿及其家长缺乏疾病相关知识及护理知识。

## 四、护理措施

1．一般护理　患儿与其他疾病患儿或正常儿童分室居住，做好呼吸道隔离。嘱患儿注意休息，减少活动，维持室温 18～22℃，湿度 50%～60%，每日通风换气至少 2 次，但避免空气对流。保证充足的营养和水分，鼓励患儿多饮水，给予清淡、易消化、富含维生素、高营养的流食或半流食，少量多餐。必要时静脉补充水分和营养物质。注意保持口腔清洁，婴幼儿饭后可喂少量温开水，年长儿饭后漱口。嘱患儿勿用力擤鼻，以免炎症经咽鼓管扩散引发中耳炎。

2．维持体温正常　保持安静，室内温、湿度适宜。衣被不宜太厚，便于机体散热。出汗后及时更换衣服，以免患儿着凉加重病情或引起病情反复。高热时，嘱患儿卧床休息，减少机体耗能。密切监测患儿体温变化，发热者给予物理降温，体温超过 38.5℃遵医嘱应用小剂量退热药。每 4 小时测量 1 次体温并记录，体温过高或有热性惊厥史者 1～2 小时测量体温 1 次。

3．预防热性惊厥　密切观察病情，既往有惊厥史者注意及时降温，加强巡视，注意患儿体温变化。保持室内环境安静，拉好床档以防患儿坠床，备好急救用物及药品。若患儿出现兴奋、烦躁、惊跳等惊厥先兆，应及时报告医生并及时配合处理。

## 五、健康教育

1．指导家长为患儿做好家庭护理　患儿居室应保持空气清新，温、湿度适宜，嘱患儿多休息、多饮水，饮食宜清淡、易消化、富含维生素。注意保持口腔清洁，家长可用消毒棉签蘸取生理盐水为婴幼儿擦洗口腔，年长儿可用淡盐水漱口。患儿鼻腔及咽喉部有分泌物时应及时清除，以免阻塞呼吸道。鼻塞严重时，可在哺乳或睡前 10～15 分钟使用 0.5%麻黄碱滴鼻。观察咽部有无充血、水肿或化脓等，咽痛者可含服咽喉片。

2．指导疾病预防措施　保持室内空气流通，温、湿度适宜，鼓励母乳喂养，及时添加辅食，加强体育锻炼以增强体质，合理作息，避免受凉。在幼儿园、学校，应早期隔离患儿。上呼吸道感染流行季节或有流行趋势时尽量不去人多、封闭的公共场所。根据气温变化适当增减衣服，勿过热或过冷。积极防治佝偻病、营养不良、先天性心脏病、贫血等慢性病。

# 第 3 节　急性感染性喉炎患儿的护理

**案例 10-2**　患儿，男，2 岁。以“犬吠样咳嗽、呼吸困难 1 小时”主诉就诊。患儿 1 小时前突然出现犬吠样咳嗽，伴声音嘶哑及吸气性喉鸣。呼吸困难进行性加重，口唇发绀、烦躁不安，急入院。查体：体温 38.6℃，脉搏 140 次/分，呼吸 32 次/分，口唇发绀，听诊呼吸音明显减弱。

问题：1．该患儿最可能的临床诊断是什么？

2．首优护理问题是什么？

急性感染性喉炎是指喉部黏膜急性弥漫性炎症。临床特征为犬吠样咳嗽、声嘶、喉鸣、吸气性呼吸困难。可发生于一年四季，冬、春季多发，常见于婴幼儿。

## 一、概　　述

由病毒或细菌感染引起，常继发于上呼吸道感染，亦可继发于麻疹、百日咳、流感等急性传染病。常见的病毒为副流感病毒、流感病毒、腺病毒、呼吸道合胞病毒，常见的细菌为金黄色葡萄球菌、链球菌、肺炎链球菌。

小儿喉腔狭小，易导致声门阻塞；喉软骨柔软，气道容易塌陷；声带及黏膜柔嫩且富有血管及淋巴组织，炎症时易充血、水肿。同时，小儿神经系统不稳定，受刺激后易引起喉痉挛，进一步加剧充血及喉阻塞，导致喉腔更加狭小而出现不同程度的喉梗阻。

## 二、护 理 评 估

### （一）健康史

询问有无上呼吸道感染史，既往有无过敏史、免疫系统疾病或抵抗力下降。

### （二）身心状况

起病急、症状重，可有发热、犬吠样咳嗽、声嘶、吸气性喉鸣和三凹征。严重梗阻时可出现发绀、烦躁不安、面色苍白、心率加快、咽部充血。间接喉镜检查可见喉黏膜弥漫性充血，声带充血、水肿，由白色变为粉色或红色。一般白天症状轻，夜间入睡后因喉部肌肉松弛、分泌物阻塞，导致症状加重。喉梗阻若不及时抢救，可因窒息死亡。根据吸气性呼吸困难的程度，将喉梗阻分为四度（表 10-3）。

（考点：急性感染性喉炎的临床特征）

**表 10-3　喉梗阻分度**

| 分度 | 表现 |
| --- | --- |
| Ⅰ度 | 仅于活动后出现吸气性喉鸣和呼吸困难，听诊呼吸音及心率无改变 |
| Ⅱ度 | 安静时亦出现喉鸣和吸气性呼吸困难，听诊可闻及喉传导音或管状呼吸音、心率快 |
| Ⅲ度 | 喉鸣和吸气性呼吸困难，烦躁不安、口唇及指（趾）发绀，双眼圆睁，惊恐万状，头面部出汗，呼吸音明显降低，心率快，心音低钝 |
| Ⅳ度 | 患儿渐现衰竭，昏睡，因无力呼吸，三凹征可不明显，面色苍白发灰，呼吸音几乎消失，仅有气管传导音，心律失常，心音低钝、微弱 |

### （三）治疗要点

治疗原则为保持呼吸道通畅、控制感染、减轻喉头黏膜水肿。喉梗阻者适时行气管切开。缺氧者予以吸氧。细菌感染者及时给予抗生素治疗，常用青霉素、大环内酯类或头孢菌素类控制感染。使用糖皮质激素减轻喉头黏膜水肿。烦躁不安者给予镇静药（不宜使用氯丙嗪、吗啡，因其可抑制呼吸），痰多者使用祛痰药。经上述处理仍有严重缺氧或Ⅲ度以上喉梗阻者，及时行气管切开术。

（考点：急性喉炎的治疗）

## 三、护 理 问 题

1．有窒息的危险　与喉头水肿致喉梗阻有关。
2．低效性呼吸型态　与喉头水肿有关。
3．体温过高　与喉黏膜感染有关。
4．焦虑　与缺乏疾病相关知识及担心预后有关。

## 四、护理措施

（一）一般护理

室内空气清新，温、湿度适宜；患儿减少活动，注意休息，抬高床头以保持体位舒适；环境安静，护理操作集中，避免引起刺激。喉炎患儿进食时容易呛咳而加重病情，注意喂哺时抱起患儿，宜进清淡的流食、半流食。

（二）保持呼吸道通畅

密切观察呼吸情况，及时清除气道分泌物。糖皮质激素具有抗炎和抑制变态反应等作用，可及时减轻喉头水肿，缓解喉梗阻。如口服泼尼松，静脉滴注地塞米松、氢化可的松、甲泼尼龙等，超声雾化吸入布地奈德，促进黏膜水肿消退。患儿烦躁不安时可遵医嘱给予镇静药。缺氧者予以吸氧，痰液黏稠不易咳出者使用祛痰药，必要时吸痰。注意观察患儿面色、唇色、意识状态、呼吸频率及节律，准备抢救用物，严重缺氧或Ⅲ度以上喉梗阻者，及时配合行气管切开术。

（三）维持体温正常

监测体温，给予物理降温或遵医嘱药物降温，鼓励患儿多饮水。遵医嘱合理使用抗生素控制感染。

## 五、健康教育

及时向家长解释患儿的病情进展和可能采取的治疗方案及护理措施，安抚家长，给予情感支持，缓解其恐惧情绪。指导家长正确护理患儿，如环境安静、舒适，减少刺激，耐心喂养患儿避免呛咳、少量多餐，保持口腔卫生，患儿出汗后及时更换衣物。注意合理作息，上感流行季节减少外出。

# 第4节 急性支气管炎患儿的护理

急性支气管炎是指由于各种病原体引起的支气管黏膜感染，气管常同时受累，故又称为急性气管支气管炎。多继发于上呼吸道感染，也可为某些急性传染病（如麻疹、百日咳等）的早期表现，是儿童时期常见的呼吸系统疾病，以婴幼儿多见。

## 一、概　　述

急性支气管炎的致病原为各种病毒、细菌，或病毒细菌混合感染。引起上呼吸道感染的病原体均可引起本病，且以病毒为主。免疫功能低下、特异性体质，患有营养障碍性疾病、佝偻病等为本病的危险因素。

## 二、护理评估

（一）健康史

询问有无上呼吸道感染史，既往有无本病反复发作史，有无湿疹或其他过敏史，是否为免疫功能低下或特异性体质，有无营养障碍性疾病等。

（二）身心状况

1．临床表现　患儿大多先有上呼吸道感染的症状，之后以咳嗽为主要症状，先为干咳，以后有痰。婴幼儿症状较重，常有发热、呕吐、腹泻等。一般无全身症状。听诊双肺呼吸音粗糙，可闻及不固定的散在干、湿啰音。啰音易变，常在患儿变换体位或咳嗽后减少甚至消失。婴幼儿有痰常不易咳出，可于咽喉部或肺部闻及痰鸣音。

婴幼儿可发生一种特殊类型的支气管炎，即喘息性支气管炎，也称为哮喘性支气管炎，泛指具有喘息表现的急性支气管感染。患儿除有一般支气管炎的表现外，其主要特点为：①多见于 3 岁以下、有湿疹或过敏史的患儿。②有类似哮喘的表现，如呼气性呼吸困难，听诊双肺布满哮鸣音及少量粗湿啰音。③可反复发作，复发一般与感染有关。④预后大多良好，3～4 岁后发作次数减少，多数于学龄期痊愈，少数患儿可发展为支气管哮喘。

（考点：喘息性支气管炎的特点）

2．心理-社会状况　本病易反复发作，尤其是喘息性支气管炎，患儿可因呼吸困难而烦躁不安；住院患儿还可因环境陌生、与父母分离产生焦虑和恐惧。家长因缺乏疾病相关知识、担心患儿预后，可出现担忧与恐惧。

（三）并发症

既往体健的患儿少见并发症，先天性呼吸道畸形、免疫功能低下、营养不良、佝偻病等患儿易并发支气管肺炎、肺气肿、肺源性心脏病、中耳炎、喉炎等。

（四）辅助检查

血常规检查，病毒感染者白细胞计数正常或偏低，淋巴细胞计数相对增高；细菌感染者白细胞计数增高、中性粒细胞比例增高。胸部 X 线检查，可正常或表现为肺纹理增粗。

（五）治疗要点

治疗原则为控制感染、对症治疗。本病多为病毒感染，一般不用抗生素。疑有细菌感染时，可用β-内酰胺类抗菌药控制感染。对症治疗使用镇咳、祛痰、平喘药。为使痰液易于咳出，一般不用镇咳药。止咳可用复方甘草合剂、止咳糖浆等；祛痰可用 N-乙酰半胱氨酸、氨溴索等；憋喘严重者可雾化吸入沙丁胺醇等$\beta_2$受体激动药。喘息严重者可短期使用糖皮质激素。

## 三、护理问题

1．清理呼吸道无效　与分泌物过多、痰液黏稠不易咳出有关。

2．体温过高　与细菌或病毒感染有关。

## 四、护理措施

（一）一般护理

1．环境与休息　保持室内空气清新，维持室内温度 18～22℃，湿度 55%～60%，以减少对气道黏膜的刺激。嘱患儿多休息，避免剧烈活动，以免加重咳嗽。

2．保证充足的水分及营养　鼓励患儿多饮水，以稀释痰液利于痰液咳出；给予营养丰富、清淡、易消化的饮食，注意少量多餐，以免患儿因咳嗽引起呕吐。

3．做好口腔护理　婴幼儿可于进食后喂适量温开水，年长儿于餐后漱口，以保持清洁口腔。

（二）保持呼吸道通畅

及时清除口鼻及咽喉分泌物，防止阻塞气道。患儿卧位时抬高床头，取舒适体位并经常变换体位，定时拍背，指导并鼓励患儿有效咳嗽，帮助其排出气道分泌物。嘱患儿多饮水以稀释痰液，痰液黏稠者也可采用超声雾化吸入或蒸汽吸入，湿化气道，利于咳出。气道分泌物过多，影响患儿呼吸时可吸痰，以保持呼吸道通畅。喘息性支气管炎患儿，若出现缺氧症状，遵医嘱给予吸氧。

（三）维持体温正常

监测体温，给予物理降温或遵医嘱药物降温，防止热性惊厥。

## 五、健康教育

向家长解释急性支气管炎的病情发展、可能采取的治疗方案及疾病预后，指导家长正确护理患儿，减轻家长的担忧和恐惧。居住环境经常通风换气，保持温、湿度适宜，注意增强体质，加强营养，预防上呼吸道感染、营养障碍性疾病，远离过敏原，防止急性支气管炎的发生。

# 第5节 肺炎患儿的护理

**案例 10-3** 患儿，男，1岁。4天来频咳、憋喘、持续高热。查体：体温38.5℃，脉搏150次/分，呼吸50次/分，嗜睡与烦躁交替，口周发绀，听诊双肺呼吸音粗、闻及少量湿啰音，X线片可见双肺下野大片状阴影。

**问题**：1. 该患儿最可能的临床诊断是什么？

2. 目前主要的护理问题有哪些？

小儿肺炎是婴儿时期重要的常见病，是指由不同病原体或其他因素（如吸入羊水、油类或过敏反应等）所引起的肺部炎症，多由急性上呼吸道感染或急性支气管炎向下蔓延所致。主要临床表现为发热、咳嗽、气促、呼吸困难和肺部固定湿啰音。重症肺炎可累及循环、神经、消化等系统并引起相应症状。一年四季均可发病，以冬、春寒冷季节及气候骤变时多见。小儿肺炎是我国住院小儿死亡的第1位原因，严重威胁小儿健康，被国家卫生计生委列为儿童保健重点防治的四病之一。

## 一、概述

### （一）病因

引起肺炎常见的病原体为病毒和细菌，也可由病毒、细菌混合感染所致。病毒以呼吸道合胞病毒最为多见，其次为腺病毒、流感病毒、副流感病毒等。我国儿童肺炎病原体还是以细菌为主，尤以肺炎链球菌感染最多见，其次为金黄色葡萄球菌、革兰阴性杆菌及厌氧菌等。近年来，肺炎支原体、衣原体感染有增加趋势。病原体多由呼吸道侵入，少数经血行入肺。营养不良、佝偻病、先天性心脏病、免疫缺陷等儿童易患本病。室内居住拥挤、通风不良、空气污浊使致病菌增多，易导致肺炎。

### （二）分类（表10-4）

**表10-4 肺炎分类**

| 分类依据 | 类型 |
|---|---|
| 病理 | 大叶性肺炎、支气管肺炎、间质性肺炎。小儿以支气管肺炎最常见 |
| 病因 | ①感染性肺炎如病毒性肺炎、细菌性肺炎、支原体肺炎、衣原体肺炎、原虫性肺炎、真菌性肺炎<br>②非感染性肺炎如吸入性肺炎、坠积性肺炎、过敏性肺炎等 |
| 病程 | ①急性肺炎：病程<1个月。②迁延性肺炎：病程1～3个月。③慢性肺炎：病程>3个月 |
| 病情 | 轻症肺炎、重症肺炎 |
| 临床表现 | ①典型肺炎：由肺炎链球菌、金黄色葡萄球菌、肺炎克雷伯杆菌、流感嗜血杆菌等引起<br>②非典型肺炎：由肺炎支原体、衣原体、嗜肺军团菌及某些病毒引起 |
| 感染地点 | ①社区获得性肺炎：原本健康的儿童在医院外获得的感染性肺炎<br>②医院获得性肺炎：患儿入院时不存在且未处于潜伏期，而在入院48小时内发生的感染性肺炎 |

（考点：婴幼儿最常见的肺炎类型）

（考点：肺炎按病程分类）

知识链接

**什么是非典型肺炎**

2002 年冬季至 2003 年春季，我国发生的严重急性呼吸综合征（SARS）就属于非典型肺炎。它由新型冠状病毒引起，传染性极强，病死率较高。临床特征为发热、干咳、气促，并迅速发展为呼吸窘迫，外周血白细胞计数正常或降低，胸部 X 线为弥漫性间质性病变表现。患儿临床表现较成年人轻，病死率较低，传染性也较弱。2003 年 7 月 5 日，世界卫生组织宣布已经成功控制 SARS。近年来发生的人禽流感病毒肺炎也属于非典型肺炎。

（三）发病机制

支气管肺炎为小儿时期最常见的肺炎类型，此处重点介绍支气管肺炎。

病原多由呼吸道入侵，引起支气管壁和肺泡的炎症。支气管黏膜充血、水肿使管腔狭窄甚至闭塞，引起通气功能障碍；肺泡壁因充血、水肿增厚，肺泡内炎性渗出物增多，影响肺换气功能。通气换气功能障碍，导致缺氧和二氧化碳潴留。通气不足可引起低氧血症和高碳酸血症，换气功能障碍主要引起低氧血症。严重缺氧时，酸性代谢产物增多，加之高热、进食减少，常引起代谢性酸中毒；同时二氧化碳排出减少，引起呼吸性酸中毒。因此，严重者可存在不同程度的混合性酸中毒（呼酸合并代酸）。由于病原体毒素可产生毒血症，使患儿出现不同程度的感染中毒症状。低氧血症、高碳酸血症、毒血症还可导致循环系统、神经系统、消化系统产生一系列病变（图 10-3）。

（考点：肺炎病理生理）

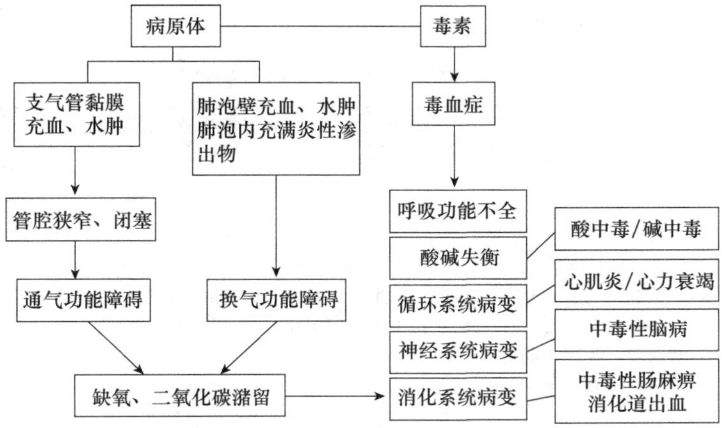


图 10-3 支气管肺炎发病机制

## 二、护理评估

（一）健康史

询问患儿有无反复的呼吸道感染史，有无麻疹、百日咳等呼吸道传染病史，是否足月顺产，有无窒息史，生长发育是否正常，家庭成员是否有呼吸道疾病史，有无营养障碍性疾病、先天性心脏病等。

（二）身心状况

1. 支气管肺炎

（1）轻症：以呼吸系统症状及相应的肺部体征为主。临床表现主要为发热、咳嗽、气促。

患儿热型不定，多为不规则热，也可为稽留热或弛张热。新生儿、重度营养不良患儿体温可不升或低于正常。咳嗽较频繁，早期为刺激性干咳，而后有痰。气促多在发热、咳嗽之后出现。全身表现可有精神不振、食欲减退、烦躁不安、腹泻或呕吐。体征：呼吸增快，40～80次/分，可见鼻翼扇动、点头呼吸、三凹征等。口周、指（趾）端发绀。肺部可闻及固定的中、细湿啰音，以背部两侧下方及脊柱旁较多，吸气末更明显。新生儿、小婴儿症状、体征可不典型。

（2）重症：除呼吸系统症状外，还有循环系统、神经系统、消化系统受累的表现。

① 循环系统：常见心肌炎和心力衰竭。心肌炎表现为面色苍白、心动过速、心音低钝、心律不齐，心电图有 ST 段下移、T 波平坦或倒置。肺炎合并心力衰竭可表现为：安静时呼吸突然加快，频率＞60 次/分；安静时心率突然增快，婴儿＞180 次/分，幼儿＞160 次/分；烦躁不安、面色苍白或发绀。以上 3 项不能用发热和疾病本身解释。听诊心音低钝、出现奔马律，颈静脉怒张；肝脏迅速增大，可达肋下 3cm 或短时间内增加 1.5cm；少尿或无尿，颜面、双下肢水肿。

② 神经系统：可引起缺氧中毒性脑病。轻度缺氧表现为烦躁、嗜睡、凝视；脑水肿时，出现意识障碍、惊厥、前囟隆起、瞳孔对光反应迟钝或消失，呼吸不规则，可有脑膜刺激征。

③ 消化系统：常有胃纳差、呕吐、腹泻、腹胀等。严重者发生中毒性肠麻痹，表现为频繁呕吐、严重腹胀、呼吸困难加重、肠鸣音消失。重症患儿还可出现消化道出血，呕吐咖啡样物、大便隐血阳性或柏油样便。

（考点：轻型肺炎与重型肺炎的区别）

2. 几种不同病原体所致肺炎的特点　见表 10-5。

**表 10-5　不同病原体所致肺炎的特点**

| | 呼吸道合胞病毒肺炎 | 腺病毒肺炎 | 金黄色葡萄球菌肺炎 | 支原体肺炎 |
|---|---|---|---|---|
| 好发年龄 | 2 岁以内，尤以 2～6 个月婴儿多见 | 6 个月～2 岁婴幼儿 | 新生儿及婴幼儿 | 各年龄段，学龄期儿童及青年常见 |
| 热型 | 低热或无热，偶有高热 | 稽留热 | 弛张热 | 热型不定 |
| 临床特点 | 憋喘为主要表现。轻症者发热、呼吸困难等症状不重；中、重症者，明显的呼吸困难、喘憋、口唇发绀、鼻翼扇动、三凹征。抗生素治疗无效 | 中毒症状重，咳嗽剧烈，喘憋、发绀；早期嗜睡。抗生素治疗无效 | 起病急、病情重、进展快，中毒症状重，可有各种类型皮疹。抗生素治疗疗程较长 | 咳嗽为突出症状。初为干咳，后为顽固性剧咳，常有黏稠痰液，偶带血丝。红霉素等治疗有效 |
| 肺部体征 | 喘鸣，湿啰音 | 出现较晚，发热 4～5 天后才出现少许湿啰音 | 出现早，双肺有湿啰音 | 不明显；体征与剧咳及发热症状不一致是本病特点 |
| X 线检查 | 小点片状、斑片状阴影，肺气肿 | 较体征出现早，呈片状阴影，可融合呈大病灶，肺气肿 | 小片状阴影，病情发展快，数小时内出现小脓肿、肺大疱、脓胸等 | 支气管肺炎、间质性肺炎、大叶性肺炎改变、肺门阴影增浓，以上改变可相互转化 |
| 白细胞数 | 大多正常 | 多数正常或减少 | 多数明显增高 | 正常或偏高 |

3. 心理-社会状况　本病病程长，患儿常需住院治疗，了解患儿是否有住院经历，父母对本病的认识程度。评估患儿是否对发热、咳嗽、呼吸困难、打针及环境陌生产生焦虑和恐惧，有无哭闹、烦躁不安、易激惹等表现。家长是否因患儿住院时间长、经济条件差、知识缺乏等出现担忧、恐惧等情绪。

（三）并发症

脓胸、脓气胸、肺大疱等，多见于金黄色葡萄球菌肺炎。

（四）辅助检查

1. 外周血检查　细菌性肺炎白细胞计数增高，中性粒细胞增多，C-反应蛋白（CRP）上升；病毒性肺炎白细胞总数正常或偏低，淋巴细胞计数相对增高。

2. 病原学检查　疑细菌感染者可取痰培养或血培养；疑为病毒感染者可取咽拭子或气道分泌物做病毒分离。

3. X 线检查　早期肺纹理增强，后出现大小不等的点状、片状阴影，可有肺气肿或肺不张。并发脓胸者可有纵隔移位，脓气胸者可见气-液平面。

（五）治疗要点

1. 抗感染治疗　明确有细菌感染者，根据细菌培养和药敏试验结果选择敏感药物。轻症患者口服抗菌药，重症患儿宜静脉联合用药。如为肺炎链球菌感染，首选青霉素或阿莫西林，青霉素过敏者可用红霉素；金黄色葡萄球菌感染使用苯唑西林钠、氯唑西林，耐药者可用万古霉素；支原体感染首选红霉素。抗生素一般用至体温正常后 5～7 天，症状和体征消失后 3 天。葡萄球菌肺炎于体温正常后 2～3 周停药，总疗程≥6 周；支原体肺炎至少用药 2～3 周。病毒性肺炎可用利巴韦林（病毒唑）、干扰素，中药制剂也有一定的抗病毒疗效。

2. 对症治疗　咳嗽、发热、咳痰者，给予镇咳、降温、祛痰处理。缺氧者给予吸氧。若烦躁不安可给予镇静药。发生水、电解质、酸碱平衡紊乱者及时纠正。

3. 防治并发症

（1）肺炎合并心力衰竭：镇静、吸氧、强心、利尿并使用血管活性药物。强心药可用地高辛或毛花苷 C，利尿可用呋塞米，血管活性药物常用酚妥拉明、硝普钠等。

（2）肺炎合并中毒性脑病：使用甘露醇脱水，必要时采用人工辅助通气改善患儿肺通气；惊厥者可用地西泮止惊；促进脑细胞恢复可用三磷酸腺苷、胞磷胆碱等。

（3）肺炎合并中毒性肠麻痹：严重腹胀者，应禁食、胃肠减压、注射新斯的明或酚妥拉明等。有低钾血症者，补充钾盐。

（4）脓胸、脓气胸患儿及时行穿刺引流，脓液黏稠、反复抽脓不畅或出现张力性气胸者，行胸腔闭式引流。

## 三、护理问题

1. 气体交换受损　与肺部炎症导致肺通气和肺换气功能障碍有关。

2. 清理呼吸道无效　与呼吸道分泌物过多、黏稠，不易排出有关。

3. 体温过高　与肺部感染有关。

4. 营养失调：低于机体需要量　与摄入不足、消耗增加有关。

5. 潜在并发症：心力衰竭、中毒性脑病、中毒性肠麻痹、消化道出血、脓胸、脓气胸、肺大疱等。

## 四、护理措施

（一）一般护理

1. 环境与生活　保持室内空气流通（避免对流），维持室温为 18～22℃，湿度为 55%～60%。

嘱患儿卧床休息，减少活动，各种操作集中进行，减少刺激，降低耗氧。衣被应轻软、宽松，以免影响呼吸。及时清理患儿排泄物，保持口腔、皮肤清洁，使患儿舒适。

2．补充营养及水分　给予高热量、高蛋白、高维生素、易消化的流食或半流食，少量多餐，以免过饱影响患儿呼吸。哺喂时应耐心，避免引起呛咳。重症患儿进食困难时，鼻饲或给予肠外营养。保证水分的供给，鼓励患儿多饮水，防止高热或呼吸增快导致体液丢失过多。

（二）改善呼吸功能

若出现憋喘、烦躁、发绀等缺氧表现，应遵医嘱吸氧。一般多用鼻导管给氧，氧流量为0.5～1L/min，氧浓度不超过40%。缺氧明显者宜用面罩给氧，氧流量为2～4L/min，氧浓度为50%～60%。新生儿可用头罩给氧（图10-4）。

（考点：肺炎患儿氧疗）

（三）保持呼吸道通畅

及时清除口鼻分泌物，保持气道通畅。鼓励患儿多饮水，湿化气道。协助患儿更换体位，指导有效咳嗽。病情允许时，帮助患儿拍背排痰。拍背方法：五指并拢，手掌呈空心（图10-5），由下向上、由外向内轻拍背部，年长患儿可边拍背边鼓励咳嗽，促使痰液排出。痰液黏稠不易咳出时，遵医嘱给予超声雾化吸入，以稀释痰液利于咳出。必要时吸痰，注意无菌操作原则，抽吸动作轻柔、迅速，每次不超过15秒，不可过于频繁。吸痰不宜在哺乳后1小时内进行，以免患儿呕吐。

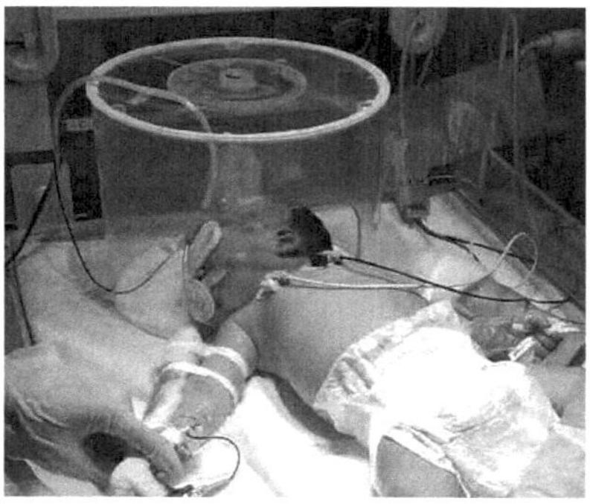

图10-4　头罩给氧

图10-5　拍背排痰手法

（考点：支气管肺炎患儿痰液黏稠的护理）

（四）维持体温正常

密切监测体温，必要时采用物理降温或遵医嘱药物降温，准确记录体温变化及降温效果。警惕热性惊厥。

（五）密切观察病情，防治并发症

1．严格控制输液速度及输液量，应控制在每小时不超过5ml/kg，以免加重心脏负担。若患儿出现心力衰竭表现，立即报告医生并做好抢救准备。若患儿口吐粉红色泡沫样痰，提示出现肺水肿，应给予20%～30%乙醇湿化吸氧。

（考点：肺炎患儿输液速度）

2．密切观察意识、瞳孔、肌张力等变化，若患儿烦躁、嗜睡、昏迷、惊厥、瞳孔对光反应迟钝或消失、呼吸不规则等，提示可能发生中毒性脑病，应及时报告医生，配合抢救。

3．若患儿呕吐、严重腹胀、呼吸困难加重、肠鸣音消失提示出现中毒性肠麻痹，遵医嘱禁食、胃肠减压。有低钾血症时补钾。

4．若出现高热不退、呼吸困难加重、烦躁不安、剧烈咳嗽、面色发绀、患侧呼吸运动受限等，提示可能出现脓胸或脓气胸，积极配合医生行胸腔穿刺或胸腔闭式引流。

（六）心理护理

为家长讲解肺炎的病因、临床表现、用药的意义及注意事项、疾病的预后等，让家长了解配合治疗的重要性，并对疾病的预后持乐观态度。护理患儿要有耐心，要细心，以友爱、友善的态度对待患儿，消除患儿恐惧心理。了解患儿家庭情况，在力所能及的情况下为患儿家庭分忧解难。

### 五、健 康 教 育

向家长介绍肺炎的疾病知识及护理技术，示范协助患儿翻身、变换体位、拍背的方法。指导家长加强患儿营养、补充水分，保持室内空气流通，温湿度适宜，减少儿童被动吸烟，增加户外活动，加强体格锻炼，提高免疫力。积极预防上呼吸道感染，呼吸道传染病高发季节不去封闭、人群拥挤的场所。

## 第 6 节　急性呼吸衰竭患儿的护理

急性呼吸衰竭简称呼衰，是指各种原因导致的中枢性和（或）外周性的呼吸功能障碍，出现低氧血症和（或）高碳酸血症，并由此引起一系列生理功能和代谢紊乱的临床综合征。是儿童临床疾病的危重症候，如不及时诊断、尽早控制，常可危及生命。

### 一、概　　述

（一）病因

呼吸衰竭的病因很多，在此按照Ⅰ型呼吸衰竭和Ⅱ型呼吸衰竭介绍。

1．Ⅰ型呼吸衰竭（缺氧性呼吸衰竭）　肺实质性病变，如病毒性肺炎、细菌性肺炎、胃内容物误吸入肺等；肺水肿，如严重心脏病、心力衰竭、急性呼吸窘迫综合征等；肺栓塞；大量胸腔积液、自发性气胸、胸壁外伤等。

2．Ⅱ型呼吸衰竭（高碳酸性呼吸衰竭）　气道阻塞，如呼吸道感染、喉头水肿；呼吸肌功能障碍，如重症肌无力、低钾血症等；呼吸中枢抑制，如脑血管意外、脑外伤、脑肿瘤、一氧化碳中毒等。

（二）分类（表 10-6）

**表 10-6　呼吸衰竭分类**

| 分类依据 | 类型 |
|---|---|
| 动脉血气分析 | Ⅰ型呼吸衰竭：有缺氧无二氧化碳潴留，$PaO_2 \leqslant 50mmHg$（6.67kPa），$PaCO_2$ 正常，又称缺氧性呼吸衰竭 |
| | Ⅱ型呼吸衰竭：缺氧伴二氧化碳潴留，$PaO_2 \leqslant 50mmHg$（6.67kPa），$PaCO_2 \geqslant 50mmHg$（6.67kPa），又称高碳酸性呼吸衰竭 |
| 病程 | 急性呼吸衰竭、慢性呼吸衰竭 |
| 病变部位 | 中枢性呼吸衰竭、周围性呼吸衰竭 |

知识链接

**儿童也会发生"急性呼吸窘迫综合征"吗**

急性呼吸窘迫综合征（acute respiratory distress syndrome，ARDS）是一种特殊类型的急性呼吸衰竭。1967 年 Ashbaugh 等报道了 12 例成年人"急性呼吸窘迫综合征"，其中 7 人死亡，病死率 58.33%，引起各国学者高度关注。为了与新生儿呼吸窘迫综合征（也称为肺透明膜病）相区别，此病曾被命名为"成人呼吸窘迫综合征"（adult respiratory distress syndrome）。随着医学的发展，人们发现 ARDS 主要是由心源性以外的各种急性、严重的肺内外致病因素导致的急性、进行性缺氧性呼吸衰竭，成年人与儿童均可发生。因此，1992 年将原来的"adult"改为"acute"，即急性呼吸窘迫综合征。

## 二、护理评估

（一）健康史

询问是否误食药物、溺水、一氧化碳中毒，有无心脏病、气胸、胸部手术、胸部外伤、胸廓畸形、重症肌无力、脑外伤、脑肿瘤等病史，有无肺炎、高浓度吸氧、麻醉等诱因。

（二）身心状况

本病起病急骤，主要表现为缺氧、二氧化碳潴留引起的呼吸困难及多脏器功能障碍。

1. 呼吸困难　是出现最早、最突出的症状。表现为呼吸费力伴呼吸频率加快、鼻翼扇动、三凹征，呼吸深浅不均、节律不齐，出现潮式呼吸、叹息样呼吸、双吸气、呼吸暂停等。上呼吸道梗阻主要表现为吸气性呼吸困难，下呼吸道梗阻表现为呼气性呼吸困难；呼吸肌麻痹患儿呼吸表浅无力。

（考点：急性呼衰患儿临床表现）

2. 其他表现　缺氧可引起发绀，以口唇、指（趾）甲较为明显；缺氧伴二氧化碳潴留时，出现烦躁不安、谵妄或淡漠、肌肉震颤、间歇抽搐、嗜睡、昏迷等精神神经症状，部分患儿瞳孔不等大，腱反射减弱或消失。高碳酸血症时体表静脉充盈，皮肤潮红、口唇樱桃红色、温暖多汗、血压升高、心动过速，重者可致周围循环衰竭、血压下降、心律失常，甚至心搏骤停。严重呼吸衰竭还可引起上消化道出血、黄疸，若造成肾功能损害可出现蛋白尿、少尿和无尿等。

（三）并发症

重症呼吸衰竭患儿可并发心力衰竭、心源性休克、脑疝、消化道出血、急性肾衰竭、DIC 等。

（四）辅助检查

1. 血气分析　是诊断呼吸衰竭并进行分型最有意义的指标。动脉血氧分压（$PaO_2$）≤50mmHg（6.67kPa），二氧化碳分压（$PaCO_2$）≥50mmHg（6.67kPa）。

2. 血 pH 及电解质测定　呼吸性酸中毒合并代谢性酸中毒时，血 pH 明显降低。电解质测定可出现低钾、高钾、低氯、低钠、低钙等。

（五）治疗要点

积极治疗原发病、消除诱因，保持呼吸道通畅，改善呼吸功能，纠正缺氧、解除二氧化碳潴留，纠正酸、碱失衡及电解质紊乱，防治多器官功能损害。

## 三、护理问题

1. 低效性呼吸型态　与不能进行有效呼吸有关。

2. 清理呼吸道无效　与呼吸功能受损、呼吸道分泌物黏稠、无力咳出有关。

3. 潜在并发症　心力衰竭、肺性脑病、消化道出血、急性肾衰竭、DIC 等。

4. 营养失调：低于机体需要量　与摄入不足、消耗增加有关。

5. 焦虑（家长）　与患儿病情危重，担心预后有关。

## 四、护理措施

1. 一般护理　保持室内环境安静，空气清新，温、湿度适宜，各项操作尽可能集中进行，减少刺激，利于患儿休息。衣被轻软、宽松，以免影响呼吸。

2. 保持呼吸道通畅，改善呼吸功能　协助患儿取舒适且利于改善呼吸状态的体位，如半卧位或坐位。协助患儿定时翻身、拍背，遵医嘱使用解痉、消炎、祛痰药，采用超声雾化吸入法等，促进痰液排出。昏迷、气管插管或气管切开患儿定时吸痰。

3. 合理用氧　采用鼻导管、面罩或头罩给氧，长期吸氧者可用鼻塞给氧。吸氧前先清除鼻腔分泌物，以保证有效吸氧。氧气流量一般为 1～2L/min，氧浓度 20%～30%，保持血氧分压在 65～85mmHg、血氧饱和度（$SaO_2$）在 90%或略高。

4. 密切观察病情　注意观察呼吸频率、节律和深度；有无发绀，皮肤颜色、肢体温度；监测心率、心律、血压、血气分析结果；观察患儿意识状态，有无烦躁、抽搐或嗜睡、昏迷等；监测并准确记录出入量；观察有无水、电解质紊乱或酸碱失衡的表现；观察呕吐物及粪便性质。

5. 营养支持　呼衰患儿能量代谢增高，蛋白质摄入不足，需加强营养支持。昏迷患儿可给予鼻饲或静脉营养补充，并做好相关护理。

6. 配合做好人工辅助呼吸　根据患儿病情，配合医生行气管内插管或气管切开，实施人工辅助呼吸。呼吸机由专人监护，定时检查呼吸机的各项参数，防止管道阻塞、脱落等情况的发生；观察患儿呼吸、心率、面色、周围循环情况等，认真记录。预防继发感染，应每日消毒呼吸机管道，室内用紫外线灯照射 1～2 次，每次 30 分钟；每日更换加湿器、湿化器滤纸，雾化液须新鲜配制，并做好患儿的口腔、鼻腔护理。患儿病情改善，遵医嘱撤离呼吸机前要备好氧气装置、吸痰物品、解痉药品及插管用物，密切观察患儿停用呼吸机后的各项生命体征，如有异常及时报告医生并进行相应处理。

（考点：急性呼衰患儿的护理）

## 五、健康教育

耐心为患儿家长介绍疾病的相关知识、病情进展、治疗原则及预后，指导家长配合患儿护理，观察患儿呼吸、脉搏、口唇、指（趾）甲颜色等，注意患儿的体位、休息、营养等。

## 自测题

$A_1/A_2$ 型题

1. 小儿扁桃体炎的好发年龄为（　　）
A. 新生儿　　B. 1 岁
C. 1～3 岁　　D. 4～10 岁
E. 14～15 岁

2. 新生儿上呼吸道感染导致鼻塞时可使用的滴鼻液是（　　）
A. 0.1%麻黄碱　　B. 0.2%麻黄碱
C. 0.5%麻黄碱　　D. 3%麻黄碱
E. 5%麻黄碱

3. 急性支气管炎与轻型肺炎最主要的区别是（　　）
A. 咳嗽的剧烈程度
B. 肺部听诊湿性啰音是否固定
C. 有无循环系统等受累的表现
D. 有无发绀
E. 胸部X线有无肺气肿

4. 支原体肺炎治疗应选择哪种抗生素（　　）
A. 青霉素　　B. 氨苄青霉素
C. 头孢噻肟　　D. 庆大霉素
E. 红霉素

5. 重症肺炎患儿出现严重腹胀、肠鸣音消失，最常见的原因是（　　）
A. 低钙血症　　B. 低镁血症
C. 低钾血症　　D. 低钠血症
E. 中毒型肠麻痹

6. 患儿，女，8个月。1天前出现发热、体温38.5℃，犬吠样咳嗽、声音嘶哑、烦躁不安，安静时有吸气性喉鸣和三凹征，听诊双肺可闻及喉传导音或管状呼吸音，心率加快。此患儿被诊断为急性感染性喉炎，其喉梗阻程度为（　　）
A. Ⅰ度　　B. Ⅱ度
C. Ⅲ度　　D. Ⅳ度
E. Ⅴ度

7. 患儿，女，3岁。因上呼吸道感染入院。目前出现高热、声音嘶哑、犬吠样咳嗽、吸气性喉鸣。为迅速缓解症状，首选的处理方法是（　　）
A. 地塞米松雾化吸入
B. 静脉滴注抗生素
C. 静脉滴注泼尼松（强的松）
D. 口服祛痰药
E. 口服镇咳药

8. 患儿，女，1岁。诊断为“急性支气管炎”3天，咳嗽、咳痰加重，评估患儿痰液黏稠，患儿自己难以咳出。清理患儿呼吸道首先应选用的方法是（　　）
A. 继续鼓励患儿咳嗽排痰
B. 少量多次饮水
C. 体位引流
D. 超声雾化吸入
E. 负压吸痰

9. 患儿，女，10个月。因发热、咳嗽3天，病情加重来诊。查体：患儿烦躁不安，气促，口唇发绀。体温39℃，心率180次/分，呼吸50次/分。肺部可闻及较多细湿啰音，心音低钝，肝肋下3cm。对该患儿的护理错误的是（　　）
A. 面罩给氧　　B. 置患儿于半卧位
C. 避免各种刺激　　D. 加快输液速度
E. 备好抢救用品

10. 患儿，男，6个月。2天来高热、咳嗽、精神萎靡、食欲缺乏，时有呕吐，周围血白细胞$26\times10^9/L$。查体：烦躁不安、气促、面色苍白，皮肤可见猩红热样皮疹，两肺可闻中小湿啰音，X线片可见小的肺脓肿。最可能的诊断是（　　）
A. 肺炎链球菌肺炎
B. 肺炎支原体肺炎
C. 金黄色葡萄球菌肺炎
D. 腺病毒性肺炎
E. 呼吸道合胞体病毒性肺炎

11. 患儿，2岁。因肺炎入院。经治疗后症状好转，又突然高热，呼吸困难，右肺叩诊浊音。该患儿可能并发了（　　）
A. 急性心力衰竭　　B. 呼吸衰竭
C. 中毒性脑病　　D. 中毒性心肌炎
E. 脓胸

12. 患儿，男，2.5岁。咳嗽，发热2天，体温37.8℃，呼吸困难，口唇发绀，听诊右肺下部有细湿啰音，$PaO_2$ 7.0kPa，$PaCO_2$ 8.0kPa，诊断为支气管肺炎。首选的护理诊断是（　　）
A. 体温过高
B. 营养不足
C. 气体交换受损
D. 清理呼吸道无效
E. 潜在并发症：心力衰竭

13. 患儿，男，1岁。稽留高热4天，频繁咳嗽，阵发性喘憋，嗜睡、精神萎靡。查体：面色苍白，呼吸急促，口周发绀，三凹征（+），双肺可闻及少许啰音。白细胞$8.0\times10^9/L$。X线片示双肺片状淡薄阴影。最可能的诊断为（　　）

A．金黄色葡萄球菌肺炎
B．呼吸道合胞病毒肺炎
C．肺炎支原体肺炎
D．腺病毒肺炎
E．肺炎链球菌肺炎

$A_3/A_4$ 型题

（14～15 题共用题干）

11 个月患儿，发热、咳嗽 2 天，以肺炎收入院。入院第 2 天，突然烦躁不安、呼吸急促、发绀。查体：体温 38℃，呼吸 70 次/分，心率 186 次/分，心音低钝，两肺细湿啰音增多，肝肋下 3.5cm。

14．该患儿最可能并发了（　　）
A．中毒性脑病　B．急性呼吸衰竭
C．脓气胸　D．肺大疱
E．急性心力衰竭

15．该患儿治疗措施最关键的是（　　）
A．大剂量使用镇静药
B．间断吸氧
C．使用利尿药
D．使用快速洋地黄制剂
E．吸痰，清理呼吸道

（16～17 题共用题干）

患儿，女，1 岁。3 天前因受凉出现发热，咳嗽，喘憋，食欲减退，遵医嘱给予静脉补液后，突然咳粉红色泡沫样痰。查体：体温 39.5℃，心率 160 次/分，呼吸 78 次/分，极度呼吸困难，肺部听诊有大量细湿啰音。

16．护士考虑此患儿为（　　）
A．心力衰竭　B．肺气肿
C．急性肺水肿　D．支气管哮喘
E．支气管异物

17．护士应立即给予患儿（　　）
A．间歇吸入 20%～30%乙醇湿化的氧气
B．持续吸入 20%～30%乙醇湿化的氧气
C．间歇吸入 5%～10%乙醇湿化的氧气
D．持续吸入 5%～10%乙醇湿化的氧气
E．持续吸入 50%乙醇湿化的氧气

（魏　超）

# 第11章 循环系统疾病患儿的护理

本章知识框架，见图 11-1。

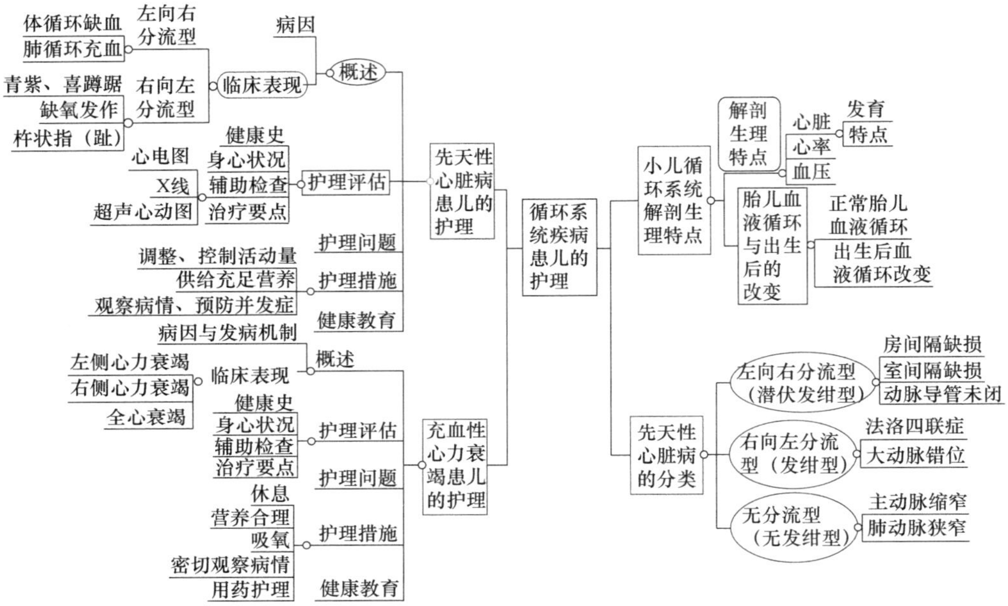


图 11-1　循环系统疾病患儿的护理知识框架

## 第1节　儿童循环系统解剖生理特点

### 一、解剖生理特点

（一）心脏的发育与特点

1．发育　心脏的发育在胚胎形成第 2 周开始，大约第 4 周心脏开始有循环作用，发育到第 8 周房室间隔完全形成，从而成为四腔心脏。故而胚胎发育的第 2～8 周是心脏形成的关键时期，此期间如受到某些有害因素（如孕母患风疹、腮腺炎，误服某些药物）的影响，则易形成先天性心脏病。

2．特点　随着年龄的变化心脏的位置也会发生相应的变化，新生儿心脏位置较高并为横位，2 岁以下的正常婴幼儿，心尖搏动位于左第 4 肋间，锁骨中线外 1cm 处。2 岁以后小儿心脏则由横位逐渐转成斜位，心尖搏动向下向内移动，3～7 岁时在左第 5 肋间锁骨中线上，7 岁以后心尖位置逐渐移至第 5 肋间锁骨中线内 0.5～1cm。

（考点：心脏发育的关键）

（二）心率

新生儿、婴幼儿的心率较快，新陈代谢旺盛和交感神经兴奋性较高所致。同时，心率易受各种因素的影响（如进食、活动、哭闹、发热等），所以如需测量小儿心率或脉搏，应在安静时进行测量。通常小儿的体温每升高 1℃，心率增快 10～15 次/分。正常小儿的心率随着年龄增长而逐渐减慢，不同年龄段小儿正常心率见表 11-1。

**表 11-1　不同年龄小儿正常心率**

| 年龄 | 新生儿 | <1 岁 | 2～3 岁 | 4～7 岁 | 8～14 岁 |
|---|---|---|---|---|---|
| 心率（次/分） | 120～140 | 110～130 | 100～120 | 80～100 | 70～90 |

（考点：不同年龄段的正常心率）

（三）血压

动脉血压的高低主要取决于心脏的每搏输出量和周围血管的阻力。由于婴儿的心脏每搏输出量少、血管口径相对较粗、动脉壁柔软，故血压较低，但血压会随着年龄的增长而逐渐升高。1 岁以内的婴儿收缩压平均为 70～80mmHg。2 岁以后可按公式计算：收缩压＝年龄×2＋80mmHg，舒张压＝收缩压×2/3。按此标准测得的血压若高于此标准 20mmHg 以上为高血压，低于此标准 20mmHg 以下为低血压。测量血压时应注意：①血压计袖带的宽度应为小儿上臂长度的 1/2～2/3，过宽测得的血压偏低，过窄则偏高；②袖带松紧以能伸进 1～2 指为宜，过紧测得的血压偏低，过松测得的血压偏高；③血压还受测量部位的影响，下肢比上肢的血压约高 20mmHg。

（考点：计算不同年龄段小儿的血压）

## 二、胎儿血液循环与出生后的改变

（一）正常胎儿的血液循环

胎儿时期营养及气体的循环代谢，是经胎儿脐血管在胎盘处与母体之间，通过弥散方式进行交换的。经胎盘与母体交换而来的氧气和营养物质，从动脉血经脐静脉进入胎儿体内。之后在肝下缘分成 2 支：①一支流入肝与肝门静脉汇合，经由肝静脉汇入到下腔静脉。②另一支通过静脉导管直接进入到下腔静脉，与来自下半身的静脉血交汇成混合血流入右心房（此混合血以动脉血为主，所以含氧量相对较高）。来自下腔静脉的血液进入右心房后被分为 2 支：①一支通过卵圆孔流入左心房，再进入左心室，然后流入升主动脉，这支主要供应心、脑及上肢的血液。②另一支通过与上腔静脉回流的上半身绝大部分的静脉血一起汇流入右心室，之后再进入肺动脉。因为胎儿时期的肺部长期处于压缩状态，肺动脉血仅有少量流入肺，再经肺静脉回流到左心房；而大部分血液则是经动脉导管与升主动脉的血汇合后，进入降主动脉（该汇流的血液主要以静脉血为主，所以含氧量较低），供应腹腔器官及下肢的血液，通过脐动脉回到胎盘，进行气体及营养物质的交换，再进入到下一次循环（图 11-2）。

胎儿时期的血液循环具有以下特点：①胎儿时期仅有体循环，无有效的肺循环。②胎儿对气体及营养物质的代谢是经过脐血管和胎盘与母体进行交换的。③胎儿体内绝大部分是混合血。④静脉导管、动脉导管和卵圆孔是胎儿时期的血液循环特殊通道。⑤胎儿体内的血氧含量最高的部位是肝脏，其次是心脏、脑及上肢，血氧含量最低的部位是下半身。

（二）出生后血液循环的改变

1．脐血管关闭　脐带在出生后被结扎，因此脐血管的血流会停止，6～8 周之后会完全闭锁而形成韧带，分别是：脐静脉形成肝圆韧带，脐动脉形成膀胱韧带。

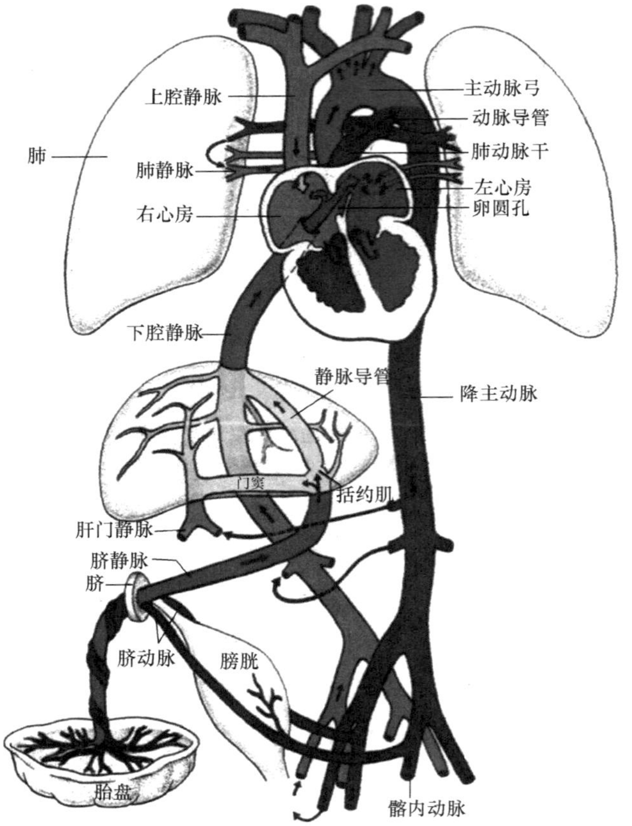


图 11-2　正常胎儿血液循环

2．卵圆孔关闭　由于脐血管在胎儿出生后被阻断，呼吸开始建立，肺泡开始扩张，肺循环的压力下降；由肺动脉进入肺部的血量开始增多，从而使肺静脉回流到左心房的血量也开始增多，所以左心房压力随之增高，当超过右心房的压力时，卵圆孔功能性关闭。在出生 5～7 个月，发育正常情况下解剖上大多闭合，留下卵圆窝。

3．动脉导管关闭　自主呼吸使体循环血氧饱和度增高，直接促使动脉导管壁平滑肌收缩；前列腺素是维持胎儿动脉导管开放的重要因素，出生后小儿体内前列腺素浓度下降，故导管逐渐闭塞，形成功能性关闭。1 岁时 95%婴儿的动脉导管形成解剖上闭合。而持续不闭者，称之为动脉导管未闭。

（考点：胎儿出生后血液循环的改变）

## 第 2 节　先天性心脏病分类

先天性心脏病，简称先心病，是胎儿时期心脏、大血管的发育异常而致的先天性畸形，是小儿时期最常见的心脏病。先天性心脏病的种类很多，依据心脏的左右两侧和大血管之间有无分流、分流的方向及临床上有无发绀，可分为左向右分流型（潜伏发绀型）、右向左分流型（发绀型）、无分流型（无发绀型）。

## 一、左向右分流型（潜伏发绀型）

左向右分流型，是指在左心、右心或大血管之间存在异常通道及血液分流，正常情况下，左心压力大于右心，体循环压力大于肺循环，故血流从左向右分流而不出现发绀。当患儿屏气、哭闹或心力衰竭时，致使肺动脉或右心压力增高并超过主动脉或左心压力时，血液则会从右向左分流，从而出现暂时性发绀，当诱因消除后发绀便消退，所以又称为潜伏发绀型。常见有室间隔缺损、房间隔缺损、动脉导管未闭等。若长期不做处理或一直未发现病因所在，晚期可由于肺部血管变化，肺循环阻力进行性增加，形成肺动脉高压，导致肺循环压力持续高于体循环，血液从右向左流，出现持续性发绀，即艾森曼格综合征。若此时再行手术纠正缺损，右向左分流中止，会使右心负荷明显加重，导致右侧心力衰竭，被视为手术禁忌证。

## 二、右向左分流型（发绀型）

右向左分流型，是先心病中病情最严重的一种类型，病死率高，常见有法洛四联症、大动脉错位。因为在左心、右心之间或大血管存在异常通道及分流，血液从右向左持续分流（法洛四联症）；也可因大动脉起源异常，导致大量回心静脉血进入体循环，从而出现持续性发绀（大动脉错位）。

## 三、无分流型（无发绀型）

无分流型先心病在左心、右心或大血管之间无异常通道或分流，所以不出现发绀。只有发生心力衰竭时才出现发绀。常见有主动脉缩窄、肺动脉狭窄、右位心等。

（考点：先天性心脏病的种类）

# 第 3 节 先天性心脏病患儿的护理

**案例 11-1** 患儿，男，11 个月。出生 3 个月起发绀渐明显，活动后会气促，患儿喜竖起来抱时将双膝屈曲，大腿贴腹壁。患儿入院当天吃奶时出现阵发性呼吸困难、烦躁不安和发绀加重，并且出现晕厥。体格检查：体温 36.5℃，脉搏 121 次/分，呼吸 32 次/分，血压 72/51mmHg，体重 6.3kg。生长发育明显落后，口唇、鼻尖、耳垂、指（趾）发绀明显，伴有杵状指（趾）。听诊：两肺呼吸音清，胸骨左缘可闻及Ⅲ级收缩期杂音，肺动脉第二心音减弱，腹部软，肝脾未及，神经系统检查呈阴性。辅助检查：血常规示血红蛋白 190g/L。胸部 X 线显示心影呈靴形，双肺纹理减少。心电图提示右心室肥大。

问题：1. 该患儿诊断为法洛四联症的依据是什么？
2. 为什么患儿喜竖抱时将双膝屈曲？
3. 患儿的主要护理问题是什么？
4. 如何护理该患儿？

## 一、概　　述

先天性心脏病是小儿时期最常见的心脏病，发病率为活产婴儿的 7%～8%。其中以室间隔缺损最多见，约占我国先天性心脏病的 50%。法洛四联症是 1 岁以后儿童最常见的发绀型先天性心脏病，其发病率占先天性心脏病的 10%～15%。肺动脉瓣狭窄可与上述几类先天性心脏病合并存在。

近年来，由于心导管检查、心血管造影术和超声心动图等的应用，以及术后监护技术的提高，先心病的预后已有较大改观，但仍为儿童因先天发育异常致死的重要原因，所以对先天性心脏病患儿的护理尤为重要。

（一）病因

妊娠 2～8 周是胎儿心脏发育的重要时期，任何影响心脏胚胎发育的因素，都会使胎儿心脏的某一部分发育异常或停滞。影响心脏发育的因素很多，目前认为心血管畸形的发生主要由遗传因素和环境因素相互作用所致。

1．遗传因素　主要有染色体易位与畸变，可为单基因异常、多基因突变和先天性代谢紊乱引起。

2．环境因素　主要原因是妊娠早期宫内感染，孕母在妊娠第 2～8 周患病毒感染（最主要），如风疹、流行性感冒、流行性腮腺炎和柯萨奇病毒感染等。

3．其他　如孕妇接触放射线，服用药物（抗肿瘤药物、抗癫痫药物等），孕妇患有代谢性疾病（如糖尿病、高钙血症等），妊娠早期饮酒、吸食毒品及各种可致宫内缺氧的慢性疾病均可能与发病有关。

尽管引起先天性心脏病的病因尚未完全明确，但加强孕期保健工作，特别是妊娠早期适量补充叶酸，积极预防风疹、流感等病毒感染，避免与发病有关的因素接触，慎用药物等，均对预防先天性心脏病的发生起至关重要的作用。

（二）临床表现

分流（类型）不同的先天性心脏病，由于它们血液循环途径不同，故临床表现也有所不同（表 11-2）。

**表 11-2　常见先天性心脏病的临床表现**

| 名称 | | 房间隔缺损 | 室间隔缺损 | 动脉导管未闭 | 法洛四联症 | 肺动脉狭窄 |
|---|---|---|---|---|---|---|
| 类型 | | 左向右分流型 | 同房间隔缺损 | 同房间隔缺损 | 右向左分流型 | 无分流型 |
| 临床症状 | | 生长发育迟缓，喂养困难，活动后乏力、气促、心悸、多汗，易患反复呼吸道感染，艾森曼格综合征时出现持续性发绀 | 同房间隔缺损 | 可有差异性发绀，余同房间隔缺损 | 生长发育落后、乏力，发绀明显，喜欢蹲踞，杵状指（趾），可有突发性昏厥 | 生长发育落后、乏力，活动后气促、心悸，晚期可出现右侧心力衰竭 |
| 心脏体征 | 杂音部位 | 胸骨左缘第 2～3 肋间 | 胸骨左缘第 3～4 肋间 | 胸骨左缘第 2 肋间 | 胸骨左缘第 2～4 肋间 | 瓣膜型狭窄以第 2 肋间最响；漏斗部狭窄以第 3～4 肋间最响 |
| | 杂音性质及响度 | Ⅱ～Ⅲ级收缩期喷射性杂音 | Ⅲ～Ⅳ级粗糙的全收缩期杂音 | 连续性“机器”样杂音 | Ⅱ～Ⅲ级粗糙喷射性收缩期杂音 | Ⅱ～Ⅴ级喷射性全收缩期杂音 |
| | 震颤 | 无 | 有 | 有 | 可有 | 有 |
| | 第二心音 | 亢进、固定分裂 | 亢进 | 亢进 | 减弱 | 减弱 |
| | 其他体征 | 无 | 无 | 周围血管征 | 杵状指（趾） | 心力衰竭时有颈静脉怒张、肝大、下肢水肿 |
| X线检查 | 肺动脉段 | 凸出 | 凸出 | 凸出 | 凹陷 | 凸出 |
| | 肺门舞蹈症 | 有 | 有 | 有 | 无 | 无 |
| | 肺野 | 充血 | 充血 | 充血 | 清晰 | 清晰 |
| | 房室增大 | 右心房、右心室 | 左心室、左心房、右心室 | 左心房、左心室 | 右心室肥大，“靴形”心 | 右心房、右心室 |

1．左向右分流型先心病（潜伏发绀型）　主要包括房间隔缺损（图 11-3A）、室间隔缺损（图 11-3B）和动脉导管未闭（图 11-3C）。临床表现主要与缺损的大小及分流量的多少有关。轻者可无临床表现，仅在体格检查听诊时发现杂音；重者临床症状明显，主要是体循环缺血和肺循环充血的表现。

由于体循环缺血可引起生长发育落后，活动耐力下降，面色苍白等；由于肺循环血量增多，患儿活动后气促，易患反复呼吸道感染（如上呼吸道感染、肺炎等）。动脉导管未闭患儿由于脉压增宽，可出现水冲脉、毛细血管搏动征、股动脉枪击音等周围血管征。当出现暂时性发绀或艾森曼格综合征时，动脉导管未闭表现为差异性发绀，即下半身发绀，左上肢轻度发绀，右上肢正常。左向右分流型先天性心脏病常见并发症有充血性心力衰竭、支气管肺炎、感染性心内膜炎等。

2．右向左分流型先心病（发绀型）　主要是法洛四联症（图 11-3D），由 4 种畸形组合而成：①肺动脉狭窄。最为重要，其狭窄程度决定了临床症状的轻重。②室间隔缺损。③主动脉骑跨。主动脉骑跨在室间隔之上。④右心室肥大。为肺动脉狭窄后右心室负荷增加的结果。法洛四联症典型的临床表现包括：①发绀。此为法洛四联症最明显而突出的表现，一般出生时青紫多不明显，3～6 个月后渐明显。发绀通常见于富含毛细血管的浅表部位，如唇（图 11-4，彩图 5）、指（趾）甲床（图 11-5，彩图 6；图 11-6，彩图 7）、球结合膜等。②蹲踞现象。患儿在走路、玩游戏或站立过久时会主动蹲下片刻，小婴儿则多喜欢采取大人抱起，双下肢屈曲的膝胸位。主要是因为下肢屈曲受压时，下肢静脉回心血量减少，减轻了右心室负荷，使右向左分流量减少；下肢动脉受压，体循环阻力增加，也可使右向左分流量减少，从而缺氧症状得以暂时缓解。③杵状指（趾）：

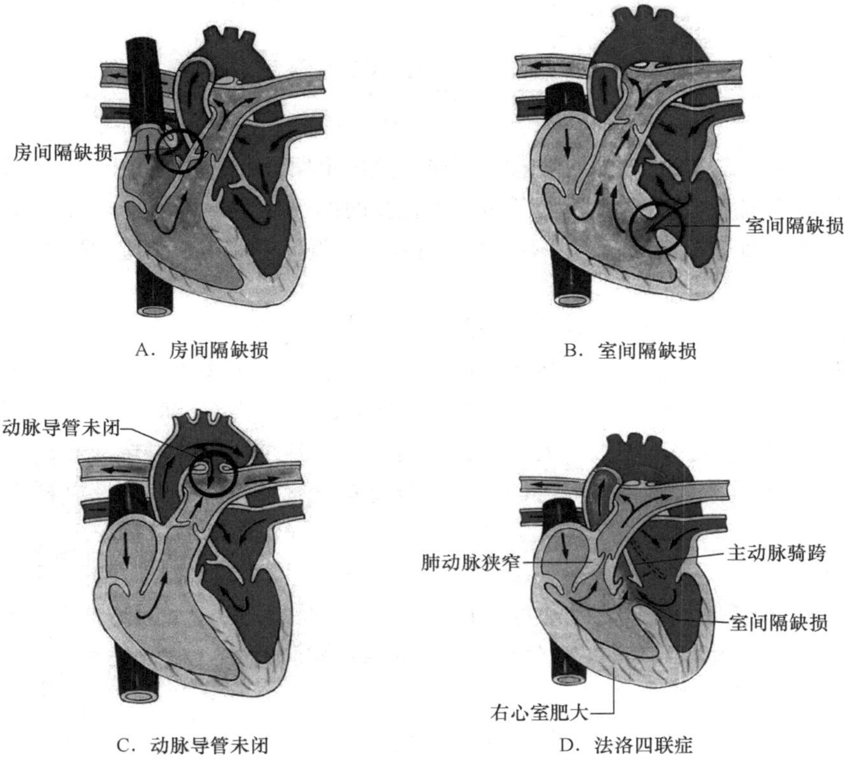


图 11-3　先天性心脏病

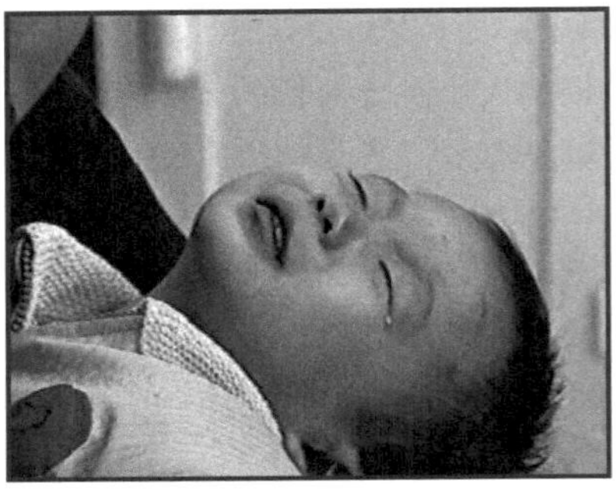

图 11-4　口唇发绀

由于患儿长期缺氧，指（趾）端毛细血管扩张增生，局部软组织和骨组织也增生肥大，指（趾）末端膨大如鼓槌状，称为杵状指（趾）。④缺氧发作：2 岁以下的患儿多有缺氧发作。患儿在哭闹、吃奶或大便时可出现阵发性呼吸困难，烦躁、发绀加重，严重者可出现突然昏厥、抽搐，甚至死亡。

最常见并发症为脑血栓。由于机体长期缺氧，红细胞代偿性增加，血液黏滞度增高，易并发脑血栓。若有细菌性血栓，则易形成脑脓肿。其他常见并发症还有充血性心力衰竭、感染性心内膜炎等。

（考点：各类先天性心脏病的临床表现）

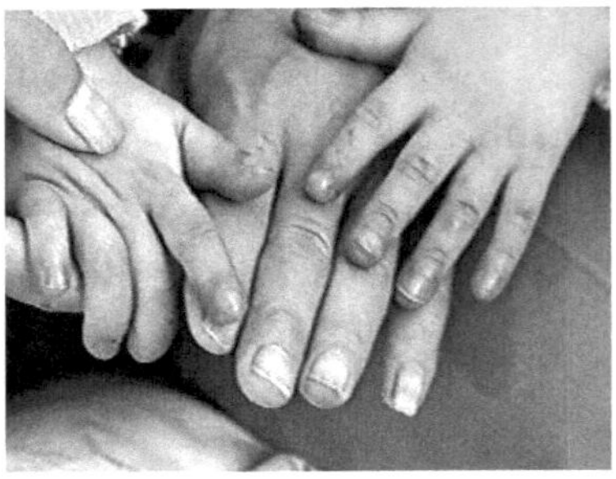

图 11-5　指甲床发绀

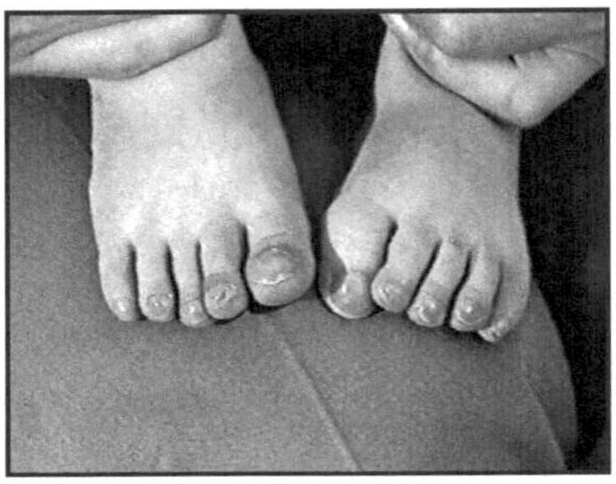

图 11-6　趾甲床发绀

## 二、护理评估

（一）健康史

了解有无遗传性疾病及先心病家族史；母亲在妊娠早期有无病毒感染史、是否接受过放射线照射、是否用过影响胎儿发育的药物。询问患儿出生时的情况、出生后的发育情况，发绀出现的时间，有无喂养困难、反复呼吸道感染、蹲踞现象等。询问患儿是否有过治疗史。

（二）身心状况

1．临床表现　见表 11-2。

2．心理-社会状况　患儿父母及家庭可因患儿疾病及对疾病相关知识的缺乏，患儿发育迟缓、活动受限、手术费用的昂贵及担心手术效果等，产生紧张、焦虑、抱怨及恐惧等心理。患儿由于生长发育落后，不能按时入学，正常的活动受到限制等，出现抑郁、自卑、焦虑、恐惧等心理。但是，假如家长过度呵护患儿可能使其发展为脆弱、依赖及以自我为中心的另类个性。

（三）辅助检查

1．心电图　能反映心脏位置，心房、心室有无肥大及心脏传导系统的真实情况。分流量小者基本正常；分流量大者可有电轴左偏或右偏、相应房室肥大、ST-T 改变等。

2．胸部 X 线检查　见表 11-2。

3．超声心动图　是一项无痛、非侵入性检查方法，可精确显示心脏的内部结构，确定心脏缺损部位。①房间隔缺损：右心房和右心室内径增大。②室间隔缺损：左心室、左心房和右心室内径增大，主动脉内径缩小。③动脉导管未闭：左心房和左心室内径增宽，主动脉内径增宽。④法洛四联症：主动脉内径增宽并向右移位，右心室内径增大，流出道狭窄。

4．心导管检查　是一种有创检查，也是先天性心脏病进一步明确诊断和决定手术前的重要检查方法之一。可了解心腔及大血管不同部位的氧含量和压力变化，明确有无分流及分流部位。

5．心血管造影　适用于心导管检查仍不能明确诊断而又准备手术治疗的患儿。通过观察造影剂所示心脏及大血管的充盈及运动情况，了解其形态、大小、位置及有无异常通道、狭窄、闭锁等畸形。

（四）治疗要点

1．内科治疗　防治感染性心内膜炎、肺部感染和心力衰竭等并发症，维持患儿正常生活，使其安全成长到最佳手术年龄，再行外科手术治疗。

2．外科治疗　大部分常见的左向右分流型及无分流型先天性心脏病可施行根治手术。房间隔缺损和动脉导管未闭患儿的分流量较小时，外科治疗可采用心导管介入疗法，疗效较好。外科手术的适宜年龄需依据患儿心脏畸形的类型、临床表现、身体情况、精神状态及社会因素等具体条件而定，通常在 4～6 岁时手术较好。右向左分流型先天性心脏病，如法洛四联症患儿，大多数在 2 岁时实施根治手术，若重度发绀，肺血管发育不良，应先做姑息性分流术，以增加肺部血流量，待年长后一般情况改善时再行根治术。

## 三、护理问题

1．活动无耐力　与体循环血量减少或血氧饱和度下降有关。

2．营养失调：低于机体需要量　与喂养困难及组织缺氧、体循环血量减少有关。

3．生长发育迟缓　与体循环血量减少和血氧饱和度下降影响生长发育有关。

4．潜在并发症：呼吸道感染、心力衰竭、感染性心内膜炎、急性脑缺氧发作、脑血栓。

5．焦虑或恐惧　与家长担心患儿手术、喂养困难、体弱多病等有关。

6．知识缺乏　家长缺乏疾病相关的护理、治疗及预防等知识。

## 四、护理措施

（一）调整与控制活动量

1．建立合理的生活制度　安排好患儿的作息时间，保证睡眠、休息；根据病情，安排适当的活动量，减轻心脏负担；保持环境安静，多安慰鼓励患儿，减少烦躁、哭闹等不良因素的刺激，让患儿感到舒适；护理操作尽量集中进行，避免引起患儿情绪激动及大哭大闹；重症患儿应绝对卧床休息减少氧耗量，减轻心脏负担。

2．正确评估活动耐力　针对患儿活动耐受程度进行准确评估，以确定患儿的活动强度和时间。活动前应测量脉搏、血压、呼吸；活动时密切观察患儿有无缺氧的表现；活动后立即测量生命体征；休息片刻后再次测量生命体征，如果此时呼吸、血压恢复到活动前的水平，脉率变化不超过 6 次/分，说明活动适度。若出现面色苍白、发绀、胸闷、心悸、眩晕等症状，则表明活动量过大，需停止活动，卧床休息，采取半坐卧位利于呼吸，并详细记录病情变化。法洛四联症患儿出现蹲踞现象时，应让患儿自然蹲踞和起立，勿强行拉起。

（二）供给充足营养

注意营养搭配，供给高蛋白、高维生素、充足能量、易消化吸收的食物，少量多餐，不要一次进食过饱，给予适当的粗纤维食物，保证大便通畅，避免便秘。食欲差、挑食的患儿应经常变换食物品种，以增进患儿的食欲。对喂养困难的小儿要耐心喂养，可延长每次哺乳时间，适当加大乳头孔或采用滴管喂养。心功能不全出现水钠潴留时，可采用无盐或低盐饮食。

（三）密切观察病情，预防并发症

1．防治急性脑缺氧发作　法洛四联症患儿因吃奶、哭闹、便秘等引起缺氧发作时，立即置患儿于膝胸位；吸氧并保持患儿安静；遵医嘱皮下注射吗啡，可抑制呼吸中枢，消除呼吸急促；口服或静脉缓慢注射普萘洛尔以减慢心率，缓解发作。

2．预防脑血栓　由于法洛四联症患儿的血液黏滞度高，发热、呕吐、多汗、体液量减少等情况下水分丢失增多，加重血液浓缩而易形成脑血栓，所以要注意供给充足的液体，必要时遵医嘱给予静脉输液，患儿一旦出现偏瘫、失语等脑栓塞表现时，应立即报告医生。

3．预防感染　住院先心病患儿应与感染性疾病患儿隔离，避免到人群较多的公共场所，防止交叉感染；注意气温变化，及时增减衣物，避免受凉感冒，引起呼吸系统感染；如需做外科手术（如扁桃体切除术、拔牙等），严格按医嘱给予抗生素，防止感染性心内膜炎发生。

4．预防心力衰竭　患儿的饮食应少量多餐，给予适当的粗纤维食物，保持大便通畅，适当限制钠盐的摄入，减轻心脏负担；保持环境安静，避免患儿哭闹，采取半坐卧位休息；严格控制输液速度＜5ml/（kg·h）；密切观察病情变化，一旦患儿出现烦躁不安、呼吸困难、端坐呼吸、吐泡沫样痰、面色苍白、发绀、呼吸、心率显著增快、下肢水肿、肝大、尿少等心力衰竭的表现时，立即将患儿置于半卧位，吸氧，报告医生，并做好抢救准备。

（四）心理护理

向家长和患儿介绍病情和检查、治疗经过、心脏外科手术的进展及同类疾病治愈的病例，使其了解本病大多能治愈或部分矫治，并解释小的缺损大多可自然闭合，即使不闭合，对患儿生长发育、学习的影响也不大，以解除其焦虑，取得家长及患儿的理解和配合。另外，护理人员应关心爱护患儿、态度和蔼可亲，有爱心和耐心，多拥抱、抚摸患儿，同时给予患儿良好的休息环境，建立良好的关系，减轻或消除患儿的紧张。

## 五、健康教育

1．合理喂养　指导家长合理安排患儿饮食，耐心喂养。予以高蛋白、高维生素、高能量的食物，满足患儿生长发育需要。多进食富含膳食纤维的蔬菜、水果等，保证大便通畅，出现 2 天不排便，可给予开塞露通便。注意饮食卫生，避免腹泻、呕吐等脱水症状，尤其是法洛四联症患儿，防止因脱水而诱发脑血栓。还应注意观察患儿的呼吸、面色、神志等变化。

2．制定合适的生活制度　合理安排患儿日常生活，劳逸结合。不用严格限制患儿活动，以免引起患儿心理负担。但也要注意不要参加剧烈运动，避免加重心脏负担而引起心力衰竭。学龄期患儿需与学校老师联系，适当限制剧烈体育活动。

3．防止呼吸道感染　注意防寒保暖，心功能好的患儿可按期预防接种。

4．其他　指导家长掌握先心病的日常护理、合理用药，预防感染和其他并发症，定期带患儿到医院复查，调整心功能到最好状态，使患儿能安全成长到手术年龄，安全度过手术关。

# 第 4 节　充血性心力衰竭患儿的护理

**案例 11-2**　患儿，女，6 个月。出生 3 个月起，在哭闹之后常会出现发绀，安静后可缓解。3 天前出现阵发性咳嗽，伴有气促，安静时亦出现口唇发绀。晨起患儿出现烦躁、哭闹，尿量少等表现。家属否认患儿有异物吸入、呛咳史。查体：体温 36.8℃，脉搏 158 次/分，呼吸 68 次/分，血压 86/57mmHg，体重 4.9kg。

体格检查：神志清，爱哭闹，面色青灰、口唇发绀。前囟平，颈软，鼻翼扇动，出现三凹征。听诊：两肺呼吸音粗，闻及少许固定湿啰音。心音中，律齐，胸骨左缘 3、4 肋间可闻及Ⅲ～Ⅳ级收缩期杂音，肺动脉瓣第二心音亢进。腹部软，肝肋下 3.5cm，脾肋下刚触及。神经系统检查阴性。

**问题**：1. 该患儿可能的诊断是什么？

2. 护理问题和护理要点是什么？

充血性心力衰竭是指心脏的收缩或舒张功能下降，即心排血量绝对或相对不足，不能满足全身组织代谢需要的病理状态，是儿童时期的危重急症之一。

## 一、概　述

1. 病因　小儿时期的心力衰竭以 1 岁以内发病率最高，其中尤以先天性心脏病引起者最多；儿童时期以风湿性心脏病和急性肾炎引起的心力衰竭为最多。此外，病毒性心肌炎、川崎病、严重贫血、营养不良、电解质紊乱，输液或输血过多、过快，心律失常等也都是小儿心力衰竭的诱因。

2. 发病机制　心脏泵血功能减退时，心脏会发生代偿作用，此时可出现心肌肥厚，心脏扩大及心率增快。但由于心肌能量消耗增加，血供相对不足，收缩力会减弱，当心率增快超过一定程度时，心脏的舒张期缩短，心排血量反而减少。当心排血量不能满足机体代谢需要时，就会出现心力衰竭。当心力衰竭时，由于心室排血量减少，心室内残余血量增多。舒张期充盈压力升高，出现组织缺氧及心房和静脉淤血，左侧心力衰竭会引起肺循环淤血，右侧心力衰竭则引起体循环淤血，并出现相应的临床表现。

## 二、护 理 评 估

### （一）健康史

询问有无引起心力衰竭的原发疾病及此次诱发心力衰竭的原因；有无呼吸困难、咳嗽、下肢水肿、尿少及青紫史；询问患儿饮食和生活方式、活动情况等。

### （二）身心状况

1. 临床表现

（1）年长儿心力衰竭的表现与成人相似，主要为心排血量不足、体循环淤血及肺循环淤血表现。①心排血量不足出现乏力、多汗、食欲缺乏、心率浅快等。②体循环淤血表现为颈静脉怒张，肝大、压痛，肝颈静脉回流征阳性，尿少、下肢水肿等。③肺循环淤血表现为呼吸困难、气促、咳嗽、端坐呼吸、心音低钝、奔马律等。

（2）婴幼儿表现通常不典型，起病急，病情重，发展快。可出呼吸浅快，频率可达 50～100 次/分，喂养困难，烦躁多汗，哭声低弱，体重增长缓慢，肺部可闻及干啰音或哮鸣音，肝脏进行性肿大，水肿首先见于颜面、眼睑等部位，严重时鼻唇三角区呈现发绀。

知识链接

**心力衰竭的诊断依据**

①突然出现烦躁不安、面色苍白或发灰，并不能用原发病解释。②呼吸困难、发绀突然加重，安静时呼吸>60 次/分。③安静时心率增快且不能用发热或缺氧解释，婴儿>180 次/分、幼儿>160 次/分。④肝大达右肋下 3cm 以上，或在短时间内比之前增大 1.5cm。⑤心音明显低钝，或出现奔马律。⑥尿少、下肢水肿，排除其他原因造成者。

2. 心理-社会状况　患儿身体不适会产生焦虑或恐惧。家长因看到患儿呼吸困难等严重表现，会焦虑不安、沮丧等。对医务人员的言行举止和态度比较敏感，渴望得到健康指导及心理支持。

（三）辅助检查

1. 心电图　通常不用于诊断心力衰竭，可提示心房、心室肥大和心律变化情况，利于病因诊断和指导强心苷药物的应用。

2. X线检查　心影多呈普遍性增大，搏动减弱，肺纹理增多，肺部淤血。

3. 超声心动图　可发现心室腔和心房腔扩大，心室收缩时间延长，射血分数降低。

（四）治疗要点

充血性心力衰竭的治疗原则：积极治疗原发病，去除诱因；改善血流动力学；改良心肌能量代谢，保护心肌细胞。急救的主要措施有吸氧、镇静（地西泮）、强心、利尿、扩张血管等。

## 三、护理问题

1. 心排血量减少　与心肌收缩力下降有关。
2. 体液过多　与心功能下降、循环淤血有关。
3. 气体交换受损　与肺淤血有关。
4. 潜在并发症：药物不良反应。

## 四、护理措施

（一）一般护理

1. 休息　足够的休息睡眠可减轻心脏负担，取平卧或半卧位，有明显左侧心力衰竭时取半卧位或坐位，双腿下垂，减少回心血量，降低心脏负荷。但应避免长期卧床，以防静脉血栓等并发症发生。减少刺激，让患儿保持安静状态，避免烦躁、哭闹，必要时可按医嘱使用镇静药。

2. 营养合理　进食高蛋白、高维生素、清淡、易消化的食物，避免进食胀气及刺激性食物，少量多餐，防止过饱。婴儿喂奶时乳头也宜稍大，避免吸吮费力，出现呼吸困难、气促等，但应防止呛咳。应多吃蔬菜、水果，避免患儿用力排便，帮助或指导患儿（家属）做腹部顺时针按摩，必要时可使用开塞露或睡前服少量食物油。

（二）配合治疗护理

1. 有明显缺氧症状者，及时吸氧；急性肺水肿吸氧时给予 20%～30%乙醇湿化，可降低肺泡表面张力，改善气体交换。

2. 控制输液速度和输液量　尽量减少输液或输血，每日输液总量应在 75ml/kg 以下，输液速度宜慢，一般不超过 5ml/（kg·h），以免加重心肺负担。

（三）密切观察病情

密切观察生命体征，测量患儿脉搏时必须计时足够 1 分钟，必要时可监测心率；记录详细的 24 小时出入量，定时测体重，了解水肿变化。注意做好水肿部位的皮肤护理，观察皮肤水肿部位及受压部位皮肤有无发红、破溃等现象，避免压疮，若发生压疮者应积极处理。

（四）用药护理

1．强心苷

（1）用药前：配药须用 1ml 注射器准确抽取药液，并以 5%或 10%葡萄糖液稀释；每次注射前应测患儿脉搏（必要时测心率），测量时间须满 1 分钟，若脉率缓慢（年长儿＜60 次/分，婴幼儿＜80 次/分）、出现室性期前收缩、脉律不齐、心电监护示 P-R 间期较用药前延长 50%时，需暂停用药并立即报告医生。

（2）用药时：静脉推注速度要慢（不小于 5 分钟），密切观察患儿脉搏（心率）和心律变化；不能与其他药物混合注射。

（3）用药后：给药后 1～2 小时监测心率和心律，观察心力衰竭是否得到改善。

（4）给药期间：让患儿进食富含钾的食物，或根据医嘱给予氯化钾，因为低钾血症是强心苷类药物中毒较常见的诱因；钙对强心苷类药物有协同作用，应避免输入钙剂，若必须输入钙剂，两种药物（强心苷类、钙剂）输入间隔至少在 4 小时以上，并需严密观察心率和心律；暂停进食含钙量高的食物；密切观察患儿情况，一旦出现强心苷中毒反应，立即报告医生，并按医嘱予以处理。

知识链接

**强心苷类药物不良反应**

强心苷类药物在使用时必须要“小心留神”，首先它的治疗剂量和中毒剂量很接近，易发生中毒。其次它的不良反应主要包括 3 个方面。①“小”—消化系统反应：恶心、呕吐、食欲缺乏、腹泻等。②“心”—心脏毒性反应：主要表现为原有的心力衰竭症状加重及各种类型的心律失常。③“神”—神经系统反应，可出现视觉障碍，黄视、绿视等。在使用强心苷时需要注意以下几点：①给药前、中、后要“测二率（律）”；②给药期间应注意“禁钙补钾”；③避免与其他药物混合应用。

（考点：如何正确的使用强心苷类药）

2．利尿药　①观察效果：给药前后均需要注意，仔细观察患儿水肿变化情况，准确记录患儿的 24 小时出入量，定期测体重，以便了解利尿效果。②不良反应：监测患儿的心率、脉搏、血压、水、电解质等一系列变化，观察患儿有无乏力、心悸、肠鸣音减弱等低钾血症临床表现。③给药时间：宜在早晨或日间给药，避免尿多影响夜间睡眠。

3．血管扩张药　静脉滴注使用硝普钠需注意配伍禁忌，不可与其他药物配伍，应现用现配，配制后在 6 小时内使用；使用避光输液装置，避免药物遇光分解；由于硝普钠扩血管作用强烈，起效快，血压波动的幅度大，所以必须严格控制滴速，严密监测血压、心率等；静脉滴注时要注意防止药液的外渗，以免造成患儿局部组织损伤。

## 五、健康教育

向患儿及其家长介绍本病的相关知识，减少其焦虑和恐惧心理；指导患儿及其家长根据病情适当安排休息，强调休息对疾病恢复的重要性，避免情绪激动和过度活动；注意营养并防止受凉感冒，介绍预防呼吸道感染的常识；指导家长掌握出院后的一般用药和护理的方法，并嘱咐患儿及其家长出院后定期到门诊复查，一旦出现不适，应立即到医院就诊。

## 自测题

$A_1/A_2$ 型题

1．婴儿期持续性发绀最常见的是（　　）

A．室间隔缺损　B．房间隔缺损
C．肺动脉狭窄　D．法洛四联症
E．动脉导管未闭

2．先天性心脏病按照其病理生理的分流主要分为 3 类，下列选项属于右向左分流型先天性心脏病的是（　　）

A．右位心　B．动脉关闭异常
C．室间隔缺损　D．法洛四联症
E．肺动脉狭窄

3．患儿在辅助检查时发现，脉压增大并伴有毛细血管搏动，提示有（　　）

A．房间隔缺损　B．室间隔缺损
C．法洛四联症　D．肺动脉狭窄
E．动脉导管未闭

4．左向右分流型先天性心脏病，最容易继发的并发症是（　　）

A．呼吸道感染　B．充血性心力衰竭
C．脑血栓形成　D．体格发育异常
E．急性细菌性心内膜炎

5．先天性心脏病是心脏胚胎发育异常所造成的畸形，目前认为最主要的病因是（　　）

A．宫内病毒感染　B．宫内细菌感染
C．胎盘早剥　D．宫内立克次体感染
E．遗传因素

6．患儿，女，3 岁。自幼发绀，生长发育较同龄人落后，杵状指（趾），喜蹲踞。临床诊断：法洛四联症。30 分钟前，在剧烈活动后突然发生昏厥，可能出现了（　　）

A．重度贫血　B．呼吸衰竭
C．缺氧发作　D．心力衰竭
E．呼吸衰竭

7．患儿，男，6 岁。被诊断为先天性心脏病并发充血性心力衰竭，根据医嘱，患儿拟服用地高辛维持治疗。作为护士的你，在给患儿服用地高辛之前，必须要检测的是（　　）

A．血压　B．脉搏
C．瞳孔直径　D．神志
E．体温

8．患儿，女，室间隔缺损，胸骨左缘 3～4 肋间闻及Ⅱ～Ⅲ级粗糙全收缩期吹风样杂音，心尖区闻及短暂的舒张期杂音，首先应考虑为（　　）

A．合并二尖瓣狭窄　B．合并动脉导管未闭
C．合并肺动脉高压　D．合并房间隔缺损
E．分流量较大的室间隔缺损

9．患儿，男，4 岁。临床诊断为法洛四联症，在活动后突然出现脑缺氧发作，护士应该马上采取的措施是（　　）

A．置于膝胸卧位　B．吸氧、取半坐卧位
C．注射利尿药　D．注射毛花甘丙
E．给予冰帽降温

10．患儿，女，6 岁。现已经确诊为房间隔缺损，因为长牙的时候出现了龋齿，现需要将此牙拔出，医生在拔牙之前给患儿抗生素预防感染。预防性给予抗生素防感染的目的是（　　）

A．预防感染性心内膜炎
B．预防脑脓肿
C．预防支气管肺炎
D．预防牙龈炎
E．预防心力衰竭

11．患儿，男，8 个月余。自出生后就出现反复呼吸道感染，3 天前出现发热、气促、咳嗽、烦躁不安，肝右肋下 3.5cm，唇发绀，胸骨左缘 3～4 肋间可闻及Ⅲ～Ⅳ级全收缩期吹风样杂音，第二心音亢进，双肺可闻及固定的细湿啰音，主

要临床诊断考虑为（　　）

A．房间隔缺损合并支气管肺炎

B．室间隔缺损合并感染性心内膜炎

C．室间隔缺损合并支气管肺炎

D．室间隔缺损

E．室间隔缺损、急性支气管肺炎、心力衰竭

$A_3/A_4$型题

（12～14 题共用题干）

患儿，男，3 个月余，较同龄小儿消瘦，平日多汗，容易气促，因发热住院治疗，体格检查时发现心脏有杂音，经 X 线、超声心动图检查，诊断为“房间隔缺损”

12．该患儿属于哪种类型的先天性心脏病（　　）

A．左向右分流型　B．右向左分流型

C．发绀型　D．无分流型

E．以上都不是

13．房间隔缺损最容易出现的并发症是（　　）

A．上呼吸道感染

B．肺炎

C．急性细菌性心内膜炎

D．心力衰竭

E．以上都是

14．下列关于房间隔缺损的说法错误的是（　　）

A．胸骨左缘 2～3 肋间可闻及收缩期喷射性杂音

B．肺动脉瓣区第二心音增强或亢进

C．杵状指

D．患儿需避免过度激动和剧烈哭闹

E．小型房间隔缺损有可能自然关闭

（15～16 题共用题干）

患儿，男，4 岁。平素活动时耐力较低下，临床诊断为先天性心脏病，其心脏的血流动力学特点为：动脉导管处有左向右的分流。

15．根据上述血流动力学特点，现考虑该患儿应诊断为（　　）

A．房间隔缺损　B．室间隔缺损

C．法洛四联症　D．动脉导管未闭

E．肺动脉狭窄

16．听诊该患儿的心脏，心脏杂音特点是（　　）

A．收缩期泼水样　B．舒张期隆隆样

C．收缩期吹风样　D．舒张期吹风样

E．连续性机器样

（梁静纹）

# 第12章 血液系统疾病患儿的护理

本章知识框架，见图 12-1。

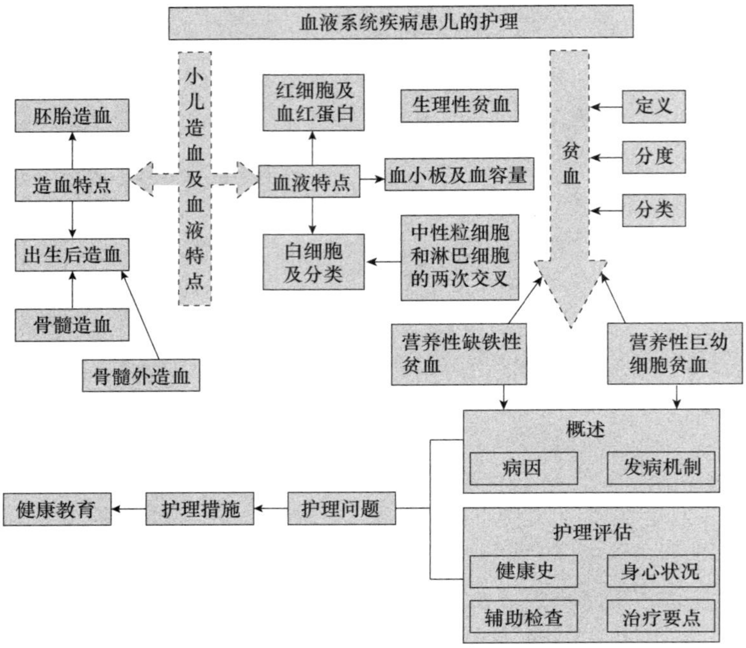


图 12-1　血液系统疾病患儿的护理知识框架

## 第 1 节　儿童造血及血液特点

儿童在不同时期参与造血的器官与血液特点有所不同。

### 一、儿童造血特点

小儿时期的造血主要分为胚胎期造血和生后造血两个阶段。

（一）胚胎期造血

胚胎期造血主要分为中胚叶造血，肝、脾、淋巴结造血及骨髓造血 3 个不同的时期（图 12-2）。

1．中胚叶造血期　约从胚胎第 3 周开始，卵黄囊的中胚层间质细胞分化形成原始红细胞，在胚胎第 6～8 周后开始消退，至胚胎第 12～15 周时造血功能消失。

2．肝、脾、淋巴结造血期　肝造血开始于胚胎第 6～8 周，4～5 个月时达高峰，6 个月后逐渐减退，至出生 4～5 天完全停止造血。脾脏造血开始于胚胎第 8 周，5 个月后逐渐停止，但造淋巴细胞功能可维持终身。胸腺造血始于胚胎第 8 周，主要生成淋巴细胞。淋巴结从胚胎第 11 周开始造淋巴细胞，并成为终身造淋巴细胞和浆细胞的器官。

3. 骨髓造血期　在胎儿 4～5 个月时骨髓开始造血，并迅速成为主要的造血器官，直至出生后 2～5 周骨髓成为唯一的造血器官。

（二）出生后造血

1. 骨髓造血　小儿出生以后主要是骨髓造血。婴幼儿期所有骨髓均为红骨髓，全部参与造血，以满足儿童生长发育的需要。至 5～7 岁时，脂肪组织（黄髓）逐渐代替长骨中的红骨髓，使红骨髓逐渐减少，至成年时红骨髓仅限于颅骨、锁骨、胸骨、肋骨、肩胛骨等处，但黄髓具有潜在的造血功能，当造血需要增加时，它可转变为红骨髓而恢复造血功能。婴幼儿期由于缺少黄髓，故造血代偿能力低，如果造血需要增加时，就会出现骨髓外造血。

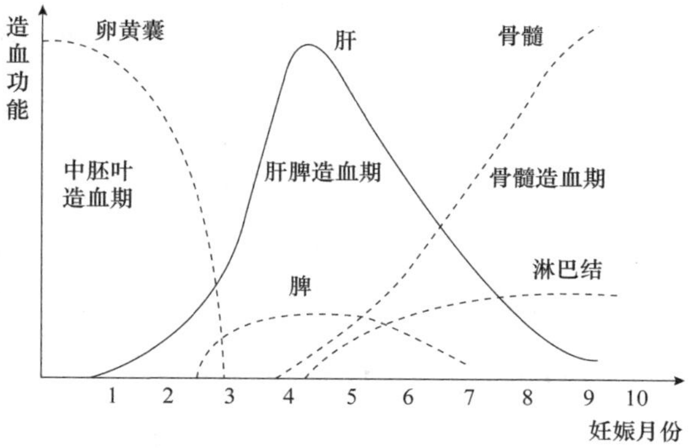

图 12-2　胚胎期造血

2. 骨髓外造血　当婴幼儿发生严重感染、贫血、溶血等情况，需要造血增加时，肝、脾、淋巴结可恢复到胎儿时期的造血状态，临床上表现为肝、脾、淋巴结肿大，同时外周血中出现有核红细胞和（或）幼稚粒细胞，这种现象称为“骨髓外造血”。当病因去除后，肝、脾、淋巴结又恢复至正常状态。

## 二、儿童血液特点

（一）红细胞数和血红蛋白量

由于胎儿时期处于相对的缺氧状态，致使红细胞生成素合成增加，红细胞生成增多，故红细胞数和血红蛋白量均较高。出生时红细胞数为（5.0～7.0）$\times10^{12}$/L，血红蛋白为 150～220g/L。出生以后：①随着自主呼吸建立，血氧含量迅速增高，使红细胞生成素减少，骨髓造血功能暂时降低；②胎儿红细胞寿命短，且破坏较多；③婴儿生长发育迅速，循环血量迅速增加，血液被稀释。以上因素使婴儿出生以后红细胞数和血红蛋白量开始下降，至 2～3 个月时，红细胞数降至 $3.0\times10^{12}$/L，血红蛋白降至 100g/L，出现轻度贫血，称之为“生理性贫血”。以后随着年龄的增长，红细胞数和血红蛋白又逐渐上升，至 12 岁左右达成人水平。

（考点：生理性贫血）

（二）白细胞计数及分类

小儿出生时白细胞总数为（15～20）$\times10^9$/L，以后逐渐上升，出生 6～12 小时可达（21～28）$\times10^9$/L，然后逐渐下降，婴儿期白细胞数维持在 $10\times10^9$/L 左右，8 岁以后达成人水平。

小儿白细胞分类的主要特点是中性粒细胞与淋巴细胞比例的变化，在变化的过程中，中性粒细胞和淋巴细胞进行了两次交叉。出生时中性粒细胞占白细胞总数的 60%～65%，淋巴细胞约占白细胞总数的 35%，随着白细胞总数的下降，中性粒细胞亦相应下降，淋巴细胞比例则上升，至出生 4～6 天时两者比例相等，称为第 1 次交叉。之后，淋巴细胞比例继续上升，可达 60%，然后开始下降；中性粒细胞在第 1 次交叉后比例继续下降，降至 35%左右比例又开始上升，至 4～6 岁时，两者比例再次相等，称为第 2 次交叉。自第 2 次交叉以后都是中性粒细胞占优势。7 岁以后白细胞分类与成人相似，中性粒细胞约占白细胞总数的 65%，淋巴细胞约占白细胞总数的 30%（图 12-3）。

（考点：中性粒细胞和淋巴细胞的两次交叉）

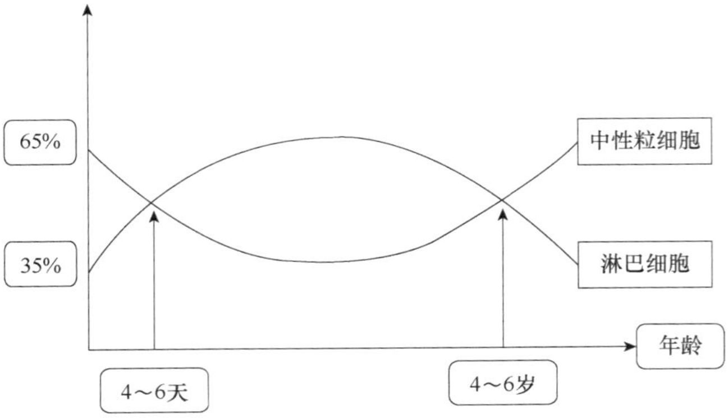


图 12-3　白细胞分类的变化

（三）血小板

小儿血小板与成人相似，为（150～250）×$10^9$/L。

（四）血容量

小儿血容量相对较成人多，新生儿血容量约占体重的 10%，10 岁时占体重的 8%～10%，成人则占体重的 6%～8%。

# 第 2 节　儿童贫血概述

## 一、贫血的定义

贫血是指外周血中单位容积内红细胞数和（或）血红蛋白量低于正常。临床上常采用血红蛋白值为标准。根据世界卫生组织的规定，血红蛋白值 6 个月～6 岁小儿低于 110g/L，6～14 岁小儿低于 120g/L 即为贫血。6 个月以内的婴儿由于生理性贫血等因素，血红蛋白值变化较大，目前尚无统一标准。我国小儿血液会议（1989 年）建议：血红蛋白值在新生儿期＜145g/L，1～4 个月时＜90g/L，4～6 个月时＜100g/L 即为贫血。

## 二、贫血的分度

根据外周血中血红蛋白含量将贫血分为轻、中、重、极重四度：轻度贫血血红蛋白量为 110（120）～90g/L；中度贫血为 90～60g/L；重度贫血为 60～30g/L；极重度贫血为＜30g/L。

（考点：贫血的分度）

## 三、贫血的分类

一般采用病因分类和形态分类两种方法。

（一）病因分类

按病因分类有利于明确贫血的性质，主要分为三大类。

1．红细胞和血红蛋白生成不足性贫血　如营养性缺铁性贫血、营养性巨幼细胞贫血、维生素 $B_6$ 缺乏性贫血、再生障碍性贫血、感染性、炎症性及癌症性贫血，慢性肾病性贫血等。

2．溶血性贫血　内在因素或外在因素引起的红细胞破坏过多，如遗传性球形红细胞增多症，阵发性睡眠性血红蛋白尿，葡萄糖-6-磷酸脱氢酶缺乏症，珠蛋白生成障碍性贫血（地中海贫血）、血红蛋白病，新生儿溶血症，药物所致免疫性溶血性贫血及物理、化学、感染等因素引起的贫血等。

3．失血性贫血 如创伤性大出血、肠息肉、钩虫病等。

（二）形态分类

根据红细胞平均容积（MCV）、红细胞平均血红蛋白（MCH）、红细胞平均血红蛋白浓度（MCHC），可将贫血分为四类，即大细胞性贫血、正细胞性贫血、单纯小细胞性贫血和小细胞低色素性贫血（表 12-1）。该种分类方法有助于推断贫血的病因。

**表 12-1 贫血的形态分类**

| | MCV(fl) | MCH(pg) | MCHC(%) |
|---|---|---|---|
| 正常值 | 80～94 | 28～32 | 32～38 |
| 大细胞性贫血 | ＞94 | ＞32 | 32～38 |
| 正细胞性贫血 | 80～94 | 28～32 | 32～38 |
| 单纯小细胞性贫血 | ＜80 | ＜28 | 32～38 |
| 小细胞低色素性贫血 | ＜80 | ＜28 | ＜32 |

## 第 3 节 营养性缺铁性贫血患儿的护理

**案例 12-1** 患儿，女，11 个月。近 2 个月来出现面色苍白、食欲差，同时有呕吐、腹泻，偶有吃泥土现象。查体：体温 36.5℃，脉搏 100 次/分，呼吸 26 次/分，精神较差，面色及口唇黏膜苍白，口腔内有口疮，舌乳头萎缩。心肺未见异常，腹软，肝右肋下 4cm。实验室检查：血红蛋白 70g/L，红细胞 $3\times10^{12}$/L。

**问题**：1. 该患儿可能患了什么疾病？

2. 该患儿主要的护理问题有哪些？

3. 分析该患儿的药物治疗要点及药物应用护理。

营养性缺铁性贫血是由于体内铁缺乏导致血红蛋白合成减少所致，是小儿最常见的一种贫血，临床上以小细胞低色素性贫血、血清铁减少和铁剂治疗有效为特点。任何年龄均可发病，以 6 个月～2 岁小儿最为多见。本病严重危害儿童健康，被列为我国儿童保健工作重点防治的“四病”之一。

### 一、概 述

（一）病因

1．铁摄入量不足 此为小儿缺铁性贫血主要原因。人乳、牛乳、谷物中含铁量较低，如果小儿未及时添加含铁丰富的辅食或偏食、挑食等，则容易发生缺铁性贫血。

2．先天储铁不足 妊娠后期 3 个月，胎儿从母体获得的铁最多，足月新生儿从母体获得的铁可满足出生 4～5 个月造血所需，故早产、双胎或多胎、胎儿失血和孕母严重缺铁等均可使胎儿储存铁减少。

3．生长发育过快 早产儿、低出生体重儿、婴儿期、青春期等生长发育速度较快，对铁的需求量相对较多，如不及时添加含铁丰富的食物或补充铁剂，则易导致缺铁性贫血。

4．铁的吸收障碍或丢失过多 如急性和慢性感染、慢性腹泻、消化道畸形、食物搭配不合理等可减少铁的吸收。溃疡病、肠息肉、钩虫病、膈疝等慢性失血，长期食用未经加热的鲜牛乳致婴儿过敏而引起的肠出血，初潮后少女月经量过多，这些均可导致铁的丢失过多。

（考点：缺铁性贫血主要病因）

（二）发病机制

铁是合成血红蛋白的原料，铁缺乏时血红蛋白合成减少，使新生的红细胞内血红蛋白含量不足，细胞浆减少，细胞变小，染色变淡；而缺铁对细胞的分裂、增殖影响较小，故红细胞数量减少的程度不如血红蛋白减少明显，从而形成小细胞低色素性贫血。缺铁不仅使血红蛋白合成减少，同时还可影响肌红蛋白的合成，并可使多种含铁酶如细胞色素酶、过氧化氢酶、单胺氧化酶、核糖核苷酸还原酶等活性降低，由于这些酶参与机体的多种功能活动，如生物氧化、组织呼吸、神经介质分解与合成等，故当酶的活性降低时，细胞功能发生紊乱，出现一些非造血系统表现，如消化系统功能异常、神经系统异常、皮肤黏膜损害、免疫功能下降等。

## 二、护理评估

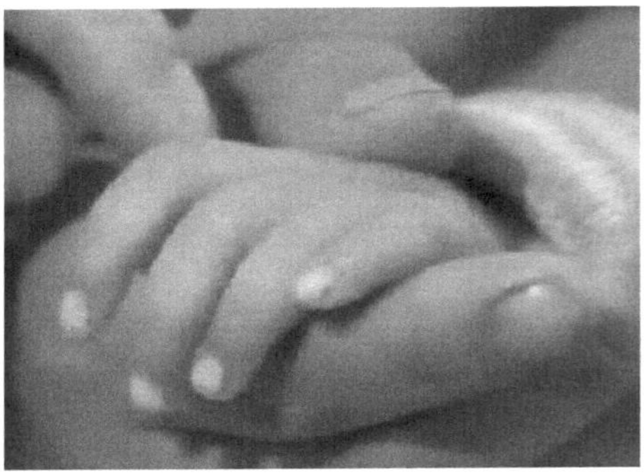

图 12-4 营养性缺铁性贫血患儿甲床表现

（一）健康史

询问母亲妊娠期间有无严重贫血，患儿是否早产、多胎；患儿年龄、生长发育情况、喂养方法、辅食添加的时间及种类、饮食习惯等，患儿有无消化道畸形、慢性腹泻、钩虫病、肠息肉及反复感染等，青春期少女是否月经量过多等。

（二）身心状况

1. 贫血的一般表现 患儿皮肤黏膜逐渐苍白，以甲床、睑结膜、唇、口腔黏膜较明显（图 12-4，彩图 8；图 12-5，彩图 9；图 12-6，彩图 10）。易疲乏，不爱活动。体重不增或增长缓慢。年长儿可诉全身无力、头晕、眼前发黑、耳鸣等。

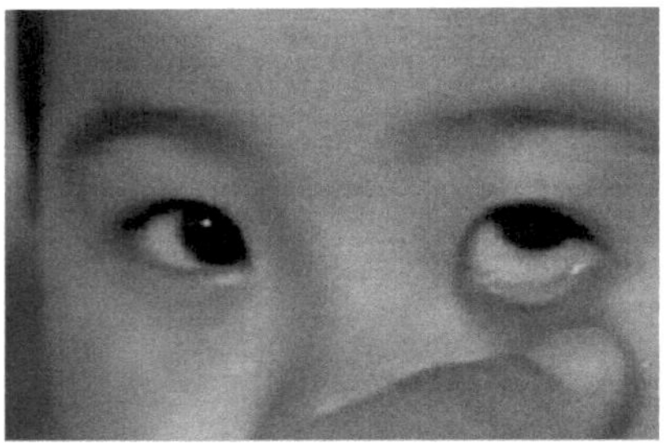

图 12-5 营养性缺铁性贫血患儿睑结膜表现

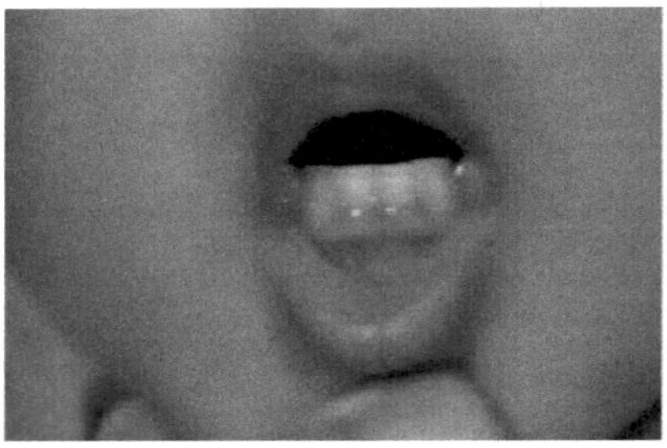

图 12-6 营养性缺铁性贫血患儿口腔黏膜表现

2. 骨髓外造血表现 肝、脾、淋巴结肿大，年龄越小、病程越久、贫血越严重，肿大越明显。

3. 非造血系统表现

（1）消化系统：食欲减退，可出现呕吐、腹泻、口腔炎、舌炎或舌乳头萎缩等，少数患儿有异食癖（喜食泥土、墙皮、煤渣等）。

（2）神经系统：可出现烦躁不安、易怒或萎靡不振、注意力不易集中、记忆力减退，甚至出现智能障碍。

（3）心血管系统：明显贫血时可出现心率加快、心脏扩大，重者可发生心力衰竭。

（4）免疫系统：免疫功能降低，患儿易出现感染。

（5）其他：头发枯黄无光泽，指甲薄脆、有条纹隆起不光滑，甚至出现“反甲”。

（考点：缺铁性贫血主要临床表现）

4．心理–社会状况　家长知识缺乏，当患儿出现异食癖时，家长往往不能正确对待，过多责备甚至态度粗暴，导致患儿出现自卑心理。对于严重贫血患儿，由于其生长发育落后，智力可能低于同龄儿，家长会出现焦虑、内疚、担忧等心理反应。贫血的学龄儿童由于注意力不能集中，记忆力下降等，往往使学习成绩下降，使患儿易产生焦虑、自卑、厌学等心理反应。

（三）辅助检查

1．血象　血红蛋白量降低比红细胞数减少更明显，血涂片可见红细胞大小不等，以小细胞多见，中央淡染区扩大，呈小细胞低色素性贫血。网织红细胞数正常或轻度减少，白细胞、血小板多正常（图 12-7，彩图 11）。

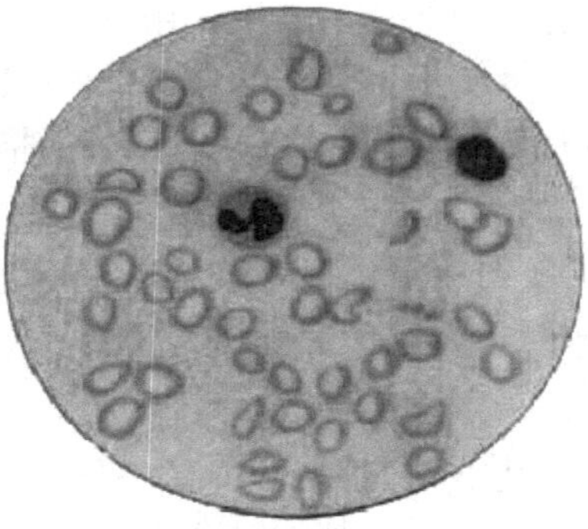

图 12-7　营养性缺铁性贫血血涂片

（考点：贫血的诊断标准；缺铁性贫血血常规改变）

2．骨髓象　红细胞系统增生活跃，以中、晚幼红细胞增生为主，各期红细胞体积均较小，胞浆量少，细胞质的发育落后于细胞核。

3．铁代谢相关检查　血清铁（SI）减少，总铁结合力（TIBC）增高，血清铁蛋白（SF）降低，转铁蛋白饱和度（TS）降低。

（四）治疗要点

1．祛除病因　合理喂养，及时添加含铁丰富的食物，纠正不良饮食习惯。积极治疗导致缺铁性贫血的原发疾病，如慢性腹泻、钩虫病、消化道畸形等。

2．铁剂治疗　铁剂是治疗缺铁性贫血的特效药。若无特殊原因，应采用口服给药法，以二价铁盐为主，如硫酸亚铁、富马酸亚铁、葡萄糖酸亚铁、琥珀酸亚铁、多糖铁复合物（力蜚能）等。因各种原因不能口服铁剂的患儿，再采取注射给药的方法，可给予山梨醇枸橼酸铁复合物（供肌内注射用）、右旋糖酐铁（供肌内注射或静脉注射用）等。

3．输血治疗　一般不需输血，重度贫血患儿可输注红细胞制剂，但应注意输注的量和速度。

## 三、护 理 问 题

1．营养失调：低于机体需要量　与铁缺乏有关。
2．活动无耐力　与贫血致组织器官缺氧有关。
3．有感染的危险　与贫血致机体免疫力下降有关。
4．潜在并发症：心力衰竭。
5．潜在并发症：药物治疗不良反应。
6．知识缺乏　与家长的防病知识缺乏有关。

## 四、护 理 措 施

（一）一般护理

1．合理安排饮食　因母乳中的铁更易吸收，故应提倡母乳喂养。如果以牛乳喂养，鲜牛乳必须加热处理，以减少因过敏所致肠道出血。及时添加含铁丰富的辅食，如鸡蛋黄、动物肝脏、动物血、豆类制品、瘦肉、木耳等，或补充强化铁食品。协助家长纠正患儿的不良饮食习惯，注意食物的色、香、味，并创造良好的进餐环境，进食前不安排过于剧烈的活动，不进行不舒适的检查及治疗护理操作。按医嘱给患儿服用助消化药物，如乳酶生、胃蛋白酶片、多酶片、山楂、神曲、鸡内金等。

2. 适当安排休息与活动　根据患儿的耐力程度及活动能力安排适当的休息与活动。对于轻、中度贫血的患儿，不必严格限制日常活动量，但应避免参加危险性较大的活动。重度贫血的患儿，应卧床休息以减轻心脏负担，定时测量心率，观察有无心悸、呼吸困难等症状，必要时吸氧。对哭闹、烦躁不安的患儿应耐心安抚，由专人看护，将各种治疗护理操作集中进行，以减少对患儿的刺激。

（二）配合治疗护理

1. 正确应用铁剂　铁剂是治疗缺铁性贫血的特效药物，应遵医嘱给予患儿铁剂。铁剂主要以口服为主，应用时需注意：①铁剂口服后，可对胃肠道产生刺激，引起恶心、呕吐、便秘等反应，故应从小剂量开始，逐渐增加至全量，并在两餐之间服用，即可减少对胃的刺激，又可增加铁的吸收。②服用铁剂时，同服稀盐酸和（或）维生素 C 制剂或含维生素 C 丰富的果汁、水果、蔬菜等可促进铁的吸收。牛奶、钙片、浓茶、咖啡、抗酸药、高磷酸盐食品等可阻碍铁的吸收，忌与铁剂同服。③服用液体铁剂时，牙齿可能被黑染，可用吸管吸服或服药后漱口以避免此种情况的发生。当口服铁剂无效或口服后胃肠道反应严重或因疾病不能口服者，可采取注射给药，但注射铁剂易发生不良反应，甚至出现过敏性休克，应慎用。注射铁剂时应注意：①肌内注射铁剂时，因刺激性强，应深部肌内注射，每次都要更换注射部位，以减轻疼痛，利于吸收，避免形成硬结或局部组织坏死。②抽药和给药时要使用不同的针头，以防铁剂渗入皮下组织，造成注射部位的疼痛及皮肤着色或局部炎症反应。③首次注射铁剂后应观察 1 小时，警惕过敏反应的发生。

（考点：正确应用铁剂）

2. 铁剂疗效观察　口服铁剂 12～24 小时后，患儿烦躁不安等精神症状减轻，食欲增加。用药 3～4 天后，网织红细胞开始上升，7～10 天达高峰。用药 1～2 周后血红蛋白逐渐上升，3～4 周时达到正常，如服药 3～4 周仍无效，应协助医生寻找原因。血红蛋白恢复至正常后应继续用药 2 个月左右再停药，以增加储存铁。

（考点：应用铁剂后疗效观察）

3. 观察铁剂的不良反应　铁剂口服后，可对胃肠道产生刺激，引起恶心、呕吐、腹痛等不良反应，若反应很严重应注意从小剂量开始或改为注射铁剂治疗。铁剂还可使大便呈黑色，系铁与肠道内的硫化氢反应生成硫化亚铁所致，停药后即可恢复正常，应向家长说明情况，以消除顾虑。

（考点：铁剂用药注意）

（三）并发症观察及护理

1. 预防感染　患儿病室应安静，阳光充足，空气新鲜，温、湿度适宜，定期消毒。鼓励患儿多饮水，保持口腔清洁，必要时每日进行 2 次口腔护理。根据气温变化为患儿及时增减衣物，尽量不去人多拥挤的公共场所。对患儿进行保护性隔离，以避免交叉感染。

2. 预防心力衰竭　重度及极重度贫血时易并发心力衰竭，故应：①减少患儿活动，卧床休息。②严格掌握输液的速度和输液量，必要时吸氧。③对需要输血治疗的患儿，要少量、多次、缓慢输注。④密切监测有无心力衰竭表现，一旦出现应及时报告医生并配合医生进行处理。

（四）心理护理

解除思想压力，做好心理护理。对有异食癖的患儿，应正确对待，告诉家长不可责备患儿。对于由于注意力不能集中，记忆力下降，智力发育受影响等引起学习成绩下降的学龄儿童，护理人员应做好耐心细致的心理工作，多给予关怀、疏导、理解和鼓励，解除家长及患儿的心理压力。

## 五、健康教育

1. 加强预防宣教　孕妇、哺乳期妇女要多吃含铁丰富的食物。婴儿提倡母乳喂养，及时添加含铁丰富的辅助食品，改变不良的饮食习惯。足月儿在出生 4 个月，早产儿在出生 2 个月可给予铁剂进行预防。

2. 介绍疾病，指导用药　采取适当的方式为患儿或患儿家长介绍本病的病因，早发现、早治疗的重要性，告诉家长正确应用铁剂的方法、疗程及注意事项。

（考点：预防小儿缺铁性贫血的健康宣教）

## 六、小　　结

营养性缺铁性贫血小结，见图 12-8。

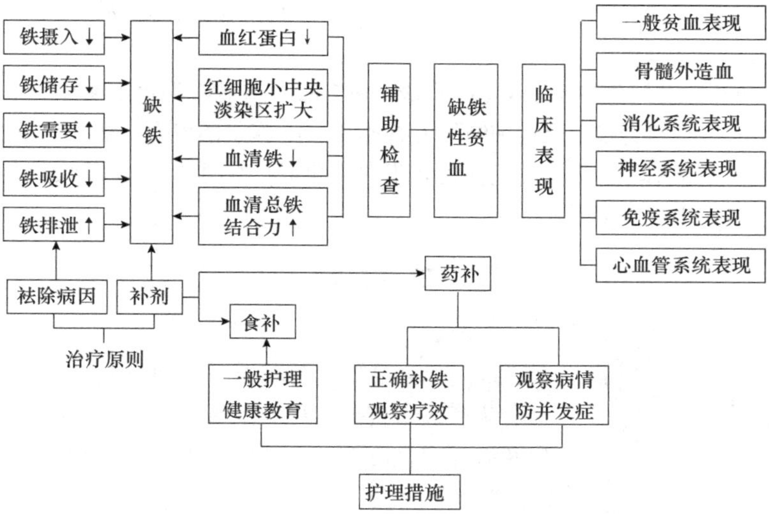


图 12-8　营养性缺铁性贫血小结

# 第 4 节　营养性巨幼细胞贫血患儿的护理

**案例 12-2**　患儿，男，10 个月。主因面色发黄 1 个月前来就诊。该患儿为母乳喂养，未添加辅食，出生 4～5 个月时会笑，能认识母亲。近 1 个月来面色发黄，表情渐呆滞，嗜睡，全身可见不自主颤动。查体：生命体征正常，精神萎靡，表情呆滞，面色蜡黄。心肺未见异常，肝肋下 3.5cm，脾肋下未触及。血常规：血红蛋白 80g/L，红细胞 $2.5\times10^{12}$/L，白细胞 $6\times10^{9}$/L，中性粒细胞 0.48，淋巴细胞 0.50。

问题：1. 该患儿可能患了什么疾病？

2. 请解释该病的主要病因是什么？

3. 分析该患儿的药物应用护理有哪些？

营养性巨幼细胞贫血是由于缺乏叶酸和（或）维生素 $B_{12}$ 所致的一种大细胞性贫血。临床上以贫血、神经精神症状、红细胞胞体变大、骨髓中出现巨幼细胞、用叶酸和（或）维生素 $B_{12}$ 治疗有效为特点。主要见于 2 岁以内婴幼儿，近年来发病率明显降低。

## 一、概　　述

（一）病因

1. 摄入量不足　羊乳中叶酸含量低，牛乳经加热处理，蔬菜过度烹调都可使叶酸遭到破坏，长期进食这类食物而未及时添加辅食的小儿易致叶酸缺乏。维生素 $B_{12}$ 主要含于动物性食物中，如鱼、蛋、肉、肝、肾等，偏食或仅进食植物性食物可导致维生素 $B_{12}$ 缺乏。

2. 需要量增加　如早产儿、多胎儿等，生长发育速度较快，对叶酸和维生素 $B_{12}$ 需要量增加；严重感染者使维生素 $B_{12}$ 消耗量增加。

3. 吸收和转运障碍　慢性腹泻、小肠病变、严重营养不良、内因子缺乏等均可导致叶酸和（或）维生素 $B_{12}$ 吸收、转运障碍。

4. 药物影响　长期应用苯妥英钠、甲氧苄啶、氨甲蝶呤等药物可使叶酸代谢障碍而导致叶酸缺乏。

（考点：营养性巨幼红细胞性贫血的病因）

（二）发病机制

维生素 $B_{12}$ 和叶酸参与红细胞 DNA 的合成，缺乏时可造成红细胞中 DNA 合成减少，使幼稚红细胞的分裂和增殖时间延长，导致细胞核发育落后于细胞浆的发育，细胞体积变大而形成巨幼红细胞性贫血。维生素 $B_{12}$ 还参与神经髓鞘脂蛋白的合成，故维生素 $B_{12}$ 缺乏可导致中枢和外周神经髓鞘受损，因而出现神经精神症状。

## 二、护理评估

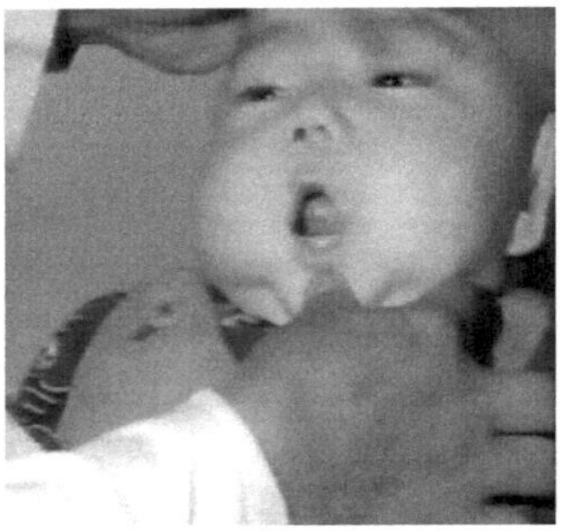

图 12-9　营养性巨幼细胞贫血患儿

（一）健康史

询问母亲孕期营养状况；询问患儿年龄、喂养史、饮食结构、生长发育情况；患儿是否早产儿、多胎儿；了解患儿用药史及有无慢性腹泻、严重营养不良等疾病。

（二）身心状况

1. 贫血的一般表现　起病缓慢，大多呈轻度或中度贫血。患儿皮肤、面色蜡黄，睑结膜、口唇、指甲等处苍白。虚胖或颜面轻度水肿，毛发稀疏细黄（图 12-9）。

2. 骨髓外造血表现　肝、脾多轻度肿大。

3. 神经、精神症状　可出现烦躁不安、易怒等。维生素 $B_{12}$ 缺乏患儿面无表情，反应迟钝，嗜睡，少哭不笑，哭时无泪，条件反射不易形成，智能、动作发育落后甚至出现倒退现象。重症患儿可出现肢体、头部或全身震颤，甚至抽搐、感觉异常、共济失调、踝阵挛等。叶酸缺乏不发生神经系统症状，但可导致神经精神异常。

4. 其他　消化系统可出现厌食、恶心、呕吐、腹泻、舌炎等。因舌震颤可致舌下溃疡。免疫力下降，易发生感染。重者心脏扩大或心力衰竭。

（考点：营养性巨幼红细胞贫血的临床表现）

5. 心理–社会状况　家长对该病的发生、临床表现、预后及预防知识缺乏足够了解，由于患儿智能及动作发育落后甚至倒退，家长可能会出现焦虑、内疚、担忧等心理反应。由于本病影响小儿神经精神发育和心理行为的发展，患儿会出现烦躁、易怒、哭闹等现象。

（三）常用辅助检查

1．血象　红细胞数的减少比血红蛋白量降低明显，红细胞大小不等，以大细胞为主，中央淡染区不明显（图 12-10，彩图 12）。白细胞计数减少，血小板减少，并可见巨大血小板。

（考点：营养性巨幼红细胞贫血的血象改变）

2．骨髓象　骨髓增生活跃，以红细胞系统增生为主，三系细胞巨幼变为主要特点。各期红细胞均出现巨幼变，细胞核发育落后于细胞浆。

3．血清维生素 $B_{12}$ 和叶酸的测定　维生素 $B_{12}$<100ng/L（正常 200～800ng/L），叶酸<3μg/L（正常 5～6μg/L）。

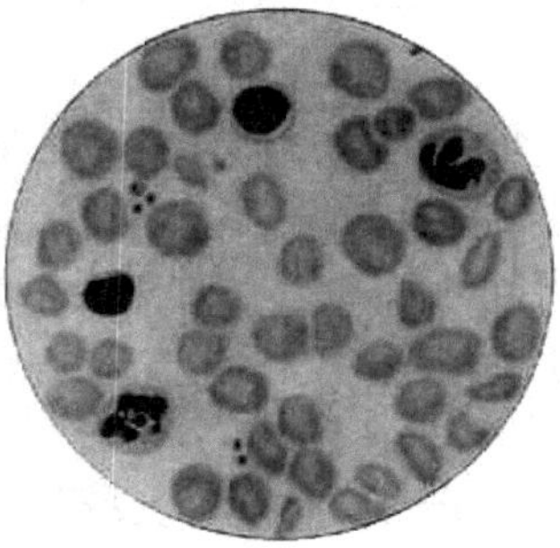

图 12-10　营养性巨幼细胞贫血血涂片

（四）治疗要点

1．祛除病因　合理喂养，及时添加含叶酸和维生素 $B_{12}$ 丰富的食物，积极治疗导致巨幼红细胞性贫血的原发疾病。

2．叶酸和（或）维生素 $B_{12}$ 治疗　有神经精神症状者，应以维生素 $B_{12}$ 治疗为主，如加用叶酸，可能会加重神经精神症状。维生素 $B_{12}$ 肌内注射，每次 100μg，每周 2～3 次，连用数周，至临床症状好转，血象恢复正常为止。叶酸口服，每次 5mg，每日 3 次，同时服用维生素 C，有助于叶酸的吸收，叶酸连用数周，至临床症状明显好转，血象恢复正常为止。

3．对症治疗　有明显震颤者可酌情使用镇静药。重度贫血者可输注红细胞制剂。

（考点：营养性巨幼红细胞性贫血的治疗要点）

## 三、护理问题

1．营养失调：低于机体需要量　与叶酸和（或）维生素 $B_{12}$ 缺乏有关。

2．活动无耐力　与贫血致组织缺氧有关。

3．生长发育改变　与营养不足、贫血及维生素 $B_{12}$ 缺乏导致智能、动作发育落后甚至倒退有关。

4．有受伤的危险　与患儿肢体或全身震颤有关。

5．知识缺乏　与家长预防、护理本病的知识缺乏有关。

## 四、护理措施

（一）一般护理

1．休息、活动与环境　合理安排患儿休息，一般不需严格卧床，但严重贫血患儿要限制活动。患儿病室应安静，阳光充足，空气新鲜，温、湿度适宜，定期进行消毒。

2．饮食护理　乳母多吃含叶酸及维生素 $B_{12}$ 丰富的食物，及时给患儿添加含叶酸和维生素 $B_{12}$ 丰富的辅食，如肉类、蛋类，动物肝、肾，绿叶蔬菜等。单纯羊乳喂养者，要及时补充叶酸。纠正小儿偏食、单纯素食或单纯肉食的不良饮食习惯。

（二）配合治疗护理

1．遵医嘱正确使用叶酸及维生素 $B_{12}$　维生素 $B_{12}$ 肌内注射。叶酸口服，同服维生素 C 可促进叶酸吸收。恢复期加用铁剂预防缺铁性贫血。如果因使用抗叶酸代谢药物而致营养性巨幼细胞性贫血，可用甲酰四氢叶酸钙治疗。单纯维生素 $B_{12}$ 缺乏时，不宜加用叶酸，以免加重神经系统症状。

2. 对烦躁、严重震颤、抽搐患儿可遵医嘱给予镇静药。

（三）注意观察病情，防止患儿受伤

严密观察病情，监测生长发育状况及神经精神症状。对有舌震颤或上、下牙齿震颤患儿，可在上、下牙间垫牙垫，防止咬伤舌头。

（四）心理护理

由于患儿体格发育受影响，智能、动作发育落后甚至倒退，护理人员应做好家长的心理疏导，告诉家长要有足够的耐心和爱心。针对患儿的烦躁、易怒、哭闹等，护理人员应耐心、细致，多给予关怀与理解。

## 五、健康教育

1. 向家长介绍本病的病因、临床特点、治疗方法及预后。介绍本病的预防知识，讲明从孕期开始就应注意补充叶酸和维生素 $B_{12}$，增加胎儿体内的储存量。向家长进行合理喂养、及时正确添加辅食、培养良好饮食习惯的宣传并给予指导。

2. 注意监测小儿的生长发育情况，定期进行体检。对智力和运动发育落后的患儿，告诉家长要有足够的耐心，多给予触摸和爱抚，加强教养和训练，指导做被动体操，逐渐训练坐、立、行等运动功能，以促进患儿动作和智能的发育。

## 自测题

$A_1$/$A_2$ 型题

1. 小儿造血的两个阶段是（　　）
   A. 中胚叶造血和骨髓造血
   B. 肝（脾）造血和骨髓造血
   C. 胚胎造血和骨髓外造血
   D. 骨髓造血和骨髓外造血
   E. 胚胎期造血和出生后造血

2. 生理性贫血最明显的年龄是（　　）
   A. 1 个月以内　B. 2～3 个月
   C. 5～6 个月　D. 8～9 个月
   E. 11～12 个月

3. 小儿白细胞分类比例的变化主要是（　　）
   A. 中性粒细胞与大单核细胞
   B. 中性粒细胞与淋巴细胞
   C. 大单核细胞与淋巴细胞
   D. 中性粒细胞与嗜伊红细胞
   E. 嗜伊红细胞与淋巴细胞

4. 服用铁剂的最佳时间是（　　）
   A. 餐前 10 分钟　B. 两餐之间
   C. 餐后　D. 晚餐后
   E. 晨起空腹

5. 小儿，男，10 个月。食欲差、面色苍白来就诊，诊断为营养性小细胞性贫血。下述处理措施不必要的是（　　）
   A. 设法增进食欲　B. 口服铁剂
   C. 口服维生素 C　D. 肌内注射维生素 $B_{12}$
   E. 预防发生心功能不全

6. 患儿，12 个月。牛乳喂养，未加辅食，近 2 个月来面色苍白，食欲低下。查体：体重 7.8kg，睑结膜苍白，心前区Ⅱ级收缩期杂音，肝肋下 3cm。欲判断患儿有无贫血及其程度，应首先做的检查是（　　）
   A. 血常规　B. 骨髓检查
   C. X 线检查　D. 心电图检查
   E. B 超检查

7. 患儿，男，7 个月。单纯羊乳喂养。家长来院咨

询如何添加辅食。为预防营养性巨幼细胞贫血的发生，护士建议其饮食中应增加含叶酸较多的食物，下列哪项适合（　　）

A．蛋类　　B．瘦肉
C．海带　　D．牛奶
E．新鲜绿叶蔬菜

8．患儿，男，1 岁。近来出现厌食、呕吐，反应低下。少哭不笑。查体见患儿颜面虚胖、皮肤苍白、表情呆滞，肢体及头部震颤。医嘱应用维生素 $B_{12}$ 治疗，若治疗有效，该患儿最先出现的改变是（　　）

A．网织红细胞上升　　B．血红蛋白上升
C．精神、食欲好转　　D．震颤缓解
E．面色转红

9．患儿，女，10 个月。母乳喂养，未添加辅食，近 2 个月面色蜡黄，表情呆滞，嗜睡，右手可见不自主颤动。血常规：红细胞 $2.0\times10^{12}$/L，血红蛋白 65g/L，估计该患儿的主要病因是（　　）

A．缺钙　　B．缺铁
C．缺维生素 D　　D．缺维生素 $B_{12}$
E．缺蛋白质

$A_3$ / $A_4$ 型题

（10～12 题共用题干）

患儿，女，8 个月。母乳喂养，未添加辅食，现面色苍白，精神差，心前区可闻及吹风样杂音，肝肋下 2.5cm。血常规：血红蛋白 62g/L，红细胞 $2.5\times10^{12}$/L。临床考虑为营养性缺铁性贫血

10．该患儿贫血的程度为（　　）

A．轻度贫血　　B．中度贫血
C．重度贫血　　D．极重度贫血
E．重度贫血伴心力衰竭

11．考虑该患儿缺铁最主要的原因是（　　）

A．饮食中铁的摄入量不足
B．生长发育速度过快
C．体内储存铁不足
D．铁的吸收障碍
E．铁的丢失过多

12．预防该疾病的关键是（　　）

A．母乳喂养
B．经常口服铁剂
C．及时添加蔬菜、果汁
D．及时添加蛋黄、肉类
E．提高机体抵抗力

（13～15 题共用题干）

患儿，女，9 个月。母乳喂养，未添加辅食，4～5 个月时会笑、能认识母亲，近 2 个月面色蜡黄，表情呆滞。查体：舌面光滑，肝肋下 4cm，肢体轻微颤动。血常规：血红蛋白 90g/L，红细胞 $2.0\times10^{12}$/L。

13．考虑该患儿可能是（　　）

A．生理性贫血
B．营养性巨幼细胞贫血
C．营养性缺铁性贫血
D．营养性混合性贫血
E．再生障碍性贫血

14．该患儿最适宜的治疗用药是（　　）

A．输血
B．铁剂和维生素 C
C．维生素 $B_{12}$ 和叶酸
D．维生素 D 和钙剂
E．肾上腺皮质激素

15．下列哪种食物目前无助于患儿的康复（　　）

A．瘦肉、蛋类　　B．海产品
C．新鲜蔬菜、水果　　D．牛奶、羊奶
E．动物肝、肾

（李砚池）

# 第13章 泌尿系统疾病患儿的护理

本章知识框架，见图 13-1。

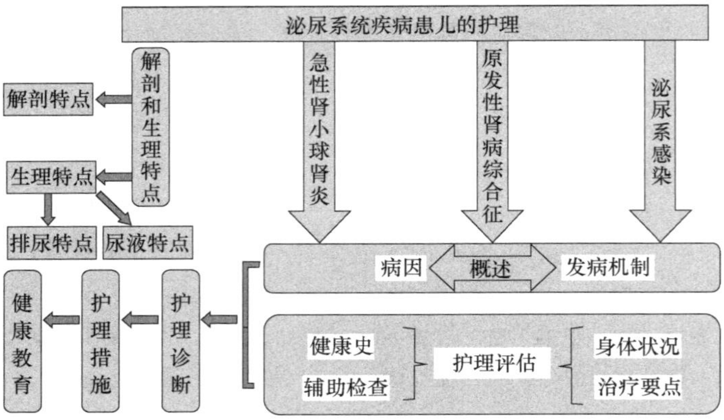


图 13-1 泌尿系统疾病患儿护理知识框架

## 第 1 节 儿童泌尿系统解剖生理特点

### 一、解剖特点

（一）肾脏

小儿肾脏相对于成年人较大且位置较低，出生时，肾下极可在第 4 腰椎水平以下，2 岁以后达到髂嵴以上，故 2 岁以下的健康小儿在做腹部触诊时常可扪及肾脏。

（二）输尿管

婴幼儿的输尿管相对较长且弯曲，管壁肌肉和弹力组织发育不完善，容易受压或扭曲而发生尿路梗阻，甚至出现尿潴留而诱发泌尿道感染。

（三）膀胱

婴幼儿的膀胱位置较高，当尿液充盈时，膀胱顶部可进入腹腔内，故在腹部触诊时可在耻骨联合以上触及膀胱。随年龄的增长，膀胱位置逐渐下降至盆腔。

（四）尿道

新生女婴尿道较短，长约 1cm（性成熟期长 3～5cm），外口暴露且邻近肛门，易受粪便污染而发生上行性感染。男婴尿道虽较长，但常有包茎、包皮过长，污垢聚集时也可致上行性泌尿道感染。

### 二、生理特点

（一）肾功能

新生儿出生时肾单位数量已达成年人水平，但其储备能力和调节机制需至 1～2 岁时才能接近成年人水平。婴幼儿肾小球滤过率较低，肾小管的浓缩、重吸收、排泄功能差，易发生水、电解质、酸碱平衡紊乱。新生儿对药物排泄功能差，易发生药物蓄积中毒，故新生儿疾病治疗时应对用药种类及剂量的选择更加慎重。

（二）排尿特点

1. 排尿次数　93%新生儿在出生 24 小时内排尿，99%在 48 小时内排尿。出生后前几日，因摄入量较少，每日排尿次数仅为 4～5 次，出生 1 周后可达每日 20～25 次。1 岁时每日 15～16 次，学龄前和学龄期每日 6～7 次。

2. 排尿控制　一般 3 岁以上小儿由膀胱逼尿肌收缩来控制排尿，可完全主动控制排尿。

3. 尿量　小儿尿量个体差异较大，且随年龄的增长尿量逐渐增加。新生儿尿量每小时少于 1ml/kg 为少尿，每小时少于 0.5ml/kg 为无尿。婴幼儿期每日尿量少于 200ml、学龄前期少于 300ml、学龄期少于 400ml 为少尿，每日尿量少于 50ml 为无尿（表 13-1）。

**表 13-1　小儿尿量特点（ml /d）**

| 年龄 | 正常尿量 | 少尿 | 无尿 |
|---|---|---|---|
| 婴儿期 | 400～500 | ＜200 | ＜50 |
| 幼儿期 | 500～600 | | |
| 学龄前期 | 600～800 | ＜300 | |
| 学龄期 | 800～1400 | ＜400 | |

（三）尿液特点

1. 外观　正常小儿尿色淡黄，出生最初 2～3 天尿色较深，稍浑浊，放置后有红褐色沉淀，为尿酸盐结晶，加热后消失。

2. 尿比重　新生儿尿比重低，为 1.006～1.008，1 岁后接近成年人水平，达 1.011～1.025。

3. 尿蛋白　正常小儿尿中含微量蛋白，尿蛋白定性试验为阴性。若尿蛋白含量＞150 mg/d 或＞100 mg/L，定性检查阳性为异常。

4. 尿沉渣检查　正常清洁新鲜尿液离心后尿沉渣镜检，红细胞＜3 个/HP、白细胞＜5 个/HP，偶见透明管型。12 小时尿细胞计数（Addis 计数）：红细胞＜50 万，白细胞＜100 万，管型＜5000 个，蛋白质＜50 mg。

## 第 2 节　急性肾小球肾炎患儿的护理

**案例 13-1**　患儿，男，10 岁。因发现洗肉水样尿 3 天，头晕、乏力 2 天入院。入院 2 周前曾有上呼吸道感染，未接受治疗。体格检查：血压 130/85mmHg，眼睑稍水肿，咽充血，扁桃体Ⅱ度肿大，无渗出；双肺（−），心率 110 次/分，律齐，未闻及杂音。腹软，肝胆无肿大，肾区无叩痛，尿道口无红肿，双下肢无明显水肿。实验室检查：尿常规示红细胞满视野，白细胞 4～6 个/HP，蛋白（+++），可见管型。血常规示白细胞 $10.5\times10^9$/L，中性粒细胞 0.70，淋巴细胞 0.30，C-反应蛋白 13mg/L。

**问题：** 1. 患儿可能患了什么疾病？

2. 患儿目前主要的护理问题有哪些？

3. 作为护士，该患儿入院后应做哪些护理工作？

急性肾小球肾炎（acute glomerulo nephritis，AGN）简称急性肾炎，是一组由不同病因所导致的，以水肿伴少尿、血尿、蛋白尿、高血压为主要表现的临床综合征。急性起病，多有前驱感染。本病分为急性链球菌感染后肾炎和非链球菌感染后肾炎，通常所说的急性肾炎是指前者。急性肾炎多见于5～14岁小儿，特别是6～7岁小儿，小于2岁者少见，男女之比2∶1。小儿患病多为良性自限过程，预后良好。本节主要叙述急性链球菌感染后肾炎。

## 一、概　述

### （一）病因

急性肾小球肾炎多属于A组β溶血性链球菌感染后引起的免疫复合物性肾小球肾炎。常继发于链球菌所致的上呼吸道感染，如急性扁桃体炎、咽炎、淋巴结炎等。其他如金黄色葡萄球菌、肺炎链球菌、柯萨奇病毒、肺炎支原体、真菌、疟原虫和革兰阴性杆菌等感染也可导致急性肾炎，为非链球菌感染后肾炎。

（考点：A组β溶血性链球菌）

### （二）发病机制

A组β溶血性链球菌感染后导致的急性肾炎，系链球菌致肾炎菌株经呼吸道、皮肤等感染人体，刺激机体对链球菌的某些抗原成分产生抗体，并与抗原结合形成循环免疫复合物，随血流抵达肾，沉积于肾小球基底膜，激活补体系统，引起免疫和炎症反应（图13-2）。一方面肾小球基底膜损伤，致使血液成分漏出毛细血管，导致尿中出现蛋白、红细胞、白细胞和各种管型。另一方面，细胞因子等又能刺激肾小球内皮细胞和系膜细胞，导致细胞肿胀、增生，肾小球毛细血管管腔狭窄、闭塞，使肾小球血流量减少，肾小球滤过率降低，体内水、钠潴留，临床上出现少尿、无尿、不同程度水肿、高血压，严重者可发生急性肾衰竭、严重循环充血和高血压脑病。

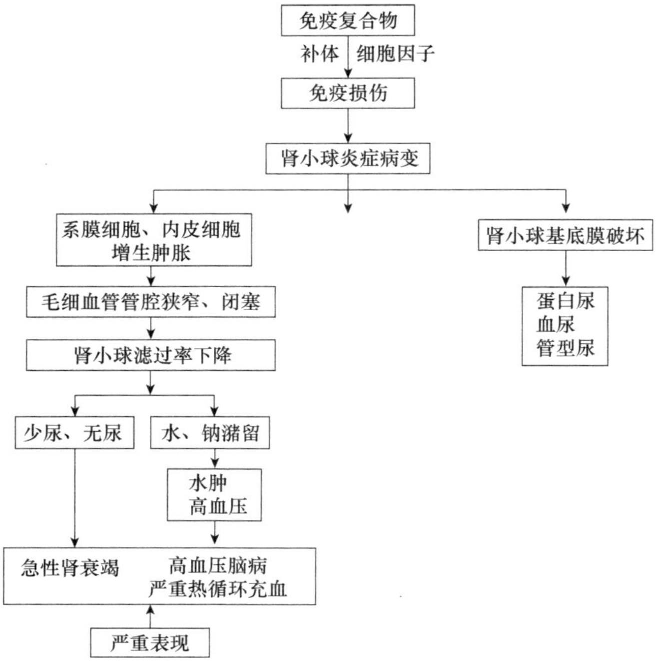


图13-2　急性肾小球肾炎发病机制

## 二、护理评估

（一）健康史

患儿发病前 1～4 周常有链球菌感染史，尤以咽扁桃体炎常见。呼吸道感染所致的肾炎前驱感染时间较短，6～12 天；皮肤感染所致者时间较长，14～28 天。了解有无既往史及治疗情况。

（二）身体状况

1．一般表现　急性起病时常有全身不适、疲倦、乏力、食欲减退、恶心、呕吐、低热、头痛、头晕、腰部钝痛等。部分患儿可有呼吸道或皮肤感染病灶。

2．典型表现

（1）水肿：为最常见和最早出现的症状，多为就诊原因。初期水肿仅表现为晨起眼睑和颜面水肿，重者 2～3 天波及躯干、四肢，甚至遍及全身，呈非凹陷性水肿。水肿明显期尿量明显减少，严重者可出现无尿。一般 1 周后尿量逐渐增加，水肿随之消退。

（2）血尿：几乎全部患者均有肾小球源性血尿。50%～70%患儿为肉眼血尿，呈鲜红色洗肉水样（中性或弱碱性尿）或浓茶水样（酸性尿），严重者可伴有排尿困难。肉眼血尿持续 1～2 周后转为镜下血尿，镜下血尿常可持续 1～3 个月，甚至 6 个月或更久，在运动或感染后加重。

（3）高血压：30%～80%的患儿有轻度至中度血压增高，学龄前小儿常升至 120/80mmHg 以上，学龄儿童常升至 130/90mmHg 以上，于病程 1～2 周后随尿量增多而恢复正常。

（考点：急性肾小球肾炎典型表现）

3．严重表现　少数患儿在起病 2 周内出现，可危及生命。

（1）严重循环充血：常发生于起病 1 周内，类似心力衰竭，表现为少尿、水肿加重，逐渐出现频繁咳嗽、气急，严重者可表现为端坐呼吸、大汗淋漓、颈静脉怒张、咳粉红色泡沫样痰、双肺满布湿啰音、心率增快，可出现奔马律，肝大而硬、水肿加剧等。危重病例可因急性肺水肿于数小时内死亡。

（2）高血压脑病：疾病早期血压（尤其是舒张压）骤然增高，血压往往骤升至（150～160）/（100～110）mmHg 以上，甚至更高，易发生脑水肿。可出现剧烈头痛、烦躁不安、喷射状呕吐、复视或一过性失明，严重者突然出现惊厥、昏迷。

（3）急性肾衰竭：常表现为少尿或无尿，可引起暂时性氮质血症、电解质紊乱、代谢性酸中毒，表现为头痛、头晕、呕吐、呼吸深快、疲乏无力等，一般持续 3～5 天或 1 周左右，在尿量逐渐增多后，病情好转。如持续数周仍不恢复，则预后严重。

4．心理-社会状况　由于本病治疗上需限制活动和饮食、与家人分离及与小伙伴玩耍和学习的中断，易使患儿产生孤独、焦虑、抑郁等心理，表现为情绪低落、烦躁、易怒、对医护人员的言行较敏感、不合作等。因此，心理支持对患儿影响很大，可增强患儿战胜疾病的信心。

（三）辅助检查

1．尿液检查　尿沉渣镜检可见大量红细胞，有多种管型，如透明管型、颗粒管型或红细胞管型。尿蛋白通常为（+～+++），与血尿程度平行。尿液常规检查在 6～8 周恢复正常，Addis 计数多在 4～8 个月恢复正常。

2．血液检查　外周血白细胞一般轻度升高或正常；红细胞沉降率加快；伴有轻度贫血；血清抗链球菌溶血素“O”（ASO）抗体滴度往往升高，3～6 个月恢复正常；血清补体 CH50、C3 早期显著下降，一般 6～8 周恢复正常；明显少尿时血清尿素氮和肌酐可升高。

（四）治疗要点

本病为自限性疾病，无特效治疗方法，主要是卧床休息和对症治疗，加强护理，密切观察病情变化和防止急性期合并症发生，保护肾功能。治疗用药：①利尿药。轻者氢氯噻嗪口服，重者呋塞米（速尿）静脉注射或口服。②抗高血压药。给予硝苯地平或卡托普利口服，高血压脑病首选硝普钠静脉滴注。③抗生素。有感染灶时应用青霉素肌内注射或静脉滴注，一般用药 10～14 天。

## 三、护理问题

1．体液过多　与肾小球滤过率下降及水、钠潴留有关。

2．活动无耐力　与水肿、血压升高有关。

3．营养失调　低于机体需要量：与水肿、限盐导致食欲缺乏有关。

4．有皮肤完整性受损的危险　与皮肤水肿及卧床受压等损伤有关。

5．潜在并发症：严重循环充血、高血压脑病、急性肾衰竭。

6．知识缺乏　患儿及家长缺乏急性肾炎的饮食、活动及治疗用药等知识。

## 四、护理措施

（一）一般护理

1．休息　急性期应卧床休息，改善血流量，提高肾小球滤过率，减轻水肿及心脏负担，缓解症状，预防并发症；一般严格卧床休息 2～3 周，直至水肿消退、血压降至正常、肉眼血尿消失后方可下床轻微活动或户外散步；病程 2～3 个月后，离心尿内红细胞数在每高倍视野 10 个以下、红细胞沉降率恢复正常，后方可上学，但应避免剧烈运动；12 小时尿沉渣计数（Addis 计数）正常后可恢复正常活动。

（考点：急性肾小球肾炎可恢复正常活动的指标）

2．饮食管理

（1）蛋白质摄入量：儿童正在生长发育阶段，蛋白质摄入不宜严格限制或过久限制。但有氮质血症者应限制每日摄入量，以 0.5g/（kg·d）为宜。缓解期消肿后逐渐增加优质蛋白质摄入，以保证小儿生长发育的需要。

（2）限制水、钠摄入量：疾病早期限制钠盐摄入，每日 60mg/（kg·d）为宜。严重少尿、水肿、循环充血者应限制水的摄入，每日水摄入量控制在前一日尿量加 500ml 为宜。利尿消肿后适当放宽，临床缓解后 3 个月内仍应低盐饮食。除非病情严重，一般不必严格限水。

（3）其他：患病小儿饮食应以清淡、易消化为主。在少尿期内的患儿，为避免发生氮质血症及高钾血症，应限制富含钾的食物，如柑橘、香蕉及马铃薯等；供给热量主要选择含植物蛋白少的淀粉食品及高糖饮食，忌食豆类制品；多吃水果以补充维生素；在尿量增加、水肿消退、血压正常后，可逐渐恢复至正常饮食。

3．防止皮肤损伤　患儿衣物、鞋袜应宽松、柔软。床铺应平整、清洁、无碎渣，保持皮肤清洁、干燥，避免皮肤受到摩擦、压迫等损伤。对绝对卧床休息患儿，应增加翻身次数，动作要轻柔，防止皮肤擦伤。

（二）调整和控制体液平衡

1．观察水肿情况　观察水肿、尿量、尿色变化，准确记录 24 小时出入液量，每日测血压 2 次，使用利尿药者须每日测体重，做好记录，并积极预防及监测并发症。水肿消退后每周测体重 2 次，体重增加表示水、钠潴留。

2．应用利尿药的观察　应密切观察用利尿药前后尿量的变化，尤其是静脉注射呋塞米后，要观察有无大量利尿及电解质紊乱、脱水的表现等。

（三）密切观察病情，防治并发症

1．严重循环充血　观察生命体征变化，应每日定时或遵医嘱测量呼吸、心率和血压变化。如出现烦躁不安、呼吸困难、心率加快、肺部闻及湿啰音、肝大等，提示严重循环充血，应立即使患儿取半卧位、吸氧，报告医生并遵医嘱给予呋塞米快速利尿。

2．高血压脑病　密切监测血压变化并做好记录，一般每日测血压 2 次。若出现血压突然升高伴剧烈头痛、呕吐、眼花、一过性失明、惊厥、昏迷等，提示高血压脑病。应立即报告医生，遵医嘱静脉滴注硝普钠迅速降低血压，降低颅内压。滴注时注意避光，密切监测血压变化，依血压情况调整滴注速度，并注意避免药物漏出血管发生组织坏死。

3．急性肾衰竭　密切观察尿量变化。患儿尿量增加，肉眼血尿消失，提示病情好转。若尿量每日少于 250ml，甚至少于 50ml，伴头晕、恶心、呕吐等，要警惕急性肾衰竭，应立即报告医生，严格控制钠、水摄入量，限制蛋白质及含钾食物的摄入，并做好血液透析准备。

（四）心理护理

布置适合患儿心理特点的病室；根据患儿年龄特点提供其喜爱的床上娱乐物品，如图书、画报、玩具等；医护人员态度要和蔼、亲切；向患儿及其家长说明预后良好，解释限制活动和饮食的原因，以减轻患儿及其家长心理负担，获得其合作；对学龄期患儿应帮助补习功课，并允许其同学和老师来院探视，给予患儿心理支持。

## 五、健 康 教 育

1．指导休息　向患儿及其家长讲解休息的重要性。患儿在恢复期间也要限制活动量，2～3 个月后红细胞沉降率、补体恢复正常可上学，但应避免剧烈活动。

2．指导饮食调整　遵循低盐饮食，尽量增加营养，增强患儿机体抵抗力。有水肿、尿少时还应限制水的入量，适当限制蛋白质和含钾多的食物；当尿量增加、水肿消退、血压正常后，可逐渐恢复至正常饮食。

3．用药与观察　向家长介绍用药注意事项、主要不良反应及其预防与观察，配合医护人员记录尿量、24 小时出入液量、测体重、血压等。

4．出院指导　嘱咐家长注意饮食和活动量的控制，定期回院复查，2 个月内每周复查尿常规 1 次，以后每月 1 次，并在 2～3 个月复查红细胞沉降率；6 个月左右查尿 Addis 计数，一般随访 6 个月。尿常规恢复正常后，仍应每月复查尿沉渣细胞计数，直至恢复正常后，患儿才可恢复正常活动。

5．指导疾病预防　加强营养与锻炼，增强身体素质；注意保暖，避免受凉；积极预防呼吸道、皮肤等链球菌感染，一旦感染则应及时彻底治疗。

# 第3节 原发性肾病综合征患儿的护理

案例13-2 患儿，男，2岁5个月。因发现眼睑水肿5天，加重2天，伴咳嗽、发热1天收治入院。入院5天前家长晨起发现患儿眼睑水肿，继而发现尿液浑浊，遂来院就诊。体格检查：体温38.8℃，患儿颜面部水肿明显，咽部充血，双侧扁桃体Ⅰ度肿大、充血、无渗出。双肺可闻及干湿性啰音。心音有力，肝肋缘下未触及，双侧肾区无叩击痛，移动性浊音（－），双下肢凹陷性水肿。实验室检查：尿蛋白为（+++～++++），三酰甘油2.63mmol/L，总胆固醇9.33mmol/L；肝功能示白蛋白9.4 g/L、白球比为0.3。24小时尿蛋白定量3.86g/L。

问题：1. 患儿可能患了什么病？

2. 患儿目前主要的护理问题是哪些？

3. 作为护士，该患儿入院后应做哪些护理工作？

肾病综合征（nephrotic syndrome，NS）简称肾病，是一组由多种病因所致的肾小球滤过膜通透性增高引起的血浆内大量蛋白质随尿液丢失的临床综合征。主要表现为大量蛋白尿、低蛋白血症、高脂血症及高度水肿四大特征。本病按病因可分为原发性、继发性和先天性三大类，其中90%以上属于原发性肾病。原发性肾病又根据其临床表现分为单纯性肾病和肾炎性肾病两种类型，以单纯性肾病多见。继发性肾病是指在诊断明确的原发病基础上出现的肾病表现。先天性肾病在我国少见。本节主要叙述原发性肾病。

## 一、概　　述

### （一）病因与发病机制

肾病综合征的病因未明，多认为与机体免疫功能异常有关。原发性肾病好发于学龄前儿童，3～5岁为发病高峰，男女比例为3.7∶1。感染尤其是呼吸道感染多为本病的诱发因素。

感染等诱发的免疫损伤使肾小球滤过膜的通透性增加，大量血浆蛋白经肾小球滤过，超过肾小管重吸收的能力，出现大量蛋白尿，导致低蛋白血症。一方面，低蛋白血症促使肝脏合成脂蛋白增加，其中大分子的脂蛋白难以从肾脏排出而蓄积于体内，引起高脂血症；另一方面，低蛋白血症导致血浆胶体渗透压降低，血浆水分渗入组织间隙形成水肿，同时血容量减少，引起交感神经兴奋性增高，并刺激渗透压和容量感受器，使抗利尿激素（ADH）和醛固酮分泌增加、心钠素分泌减少，最终使肾小管吸收钠、水增加，导致钠、水潴留，加重水肿（图13-3）。由此可见，大量蛋白尿是肾病的病理生理基础，尿蛋白的多少预示着病情的轻重。

### （二）病理生理

肾病综合征的四大特征表现如下。

1. 大量蛋白尿　是本病最根本的病理生理改变，是导致其他三大临床特点的基本原因。由肾小球毛细血管通透性增高所致。

2. 低蛋白血症　是病理生理改变中的关键环节，大量血浆蛋白自尿中丢失是造成低蛋白血症的主要原因。

3. 高脂血症　肝脏合成脂蛋白增加来代偿低蛋白血症，导致患儿血清总胆固醇和低密度脂蛋白、极低密度脂蛋白增高，形成高脂血症。

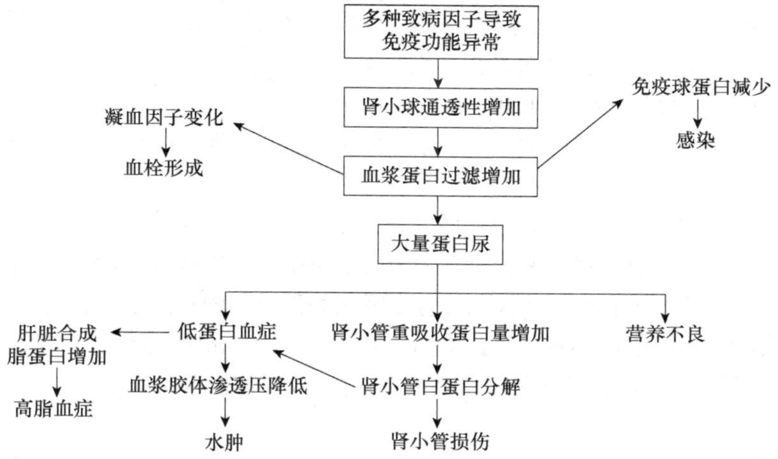


图 13-3　原发性肾病综合征发病机制

4．水肿　为最常见最主要的症状，低蛋白血症使血浆胶体渗透压降低，水和电解质渗到组织间隙，当血浆白蛋白低于 25g/L 时，液体主要在间质区潴留，低于 15g/L 时形成胸腔积液和腹水。此外，有效血循环量减少，肾素–血管紧张素–醛固酮系统激活，抗利尿激素分泌增加，可进一步加重水肿。

（考点：肾病综合症四大表现）

## 二、护理评估

（一）健康史

评估患儿发病前有无感染史；有无劳累史；评估有无用药史；是否为过敏体质及近期是否有预防接种史等。

（二）身心状况

1．单纯性肾病　起病缓慢，常无明显的诱发因素，水肿是本病最突出的表现，也是就诊的主要原因。水肿多开始于眼睑和颜面部，逐渐遍及四肢及全身，呈凹陷性；严重时出现胸腔积液、腹水，甚至心包积液，男孩可有阴囊水肿。高度水肿时局部皮肤发亮、变薄，皮肤破损时可有组织液渗漏不止。病初患儿一般状态尚好，继之出现面色苍白、乏力、食欲缺乏、易激惹、嗜睡等，可因肠黏膜水肿和（或）感染等因素而出现腹泻。一般无血尿及高血压出现。

（考点：肾病综合征水肿特点）

2．肾炎性肾病　发病年龄多在学龄期。除具备肾病综合征的四大特征表现外还有明显的血尿、高血压、氮质血症及血清补体 C3 降低 4 项中的 1 项或多项。水肿一般不严重。

3．并发症

（1）感染：是本病最常见最主要的并发症，由于肾病患儿的免疫力低下及使用糖皮质激素或免疫抑制剂治疗等，常合并各种感染，尤以上呼吸道感染最多见。

（2）电解质紊乱：患儿因不恰当的长期限盐、过多使用利尿药及感染等，可引起低钠、低钾血症，主要表现为厌食、乏力、懒言、血压下降，甚至休克等。由于钙可随白蛋白从尿中丢失，故可出现低钙血症。

（3）低血容量性休克：由于低蛋白血症使血浆胶体渗透压下降，液体外渗到组织间隙，导致血容量不足，尤其在并发低钠血症时易出现低血容量性休克。

（4）血栓形成：多数肾病综合征患儿有高凝状态，常为自发性的血管内血栓形成，多无临床症状，仅在大血管栓塞时才出现症状，如肾静脉血栓形成时可发生腰痛或腹痛，肉眼血尿或急性肾衰竭。

（5）急性肾衰竭：多数为低血容量所致，出现少尿、氮质血症等。

（6）生长迟缓：主要见于频繁复发和长期接受大剂量糖皮质激素治疗的患儿。

4．心理-社会状况　评估患儿及其家长有无因疾病而导致的焦虑心理；患儿及其家长有无因服用糖皮质激素的不良反应而出现自卑、害羞、焦虑、悲哀、担忧等心理；有无与同伴的分离、学业的中断、生活习惯及节律的改变而加重患儿的孤独、抑郁等心理。

（三）辅助检查

1．尿液检查　尿蛋白定性检查（+++～++++），24 小时尿蛋白定量检查>0.05g/kg，尿蛋白/尿肌酐>3.5。可见透明管型和颗粒管型，肾炎性肾病患儿尿内红细胞可增多。尿蛋白减少或消失是病情好转的标志。

2．血液检查　血浆总蛋白低于 50g/L，白蛋白浓度低于 30g/L 或更少；血浆胆固醇>5.7mmol/L；红细胞沉降率明显增快；肾炎性肾病可有血清补体 CH50、C3 降低；有不同程度的氮质血症。

（四）治疗要点

1．糖皮质激素治疗　糖皮质激素是治疗本病的首选药物，常用泼尼松，根据疾病的类型及患儿对泼尼松的反应，分别采用足量诱导缓解、减量维持治疗 2 个阶段。在足量诱导阶段用泼尼松 2mg/（kg·d），分次口服，尿蛋白转阴后巩固 2 周，继续用药 4～8 周，然后改为隔日一次顿服，继续用 4 周，以后每 2～4 周减量 2.5～5mg，直至停药。中程疗法总疗程是 6 个月，长程疗法总疗程是 9 个月。

疗效判断：泼尼松 2 mg/（kg·d）治疗 8 周进行评价。①激素敏感：激素治疗后 8 周内尿蛋白转阴，水肿消退。②激素部分敏感：治疗 8 周内水肿消退，但尿蛋白仍为（+）～（++）。③激素耐药：治疗满 8 周，蛋白尿仍在（++）以上。④激素依赖：对激素敏感，激素治疗后尿蛋白转阴，但停药或减量 2 周后又出现（+）以上，再次用药或恢复用量后尿蛋白又转阴 2 次以上者（除外感染及其他因素）。⑤复发或反复：尿蛋白转阴，停用激素 4 周以上，蛋白尿又≥（++）为复发；如在激素用药过程中出现上述变化为反复。⑥频繁复发或反复指半年内复发或反复≥2 次，1 年内≥3 次。

（考点：肾病综合征首选药物）

2．免疫抑制药治疗　一般不首选及单独应用，对于频繁复发、激素依赖、激素耐药、激素部分敏感或激素治疗效果不佳、激素治疗后不良反应严重的病例可在小剂量激素隔日口服的同时联合使用免疫抑制药。常用的免疫抑制药为环磷酰胺，疗程为 8～12 周。

## 三、护理问题

1．体液过多　与血浆蛋白减少及水、钠潴留有关。

2．有皮肤受损的危险　与高度水肿的皮肤受压、摩擦损伤有关。

3．营养失调：低于机体需要量　与大量蛋白尿、食欲缺乏有关。

4．有感染的危险　与低蛋白血症、激素及免疫抑制药的应用有关。

5．潜在并发症：药物治疗的不良反应。

6．焦虑　与病情反复及病程长有关。

## 四、护 理 措 施

（一）一般护理

1．适当休息　一般不需要严格限制活动，如果严重水肿、高血压、低血容量、呼吸困难的患儿需卧床休息。为防止血栓形成，可经常更换卧位，病情允许时可在室内做轻微活动，但不能过度劳累，以免病情复发。在校儿童肾病活动期应休学。

2．调整饮食

（1）症状明显阶段的饮食调整：大量蛋白尿时，蛋白质摄入量不宜过多，以优质蛋白（如乳类、蛋、鱼、牛肉等）为宜，控制在 2g/（kg・d）左右；水肿严重、高血压、尿少者，应短时间限制盐的摄入，每日不超过 2g；调整脂肪摄入量，以植物性脂肪为宜，同时增加富含可溶性纤维的食物；尿蛋白未控制或激素治疗中的患儿每日口服维生素 D 500～1000U，同时加服钙剂。

（2）恢复阶段的饮食调整：因长期用糖皮质激素治疗，机体出现负氮平衡，故应在尿蛋白消失后多补充蛋白质；病情缓解后的患儿不必限盐。另外，脂肪摄入仍以植物性脂肪为宜；注意补钾和补钙。

（二）协助调整体液平衡

1．调整水摄入　水的摄入量应根据病情而定，重度水肿而尿量少者应严格控制水摄入量，以＜1000ml/d 为宜。仅有下肢水肿而尿量正常者，可不必限制水的摄入量。

2．观察水肿变化　记录 24 小时液体出入量，每日测量体重并记录，有腹水者需测腹围。

3．按医嘱用利尿药　一般对激素治疗敏感的病例，用药 7～10 天后可出现利尿，不必使用利尿药；对糖皮质激素耐药、未使用糖皮质激素或严重水肿时可选用利尿药，通常先选用氢氯噻嗪，效果不显著时选用呋塞米。

4．减少蛋白尿　血管紧张素转化酶抑制药能直接降低肾小球内高压，从而减少尿蛋白排泄，并延缓肾功能损害。

（三）预防感染

1．预防交叉感染　向家属和患儿解释预防感染的重要性，肾病患儿免疫力低下易继发感染，而感染常使病情反复，严重感染还会危及生命，因此应避免患儿到人流量大的公共场所，避免接触其他患病者。

2．做好保护性隔离　为防止感染，患儿应分室收治，减少人员探视。保持病房环境清洁，每日定时开窗通风，每日空气消毒 1～2 次，房间内物品擦拭消毒。

3．预防皮肤损伤　水肿患儿皮肤张力增加、皮下血液循环差，应保持皮肤清洁、干燥，尤其加强腋窝、腹股沟、阴囊等皮肤皱褶处的护理，每日洗澡，但不能用力擦洗。衣服宜宽松、柔软，勤换内衣，保持干燥，以防感染，被褥应清洁、干燥。经常变换体位、定时翻身，臀部及四肢受压部位可垫气垫或棉圈。阴囊水肿者可用棉垫或吊带托起。如有皮肤破损可用碘伏等涂擦消毒预防感染。

4．护理操作　严格遵守无菌操作规程，暂停预防接种，需要预防接种的患儿需在病情完全缓解且停用糖皮质激素 3 个月后才进行。严重水肿者应尽量避免肌内注射药物，若必须肌内注射时，注意严格消毒，注射后按压时间稍长些，以防药液外渗。

5. 口腔护理　每日早、晚、饭前、饭后应用苏打水漱口 2～3 次，保持口腔清洁。

6. 密切观察感染表现　定时监测患儿体温及白细胞计数的变化，密切观察患儿有无发热、咳嗽等，并遵医嘱应用抗生素。

（四）观察药物的不良反应

1. 糖皮质激素　激素治疗期间注意每日尿量、尿蛋白及血浆蛋白变化。注意药物不良反应的发生：观察患儿血压变化，每日测血压 1～2 次；观察患儿有无消化道溃疡或出血，饮食上以牛奶、面汤或软食等为主，必要时按医嘱加用抗胆碱药或抗酸药等；及时补充维生素 D 及钙剂。提醒患儿家长不可擅自停药或减量，以防发生急性肾上腺皮质功能不全。

（考点：糖皮质激素的不良反应）

2. 免疫抑制剂　环磷酰胺的不良反应有骨髓抑制、肝功能损害、脱发、胃肠道反应、出血性膀胱炎及性腺损害等，故用药期间每周复查白细胞和血小板 1～2 次，同时观察尿量、尿色的变化，鼓励患儿多饮水。当白细胞＜$4\times10^9$/L、血小板＜$50\times10^9$/L 时应停止用药，待回升后再继续用药。疗程不超过 12 周，以免引起性腺损伤。

### 五、健康教育

1. 疾病治疗期　告诫家长患儿住院时间长，应有计划地安排作息时间；指导家长注意患儿饮食的调整。向患儿及其家长讲解激素治疗的重要性及不良反应，使之消除顾虑，能够坚持按计划用药。病情缓解后，指导适当活动，避免奔跑、打闹，以防摔伤、骨折。

2. 出院时　嘱咐患儿出院后要按时按量服药，切不可擅自减量或停药，以防出现反跳现象。定期复查，避免复发。一旦发生感染应及早、有效治疗。适当控制活动量，避免劳累。

## 第 4 节　泌尿道感染患儿的护理

泌尿道感染（urinary tract infection，UTI）是指病原体直接侵入泌尿道，在尿液中生长繁殖，并侵犯泌尿道黏膜或组织而引起的炎症损伤。按病原体侵袭部位不同，分为尿道炎、膀胱炎、肾盂及肾实质肾炎。肾盂肾炎又称上尿路感染，膀胱炎和尿道炎合称为下尿路感染。多见于 2 岁以下婴幼儿，女孩多于男孩，多为上行性感染，以脓尿和（或）菌尿为特征，可有尿路刺激征、发热、腰痛等症状。

### 一、概　　述

（一）病因

1. 解剖生理特点　小儿输尿管长而弯曲，管壁弹性纤维发育不全，易被压扁、扭曲，发生尿潴留而易导致感染。女孩尿道短直而宽，尿道口接近阴道、肛门，容易被粪便污染；男孩包皮较长，包茎也易于积垢而发生上行性感染。

2. 疾病因素　小儿泌尿器官畸形（如膀胱-输尿管反流、后尿道瓣膜、肾盂-输尿管连结部狭窄等）、各种原因所致的肾盂积水、肾囊肿、肾结石等，常造成尿潴留；疾病因素如蛲虫病、SIgA 缺陷、慢性肾脏疾病、镰刀状细胞贫血及长期使用糖皮质激素者等；排尿功能障碍如神经性膀胱、不稳定膀胱和非神经性膀胱等。

3. 护理不当　更换尿布不及时或不规范、不规范导尿、尿道及膀胱镜检查等。

（二）发病机制

1．致病菌　以大肠埃希菌最为常见。其次为变形杆菌、副大肠埃希菌、克雷白杆菌等。革兰阳性菌较少见，主要为表皮葡萄球菌、白色葡萄球菌、肠球菌及粪链球菌。金黄色葡萄球菌常见于败血症。

（考点：小儿泌尿道感染主要病原体）

2．感染途径　致病菌可通过上行、血源、淋巴和直接蔓延四条途径侵入泌尿道。上行性感染是泌尿道感染最主要的途径。

## 二、护理评估

（一）健康史

评估患儿有无受凉、营养不良、尿路损伤或异物、长期使用免疫抑制药、长期留置导尿管等明显诱因；有无不良卫生习惯；有无发热、排尿时哭闹、尿恶臭、顽固性尿布皮疹、夜间遗尿等表现；年长儿有无尿频、尿急、尿痛等症状及尿液颜色有无改变等。既往有无类似发作，曾进行的检查及治疗；慢性感染者评估有无尿道畸形。

（二）身心状况

1．急性感染　病程在 6 个月以内，临床表现随患儿年龄不同存在较大差异。

（1）新生儿：以全身症状为主，多由血行感染引起，症状轻重不一，可有发热、体温不升、苍白、体重不增、拒乳、呕吐、腹泻、嗜睡、惊厥、黄疸等症状。常伴有败血症，30%患儿血和尿培养的致病菌一致。局部尿路刺激症状多不明显。

（2）婴幼儿：以全身症状为主，常以发热为最突出表现，局部尿路刺激症状轻微。女孩多见。主要表现为发热、排尿时哭闹不安、夜间遗尿、尿布有臭味和顽固性尿布疹等，可见肉眼血尿。

（3）年长儿：临床表现与成年人相似，发热、寒战、腹痛，伴有腰痛和肾区叩击痛、肋脊角压痛等，尿路刺激症状明显。

2．慢性感染　病程在 6 个月以上，大多数因急性炎症治疗不彻底或病情迁延反复发展而来。轻者可无明显症状，病程久者可有贫血、消瘦、乏力、腰痛、发育迟缓等，有肾实质损害者可出现高血压。多合并尿反流或先天性尿路结构异常。

3．心理–社会状况　由于家长知识缺乏，当患儿出现发热、排尿疼痛等不适表现时，家长常常出现烦躁、焦虑，乱用药乱投医等；因慢性感染病程长、迁延不愈而表现出恐惧或焦虑。年长儿担心遗尿被讥笑而抑郁、沮丧、紧张等。

（三）辅助检查

1．尿常规检查　常规消毒外阴，用无菌尿袋收集晨起清洁中段尿送检，如尿离心沉渣中白细胞＞10 个/HP，即可怀疑为尿路感染。

2．尿细菌培养　尿细菌培养及菌落计数是诊断尿路感染的主要依据，有确诊意义。取清洁中段尿做细菌培养，菌落数≥$10^5$/ ml 可确诊，$10^4$～$10^5$/ ml 为可疑，菌落数少于 $10^4$/ ml 或多种杂菌生长时，尿液污染的可能性大。必要是可做 L-型菌培养和厌养菌培养。

（考点：尿细菌学培养确诊指标）

3．尿液直接涂片法　取一滴混匀新鲜尿，置于玻片上烘干，革兰染色，油镜下如每个视野都能找到 1 个或以上细菌，表明尿细菌数＞$10^5$/ ml。

知识链接

**清洁中段尿培养标本的采集方法**

①留取标本前用肥皂水清洗外阴，不宜使用消毒剂。②宜在使用抗生素前或停药 5 天后收集标本，不宜多饮水，并保证尿液在膀胱内停留 6～8 小时，以提高阳性率。③应留取清晨第 1 次清洁、新鲜中段尿，于 1 小时内送检，以防杂菌生长。

4．影像学检查　常用 B 型超声、静脉肾盂造影加断层摄片（检查肾瘢痕形成）、排泄性膀胱造影、肾核素造影和 CT 扫描等。用于了解肾脏大小、形态，有无尿路畸形、梗阻、结石、积水等，检查有无膀胱输尿管反流及肾瘢痕形成。

（四）治疗要点

治疗原则是控制症状、根除病原体、去除诱因、预防再发。

1．抗菌治疗　急性期应早期积极选用广谱、强效杀菌、不易产生耐药性的药物，如氨苄西林、安美汀、头孢拉定、复方磺胺异噁唑（复方新诺明）等。对于复发及慢性感染者治疗关键在于找出并祛除诱因，积极矫治尿路畸形，以达到彻底治疗的目的。

2．对症治疗　高热、头痛、腰痛者用解热镇痛药缓解症状；膀胱刺激症状明显者用苯巴比妥、地西泮等；缓解痉挛可用阿托品、山莨菪碱等；口服碳酸氢钠可碱化尿液，以减轻膀胱刺激症状。

## 三、护理问题

1．体温过高　与细菌感染有关。

2．排尿障碍　与膀胱、尿道炎症对尿道刺激有关。

3．潜在并发症：肾功能不全。

## 四、护理措施

（一）一般护理

1．一般护理　急性发热患儿应卧床休息，保持居室内空气清新，温、湿度适宜。便后及时清洗外阴，勤换内裤或尿布，所用内衣均需消毒后使用。

2．饮食护理　进食富含能量、蛋白质和维生素的食物。发热者宜采用流质或半流质饮食。鼓励患儿多喝水，增加排尿，促进细菌、毒素、分泌物排出，减少细菌生长，减轻炎症对尿道和膀胱的刺激。

（二）维持正常体温

定时测量体温，体温超过 38.5℃时，可用物理降温或遵医嘱药物降温，并做好降温后护理，防止由于出汗过多而引起脱水，降温后护理不当导致受凉等。

（三）药物不良反应及病情观察

1．用药注意事项　复方磺胺异噁唑宜饭后服用，可减轻胃肠道反应，配合碳酸氢钠服用可防止尿中结晶形成损害肾脏，肾功能不全者不宜应用。静脉滴注氨苄西林、头孢噻肟钠等药物要严格控制剂量，观察过敏反应等。

2．病情观察与并发症监测　观察体温变化及尿频、尿急、尿痛等症状的发展，定期复查尿常规、尿细菌培养，了解病情的变化和治疗效果。一般急性感染恢复期应每月查尿常规、做尿培养 1 次，连续 3 个月无复发者可视为治愈。对反复复发或迁延不愈患儿，每 3～6 个月复查 1 次。定时监测血压及血中红细胞和血红蛋白的变化，必要时检查肾功能。

（考点：泌尿道感染多饮水的目的）

## 五、健康教育

1．指导家长注意小儿个人卫生，患儿应尽量避免穿开裆裤，要勤换尿布及内裤，尿布及内裤要用开水烫洗或煮沸消毒。便后及每日睡前清洗外阴，并单独使用洁具。女孩清洗外阴时应从前向后擦洗，防止肠道细菌污染尿道。男孩要将包皮捋上去清洗尿道口。避免不必要的导尿、泌尿道器械检查等。不可擅自停药，以免病情反复发作，导致慢性感染。及时矫治尿路畸形，防止尿路梗阻和肾瘢痕形成。

2．告知家长患儿一旦发生急性感染应立即早期应用抗生素，并坚持足疗程，防止复发。告知药物应用的注意事项，发热患儿的护理，患儿的饮食与休息，并按时复查。

## 自测题

$A_1$/ $A_2$ 型题

1．急性肾小球肾炎的疾病性质是（　　）
A．细菌感染后免疫反应性炎症
B．病毒直接感染肾脏
C．细菌直接感染肾脏
D．单侧肾脏化脓性炎症
E．双侧肾脏化脓性炎症

2．肾性水肿最初常发生于（　　）
A．眼睑与颜面　B．下肢
C．尾骶部　D．会阴部
E．髋部

3．几乎全部急性肾小球肾炎都有且持续时间较长的临床表现是（　　）
A．水肿　B．高血压
C．肉眼血尿　D．镜下血尿
E．恶心、呕吐

4．急性肾小球肾炎患儿可以上学的标准是（　　）
A．血糖、血脂正常
B．红细胞沉降率、补体正常
C．水肿消退，血压正常
D．镜下血尿消失
E．Addis 计数正常

5．肾病综合征大量蛋白尿的原因是（　　）
A．肾小球滤过率增加
B．血浆胶体渗透压下降
C．肾功能下降
D．尿量增加
E．感染

6．肾病综合征最常见的并发症是（　　）
A．感染　B．电解质紊乱
C．血栓形成　D．急性肾衰竭
E．生长延迟

7．属于单纯性肾病综合征并发症的是（　　）
A．高胆固醇血症　B．严重循环充血
C．高血压脑病　D．高钾血症
E．低钙血症

8．7 岁患儿，因眼睑颜面部水肿、头晕、头痛就诊。尿液检查：蛋白（++），红细胞 20 个/HP，血清 C3 下降，诊断为急型肾小球肾炎。对其处理应是（　　）
A．适当下床活动，防止血栓形成
B．低盐、高糖、低蛋白、高维生素饮食
C．低盐、高糖、高蛋白饮食
D．给镇痛药
E．使用大剂量青霉素

9．8 岁小儿因急性肾小球肾炎入院，2 天后尿少、水肿加重，并发呼吸困难。查体：两肺湿性啰音，心律呈奔马律，肝大。此患儿可能并发了（　　）

A. 支气管肺炎　　B. 急性肾衰竭
C. 高血压脑病　　D. 电解质紊乱
E. 急性循环充血

10. 5岁患儿，男。全身水肿，少尿6天。以“原发性肾病综合征”收入院。护士进行健康评估时，最重要应评估以下哪项内容（　　）
A. 水肿情况　　B. 大便情况
C. 尿量情况　　D. 睡眠情况
E. 饮食情况

11. 6岁患儿，男。因颜面部水肿2周，以“肾病综合征”收入院。现患儿阴囊皮肤薄而透明，水肿明显，对其处理应是（　　）
A. 绝对卧床休息
B. 严格限制水的入量
C. 保持床铺清洁、柔软
D. 高蛋白饮食
E. 用丁字带托起阴囊，并保持干燥

12. 4岁患儿，男。双眼睑水肿、尿少3天，以“肾病综合征”收入院。查体：全身水肿明显，血压90/50mmHg，血浆白蛋白28g/L，尿蛋白（++++），红细胞1～2个/HP。目前患儿最主要的护理问题是（　　）
A. 营养失调：低于机体需要量
B. 潜在并发症：药物不良反应
C. 焦虑
D. 体液过多
E. 有感染的危险

$A_3$/ $A_4$型题

（13～14题共用题干）

8岁男孩。患上呼吸道感染2周后，出现食欲减退、乏力、尿少、水肿。查体：体温37.5℃，血压140/90mmHg。辅助检查：尿蛋白、红细胞均（+），补体C3降低。诊断为急性肾小球肾炎。

13. 其首选的护理诊断/问题是（　　）
A. 排尿异常　　B. 体液过多
C. 体温过高　　D. 营养不足
E. 活动无耐力

14. 该患儿的护理措施正确的是（　　）
A. 严格控制蛋白质摄入量
B. 给予易消化的普食
C. 每日留取晨尿送培养
D. 血尿消失后可加强锻炼
E. 严格卧床休息

（15～16题共用题干）

8岁患儿，男。因水肿、少尿、肉眼血尿6天，烦躁、气促1天入院。查体：体温36.8℃，血压140/80mmHg，端坐呼吸，心率140次/分，双肺底有少量小水泡音，腹胀，肝肋下2cm。血常规正常。尿常规：尿蛋白（++）；红细胞20～25个/HP，白细胞0～2个/HP。

15. 护士考虑此患儿是（　　）
A. 急性肾炎合并严重循环充血
B. 急性肾炎合并肺炎
C. 慢性肾炎急性发作
D. 肾盂肾炎合并肺炎
E. 肾炎性肾病合并肺炎

16. 入院时护士应给予患儿的饮食是（　　）
A. 低蛋白，不限盐和热量
B. 低蛋白、低盐、低热量
C. 低蛋白、低盐，不限液体
D. 低盐、高热量，限制液体
E. 高蛋白、低盐、高热量

（张园园）

# 第 14 章 神经系统疾病患儿的护理

本章知识框架，见图 14-1。

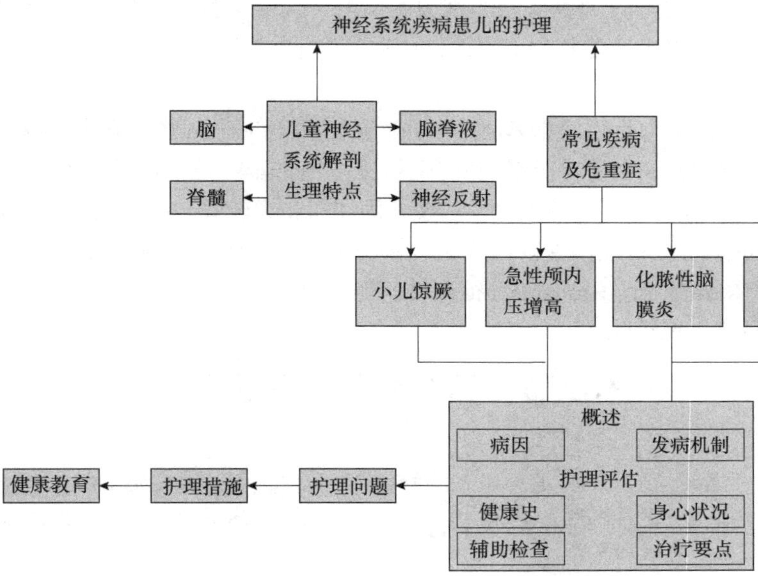


图 14-1　神经系统疾病患儿的护理知识框架

## 第 1 节　儿童神经系统解剖生理特点

### 一、概　　述

（一）脑

新生儿出生时大脑重量约为 370g，大脑表面已有较浅而宽的沟回。3 岁时脑细胞的分化基本完成，8 岁时已与成年人无明显区别。出生 3 个月神经纤维髓鞘逐渐形成，但神经活动不稳定，皮质下中枢兴奋性较高，对外界刺激反应较慢且易泛化，表现出肌张力较高，常出现无意识的手足徐动，遇刺激时易发生昏睡或惊厥。

（二）脊髓

小儿脊髓的结构发育与脊柱的发育相对不平衡，新生儿脊髓下端在第 2 腰椎下缘，4 岁时达到第 1～2 腰椎之间。故婴幼儿时期行腰椎穿刺的位置要低，以免损伤脊髓，常以第 4～5 腰椎间隙为宜，4 岁以后应以第 3～4 腰椎间隙为宜。

（三）脑脊液

新生儿脑脊液量少，压力低，抽取脑脊液较困难，以后随着年龄的增长脑脊液量逐渐增多，压力渐升高。正常小儿脑脊液外观透明，压力 0.69～1.96kPa，细胞数不超过 $10\times10^6$/L

（婴儿<$20\times10^6$/L），糖含量 2.8～4.5mmol/L，氯化物 117～127mmol/L，蛋白 0.2～0.4g/L（新生儿 0.2～1.2g/L）。

（四）神经反射

1．出生时已存在的永久反射　角膜反射、结膜反射、瞳孔对光反应、吞咽反射等。当神经系统发生病理改变时，这些反射可减弱或消失。

2．出生时存在以后逐渐消失的反射　觅食反射、吸吮反射、握持反射、拥抱反射、颈肢反射等，于出生 2～7 个月消失。若这些反射生后缺乏或到消失时间仍存在则为异常。

3．出生时不存在以后逐渐出现并终身不消失的反射　腹壁反射、提睾反射及各种腱反射等。这些反射在新生儿期不易引出，婴儿期不明显，1 岁后可引出并较稳定。在某些病理情况下这些反射可减弱或消失。

4．病理反射　病理反射包括巴宾斯基（Babinski）征、戈登（Gordon）征、奥苯海姆（Oppenheim）征等。但小于 2 岁的婴幼儿，由于神经系统发育不成熟，Babinski 征阳性可为生理现象；若大于 2 岁或单侧阳性为病理现象。小于 3～4 个月的婴儿因屈肌张力较高，凯尔尼格（Kerning）征、布鲁津斯基（Brudzinski）征可呈阳性。脑膜炎、蛛网膜下腔出血和颅内压增高时，可出现脑膜刺激征，即颈强直、Kernig 征、Brudzinski 征阳性。但由于婴儿颅缝和囟门对颅内压力的缓冲作用，表现通常不明显或出现较晚。

## 第 2 节　惊厥患儿的护理

**案例 14-1**　患儿，男，3 岁。发热 1 天，咳嗽、流涕 2 天，外出时突发四肢抽动，两眼上翻，神志不清，急诊入院。查体：体温 40.1℃，脉搏 128 次/分，呼吸 35 次/分，咽明显充血，颌下淋巴结肿大，其他无异常。

问题：1. 患儿最有可能的情况是什么？

2. 该患儿抽搐发作时首选的药物是什么？

3. 该患儿若有抽搐发作时，急诊护士应紧急采取的措施有哪些？

惊厥，也称抽搐，俗称“抽风”“惊风”，是指全身或局部骨骼肌群突然发生不自主收缩，以强直性或阵挛性运动发作为主要表现，多伴有两侧眼球上翻、凝视或斜视、意识丧失。惊厥是儿科常见急症，小儿期发病率为 4%～6%，较成年人高 10～15 倍。年龄越小，发生率越高。反复发作可引起窒息、缺血性脑损伤，需要紧急处理。

### 一、概　　述

（一）病因

1．感染性疾病　①颅内感染：各种病原体引起的脑炎、脑膜炎、脑脓肿等，以化脓性脑膜炎和病毒性脑炎为多。②颅外感染：热性惊厥、各种感染引起的中毒性脑病、破伤风等。

2．非感染性疾病　①颅内疾病：颅内损伤与出血、先天性发育畸形、颅内占位性病变。②颅外疾病：缺氧缺血性脑病，水、电解质紊乱，遗传代谢性疾病、中毒、心源性疾病、肾源性疾病等。

（二）发病机制

婴幼儿由于大脑皮质发育尚未完善，神经元的树突发育不全，轴索髓鞘发育不完善，较弱的刺激即能在大脑皮质形成强烈的兴奋灶，使神经细胞突然异常放电，并迅速扩散，使神经元功能紊乱，导致惊厥发生。

## 二、护理评估

### （一）健康史

询问患儿的出生史，包括是否有窒息、产伤、缺氧缺血性脑病等；了解患儿有无上呼吸道感染或其他部位感染史；评估患儿有无癫痫或中毒等非感染性疾病史；评估患儿是热性惊厥还是无热惊厥。

### （二）身心状况

1．典型表现　突然发生全身肌肉不自主地强直性或阵挛性抽搐，头向后仰，双眼凝视、斜视或上翻，口吐白沫，牙关紧闭，常伴有意识障碍。严重者出现颈项强直，呼吸不整，发绀或大、小便失禁。持续时间长短不一，一般在数秒至数分钟，发作后因疲劳而入睡。颅内病变者可以反复发作。

2．惊厥的持续状态　若惊厥持续发作 30 分钟以上或 2 次发作间期意识不能恢复，称惊厥持续状态，为惊厥的危重型，多见于癫痫大发作、严重的颅内感染、破伤风、脑瘤等，可因脑组织缺氧导致脑损伤、脑水肿、颅内压增高。

3．非典型表现　新生儿和小婴儿惊厥发作时临床表现不典型，可以有两眼凝视，口角、眼角抽动，呼吸暂停、发绀、眨眼或单侧肢体抽动。如抽搐部位局限而固定，常有定位意义。

4．热性惊厥　发病年龄为 6 个月～3 岁，男孩稍多于女孩，绝大多数 5 岁后不再发作。体温在 38.5℃以上时突然出现惊厥，排除颅内感染和其他导致惊厥的器质性和代谢性疾病，既往没有无热惊厥史，即可诊断为热性惊厥。

临床上分为单纯型热性惊厥和复杂型热性惊厥。具体表现和鉴别要点见表 14-1。

**表 14-1　单纯型热性惊厥和复杂型热性惊厥的临床特点**

| | 单纯型热性惊厥 | 复杂型热性惊厥 |
|---|---|---|
| 占热性惊厥的比例 | 70% | 30% |
| 起病年龄 | 6 个月～5 岁 | 任何年龄 |
| 发作形式 | 全面性发作 | 局灶性或全面性发作 |
| 发作次数 | 一次热程仅 1 次，偶有 2 次 | 24 小时内可反复多次 |
| 神经系统异常 | 阴性 | 可阳性 |
| 惊厥持续状态 | 少有 | 较常见 |

（考点：小儿热性惊厥的临床表现）

5．心理–社会状况　年长儿可因反复发作产生紧张、恐惧心理。惊厥发作时，小儿意识丧失，严重者可危及生命，家长多有焦虑和恐惧心理；服用止惊药物控制惊厥反复发作的患儿家长，往往担忧药物会影响小儿智力发育。

### （三）辅助检查

可根据病情需要选择血常规、尿常规、大便常规、脑电图、心电图、头颅 CT、血液生化及脑脊液检查等，以明确惊厥的病因。

（四）治疗要点

1. 迅速控制惊厥　止惊药物首选地西泮静脉注射，也可用 10%水合氯醛保留灌肠，针刺人中、合谷、十宣、百会、涌泉等穴位。新生儿首选苯巴比妥钠控制惊厥。

2. 对症治疗　颅内压增高时，给予 20%甘露醇、呋塞米以降低颅内压；高热者给予物理或药物降温；必要时吸氧。

3. 其他治疗　积极寻找原发疾病，针对病因进行治疗。

4. 预防惊厥复发　复杂型热性惊厥可在发热开始时即使用地西泮 2～3 天预防；无效者采用长期预防方法，用丙戊酸或苯巴比妥口服 1～2 年。

（考点：小儿高热惊厥的药物护理）

## 三、护理问题

1. 有窒息的危险　与惊厥发作、咳嗽和呕吐反射减弱、呼吸道堵塞有关。
2. 有受伤的危险　与突然意识障碍，发生跌倒损伤有关。
3. 体温过高　与感染或惊厥持续状态有关。
4. 潜在并发症：颅内压增高。

## 四、护理措施

（一）一般护理

1. 保持适宜的病室环境　保持病室安静清洁、空气新鲜，每日开窗通风 3～4 次。维持病室温度在 18～20℃、湿度为 50%～60%。

2. 鼓励患儿多饮水　保证机体液量的需求，必要时静脉补液，按照体温每升高 1℃液体量应增加 10ml/（kg・d）计算，并记录液体出入量。

（二）配合治疗护理

1. 体温的护理　高热患儿需卧床休息，每 4 小时测量体温 1 次，密切观察患儿热型，当体温超过 38.5℃时，及时给予物理降温或药物降温，以降低大脑耗氧量，防止发生惊厥。退热出汗时应及时更换汗湿的衣裤，注意保暖，保持皮肤、床单、被套的干燥清洁，及时记录降温效果。

2. 密切观察病情　密切观察患儿生命体征、意识及瞳孔变化；观察前囟、头围，警惕颅内压增高。惊厥反复发作或持续时间较长者，应给予吸氧，患儿出现脑水肿时应及时报告医生，遵医嘱应用脱水药。

（三）并发症观察及护理

1. 预防窒息　惊厥发作时应就地抢救，使患儿去枕仰卧，松解衣扣，头偏向一侧，清除口鼻腔分泌物、呕吐物等，保持呼吸道通畅。遵医嘱应用抗惊厥药物。

2. 预防外伤　专人守护，保持安静，勿用力摇晃、牵拉、按压患儿肢体，以免骨折或脱臼；防止舌咬伤，必要时在上下臼齿间放置牙垫；移开周围可能伤害患儿的物品，防止坠地跌伤。

（四）心理护理

根据患儿不同年龄，采取不同方式实施心理安抚，并给予家长安慰，消除焦虑、恐惧心理。介绍止惊药物的作用、不良反应，减轻家长的担忧。

（考点：小儿热性惊厥的护理措施）

知识链接

**美国对热性惊厥的处理方式**

美国国立神经疾病与卒中研究院网站上关于热性惊厥的处理方式是："抽搐时不要往嘴里塞入任何东西，如果孩子嘴里有东西，可能的话应该轻柔地取出来。"国内也有医生认为，"为避免舌头受损应让孩子上下牙之间用勺柄或其他物品隔开"是一个长久的误区。这样做并没有好处，因为一般抽搐孩子并不会咬伤自己，即便咬伤也很快能长上。相反，抽搐时孩子肌肉挛缩，牙关紧闭，强行将硬物从牙间塞入，反而可能损伤牙齿或者口腔。

## 五、健康教育

1．向家长及患儿介绍惊厥的病因、患儿的病情，解释本病的预后，给予患儿及其家长心理支持，解除其焦虑和自卑心理，建立战胜疾病的信心。

2．指导家长当患儿出现惊厥时应采取的正确处理方法。就地抢救、保持呼吸道通畅是关键，切忌摇晃呼喊患儿和按压肢体。惊厥缓解后应查明病因。

3．热性惊厥的患儿应指导家长采取降温的方法，预防惊厥发作；惊厥持续时间长或反复发作者，告知家长病愈后要定期随访，并教会家长观察病情，以便及时发现异常并就医。

# 第 3 节　急性颅内压增高患儿的护理

**案例 14-2**　患儿，男，10 个月。因发热持续不退，喷射性呕吐、烦躁不安、惊厥入院，诊断为化脓性脑膜炎。

问题：1. 作为护士，应立即采取哪些护理措施？

2. 腰穿做脑脊液检查后应如何护理？

急性颅内压增高是由于多种原因引起脑实质和（或）颅内液体量增加所致的一种临床综合征，简称颅内高压。严重者可引起脑疝而危及生命。

## 一、概　　述

### （一）病因

1．颅内、颅外感染　是颅内压增高的主要原因。颅内感染如各种病原体引起的脑炎、脑膜炎、脑脓肿；颅外感染如重症肺炎、中毒性痢疾引起的中毒性脑病等。

2．脑缺血、缺氧　如窒息、休克、心搏骤停、一氧化碳中毒、癫痫持续状态等。

3．颅内占位性病变　如脑肿瘤、脑囊虫病、脑出血等。

4．脑脊液循环异常　如脑积水。

5．其他　高血压脑病、颅内出血、药物及食物中毒等。

### （二）发病机制

颅内压是指颅腔内各种结构产生的压力的总和，即脑组织、脑血管系统、组织间液及脑脊液所产生的压力。若其中任何一种内容物体积增大时，其余内容物则相应地减少以缓冲颅内压的增高，当代偿功能超过其所能代偿的限度时即称为颅内高压，严重时迫使部分脑组织嵌入孔隙，形成脑疝，导致中枢性呼吸、循环衰竭，危及生命。

## 二、护理评估

（一）健康史

评估患儿有无颅内、颅外感染性疾病史；评估患儿有无癫痫、脑积水、颅内出血等颅内非感染性疾病史。

（二）身心状况

1．临床表现

（1）症状：①剧烈头痛。进行性加重，清晨尤甚，咳嗽、哭闹、大便用力或头部位置改变时加重。婴幼儿常表现为烦躁不安、拍打头部，新生儿可有凝视、脑性尖叫。②呕吐。常无恶心先兆，呕吐呈喷射性，剧烈头痛时出现，与进食无直接关系。③意识改变。小儿早期表情淡漠、反应迟钝、烦躁或嗜睡，晚期可发生昏迷。④其他：可出现频繁惊厥、复视、视物模糊等。

（2）体征：婴儿可见前囟隆起、张力增高、颅缝裂开，眼部可出现落日征。早期血压升高，脉率变慢，严重时呼吸变慢且不规则，甚至暂停。眼底检查可见视盘水肿。

（3）并发症：脑疝。严重颅内压增高时引起小脑幕切迹疝或枕骨大孔疝。早期表现为两侧瞳孔大小不等，对光反射消失，意识障碍加重、呼吸节律不齐、肌张力增高、惊厥、颈项强直等，可发生呼吸、循环衰竭而死亡。

2．心理-社会状况　年龄较大的患儿可有恐惧、焦虑等心理反应。颅内压增高是一种严重的临床综合征，可迅速发展成脑疝而危及生命。家长可产生沮丧、焦虑、自责、绝望等心理反应。

（三）辅助检查

1．血液检查　血常规，必要时做血液生化、肝功能检查。

2．尿常规及粪便常规检查。

3．脑脊液检查　对颅内感染、颅内出血有诊断价值。但颅内压增高时腰椎穿刺易诱发脑疝，应慎重。

4．影像学检查　头颅 CT、头颅 B 超、磁共振成像等有助于颅内占位性病变的诊断。

（四）治疗要点

急性颅内压增高进展迅速，常危及患儿生命，必须早诊断、早治疗。

1．降低颅内压　首选 20%甘露醇 0.5～1.0g/kg 快速静脉滴注。根据病情 4～8 小时 1 次；重症患儿或脑疝者可合并使用呋塞米，每次 0.5～1.0mg/kg 静脉注射；也可给予地塞米松每次 0.2～0.4mg/kg 静脉注射，可降低血管通透性，减少渗出，降低颅内压。有脑疝表现者可采用颅骨钻孔减压、硬膜下穿刺、侧脑室引流。

2．控制惊厥　头部冰袋冷敷，必要时给予亚冬眠疗法，将体温控制在 33～34℃。

3．支持治疗　保持水、电解质、酸碱平衡；保持呼吸道通畅；必要时吸氧。

4．病因治疗　针对原发病，给予相应治疗。

（考点：化脓性脑膜炎的治疗原则）

## 三、护理问题

1．潜在并发症：脑疝。

2．有窒息的危险　与惊厥及呕吐物吸入有关。

3．头痛 与颅内压增高有关。

4．恐惧 与病情危重可能危及生命有关。

## 四、护理措施

（一）一般护理

保持环境安静，避免外部刺激、头部剧烈运动、哭闹、咳嗽、大便用力等，以免引起头痛加重。

（二）降低颅内压

1．患儿绝对卧床休息，及时清除口鼻腔分泌物、呕吐物等，保持呼吸道通畅。保持环境安静，避免一切刺激，各种护理及治疗操作尽量集中进行，动作应轻柔。

2．平卧头肩抬高 15°～30°，以利于头部血液回流，怀疑有脑疝者以平卧为宜。

3．正确使用降低颅内压的药物 遵医嘱应用脱水药、利尿药、糖皮质激素等以减轻脑水肿。注意患儿用药后的反应。

4．严密观察病情变化 监测生命体征、瞳孔变化、意识状态，发现两侧瞳孔大小不等、对光反射减弱或消失、意识障碍加重、肌张力增高等脑疝表现时，应立即报告医生，并配合抢救。

（三）并发症观察及护理

1．保持气道通畅 发作时应立即使患儿平卧，头偏向一侧，松解衣领，有舌后坠者可用舌钳将舌拉出，防止窒息；必要时用吸引器吸出痰液，准备好开口器和气管插管物品；给予低流量持续吸氧。

2． 注意患儿安全，需专人守护。惊厥发作时立即置压舌板或舌垫于上下齿之间、取侧卧位，适当应用约束带。

（四）心理护理

对年长儿采取有针对性的心理安慰，给予关怀、爱护，鼓励他们与同伴交流，以建立战胜疾病的信心。向家长介绍患儿的病情及预后，并给予安慰和鼓励，使之树立信心。

## 五、健康教育

1．为家长讲解护理要点，尤其是保持安静、头肩抬高的意义。

2．根据原发病的特点，做好相应的保健指导。

# 第 4 节 化脓性脑膜炎患儿的护理

**案例 14-3** 患儿，女，4 岁。7 天前开始发热，家长以为是感冒，给孩子服用罗红霉素，4 天不见好转，3 天前孩子开始哭闹用手拍头，并出现呕吐。昨天起家长感觉孩子精神差，嗜睡，易惊，测体温 39.8℃，带孩子到医院就诊，经查体及做脑脊液检查后初步诊断为化脓性脑膜炎。

问题：1. 请说出降低颅内压的常用药物和应用注意事项。

2. 本病主要的护理措施有哪些？

化脓性脑膜炎是由各种化脓性细菌感染引起的脑膜炎症，可以出现在任何季节，但以冬春季多见。多见于婴幼儿。本病的病死率为 5%～15%，约 1/3 幸存儿遗留各种神经系统后遗症。

## 一、概　述

（一）病因

多种化脓性细菌都能引起本病，但 2/3 以上患儿是由脑膜炎球菌、肺炎链球菌和流感嗜血杆菌引起。0～2 个月的患儿易发生肠道革兰阴性杆菌和金黄色葡萄球菌脑膜炎；3 个月～3 岁的患儿多以流感嗜血杆菌感染为主；5 岁以上患儿主要致病菌为脑膜炎萘瑟菌、肺炎链球菌。

知识链接

**世界卫生组织"b 型流感嗜血杆菌结合疫苗立场"**

据世界卫生组织资料，每年 b 型流感嗜血杆菌（Hib）在全球可引起至少 300 万严重病例和大约 38.6 万人死亡。5 岁以下儿童细菌性脑膜炎病例中，60%因感染 b 型流感嗜血杆菌引起，病死率可达 5%～10%，后遗症发生率高达 30%～40%。并且抗生素不能阻止后遗症的发生。Hib 感染的主要临床表现有：肺炎、脑膜炎和其他侵袭性疾病，该病主要发生于 2 岁以下儿童，特别 4～18 月龄婴幼儿发病率最高。接种疫苗是预防绝大多数 Hib 严重病例的唯一公共卫生措施。目前全球已经有 100 多个国家将 Hib 疫苗纳入儿童常规免疫计划。

（二）感染途径

1．血行感染　是最常见的途径。致病菌多从呼吸道侵入，也可经新生儿的皮肤、胃肠道黏膜或脐部入侵血流，造成菌血症，经血流穿过血–脑屏障抵达脑膜。

2．邻近组织器官感染　如中耳炎、乳突炎等扩散波及脑膜。

3．与颅腔存在直接通道　如颅骨骨折、脑脊膜膨出等，细菌可直接进入蛛网膜下隙导致脑膜炎症。

## 二、护 理 评 估

（一）健康史

评估患儿有无上呼吸道、皮肤或消化道感染史；新生儿则要询问出生史，评估有无脐部感染。

（二）身心状况

1．典型表现

（1）感染中毒及急性脑功能障碍症状：体温升高，进行性加重的意识障碍，烦躁或精神萎靡、嗜睡甚至惊厥、昏迷。

（2）颅内压增高表现：包括头痛、呕吐。婴儿则有前囟饱满与增高、头围增大等。合并脑疝时，则有呼吸不规则、突然意识障碍加重及出现双侧瞳孔不等大等体征。

（3）脑膜刺激征：以颈项强直最常见，布鲁津斯基征阳性、凯尔尼格征阳性。

2．不典型表现　新生儿和 3 个月以下的婴儿表现多不典型。

（1）体温可高可低或不发热。

（2）颅内压增高的表现可不明显，可能仅有吐奶、尖叫或颅缝分离。

（3）惊厥可不典型。如仅见面部、肢体局部或多灶性抽动，局部或全身肌阵挛，或呈眨眼、呼吸不规则、屏气等各种不显性发作。

（4）脑膜刺激征不明显，与婴儿肌肉不发达，肌力弱和反应低下有关。

3．并发症　有硬脑膜下积液、脑积水（图 14-2）、脑性低钠血症、脑室管膜炎及脑实质或脑神经损伤如肢体瘫痪、眼球运动障碍、耳聋、失明、面瘫（图 14-3）等。

4．心理–社会状况　婴幼儿患化脓性脑膜炎的病死率和后遗症的发生率相对较高，应注意评估家长对本病的认知程度，对治疗、护理知识的掌握程度，对患儿健康的需求、焦虑或恐惧的程度及应对方式。了解家庭对疾病治疗和护理的经济承受能力和社会的支持水平。

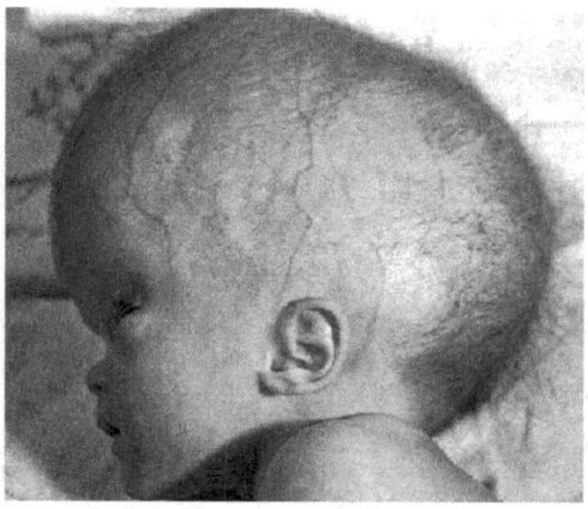

图 14-2　脑积水

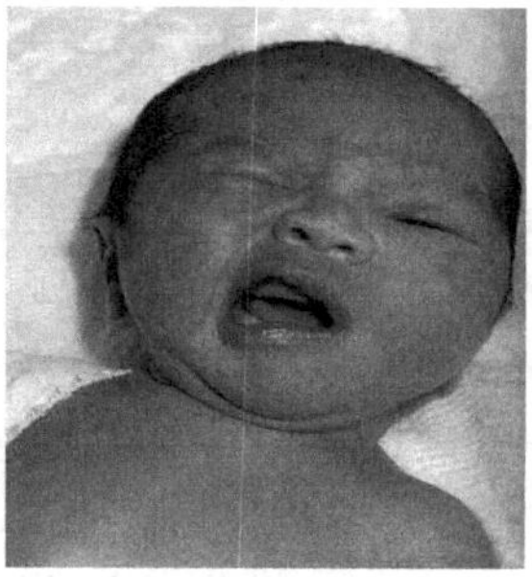

图 14-3　面瘫

（三）辅助检查

1．血液检查

（1）血常规：外周血白细胞计数明显增高，为（20～40）×$10^9$/L，白细胞分类以中性粒细胞增高为主，占 80%以上。

（2）血培养：病程早期未使用抗生素，血培养阳性率较高，可帮助确定致病菌。

2．脑脊液检查　是本病确诊的重要依据。脑脊液典型的改变为压力增高，外观浑浊或呈乳白色；白细胞显著增多，在 1000×$10^6$/L 以上，以中性粒细胞为主；但有 20%的病例可能在 250×$10^6$/L 以下；糖和氯化物含量显著下降，蛋白质明显增多；涂片或细菌培养可找到致病菌。

不同病原体引起的脑膜炎脑脊液的鉴别见表 14-2。

**表 14-2　不同病原体引起的脑膜炎脑脊液的鉴别**

| 脑脊液类型 | 压力（kPa） | 外观 | 白细胞（×$10^6$/L） | 蛋白（g/L） | 糖（mmol/L） | 氯化物（mmol/L） | 查找病原 |
|---|---|---|---|---|---|---|---|
| 正常 | 0.69～1.96 | 清亮，透明 | 0～10 | 0.2～0.4 | 2.8～4.5 | 117～127 | – |
| 化脓性脑膜炎 | 不同程度增高 | 米汤样浑浊 | 数百至数千，多核细胞为主 | 明显增高 | 明显降低 | 多数降低 | 涂片或培养可发现致病菌 |
| 结核性脑膜炎 | 增高 | 微浊，毛玻璃样 | 数十至数百，淋巴细胞为主 | 增高 | 降低 | 降低 | 涂片或培养可发现抗酸杆菌 |
| 病毒性脑膜炎 | 正常或轻度增高 | 清亮 | 正常或数百，淋巴细胞为主 | 正常或轻度增高 | 正常 | 正常 | 特异性抗体阳性，病毒分离可阳性 |

3．头颅 CT　可确定脑水肿、脑膜炎、脑室扩大、硬脑膜下积液等病理改变。

（四）治疗要点

1．抗生素治疗　化脓性脑膜炎预后较差，应选用对病原体敏感、易通过血-脑屏障及毒性低的抗生素，早期、足量、足疗程，急性期要静脉给药，力求在用药24小时内杀灭脑脊液中的致病菌。联合用药时，注意配伍禁忌。对明确诊断而致病菌尚不详者，目前主张选用第3代头孢菌素，如头孢曲松或头孢噻肟。病原菌明确后可按照药敏试验结果选用敏感的抗生素。抗生素治疗的疗程取决于病原体和患儿的临床反应。流行性脑脊髓膜炎应用药7～10天；肺炎链球菌、流感嗜血杆菌脑膜炎应静脉滴注给药10～14天；金黄色葡萄球菌和革兰阴性菌脑膜炎，应用药21天以上。有并发症的患儿应适当延长给药时间。

2．糖皮质激素治疗　一般选用地塞米松，连续用药2～3天。

3．并发症治疗

（1）硬脑膜下积液：少量积液无需处理。积液量多且出现颅内压增高表现时，采取硬膜下穿刺放液（放液量每次每侧15ml以内），多数患儿的积液可逐渐减少而治愈。

（2）脑室管膜炎：采取侧脑室穿刺引流的方法缓解症状，同时应用适宜抗生素行脑室内注入。

（3）脑积水：可行正中孔粘连松解、导水管扩张及脑脊液分流手术进行治疗。

4．对症及支持治疗　高热时可酌情应用退热药物。出现颅内压增高的症状，应给予20%甘露醇降低颅内压。惊厥发作时可使用地西泮、苯巴比妥等镇静止惊药。保证能量摄入，维持水、电解质及酸碱平衡。

（考点：化脓性脑膜炎的治疗原则）

## 三、护理问题

1．潜在并发症：脑疝。

2．体温过高　与细菌感染有关。

3．有受伤的危险　与抽搐有关。

## 四、护理措施

### （一）一般护理

1．保持环境和患儿安静　护理操作尽量集中进行，动作轻柔；修剪患儿指甲，专人守护和陪伴患儿。

2．协助患儿洗漱、大小便及个人卫生等生活护理，指导患儿漱口，及时清除呕吐物，做好口腔护理，保持口腔清洁；及时清除大小便，保持臀部干燥，必要时在肩胛、臀部使用气垫，预防压疮的发生。

3．提供足够的热量　给予高热量、高蛋白、高维生素、易消化的清淡流质或半流质饮食，频繁呕吐者，应注意观察其呕吐情况，少量多餐，必要时给予鼻饲或静脉输液。

### （二）配合治疗护理

1．降低颅内压

（1）防止颅内压增高：病室应尽量保持安静，避免光线刺激，采取舒适的体位，侧卧位并将头肩抬高15°～30°。各种治疗、护理操作最好集中进行，避免多次刺激。

（2）遵医嘱及时给予退热药、抗生素、脱水药、利尿药、糖皮质激素等。应用甘露醇降低颅内压，静脉推注时不能漏到血管外，以免引起局部刺激和局部水肿。应用抗生素时，应有计划地选择和保护静脉，保证药物按时、准确地输入。

2．维持正常体温　高热患儿应卧床休息，及时监测体温，必要时给予物理降温或药物降温。

（三）并发症观察及护理

1．密切观察病情变化　密切观察体温、脉搏、呼吸、血压等生命体征，观察患儿的意识状态、面色、神志、瞳孔、囟门等变化，详细记录观察结果，早期预测病情变化。如患儿出现意识障碍、囟门隆起或紧张度增高、躁动不安、频繁呕吐、四肢肌张力增高为惊厥发作先兆；如出现呼吸节律深而慢或不规则、瞳孔忽大忽小或两侧不等大、对光反射迟钝、血压升高等，应警惕脑疝的发生，要做好急救的准备工作。

2．防止意外、外伤　惊厥发作时，将患儿头偏向一侧，给予口腔保护以免舌咬伤，拉好床档，避免躁动及惊厥时受伤或坠床。及时清理患儿呕吐物，保持呼吸道通畅，避免窒息，必要时应给予镇静药。

（四）心理护理

根据患儿及其家长的接受能力，向家长介绍本病的基本知识，耐心解答家长的询问，主动介绍患儿病情，减轻家长的焦虑和恐惧，并取得家长的配合。关心、爱护患儿，多和患儿及其家长交谈，鼓励其说出内心感受，同时，指导家长多给患儿心理支持，使其保持良好情绪。

## 五、健康教育

1．向家长提供日常生活护理及保护患儿的一般知识，指导并鼓励家长坚持为患儿锻炼身体，积极预防上呼吸道感染，按时为患儿接种各种疫苗，增强患儿免疫力。

2．为恢复期患儿制订相应的功能锻炼计划，指导家长具体的训练措施，以减少后遗症的发生。

# 第 5 节　病毒性脑膜脑炎患儿的护理

病毒性脑膜脑炎是指由多种病毒引起的颅内急性炎症。病变主要累及脑膜或脑实质，也可脑膜和脑实质同时受累。大多数患儿呈自限性病程，危重者急进性加重，可留下后遗症，甚至死亡。

## 一、概　述

（一）病因

80%为柯萨奇病毒、埃可病毒等肠道病毒，其次为虫媒病毒（如乙脑病毒）、腺病毒、单纯疱疹病毒、腮腺炎病毒等。

（二）发病机制

病毒经两种途径侵犯中枢神经系统。一为自肠道或呼吸道进入淋巴系统繁殖，经血液循环感染颅外某些脏器，此时患儿可有发热等全身症状。若病毒进一步繁殖，即可能入侵脑或脑膜组织，出现中枢神经症状。二为大量病毒对脑组织的直接入侵和破坏，出现神经系统炎症，表现为水肿、变性及坏死。

## 二、护理评估

（一）健康史

评估患儿近 1～3 周有无呼吸道及消化道感染史，有无接触动物或被昆虫叮咬史，评估预防接种史，评估社会有无流行情况。

（二）身心状况

多呈急性起病，病情的轻重与病变部位有关。如病变在脑实质的病毒性脑炎，临床表现较脑膜炎严重。

1．病毒性脑膜炎　患病前多有呼吸道或消化道感染史，继而发热、恶心、呕吐，婴儿常有烦躁不安，易激惹，较少发生严重意识障碍、惊厥等。年长儿诉头痛，可有脑膜刺激征阳性。病程多在1～2周。

2．病毒性脑炎　具有以下几种类型的表现。

（1）弥漫性大脑病变：主要表现为发热、惊厥、意识障碍及颅内压增高。

（2）累及额叶皮质运动区：以反复惊厥发作为主，伴或不伴发热。

（3）累及额叶底部和颞叶边缘系统：患儿表现为精神情绪异常，如狂躁、幻觉、失语及定向力、计算力和记忆力障碍等，伴或不伴发热。其中以单纯疱疹病毒引起者最为严重，常合并惊厥和昏迷，病死率高。

（4）其他：以偏瘫、单瘫、四肢瘫或各种不自主运动为主要表现。

患儿可同时兼有上述多种类型的表现。

3．心理–社会状况　本病属颅内感染性疾病，家长多担心患儿病情严重而危及生命或留有后遗症，产生焦虑、恐惧等情绪，应注意评估家长对本病的认知程度、焦虑或恐惧的程度及应对方式。

### （三）辅助检查

1．脑脊液检查　外观清亮，压力正常或增高。白细胞总数轻度增多，早期以多核细胞为主，后期以淋巴细胞为主。糖和氯化物在正常范围，蛋白质轻度升高。

2．病毒学检查　部分患儿取脑脊液进行病毒分离及特异性抗体检测均为阳性。

3．脑电图　病程早期脑电图即出现弥漫性或局限性异常慢波背景活动，提示脑功能异常。某些患儿脑电图也可正常。

### （四）治疗要点

急性期以支持、对症治疗为主。卧床休息，供给充足的营养，控制惊厥、脑水肿、颅内压增高等。抗病毒治疗，使用阿昔洛韦，还可使用胞磷胆碱、维生素$B_6$、维生素E、吡拉西坦、泛酸等药物促进脑细胞代谢。

## 三、护理问题

1．体温过高　与病毒血症有关。

2．潜在并发症：颅内压增高。

3．躯体活动障碍　与昏迷、瘫痪有关。

## 四、护理措施

### （一）一般护理

1．维持正常体温　保持病室的安静及适宜的温、湿度，避免光线过强，采取舒适的体位。监测体温，观察热型及伴随症状，体温超过38.5℃时给予物理降温或药物降温。

2．细心的生活护理　为患儿创造良好的环境，给有幻觉、定向力障碍的患儿提供保护性照顾。

### （二）配合治疗护理

1．降低颅内压　参见本章第3节急性颅内压增高患儿的护理。

2．按医嘱给予促进脑细胞代谢的药物。

（三）并发症观察及护理

1．预防并发症　昏迷患儿保持侧卧位，定时翻身及按摩皮肤，以促进血液循环，防止出现压疮。帮助患儿拍背，促使其排出痰液，减少坠积性肺炎的发生。

2．积极促进机体功能恢复

（1）恢复脑功能：去除影响患儿情绪的不良因素，创造良好的环境；针对患儿存在的幻觉、定向力错误的现象采取适当措施，提供保护性照顾。

（2）恢复肢体功能：保持肢体呈功能位置，病情稳定后及早帮助患儿逐渐进行肢体的被动或主动功能锻炼，注意循序渐进，采取保护措施。在改变锻炼方式时加强指导，耐心帮助，给予鼓励。

（四）心理护理

做好患儿及其家长的心理护理，向家长介绍疾病治疗、护理及预后的相关情况，提供心理支持，帮助家长树立战胜疾病的信心。

## 五、健康教育

1．主动向患儿及其家长介绍病情、用药指导及护理方法，减轻焦虑；向家长提供日常生活护理及保护患儿的一般知识，指导家长协助患儿翻身、皮肤护理及功能锻炼的方法。

2．向患儿家长做好用药指导，对留有后遗症的患儿，鼓励家长坚持患儿的智力训练和肢体功能锻炼。

## 自测题

$A_1$/$A_2$ 型题

1．患儿，1 岁。因发热伴咳嗽、惊厥入院。查体：体温 39.6℃，咽充血，颌下可触及 2 个肿大的淋巴结，前囟平。患儿惊厥的可能原因是（　　）

A．癫痫发作　B．热性惊厥
C．低钙惊厥　D．结核性脑膜炎
E．病毒性脑膜炎

2．患儿，3 岁。急性上呼吸道感染，体温 39.5℃，因全身抽搐就诊。为明确抽搐原因，在收集患儿健康史时应重点询问（　　）

A．喂养史　B．生长史
C．既往发作史　D．过敏史
E．药物史

3．对于惊厥发作患儿的护理措施，应除外（　　）

A．严密监护患儿发作过程，防损伤
B．平卧位，头偏向一侧
C．轻轻将舌向外牵拉
D．手心和腋下放纱布
E．将牙垫置于上下磨牙间

4．患儿，1 个月。发热 2 天、呕吐 5 次入院。查体：患儿精神萎靡，目光凝视，脑膜刺激征阳性，初步诊断为化脓性脑膜炎。其常见的病原菌是（　　）

A．大肠埃希菌　B．肺炎球菌
C．铜绿假单胞菌　D．流感嗜血杆菌
E．沙门菌

5．患儿，1 岁。因化脓性脑膜炎入院，遵医嘱静脉给甘露醇降颅内压。护理操作应除外（　　）

A．每次用药前检查药液
B．若有结晶应停止使用
C．注射时勿使药液漏到血管外
D．单独输注
E．先缓慢推注，后静脉滴入

$A_3$/$A_4$ 型题

（6～8 题共用题干）

患儿，6 岁。因发热 2 天，伴呕吐、头痛来诊。

查体：体温39.2℃，脉搏130次/分，呼吸40次/分，血压95/55mmHg，心、肺、脑未见异常，布鲁津斯基征阳性，凯尔尼格征阳性。初步诊断为病毒性脑炎。

6．病毒性脑炎最常见的病毒是（　　）
A．疱疹病毒　B．腮腺炎病毒
C．流感病毒　D．乙脑病毒
E．柯萨奇病毒

7．病毒性脑炎的脑脊液特点不包括（　　）
A．外观清亮
B．白细胞总数明显增多
C．早期以多核细胞为主
D．后期以淋巴细胞为主
E．蛋白轻度升高

8．患儿突然出现呼吸节律不规则，护士查体见患儿两侧瞳孔不等大，对光反射迟钝。该护士首先考虑其并发了（　　）
A．脑水肿
B．急性感染性多发性神经根神经炎
C．颅内出血
D．脑疝
E．脑性瘫痪

（9～12题共用题干）

患儿，男，1岁。发热、咳嗽、流涕3天入院。入院后体温持续不退，达40.5℃，呕吐、抽搐2次。查体：胸、腹部及四肢皮肤有瘀斑，前囟隆起，双肺呼吸音粗糙，可闻及少许干啰音，腹软，脑脊液外观浑浊。

9．该患儿可能发生的疾病是（　　）
A．败血症
B．急性感染性多发性神经根神经炎
C．支气管肺炎
D．癫痫
E．化脓性脑膜炎

10．为明确病原，应首先进行的检查是（　　）
A．神经传导功能测定
B．痰液涂片
C．胸部X线片
D．脑电图检查
E．脑脊液涂片找细菌

11．护士目前应采取的护理措施中，最重要的是（　　）
A．皮肤护理　B．降温护理
C．饮食护理　D．对症处理
E．控制感染

12．该病最主要的治疗原则是（　　）
A．早期用药　B．规律用药
C．强化用药　D．长程用药
E．减少户外活动

（江　豪）

# 第 15 章 结缔组织疾病患儿的护理

本章知识框架，见图 15-1。

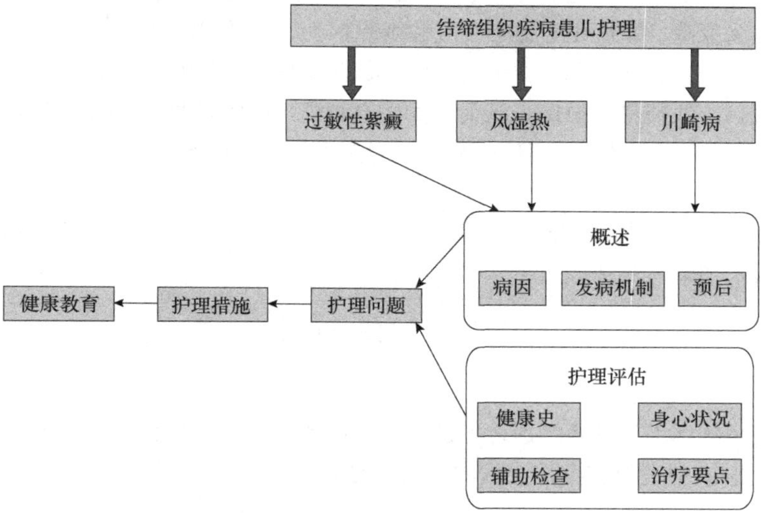


图 15-1 结缔组织疾病患儿的护理知识框架图

结缔组织病是指以结缔组织的发炎、水肿、增生和变性为主要病理变化，出现关节肌肉疼痛或僵硬等症状的一组疾病。发生在儿童期的包括风湿热、类风湿关节炎、强直性脊柱炎、系统性红斑狼疮、过敏性紫癜、川崎病、硬皮病、皮肌炎和混合型结缔组织病等。本章主要讲述风湿热、过敏性紫癜和川崎病患儿的护理。

## 第 1 节 风湿热患儿的护理

**案例 15-1** 患儿，女，6 岁。因持续发热 10 天，游走性关节肿痛 2 周入院。查体：神清，面色苍白。体温 38℃，咽部充血，扁桃体肿大，躯干和四肢可见环形红色斑块，心界扩大，心尖部可闻及Ⅱ级收缩期杂音，肝脾未触及。辅助检查：红细胞沉降率 56mm/h，抗链“O”1500U，C-反应蛋白阳性，心电图示 P-R 间期延长，ST 段下移。

问题：1. 该患儿可能患了什么疾病？

2. 目前主要的护理问题有哪些？

3. 该患儿入院后，护士应做哪些护理工作？

风湿热是一种与 A 组乙型溶血性链球菌感染密切相关的免疫炎性疾病。临床表现为发热，多伴有心脏炎、游走性关节炎，比较少见环形红斑、皮下结节或舞蹈病。心脏炎是最严重的临床表现，急性期可危及患儿生命，反复发作可形成永久性心脏瓣膜病变。发病年龄以 5～15 岁多见，冬春和寒冷、潮湿地区发病率高。近年来风湿热的发病率有回升的趋势，值得重视。

## 一、概　述

（一）病因

本病的病因尚不清楚，多数认为与A组乙型溶血性链球菌感染有关。近年来研究提示该病还可能与遗传、病毒感染有关。

（二）发病机制

与A组乙型溶血性链球菌感染后的两种免疫反应有关。①变态反应：某些抗链球菌抗体可与人的组织发生交叉反应，导致Ⅱ型变态反应性组织损伤，还可因链球菌菌体成分及其产物与相应抗体作用形成的免疫复合物沉积在关节、心肌、心脏瓣膜导致Ⅲ型变态反应性组织损伤。②自身免疫反应可出现抗心肌抗体，损伤心肌组织发生心脏炎。病变累及全身结缔组织，基本病变为炎症和具有特征性的“风湿小体”。病理过程可分为渗出、增生和硬化三期，各期改变可同时并存。

（三）预后

早诊断，彻底治疗，则预后较好。舞蹈病的预后一般较好。首次发作即累及心脏者预后较差；反复发作并累及心脏者预后不良。

## 二、护理评估

（一）健康史

了解本次发病的诱因，发病前是否患过上呼吸道感染；是否在寒冷、潮湿的地方居住过；是否感染过结核；家族中是否有类似症状的患者；是否患有其他免疫系统疾病等。

（二）身心状况

约半数病例在发病前1～4周有上呼吸道感染史。大多患儿呈急性起病，而以心脏炎或舞蹈病为初发病者则往往呈缓慢的发病过程。

1. 躯体表现

（1）一般表现：发热，热型不规则，有面色苍白、腹痛、食欲差、多汗、疲倦等症状。

（2）心脏炎：是风湿热唯一的持续性器官损害，小儿风湿热以心脏炎起病的占40%～50%，年龄愈小，心脏受累的机会愈多，以心肌炎及心内膜炎多见，亦可发生全心炎，轻者可无症状，重者可伴有程度不等的心力衰竭。心内膜炎主要侵犯部位是二尖瓣，其次是主动脉瓣（图15-2，图15-3）。

（考点：风湿热的躯体表现）

图15-2　瓣膜赘生物

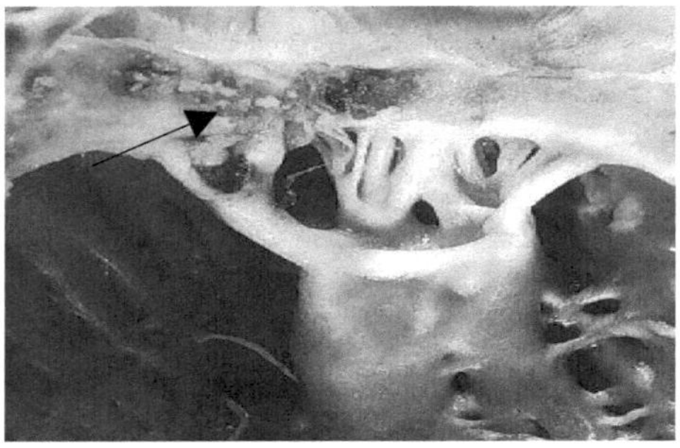

图15-3　瓣膜赘生物

（3）关节炎：年长儿多见，占风湿热患儿的 50%～60%，以游走性和多发性为特点，主要累及膝、踝、肩、肘、腕等大关节，局部出现红、肿、热、痛，以疼痛和功能障碍为主，经治疗，关节不留强直或畸形。轻症患儿仅有关节酸痛而无局部红、肿表现。

（4）舞蹈病：女童多见，是一种累及锥体外系的风湿性神经系统疾病，表现为以四肢和面部肌肉为主的轻重程度不同的、不自主、不协调、无目的的快速运动，在兴奋或注意力集中时加剧，入睡后消失。可单独存在或与其他症状同时并存，约 40%伴心脏损害，但伴关节炎者罕见。

（5）皮肤损害

① 皮下结节：有 5%～10%的风湿热患儿可见，常伴有严重心脏炎，好发在肘、腕、膝、踝等关节伸侧的骨质隆起或肌腱附着处，呈圆形、粟米或豌豆大小的硬结，质硬、无压痛、可活动，常在起病数周后才出现，经 2～4 周自然消失（图 15-4，彩图 13）。

② 环形红斑：较少见，呈环形或半环形，边界明显的淡红或暗红色斑，大小不等，边缘可轻度隆起，中心苍白，多分布于躯干和四肢屈侧，呈一过性，或时隐时现呈迁延性，可持续数周，不留痕迹（图 15-5，彩图 14）。

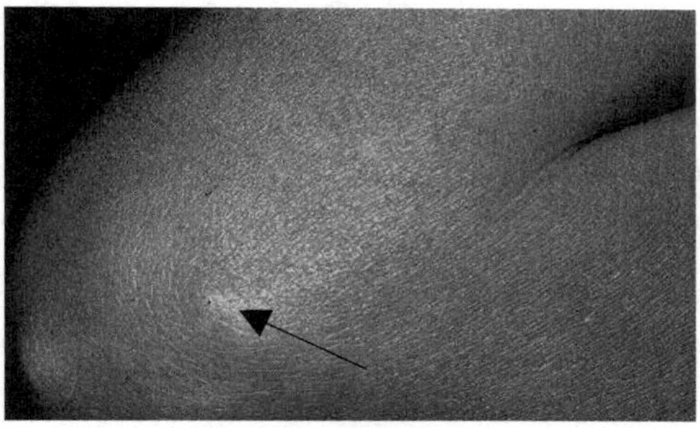
图 15-4　皮下小结

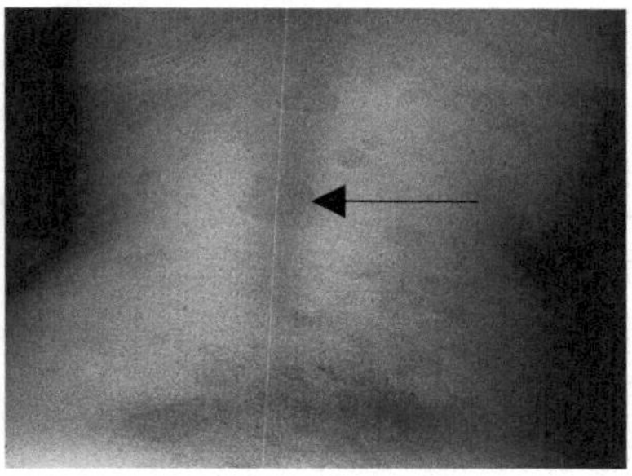
图 15-5　环形红斑

2．心理-社会状况　本病容易复发，产生心脏损害，严重影响患儿生命质量。应评估家长有无焦虑、对该病的预后、疾病的治疗、护理方法、药物不良反应、复发的预防等方面的认知程度。对年长儿要注意评估有无因长期休学带来的担忧，由于舞蹈症带来自卑等。了解患儿家庭环境及家庭经济情况。

（三）辅助检查

1．血常规　常见轻度贫血，周围血白细胞总数和中性粒细胞增高，伴核左移现象。

2．风湿热活动指标　红细胞沉降率增快，C-反应蛋白（CRP）、黏蛋白增高，此为风湿活动的重要标志，但对诊断本病无特异性。

3．链球菌感染证据　咽拭子培养可发现 A 组乙型溶血性链球菌，血清抗链“O”（ASO）、抗链球菌激酶（ASK）和抗透明质酸酶（AH）增高，说明近期有过链球菌感染，提示风湿热可能，不反映风湿热活动。

4．心电图检查　可见 P-R 间期延长、伴有 T 波低平、ST 段改变或心律失常等。

（四）治疗要点

本病主要是抗链球菌感染、抗风湿、支持疗法和对症治疗。

1．一般治疗　卧床休息，时间取决于心脏受累程度和心功能状态，并应加强营养，补充维生素等。

2. 清除链球菌感染 大剂量青霉素静脉滴注，持续2～3周。青霉素过敏者改用红霉素。

3. 抗风湿治疗 抗风湿热治疗主要选用水杨酸盐或肾上腺皮质激素。心脏炎时宜早期使用肾上腺皮质激素，常用泼尼松或地塞米松，重症可静脉滴注地塞米松，症状好转后逐渐减量至停药，总疗程8～12周。

4. 其他治疗 无心脏炎患儿可用阿司匹林口服，至体温恢复正常、关节肿痛消失和实验室活动性指标正常后，剂量减半，总疗程4～8周。

（考点：风湿热的治疗要点）

## 三、护理问题

1. 心排血量减少 与心脏受损有关。
2. 疼痛 与关节受累有关。
3. 焦虑 与疾病的反复发作有关。
4. 体温过高 与感染有关。
5. 潜在并发症：与药物不良反应有关。

## 四、护理措施

### （一）一般护理

1. 加强饮食管理 给予易消化、富于营养的食物，少量多餐，有心力衰竭者适当限制盐和水，准确记录出入量，并保持大便通畅。

2. 做好生活护理 保持病室空气新鲜、温度适宜。卧床期间帮助患儿洗漱、进食、大小便及清洁卫生活动等。

### （二）病情观察

1. 密切观察体温变化，注意热型、热度及伴随症状。高热时采用物理降温并遵医嘱使用药物降温。观察皮肤损害情况。

2. 注意患儿面色、呼吸、心率、心律及心音的变化，如发现烦躁不安、面色苍白、多汗、气急等心力衰竭的表现，应及时报告医生并协助进行处理。

### （三）配合治疗护理

1. 限制活动 根据病情限制活动量。急性期卧床休息2周，有心脏炎时，轻者绝对卧床4周，重者6～12周，至急性症状完全消失，红细胞沉降率接近正常时方可下床活动，伴心力衰竭者待心功能恢复后再卧床3～4周，活动量应根据心率、心音、呼吸及有无疲劳而调整。一般恢复至正常活动量所需时间是：无心脏受累者1个月，轻度心脏受累者2～3月，严重心脏炎伴心力衰竭者6个月。

2. 减轻关节疼痛 将疼痛关节放置于功能位，保持体位舒适，可热敷局部关节以止痛。注意患肢保暖，避免寒冷潮湿，并做好皮肤护理。

3. 用药护理 服药期间应注意观察药物不良反应，如阿司匹林可引起胃肠道反应、肝功能损害和出血，可饭后服用；泼尼松可引起消化性溃疡、肾上腺皮质功能不全、精神症状、血压增高、电解质紊乱、抑制免疫功能等；心肌炎时对洋地黄敏感且易出现中毒，服药期间应注意有无恶心、呕吐、心律失常、心动过缓、色视等不良反应，并应注意补钾。有心力衰竭者使用洋地黄制剂，同时吸氧、利尿、维持水电解质平衡等治疗。

（四）心理护理

关心爱护患儿，耐心解释各项检查、治疗、护理措施的意义，提高家长及患儿对本病的认知程度，减少焦虑及患儿的自卑感，争取合作。及时解除患儿的各种不适感，如发热、出汗、疼痛等，增强战胜疾病的信心。

## 五、健康教育

向患儿及其家长讲解疾病的有关知识和护理要点，使家长学会病情观察、预防感染和防止复发的各种措施；合理安排患儿的日常生活，防止受凉，避免寒冷潮湿，避免去公共场所，不参加剧烈的活动以免过劳，坚持定期门诊复查。让家长及患儿了解使用阿司匹林或泼尼松的疗程和可能出现的不良反应，能够主动配合坚持治疗。强调预防复发的重要性，预防用药首选肌内注射长效青霉素120U，每 3～4 周 1 次，至少 5 年，最好坚持至 25 岁，有风湿性心脏病者，宜终身药物预防。

# 第 2 节　过敏性紫癜患儿的护理

**案例 15-2**　患儿，男，9 岁。因反复皮肤紫癜 6 天、膝关节肿痛 3 天入院。起病前 2 周曾患上呼吸道感染。入院查体：双下肢及臀部皮肤可见紫红色斑疹，高出皮肤，呈对称分布，压之不退色，两侧膝关节轻度肿胀、有压痛，脐周有压痛，无腹肌紧张和反跳痛，心肺（－）。

问题：1. 患儿可能患了什么疾病？

2. 患儿目前主要的护理问题有哪些？

3. 作为护士，该患儿入院后应做哪些护理工作？

过敏性紫癜，又称亨-舒综合征，是以小血管炎为主要病变的系统性血管炎。临床特点为皮肤紫癜，常伴有关节肿痛、腹痛、便血和血尿等。主要见于学龄儿童，男孩多于女孩，四季均有发病，春秋季多见。病程有时迁延反复，但预后多良好。

## 一、概　述

（一）病因

本病的病因尚未明确，目前认为与某种致敏因素引起的自身免疫反应有关。

（二）发病机制

发病机制可能为刺激因子，包括感染原和过敏原作用于具有遗传背景的个体，激发 B 细胞克隆扩增，导致 IgA 介导的系统性血管炎。主要病理变化为广泛性的急性无菌性血管炎，以毛细血管炎为主，全身小动脉和小静脉均可受累。血管壁可见灶性坏死，纤维沉积，中性粒细胞及嗜酸性粒细胞浸润，周围散在核碎片。间质水肿，有浆液性和红细胞渗出。内皮细胞肿胀，可有血栓形成。病变累及皮肤、肾、胃肠道和关节，少数涉及心、肺等脏器。重者呈坏死性小动脉炎。

（三）预后

根据病情轻重，痊愈时间为 7 天至数月不等，也可反复发作持续 1 年以上。绝大部分患儿预后良好。

## 二、护理评估

（一）健康史

了解患儿发病前有无患过感染性疾病；服用过哪些药物；近期进食情况等。是否有过敏性皮疹、关节肿痛、腹痛、便血和血尿等。

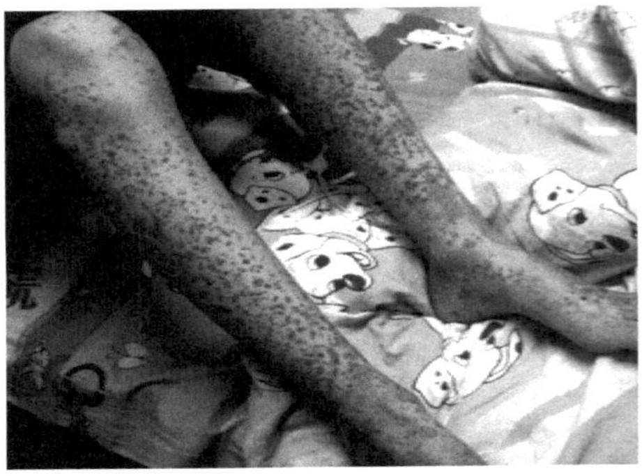

图 15-6 皮肤紫癜

（二）身心状况

1. 躯体表现

（1）皮肤紫癜：常为首发症状，反复出现皮肤紫癜为本病的典型特征（图 15-6，彩图 15）。常见于下肢和臀部，以伸侧为多，对称分布，分批出现，严重者延及上肢、躯干，面部少见。典型紫癜变化为初起出现紫红色斑丘疹及各型红斑，高出皮肤，压之不退色，可有轻度痒感，此后红斑中心发生点状出血，颜色加深呈暗紫红色，最终呈棕褐色而消退。部分重症紫癜可大片融合成大疱伴出血性坏死。部分病例可有血管神经性水肿和一过性荨麻疹。皮肤紫癜一般在 4～6 周后消退,部分患儿间隔数周、数月后复发。

（2）消化道症状：约有 2/3 患儿可出现消化道症状，多出现在皮疹发生 1 周内，亦可发生在紫癜出现之前。一般以阵发性剧烈腹痛为主，常位于脐周或下腹部，伴恶心、呕吐或便血，是由于肠道病变引起肠蠕动增强或痉挛所致。偶尔发生肠套叠、肠梗阻、肠穿孔及出血坏死性小肠炎。此型临床亦称为“腹型紫癜”。

（3）关节症状：约 1/3 患儿出现关节肿痛，多累及膝、踝、肘、腕等大关节，可单发亦可多发，呈游走性，表现为关节疼痛、肿胀和活动受限，一般无红、热，关节腔有浆液性积液，常在数日内消失，不遗留关节畸形。偶尔关节炎出现在紫癜前 1～2 日。此型临床亦称“关节型紫癜”。

（4）肾脏症状：约半数患儿有肾脏损害的临床表现，尸检发现几乎全部患儿有不同程度肾脏病变。多发生在起病 1 个月内，亦可在其他症状消失后发生，症状轻重不一。多数患儿出现血尿、蛋白尿及管型，伴血压增高和水肿，称为紫癜性肾炎。少数呈肾病综合征表现。一般患儿肾损害较轻，虽然部分患儿的血尿、蛋白尿持续数月甚至数年，但大多数都能完全恢复。

（5）全身症状：多为急性起病，病前 1～3 周常有上呼吸道感染史。约半数患儿出现不规则低热、乏力、精神萎靡、食欲减退等全身症状。

（6）其他表现：中枢神经系统病变是本病潜在威胁之一，患儿偶可因颅内出血导致失语、昏迷、惊厥，以及瘫痪和肢体麻痹。个别患儿有鼻出血、牙龈出血、咯血等出血表现。

上述症状可单独出现，也可几种同时存在，同时存在两种以上临床表现时，称“混合型紫癜”。

2. 心理-社会状况　评估患儿及其家长对本病的认知程度，特别是对本病易反复发作，并发肾脏损害的了解程度；对于年长儿要评估是否因疾病延误学业而出现焦虑；同时应了解患儿的饮食、家庭经济和环境状况。

（考点：过敏性紫癜的躯体表现）

（三）辅助检查

1. 血常规　外周血白细胞数正常或轻度增高，中性和嗜酸性粒细胞可增高。部分患儿的毛细血管脆性试验阳性。

2. 尿常规　可有红细胞、蛋白、管型，重症有肉眼血尿。

3. 大便隐血试验　可呈阳性反应。

4. 其他　红细胞沉降率轻度增快，血清 IgA 浓度往往增高，IgG、IgM 水平正常或轻度升高。

（四）治疗要点

该病无特效疗法，主要采取支持和对症治疗。急性发作时卧床休息，积极寻找和去除病因。

## 三、护理问题

1．疼痛　与关节和肠道变态反应性炎症有关。

2．皮肤完整性受损　与血管炎有关。

3．潜在并发症：消化道出血、紫癜性肾炎。

## 四、护理措施

（一）一般护理

1．急性发作期卧床休息，尽可能寻找并避免过敏原。

2．指导饮食，以清淡、细软、易消化食物为主，严重消化道症状者按医嘱禁食，经静脉补充营养；有血尿、蛋白尿的患者给予低盐低蛋白饮食。

3．保持皮肤清洁，防止擦伤和小儿抓伤，如有破溃及时处理，防止感染和出血；衣着宽松、柔软，保持清洁、干燥。

（二）病情观察

1．观察皮疹的形态、颜色、分布及数量，是否反复出现，每日详细记录皮疹变化情况。

2．观察有无腹痛、便血等情况，同时注意腹部体征，及时报告医生并配合处理。

3．观察尿色、尿量、尿液性状及尿比重的改变，定时做尿常规检查，若有血尿和蛋白尿，提示紫癜性肾炎，按肾炎护理。

（三）配合治疗护理

减轻或消除关节肿痛与腹痛；对关节型病例患儿应观察疼痛及肿胀情况，保持患肢功能位置，协助患儿取舒适体位，膝下放一小平枕，使膝关节处于伸展位。根据患儿症状，遵医嘱使用药物，注意观察药物的不良反应及病情变化。

## 五、健康教育

过敏性紫癜可反复发作和并发肾损害，给家长和患儿带来不安和痛苦，针对具体情况予以解释和心理支持，帮助家长和患儿树立战胜疾病的信心。做好出院指导，有肾脏及消化道症状者宜在症状消失后 3 个月复学；同时教会患儿和家长继续观察病情，合理调配饮食；指导其尽量避免接触各种可能的过敏原；定期来院复查。

# 第 3 节　川崎病患儿的护理

**案例 15-3**　患儿，男，2 岁。发热 6 天伴皮疹。查体：双眼结膜充血、口唇干裂出血、咽部黏膜弥漫性发红及颈部淋巴结肿大，手足皮肤硬性水肿，听诊心尖部收缩期杂音，心律失常。

问题：1．患儿可能患了什么疾病？

2．患儿目前主要的护理问题有哪些？

3．患儿入院后护士应为其做哪些护理工作？

川崎病又称皮肤黏膜淋巴结综合征，是一种以全身中、小血管炎为主要病变的急性发热出疹性疾病。临床特点为急性发热、皮肤黏膜病损和淋巴结肿大。本病以婴幼儿多见，男孩多于女孩，15%～20%未经治疗的患儿可发生冠状动脉损害。本病呈散发或小流行，一年四季均可发病。我国近年来该病发病率明显增高，多数自然康复，心肌梗死是主要死因。

## 一、概　　述

（一）病因

本病病因尚不清楚，可能与EB病毒、逆转录病毒、链球菌、丙酸杆菌、立克次体、支原体等多种病原体感染有关，但均未得到证实；现研究越来越多的是一定易患宿主对多种感染病原触发的一种免疫介导的全身性血管炎。

（二）发病机制

川崎病的基本病理改变是全身血管的变态反应性坏死性血管炎，不仅累及冠状动脉，全身器官的中小血管均可受累。受累的血管内皮细胞坏死，肌层及外膜有白细胞浸润，内膜层断裂，同时血管扩张、管壁内有血栓形成。由于内皮损伤及炎性细胞浸润引起动脉中层损害，使动脉壁的完整性遭到破坏而形成动脉瘤和（或）内膜增生及纤维化而狭窄。除血管炎外还涉及多种脏器，尤其以间质性心肌炎、心包炎及心内膜炎最显著，并可累及传导系统。

（三）预后

一般为自限性，病程多为6～8周，有心血管症状时可持续数月至数年。

## 二、护理评估

（一）健康史

了解患儿发病前有无其他感染；生活环境是否有过变化，接触了什么药物、化学制剂等；是否进食了易过敏食物等。

（二）身心状况

1．躯体表现

（1）发热：为最早出现的症状，体温达38～40℃，呈稽留热或弛张热型，持续1～2周，抗生素治疗无效。

（2）皮肤表现：常在第1周出现，呈向心性、多形性皮斑和猩红热样皮疹，无水疱或结痂。手足症状为本病特征，在发热早期，手足皮肤硬性水肿，指（趾）关节呈梭形肿胀，并有疼痛和关节强直，继之掌跖弥漫性红斑，体温渐降时，手足皮疹和硬性水肿也消退，同时出现指（趾）端膜状脱皮（图15-7），重者指（趾）甲亦可脱落。

（3）黏膜表现：于起病3～4日双眼出现球结膜充血，但无脓性分泌物或流泪。口腔及咽部黏膜弥漫性充血，舌乳头突起、充血呈杨梅舌。唇红、干燥、皲裂（图15-8，彩图16）出血或结痂。充血症状持续整个发热期。

（4）颈淋巴结肿大：一般在发热同时或发热后3日出现，常发生在单侧颈部，少数为双侧，质硬，轻压痛，局部皮肤无发红、化脓，热退后消散。

2．心血管症状　是川崎病最严重的临床表现。常在发病1～6周出现心包炎、心脏炎、心内膜炎、心律失常。冠状动脉损害多发生在病程2～4周，也可于亚急性期和恢复期，甚至数年后才发生。约50%患儿的动脉瘤可在1年内消散。心肌梗死和冠状动脉瘤破裂，可致心源性休克甚至猝死。

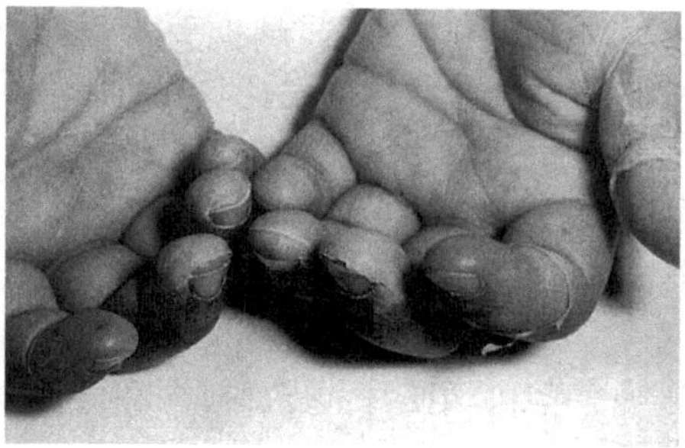

图 15-7　指端膜状脱皮

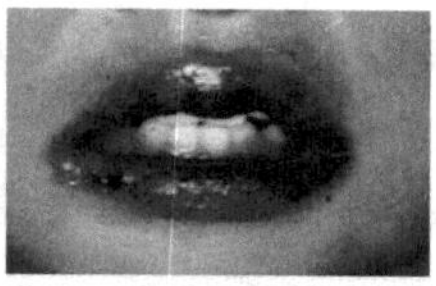

A. 口唇破裂

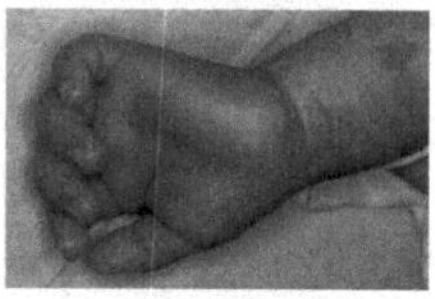

B. 肢端硬性肿胀

图 15-8　口唇皲裂和指端硬性水肿

3．其他伴随症状　可出现间质性肺炎、无菌性脑膜炎、消化系统症状（呕吐、腹泻、腹痛、肝大、轻度黄疸等）、关节疼痛和肿胀。

4．心理–社会状况　本病虽是自限性疾病，但因病程长，少数可并发心脏损害，注意评估家长对该病的了解程度，有无焦虑；评估患儿对住院及治疗有无恐惧心理。

（考点：川崎病的躯体表现）

（三）辅助检查

1．血液检查　轻度贫血、外周血白细胞计数升高，以中性粒细胞增高为主，有核左移现象。红细胞沉降率增快，C-反应蛋白增高，免疫球蛋白增高，为炎症活动指标。

2．免疫学检测　血清 IgG、IgM、IgA、IgE 和血循环免疫复合物均升高。

3．心血管系统检查　心电图主要为 ST 段和 T 波改变、P-R 间期和 Q-T 间期延长、低电压、心律失常等。

（四）治疗要点

除对症、支持治疗外，应尽早使用阿司匹林和丙种球蛋白，以控制炎症，预防或减轻冠状动脉病变；病情严重者可加用糖皮质激素。

## 三、护理问题

1．体温过高　与感染、免疫反应等因素有关。

2．皮肤完整性受损　与小血管炎有关。

3．口腔黏膜受损　与小血管炎有关。

4．潜在并发症：心肌梗死、冠状动脉瘤破裂。

## 四、护理措施

（一）一般护理

1．急性期患儿应绝对卧床休息，保证病室适宜的温、湿度。监测体温变化，观察热型、热度及伴随症状，以便及时采取必要的治疗护理措施，警惕热性惊厥的发生。

2．评估患儿体液状态，给予清淡的高热量、高维生素、高蛋白的流质或半流质饮食。鼓励患儿多饮水，必要时静脉补液。

3．促进皮肤恢复正常功能　保持皮肤清洁，衣被质地柔软而清洁，以减少对皮肤的刺激；对半脱的痂皮应用干净剪刀剪除，切忌强行撕脱，防止出血和继发感染。

4. 促进黏膜恢复　评估患儿口腔卫生习惯及进食能力，观察口腔黏膜病损情况，每日口腔护理2～3次，保持口腔清洁，防止继发感染与增进食欲；口唇干裂时可涂护唇油；口腔溃疡涂碘甘油以消炎止痛。每日用生理盐水洗眼1～2次，也可涂眼膏，以保持眼的清洁，预防感染。

（二）病情观察

密切监测患儿有无心血管损害的症状，如面色、精神状态、心率、心律、心音、心电图改变等，如有以上变化立即进行心电监护，并及时报告医生，采取相应护理措施。

（三）配合治疗护理

遵医嘱用药，注意观察药物的疗效和不良反应，注意阿司匹林的出血倾向和丙种球蛋白的过敏反应，一旦发生及时处理。

（四）心理护理

家长常因患儿心血管受损，可能猝死而产生不安心理，应及时向家长介绍病情，给予帮助和安慰；根据患儿病情定期复查心电图、超声心动图等，应结合患儿年龄与家庭经济状况进行解释，以取得配合；制定合理的活动与休息计划，给患儿安排一些床上娱乐活动，多给予其精神安慰。

## 五、健康教育

向家长及患儿介绍病情及预后，给予心理支持。指导家长观察病情，定期复查，对于无冠状动脉病变患儿，于出院后1个月、3个月、6个月及1年进行1次全面检查；对所有残留有冠状动脉病变的患儿密切随访，每3～6个月做1次超声心动图检查。多发或较大冠状动脉瘤尚未闭塞者不宜参加体育活动。

## 自测题

$A_1/A_2$型题

1. 风湿热与哪种细菌感染关系密切（　　）
   A. 大肠埃希菌
   B. 分枝杆菌
   C. A组乙型溶血性链球菌
   D. 金黄色葡萄球菌
   E. 真菌

2. 风湿性瓣膜病最常累及的是（　　）
   A. 主动脉瓣　B. 肺动脉瓣
   C. 三尖瓣　D. 二尖瓣
   E. 静脉瓣

3. 下列哪项符合风湿性关节炎的特点（　　）
   A. 游走、多发　B. 固定某个关节
   C. 小关节　D. 治疗后有关节畸形
   E. 局部出现红肿热痛

4. 风湿性心包炎X线心影的特点是（　　）
   A. 梨状　B. 靴状
   C. 烧瓶状　D. 三角状
   E. 钟摆状

5. 在治疗风湿性二尖瓣狭窄药物中，苄星青霉素的作用是防止（　　）
   A. 风湿热　B. 心力衰竭
   C. 动脉栓塞　D. 心律失常
   E. 心绞痛

6. 风湿热唯一的持续性器官损害是（　　）
   A. 心脏　B. 关节
   C. 皮肤　D. 肾脏
   E. 肝脏

$A_3/A_4$型题

（7～10题共用题干）

患儿，女，12岁。2周前因受凉出现上呼吸道感染，自服“感冒冲剂”后出现腹痛、腹泻及便血，次日双下肢膝关节以下出现散在性紫癜。血红蛋白 120g/L，白细胞 $12\times10^9$/L，中性粒细胞 0.8，血小板 $160\times10^9$/L，尿蛋白（+），红细胞 10～20 个/HP，白细胞 5～10 个/HP，颗粒管型 1～2 个/HP（　　）

7．最可能的诊断是（　　）

A．细菌性痢疾　B．泌尿系结石

C．急性肾小球肾炎　D．过敏性紫癜

E．药物疹

8．该疾病的临床表现不包括（　　）

A．水肿

B．紫癜

C．腹痛，伴恶心、呕吐或便血

D．关节肿痛，呈游走性，无红、热，有积液

E．血尿、蛋白尿及管型

9．护士对患儿进行健康教育，其内容应除外（　　）

A．帮助患儿寻找致病因素

B．急性期卧床休息

C．避免接触致敏原

D．让患儿学会自我观察

E．补充优质蛋白如鱼、虾、蟹等

10．该病预后较差的临床表现类型是（　　）

A．紫癜型　B．肾型

C．腹型　D．关节型

E．腹型与关节型并存

（毛惠芬）

# 第16章 传染病患儿的护理

本章知识框架，见图16-1。

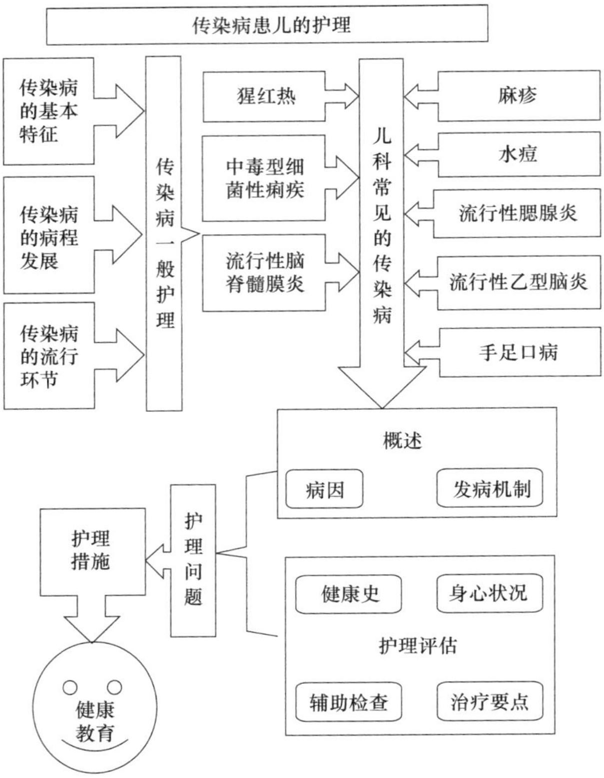


图16-1　传染病患儿的护理知识框架

## 第1节　传染病患儿的一般护理

小儿机体免疫功能低下，故传染病发病率较成年人高，且起病急，症状重，病情变化快，容易发生并发症。因此，护士必须熟悉传染病的有关理论知识，以采取适当的预防和支持措施控制传染病。

### 一、传染病的特点

1．传染病的基本特征　①有特异的病原体。②具有传染性。③有流行病学特征。④有感染后免疫性。

2．传染病的病程发展　多数传染病的病程发展具有阶段性，一般都要经过以下几个阶段。①潜伏期：从病原体侵入人体到开始出现临床症状的时期。②前驱期：从起病至症状明显开始为止的时期。③症状明显期：传染病特有的症状和体征获得充分表达的时期。④恢复期：机体免疫力增强，病原体完全或基本消灭，临床症状、体征基本消失，少数疾病可留有后遗症。

3．传染病的流行环节 传染病在人群中传播和流行，必须具备 3 个基本条件，即传染源、传播途径和人群易感性，通常称为传染病流行三大环节。

（考点：传染病的基本特征）

## 二、传染病患儿的一般护理

1．建立预检分诊制度 小儿时期传染病多，传染病门诊应与普通门诊分开。门诊预诊能及早发现传染病患儿，避免和减少交叉感染的机会。

2．严格执行消毒隔离制度 隔离与消毒是控制传染源，防止传染病播散和院内感染的重要措施。患儿预诊后需按不同传染病的病种分别在指定的诊室进行诊治。诊室内应有洗手、消毒设备。传染病门诊应有单独的治疗室、药房、化验室、留观室、厕所等。患儿诊治完毕后，由指定出口离院或入院。

3．及时报告疫情 护理人员是传染病的法定报告人之一。发现传染病患者后及时填写“传染病疫情报告卡”，并按国家规定向防疫部门报告，采取相应的隔离措施。

4．促进休息与营养 保持病室清洁、安静、舒适，以利于患儿休息。传染病的急性期应绝对卧床休息，症状减轻后方可逐渐起床活动。传染病患儿大多有高热、食欲缺乏，故应给予充足的水分，易消化、营养丰富的流质和半流质饮食。

5．预防和控制院内感染 医院内感染是对住院患儿的一大威胁，护士在控制院内感染中起着非常重要的作用。正确洗手和勤洗手是防止微生物传播和预防院内感染最重要的方法。当可能接触血液、体液、分泌物或排泄物时，应戴手套或其他防护用品以免受污染。

# 第 2 节 麻疹患儿的护理

**案例 16-1** 患儿，男，3 岁。因发热、咳嗽、畏光、流泪 4 天，皮疹 1 天就诊。查体：体温 40.5℃，一般情况可，结膜充血明显，分泌物较多，眼睑水肿，全身皮肤满布红色斑丘疹，部分融合，疹间皮肤正常，双肺无干、湿啰音，心脏无杂音。血常规示白细胞 $4.0\times10^9$/L，中性粒细胞 0.32，淋巴细胞 0.68。

**问题**：1．患儿可能患了什么疾病？

2．患儿目前主要的护理问题有哪些？

3．作为护士，该患儿入院后应做哪些护理工作？

麻疹是由麻疹病毒引起的急性出疹性呼吸道传染病，临床以发热、上呼吸道感染（咳嗽、流涕）、结膜炎、口腔麻疹黏膜斑（又称柯氏斑，Koplik spots）、全身斑丘疹及疹退后遗留色素沉着伴糠麸样脱屑为主要特征。麻疹患者是唯一的传染源，主要通过飞沫传播，出疹前后 5 天均有很强传染性，易并发肺炎。多见于 6 个月～5 岁的小儿，冬春季发病率较高，病后大多可获得终身免疫。随着麻疹减毒活疫苗的普遍接种，麻疹的发病率和病死率显著下降。

## 一、概　　述

（一）病因

麻疹病毒属副黏液病毒，RNA 病毒，只有 1 个血清型，抗原性稳定。病毒不耐热，对紫外线和消毒剂均敏感，在流通的空气或日光中 30 分钟即失去活力，但耐低温。

（二）发病机制

麻疹病毒通过鼻咽部进入人体，在呼吸道上皮细胞和局部淋巴组织中繁殖并侵入血液，通过血液的单核细胞向其他器官传播，如脾、肺、肝、消化道黏膜、结膜和皮肤，导致全身广泛性损害，出现全身症状和皮疹等，此时传染性最强。由于免疫反应受抑制，常并发喉炎、支气管肺炎或导致结核病复燃。

## 二、护理评估

（一）健康史

评估患儿本次发病前有无麻疹患者接触史、麻疹疫苗接种史、既往有无麻疹或其他慢性疾病史。

（二）身心状况

1．躯体表现

（1）潜伏期：一般 6～18 天，平均 10 天左右，接种过麻疹减毒活疫苗者可延长至 3～4 周。

（2）前驱期（出疹前期）：一般为 3～4 天，主要表现为如下。①发热：多为中度以上，可高达 39～40℃。②上呼吸道感染：发热同时伴咳嗽、打喷嚏、咽部充血、眼睑水肿、畏光流泪、结膜充血等眼、鼻卡他症状，以眼部症状为本病特点。③麻疹黏膜斑（图 16-2，彩图 17）：是早期诊断麻疹的重要依据。出疹前 1～2 天在下磨牙对应的颊黏膜上，可见直径约 1.0mm 的灰白色小点，周围有红晕，常在 1～2 天迅速增多，可累及整个颊黏膜，出疹后 1～2 天迅速消失。④部分病例可有一些非特异性症状，如全身不适、精神不振、食欲减退、呕吐、腹泻等。

（考点：麻疹的临床表现）

（3）出疹期：一般为 3～5 天。多在发热后 3～4 天出疹，体温可高达 40℃，此时呼吸道症状和全身中毒症状逐渐加重并达高峰。皮疹初见于耳后、发际，渐至颜面、颈部、躯干、四肢，最后到手掌、足底。皮疹初为淡红色斑丘疹，压之褪色，疹间皮肤正常，皮疹逐渐增多，部分融合，变为暗红色（图 16-3，彩图 18）。

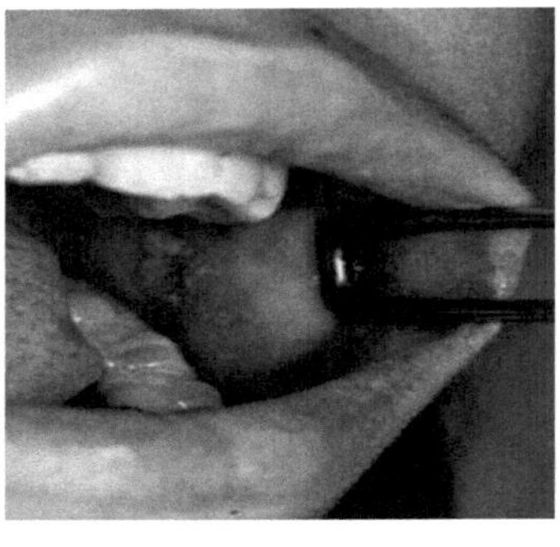

图 16-2　麻疹黏膜斑

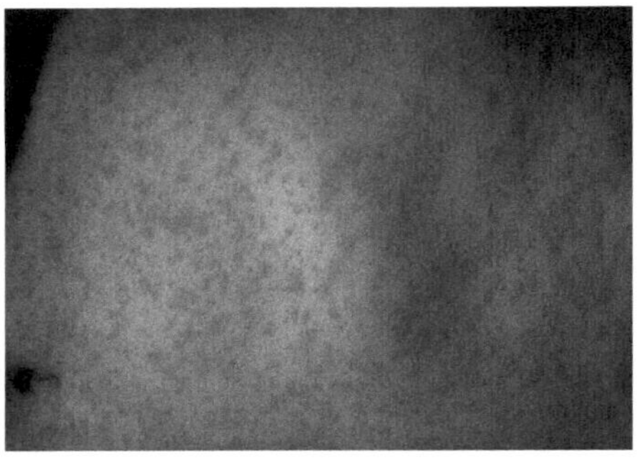

图 16-3　麻疹皮疹

（4）恢复期：一般为 3～5 天。出疹 3～4 天后皮疹按出疹顺序消退，有糠麸状脱屑和褐色色素沉着，体温下降，其他症状随之好转，一般 7～10 天痊愈。

2．并发症　可并发肺炎、心肌炎、喉炎、麻疹脑炎、营养不良和维生素 A 缺乏等，并可使结核病恶化。其中肺炎是麻疹最常见的并发症，亦是患儿死亡主要原因。

3．心理–社会状况　麻疹传染性极强，患儿需隔离治疗，少数患儿可产生并发症，患儿及其家长可能产生焦虑、恐惧心理；曾经与患儿密切接触过的小儿及其家长也会担心受到传染。

（三）辅助检查

1．血常规　血白细胞总数减少，淋巴细胞相对增多。

2．多核巨细胞检查　于出疹前 2 天至出疹后 1 天，取患者鼻咽部、眼分泌物或尿沉渣涂片染色镜检，可见多核巨细胞或包涵体细胞，阳性率高，有早期诊断价值。

3．血清学检查　检测患儿血清麻疹 IgM 抗体，有早期诊断价值。

（四）治疗要点

目前尚无治疗麻疹的特效药物，主要为加强护理、对症治疗和防治并发症。

## 三、护理问题

1．体温过高　与病毒血症、继发感染有关。

2．有皮肤完整性受损的危险　与皮疹并有瘙痒有关。

3．营养失调：低于机体需要量　与高热、消化功能紊乱有关。

4．潜在并发症：肺炎、喉炎、心肌炎、脑炎等。

5．有传播感染的危险　与呼吸道排出病毒有关。

## 四、护理措施

（一）维持正常体温

保持室内空气新鲜，体温不超过 40℃者一般不需退热。若体温＞40℃伴有惊厥或有热性惊厥史者可适当降温。忌用乙醇擦浴和冷敷，慎用退热药，以免影响透疹而加重病情。体温＞40℃时可温水擦浴或使用小剂量退热药降温。

（二）保持皮肤完整性

保持皮肤清洁，勤换内衣，剪短指甲，防止抓伤皮肤导致继发感染。及时评估患儿的出疹情况，如出疹不畅，可用鲜芫荽煎水服用或温水擦浴以利透疹。保持眼、耳、鼻、口腔的清洁。及时用生理盐水清洗眼部分泌物，遵医嘱应用抗生素眼药水或眼膏，加服维生素 A 预防眼干燥症。多喂白开水，常用生理盐水或 2%硼酸溶液洗漱，保持口腔清洁舒适。

（三）保证营养供给

给予易消化的流质、半流质饮食，少量多餐。鼓励多饮水，利于排毒、退热和透疹。呕吐、腹泻严重、摄入过少者给予静脉输液。恢复期予以高蛋白、高能量及富含维生素的饮食。

（四）密切观察病情

如患儿咳嗽明显加重、持续高热、呼吸困难、肺部湿啰音增多等可能并发肺炎；当患儿出现声音嘶哑、犬吠样咳嗽、吸气性呼吸困难等，提示并发喉炎；如患儿嗜睡、惊厥、昏迷、脑膜刺激征等提示并发脑炎。出现上述情况应予以相应护理，并及时报告医生，协助救治。

（五）预防感染传播

1．控制传染源　隔离患儿至出疹后5天，合并肺炎者延长至出疹后10天。接触麻疹的易感儿应隔离检疫3周。

2．切断传播途径　病室每天紫外线消毒或通风30分钟。患儿衣被及使用物品在阳光下暴晒2小时，减少不必要的探视。医护人员接触患儿前后应洗手、更换隔离衣或在空气流通处停留30分钟。

3．保护易感人群　①主动免疫：采用麻疹减毒活疫苗预防接种。②被动免疫：易感儿接触麻疹患者后5天内立即注射免疫血清球蛋白，可维持3～8周。

## 五、健康教育

无并发症者无需住院，可在家治疗护理。指导患儿家长有关麻疹的消毒隔离、发热的护理、皮肤黏膜护理、病情观察等知识。讲解协助透疹的方法和空气清新、流通的重要性。

（考点：麻疹的护理要点）

# 第3节　水痘患儿的护理

**案例16-2**　患儿，男，5岁。因低热、咳嗽3天，皮疹2天来院就诊。查体：体温37.7℃，脉搏92次/分，呼吸22次/分，神志清，精神可，躯干部见较多红色斑丘疹，3～5mm椭圆形清亮小水疱，周围有红晕，部分结痂，伴瘙痒，四肢皮疹少，双肺无干、湿啰音，心率92次/分，律齐，未闻及杂音，肝、脾肋下未触及，腹部无压痛，神经系统检查未见异常。血常规示白细胞$7.0\times10^9$/L，中性粒细胞0.52，淋巴细胞0.48。

**问题**：1. 患儿可能患了什么疾病？
2. 患儿目前主要的护理问题有哪些？
3. 作为护士，该患儿入院后应做哪些护理工作？

水痘是由水痘-带状疱疹病毒引起的小儿常见的急性出疹性传染病，临床特点为皮肤黏膜相继出现和同时存在斑疹、丘疹、疱疹和结痂，全身症状轻微。水痘患者是唯一的传染源，主要通过飞沫或直接接触传播，出疹前24小时至疱疹结痂为止均有很强传染性。冬、春季节多发，病后可获得持久免疫，但以后可以发生带状疱疹。

## 一、概　述

（一）病因

水痘-带状疱疹病毒为DNA病毒，仅1个血清型。该病毒在体外抵抗力弱，对乙醚敏感，不耐热和酸，在痂皮中不能存活。

（二）发病机制

水痘病毒经上呼吸道侵入人体，在局部黏膜及淋巴组织内繁殖，然后侵入血液，形成病毒血症，如患儿的免疫能力不能清除病毒，则病毒可到达单核-巨噬细胞系统内再次增殖后入血，引起各器官病变。主要损害部位在皮肤、黏膜，偶尔累及内脏。皮疹分批出现与间歇性病毒血症有关。

## 二、护理评估

（一）健康史

2～3 周有无水痘患者或带状疱疹患者接触史。有无水痘-带状疱疹病毒减毒活疫苗接种史。本次发病有无低热、不适、畏食等前驱症状，评估本次皮疹的出疹时间和规律。

（二）身心状况

1．躯体表现（典型水痘）

（1）潜伏期：潜伏期 10～21 天，一般 2 周左右。

（2）前驱期：仅 1 天左右，表现为低热、全身不适、头痛、食欲缺乏、流涕、咳嗽等。

（3）出疹期：发热同时或 1～2 天后出现皮疹，其特点如下。①呈向心性分布，首发于头、面和躯干，继而扩散到四肢，末端较少。②皮疹分批出现，初始为红色斑丘疹或斑疹，迅速发展为清亮、卵圆形或泪滴状小水疱，周围有红晕。24 分钟后水疱内容物变浑浊且中央凹陷，易破溃，伴痒感，2～3 天开始干枯结痂。疾病高峰期可见斑疹、丘疹、疱疹和结痂同时存在，是水痘皮疹的重要特点（图 16-4，彩图 19）。③黏膜皮疹可出现在口腔、睑结膜、生殖器等处，易破溃形成浅溃疡。如无感染，痊愈后不留瘢痕。

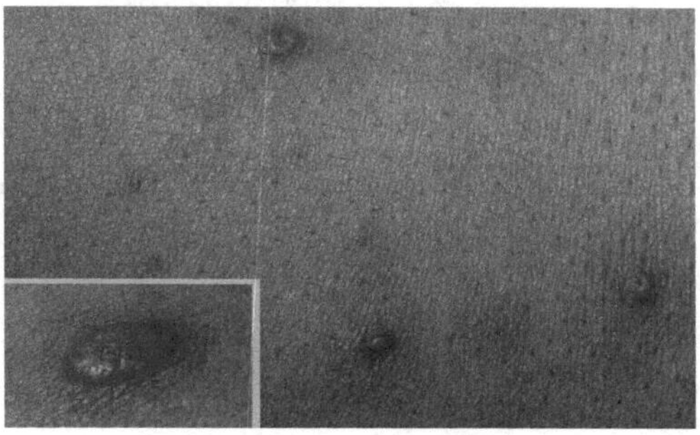

图 16-4　水痘皮疹

（考点：水痘皮肤黏膜的典型表现）

2．重型水痘　多发生于免疫功能低下或恶性疾病小儿，高热、皮疹分布广泛，常融合成大疱型疱疹或出血性皮疹，可继发感染，病死率高。

3．并发症　最常见为皮肤继发细菌感染，可出现脓疱疮、丹毒、蜂窝织炎，甚至败血症等；亦可并发水痘肺炎、脑炎、心肌炎等。

4．心理-社会状况　家长缺乏对水痘相关知识的了解和护理技能，容易出现紧张、焦虑情绪；评估患儿及其家长对本病的认识程度、防治态度，护理人员予以指导以提高家庭护理水平。

（三）辅助检查

1．血常规　白细胞总数一般正常，继发细菌感染时可增高。

2．血清学检查　血清水痘病毒特异性 IgM 抗体检测，可早期帮助诊断；双份血清特异性 IgG 抗体滴度增高 4 倍以上可明确诊断。

3．疱疹刮片　刮取新鲜疱疹基底组织和疱疹液涂片，瑞氏染色可见多核巨细胞，苏木素-伊红染色可查到核内包涵体，直接荧光抗体染色查病毒抗原简捷有效。

（四）治疗要点

主要是对症治疗及预防皮肤继发感染，保持皮肤清洁，减少瘙痒。阿昔洛韦是目前首选抗病毒药物，但应尽早使用，一般应在皮疹出现的 24 小时内应用。继发细菌感染时酌情应用抗生素，糖皮质激素可导致水痘播散，不宜使用。

## 三、护理问题

1．皮肤完整性受损　与水痘病毒感染出现皮疹和继发细菌感染有关。

2. 体温过高　与病毒血症有关。

3. 有传播感染的危险　与患儿排出水痘病毒有关。

## 四、护理措施

（一）减轻皮肤病损，恢复皮肤完整性

保持病房空气新鲜流通，衣被清洁，勤换内衣，保持皮肤清洁、干燥。剪短指甲，防止抓伤皮肤而导致继发感染。皮肤瘙痒者可涂 0.25%冰片炉甘石洗剂或 5%碳酸氢钠溶液，继发感染者遵医嘱使用抗生素。

（二）维持正常体温

监测体温，如有高热可用物理降温或适量退热药，忌用阿司匹林，以免增加 Reye 综合征的危险。供给足够水分和易消化食物。

（三）预防感染传播

水痘患儿要隔离至疱疹全部结痂为止，易感儿接触后应隔离观察 3 周。易感者避免接触水痘患儿，若已接触，72 小时内肌内注射水痘–带状疱疹免疫球蛋白能预防或减轻症状。使用水痘减毒活疫苗可有效预防水痘，并可持续 10 年以上。

（考点：水痘预防感染传播的方法）

## 五、健康教育

水痘多为自限性疾病，预后良好，一般 10 天左右自愈。无并发症者可在家进行隔离护理。如果患儿神志、体温、呼吸、皮疹情况出现异常改变，应立即就医。水痘流行期间易感儿不宜到公共场所。

# 第 4 节　猩红热患儿的护理

**案例 16-3**　患儿，女，10 岁。因高热、全身皮疹 3 天来院就诊。查体：体温 40℃，脉搏 120 次/分，呼吸 20 次/分，血压 98/65mmHg，急性病容，颜面及周身皮肤出现潮红及鸡皮样充血疹，双侧球结膜充血、水肿，杨梅舌，咽部充血，扁桃体Ⅱ度肿大，双肺无干、湿性啰音，心率 120 次/分，律齐，未闻及杂音，腹部无压痛，神经系统检查未见异常。血常规检查示白细胞 $15.0\times10^9$/L，中性粒细胞 0.85，淋巴细胞 0.15。

问题：1. 患儿可能患了什么疾病？

2. 患儿目前主要的护理问题有哪些？

3. 作为护士，该患儿入院后应做哪些护理工作？

猩红热是由 A 组乙型溶血性链球菌感染引起的急性呼吸道传染病，临床以发热、咽炎、草莓舌、全身弥漫性鲜红色皮疹和退疹后脱屑为特征。猩红热患者和带菌者为主要传染源，主要通过呼吸道飞沫传播，自发热前 24 小时至出疹期传染性最强，人群普遍易感。冬、春季发病率较高。少数病例可于起病后 1～5 周发生变态反应性风湿病和急性肾小球肾炎。

## 一、概　　述

（一）病因

A 组乙型溶血性链球菌是本病的致病菌，在痰液及脓液中可成活数周，对热及干燥环境抵抗力弱，加热 30 分钟或用一般消毒剂均可将其杀灭。

（二）发病机制

溶血性链球菌侵入咽部后引起咽峡炎、扁桃体炎，并向周围组织扩散，少数可引起败血症。链球菌产生的多种外毒素具有发热作用和细胞毒性作用，可使皮肤、黏膜的血管弥漫性充血，形成点状充血样皮疹，最后表皮死亡、脱落而脱皮。

## 二、护 理 评 估

（一）健康史

评估患儿有无与猩红热患者的接触史；居住环境是否阴暗潮湿、空气不流通、拥挤等；有无发热、咽痛等病史。

（二）身心状况

1．躯体表现

（1）潜伏期：1～12 天，一般为 2～5 天。

（2）前驱期：起病急，畏寒、高热，多为持续性，常伴头痛、恶心、呕吐、全身不适、咽部红肿、扁桃体发生化脓性炎症。

（3）出疹期：①皮疹多在发热后第 2 天出现，始于耳后、颈部及上胸部，24 小时左右迅速波及全身。皮疹特点为全身弥漫性充血的皮肤上出现分布均匀的针尖大小的丘疹，压之褪色，触之有砂纸感，疹间无正常皮肤，伴有痒感。皮疹约 48 小时达高峰，然后体温下降、皮疹按出疹顺序 2～4 天消失。②特殊体征：腋窝、肘窝、腹股沟处可见皮疹密集并伴出血点，呈线状，称为帕氏线（Pastia line）。面部潮红，有少量皮疹，口鼻周围无皮疹，略显苍白，称为“口周苍白圈”。“杨梅舌”是指病初舌被覆白苔，3～4 天后白苔脱落，舌乳头红肿突起（图 16-5，彩图 20）。

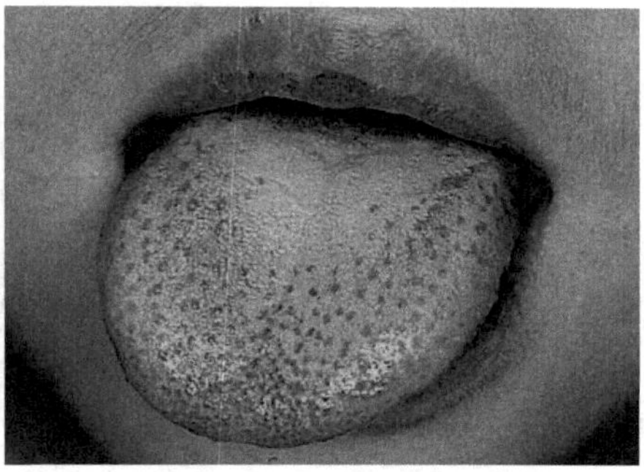

图 16-5　猩红热杨梅舌

（4）脱屑期：多数患儿于病后 1 周内，按出疹顺序开始脱屑，躯干为糠皮样脱屑，手掌、足底可见大片状脱皮，呈“手套”“袜套”状。脱皮持续 1～2 周。无色素沉着。

2．并发症　猩红热为变态反应性疾病，并发症多发生于病程的 2～3 周，主要有急性肾小球肾炎、风湿病等。

3．心理-社会状况　患儿病情较重，且常并发急性肾小球肾炎和风湿热，患儿及其家长可能产生焦虑、恐惧心理；家长缺乏相关的护理和康复知识而出现急躁、退缩等。

（考点：猩红热的主要症状）

（三）辅助检查

1．血常规　白细胞总数增高，可达（10～20）$\times 10^9$/L，中性粒细胞占 0.80 以上。

2．病原学检查　咽拭子或其他病灶分泌物培养，可得 A 组乙型溶血性链球菌。

（四）治疗要点

首选青霉素 G，疗程 7～10 天。青霉素过敏者可用红霉素。中毒症状重或伴休克症状者，应给予相应处理，防治并发症。

## 三、护理问题

1．体温过高　与溶血性链球菌感染有关。

2．疼痛　与咽喉部炎症有关。

3．潜在并发症：化脓性感染、急性肾小球肾炎、风湿热。

4．有传播感染的危险　与对患儿隔离不当、对污染物消毒不严有关。

## 四、护理措施

（一）维持正常体温

病室通风，保持适宜的温、湿度，卧床休息。监测体温变化，鼓励患儿多饮水，高热者给予物理或药物降温。

（二）减轻疼痛

积极治疗咽炎和扁桃体炎，咽喉肿痛时，予以清淡、流质、半流质软食。遵医嘱使用解热镇痛药。

（三）密切观察病情

观察患儿有无耳痛、耳道流脓，有无发热、咳嗽、气促等表现，及时发现中耳炎、肺炎表现；密切观察患儿排尿的变化及尿色，留取尿标本化验检查，警惕急性肾炎的发生；观察患儿有无关节疼痛、心肌炎表现，及时发现风湿热并采取措施。

（四）预防感染传播

1．控制传染源　呼吸道隔离至症状消失后 1 周，连续咽拭子培养 3 次阴性后即解除隔离。

2．切断传播途径　室内通风换气或用紫外线照射进行消毒，患者鼻咽分泌物须以 2%～3% 氯胺或漂白粉消毒，被患者分泌物所污染的物品，如食具、玩具、书籍、衣服被褥等，可分别采用消毒液浸泡、擦拭、蒸煮或日光暴晒等。

3．保护易感人群　对密切接触者应检疫 7 天，并可口服磺胺类药物或红霉素 3～5 天以预防疾病发生。

## 五、健康教育

告知家长急性期患儿应严格卧床休息，讲解皮肤护理的注意事项；详细向患儿家长讲解病情观察的要点，解释定期检查尿液、心脏对及时发现并发症如急性肾炎、风湿热的重要性。本病流行时，不要带儿童去公共场所。

（考点：猩红热的护理措施）

# 第 5 节　流行性腮腺炎患儿的护理

**案例 16-4**　患儿，男，8 岁。因发热、左腮部疼痛 3 天来院就诊。查体：体温 38.7℃，脉搏 85 次/分，呼吸 22 次/分，神志清，精神稍差，右耳后部肿胀，心率 85 次/分，律齐，未闻及杂音，肝、脾肋下未触及，腹部无压痛，睾丸无肿胀及压痛，咽无充血，右上颌第二磨牙旁可见红肿的腮腺导管，牙龈不肿，双肺未见异常。血常规检查示白细胞 $5.0\times10^9/L$，中性粒细胞 0.42，淋巴细胞 0.58。

问题：1. 患儿可能患了什么疾病？

2. 患儿目前主要的护理问题有哪些？

3. 作为护士，该患儿入院后应做哪些护理工作？

流行性腮腺炎是由腮腺炎病毒引起的小儿时期常见的急性呼吸道传染病，临床上以腮腺的非化脓性肿痛为特征，大多有发热、咀嚼受限，亦可累及各种唾液腺体及其他器官。患者和隐性感染者为传染源，主要通过呼吸道飞沫传播，腮腺肿大前 1 天至消肿后 3 天均有传染性。易感儿主要为 15 岁以下儿童，全年发病，冬、春季发病率较高，病后可获得持久免疫。

## 一、概　述

（一）病因

腮腺炎病毒属副黏液病毒，RNA 病毒，仅 1 个血清型，存在于患者唾液、血液、尿液和脑脊液中。人是病毒唯一宿主。该病毒抵抗力弱，加热 55～60℃ 20 分钟或 75%乙醇 2～5 分钟，紫外线照射 30 秒可将其灭活，但耐低温。

（二）发病机制

腮腺炎病毒经口、鼻黏膜侵入人体，在局部黏膜繁殖，引起局部炎症和免疫反应，进入血液产生病毒血症，侵犯多种腺体（如腮腺、下颌下腺、舌下腺、胰腺、性腺等）和中枢神经系统，引起多器官的非化脓性炎症。在器官中病毒再度生长繁殖，并入血侵犯第 1 次病毒血症未受累器官。

## 二、护 理 评 估

（一）健康史

患儿发病前 2～3 周有无与腮腺炎患者接触史。本次发病前有无体温升高、头痛和肌痛等症状。既往有无腮腺反复肿大或腮腺炎病史。有无腮腺炎疫苗接种史。

（二）身心状况

1．躯体表现　潜伏期 12～22 天，平均 18 天。前驱期 1～2 天，症状轻微，表现为发热、头痛、乏力、食欲减退等。常以腮腺肿大为首发症状，常先见一侧，持续 7～10 天，2～3 天后累及对侧。腮腺肿大以耳垂为中心，向前、后、下发展，边缘不清，表面不红，有轻度压痛，张口和咀嚼时疼痛加剧（图 16-6）。肿痛 3～5 天达高峰，1 周左右消退；腮腺管口早期可有红肿，但无分泌物。严重者下颌下腺、舌下腺、颈淋巴结可同时受累。

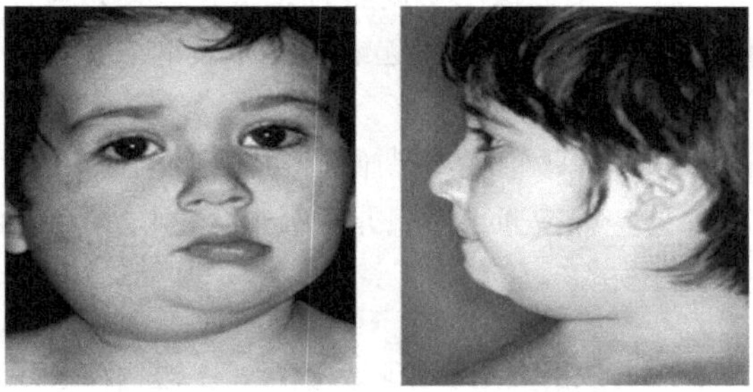

A. 腮腺肿大　　B.下颌下腺受累

图 16-6　流行性腮腺炎

（考点：流行性腮腺炎患儿腮腺肿大的特点）

2．并发症　常见的是脑膜炎，常发生于腮腺肿大前后 1 周，表现为发热、头痛、呕吐、颈项强直等，大多预后良好，7～10 天缓解，重者可留有后遗症甚至死亡。男孩常并发睾丸炎，多为单侧，睾丸肿胀疼痛，一般不影响生育；女孩可出现卵巢炎。亦可见胰腺炎、心肌炎等。

3．心理–社会状况　疼痛是主要症状，影响进食、睡眠，易使患儿及其家长紧张不安；部分家长担心并发睾丸炎或卵巢炎会影响生育而出现焦虑情绪。

（三）辅助检查

1．血常规　白细胞总数正常或偏低，淋巴细胞相对增多。

2．血清和尿淀粉酶测定　增高程度常与腮腺肿胀程度相平行，发病早期血清和尿淀粉酶增高，2 周左右恢复正常。

3．血清抗体检测　血清特异性 IgM 抗体阳性提示近期感染。

（四）治疗要点

目前无特殊治疗，主要是对症处理和支持治疗。发生脑膜脑炎病例可短期使用肾上腺皮质激素及脱水剂。

## 三、护理问题

1. 疼痛　与腮腺非化脓性炎症有关。
2. 体温过高　与病毒感染有关。
3. 潜在并发症：脑膜脑炎、睾丸炎等。
4. 有传播感染的危险　与对患儿隔离不当、对污染物消毒不严有关。

## 四、护理措施

（一）减轻疼痛

保持口腔清洁，勤漱口，多饮水，防止继发感染。局部外敷，青黛散调醋或如意金黄散调茶水或食醋外敷患处，药物要保持湿润。进食清淡、易消化的半流食或软食，忌酸、辣、干、硬食物，以减轻疼痛。

（二）降低体温

患儿注意休息，多饮水，高热者给予物理降温或药物降温。

（三）密切观察病情

注意有无持续高热、头痛、呕吐、脑膜刺激征等脑膜炎表现，应及时发现，做好护理及协助治疗；观察男孩阴囊皮肤有无水肿，有无睾丸肿大、疼痛及触痛，并发睾丸炎出现阴囊水肿者，可用丁字带将阴囊托起或局部冰袋冷敷止痛。

（四）预防感染传播

采取呼吸道隔离措施，患儿隔离至腮腺肿大消退后 3 天，有接触史的易感儿观察检疫 3 周。病室保持空气流通，对患儿呼吸道分泌物及污染物进行严格消毒，流行期间应加强托幼机构的晨检。

## 五、健康教育

无并发症者可在家隔离治疗、护理，注意观察病情，如出现剧烈呕吐、头痛，男性患儿睾丸肿大等，应及时到医院就诊。易感儿可接种疫苗预防，腮腺炎流行期间，避免带孩子到人群密集的场所。

（考点：流行性腮腺炎的护理措施）

# 第 6 节　中毒型细菌性痢疾患儿的护理

**案例 16-5**　患儿，男，5 岁。因高热 4 小时，抽搐 1 次来院就诊。查体：体温 39.9℃，脉搏 100 次/分，呼吸 25 次/分，血压 70/35mmHg，精神萎靡，面色苍白，肢体发冷，皮肤花纹状，双肺无干、湿性啰音，心率 100 次/分，律齐，未闻及杂音，肝、脾肋下未触及，双下肢不肿。入院后 2 小时解黏液脓血便 1 次。血常规检查示白细胞 $15\times10^9$/L，中性粒细胞 0.83，淋巴细胞 0.17；便常规示黏液脓血便，镜检有大量脓细胞、红细胞和吞噬细胞。

问题：1. 患儿可能患了什么疾病？

2. 患儿目前主要的护理问题有哪些？

3. 作为护士，该患儿入院后应做哪些护理工作？

中毒型细菌性痢疾是急性细菌性痢疾的危重型，起病急骤，临床主要表现为突发高热、反复惊厥、嗜睡，迅速发生休克、昏迷。人群普遍易感，以 2～7 岁体质较好的儿童多见。患者和带菌者是传染源，通过粪-口途径传播，发病季节以夏、秋季多见，病死率高。

## 一、概　　述

### （一）病因

病原是痢疾杆菌，属于志贺菌属。痢疾杆菌对外界环境抵抗力较强，耐寒、耐湿，但加热 60℃时 10 分钟可灭活，对各种消毒剂均敏感。

### （二）发病机制

中毒型细菌性痢疾发病机制不十分明确，可能和机体对细菌毒素产生异常强烈的过敏反应有关。志贺菌内毒素从肠壁吸收入血后，引起发热、毒血症及急性微循环障碍。中毒型菌痢可发生脑水肿甚至脑疝，出现昏迷、抽搐及呼吸衰竭，是中毒型菌痢死亡的主要原因。

## 二、护 理 评 估

### （一）健康史

询问本次发病前有无不洁饮食史、与腹泻患儿接触史；有无高热、惊厥的表现；了解患儿既往身体状况。

### （二）身心状况

1．躯体表现　潜伏期多数为 1～2 天，短者数小时。起病急，发展快，高热可超过 40℃，迅速发生呼吸衰竭、休克或昏迷，肠道症状多不明显甚至无腹痛与腹泻，也有在发热、排便后 2～3 天开始发展为中毒型。根据其主要表现又可分为以下几种类型。

（1）休克型（皮肤内脏微循环障碍型）：主要表现为感染性休克，早期为微循环障碍，可见精神萎靡，面色灰白，四肢湿冷，脉细速，呼吸急促，血压正常或偏低，脉压小；后期微循环淤血，缺氧，口唇及甲床发绀，皮肤花斑，血压下降或测不出，可伴心、肺、血液、肾脏等多系统功能障碍。

（2）脑型（脑微循环障碍型）：因脑缺氧、水肿而发生反复惊厥、昏迷和呼吸衰竭。早期有嗜睡、呕吐、头痛、血压偏高、心率相对缓慢。随病情进展很快进入昏迷、频繁或持续惊厥。瞳孔大小不等，对光反射消失，呼吸深浅不匀、节律不整，甚至呼吸停止。此型较严重，病死率高。

（3）肺型（肺微循环障碍型）：又称呼吸窘迫综合征，以肺微循环障碍为主，常在中毒型痢疾脑型或休克型基础上发展而来，病情危重，病死率高。

（4）混合型：上述两型或三型同时或先后出现，是最为凶险的一型，病死率很高。

2．心理-社会状况　患儿病情重，且可能迅速恶化，家长表现自责、焦虑、恐惧；疾病使患儿全身不适而出现焦虑、烦躁。

### （三）辅助检查

1．粪便常规　病初可正常，以后出现脓血黏液便，镜检有成堆脓细胞、红细胞和吞噬细胞。

2．粪便培养　可培养出志贺菌属痢疾杆菌是确诊的最直接证据。

3．血常规　白细胞总数增高至（10～20）$\times 10^9$/L 以上，中性粒细胞为主，当有 DIC 时，血小板明显减少。

（考点：中毒型细菌性痢疾的辅助检查）

（四）治疗要点

1．降温止惊　可使用物理、药物降温或亚冬眠疗法。惊厥不止者，可用地西泮 0.3mg/kg，肌内注射或静脉注射（每次最大剂量≤10mg），或用水合氯醛 40～60mg/kg 保留灌肠，或肌内注射苯巴比妥钠每次 5mg/kg。

2．治疗循环衰竭　扩充血容量，纠正酸中毒，维持水、电解质平衡，改善微循环，及早应用肾上腺皮质激素。

3. 防治脑水肿和呼吸衰竭　保持呼吸道通畅，给氧。首选 20%甘露醇，每次剂量为 0.5～1g/kg 静注，每 6～8 天 1 次，疗程 3～5 天，可与利尿药交替使用。也可短期静脉注射地塞米松。若出现呼吸衰竭应及早使用呼吸机。

4．抗菌治疗　可选用阿米卡星、头孢噻肟或头孢曲松钠等敏感的抗生素，联合、静脉滴注迅速控制感染，但注意阿米卡星的耳毒性；喹诺酮类药物也是目前较理想的药物，但儿童需慎用。

## 三、护理问题

1．体温过高　与痢疾杆菌感染释放内毒素有关。

2．组织灌注量改变　与机体的高敏状态和毒血症引起微循环障碍有关。

3．腹泻　与痢疾杆菌引起肠道感染有关。

4．有传播感染的危险　与病原体排出有关。

## 四、护理措施

（一）维持正常体温

绝对卧床休息，监测体温，遵医嘱使用物理降温、药物降温甚至亚冬眠疗法，争取在短时间内将体温维持在 37℃左右，防止热性惊厥致脑缺氧、脑水肿加重。

（二）维持有效血容量

患儿取平卧位或中凹体位，记录 24 小时出入量。密切观察神志、面色、生命体征及瞳孔的改变。对明显尿少者，立即停用肾毒性药物，注意观察药物的不良反应。迅速建立静脉通道，遵医嘱抗休克治疗。

（三）腹泻的护理

评估并记录大便次数、性状及量，估计水分丢失量作为补液参考。供给易消化流质饮食，多饮水，不能进食者静脉补充营养。勤换尿布，便后及时清洗，预防臀红发生。准确采集粪便标本送检，常规检查标本应取黏液脓血部分，细菌培养标本应取黏液微带血部分（应在使用抗生素前，不可与尿混合）。

（四）预防感染传播

采取肠道隔离至临床症状消失后 1 周或 2 次粪便培养阴性。患儿粪便、便器及尿布要及时消毒处理。向家长解释隔离消毒的重要性，具体指导消毒方法，使其自觉遵守，配合好医院的各项隔离消毒制度。

## 五、健康教育

对家长及患儿进行卫生教育，讲究饮食卫生，养成饭前便后洗手的良好习惯，提高保健意识。菌痢流行期间口服痢疾减毒活菌苗。有密切接触者应医学观察 7 天。

# 第 7 节　流行性乙型脑炎患儿的护理

**案例 16-6**　患儿，男，6 岁。因高热 4 天，头痛，呕吐进行性加重，抽搐 1 次来院就诊。查体：体温 39.9℃，脉搏 110 次/分，呼吸 28 次/分，血压 115/95mmHg，嗜睡，颈项强直，心肺无异常，脑膜刺激征（+）。血常规检查示白细胞 $15\times10^9$/L，中性粒细胞 0.83，淋巴细胞 0.17。

问题：1. 患儿可能患了什么疾病？

2. 患儿目前主要的护理问题有哪些？

3. 作为护士，该患儿入院后应做哪些护理工作？

流行性乙型脑炎简称乙脑，是由乙型脑炎病毒引起，以脑实质炎症为主要病变的中枢神经系统急性传染病，其临床特征为高热、惊厥、意识障碍、呼吸衰竭。重症患者可留有后遗症。猪为主要传染源，蚊虫是传播媒介。流行区的小儿为易感人群，尤以 2～6 岁小儿发病率高。夏、秋季流行，感染后可获得持久免疫力。

## 一、概　述

### （一）病因

乙型脑炎病毒简称乙脑病毒，属虫媒病毒，抵抗力不强，加热至 56℃时 30 分钟可灭活，对各种消毒剂均敏感。但耐低温和干燥。

### （二）发病机制

感染的蚊虫在叮咬人或动物时，可将病毒传给人体，先在单核-巨噬细胞内繁殖并侵入血液循环引起病毒血症。如机体免疫功能正常，感染后病毒迅速被清除，不进入中枢神经系统呈隐性感染；如机体免疫功能低下，感染病毒量大、毒力强时，病毒可通过血-脑脊液屏障进入中枢神经系统，在神经细胞内复制，引起一系列脑炎症状。

## 二、护理评估

### （一）健康史

询问本次发病前有无接触蚊虫或家畜史、与流行区域小儿接触史；有无乙脑疫苗接种史；有无高热、惊厥的表现；了解患儿既往身体状况。

### （二）身心状况

1. 躯体表现

（1）潜伏期：多数为 4～21 天，一般为 14 天。

（2）前驱期：一般为 1～3 天，起病多急骤，主要表现为发热、头痛、恶心、呕吐，部分患儿有嗜睡，轻度颈项强直。

（3）极期：持续 7 天左右，初期症状加重，此期主要表现为脑实质受损症状。

① 高热：体温高达 40℃以上，热程通常持续 7～10 天，发热越高，热程越长，病情越重。

② 意识障碍：程度不等，可有嗜睡、谵妄、昏迷或定向力障碍等，常持续 1 周左右，重者可长达 4 周。

③ 惊厥或抽搐：可有局部抽搐、肢体阵挛性抽搐、全身抽搐或强直性痉挛，持续数分

钟至数 10 分钟不等，均伴有意识障碍。频繁抽搐可加重缺氧和脑实质受损，导致中枢性呼吸衰竭。

④ 呼吸衰竭：多发生在重症病例，由于脑实质炎症、脑水肿、颅内压增高、脑疝和低血钠脑病所致。主要表现为中枢性呼吸衰竭，如呼吸节律不规则、叹息样呼吸、潮式呼吸等，最后呼吸停止。此外，也可因并发肺炎或脊髓受侵犯后，出现外周性呼吸衰竭，表现为呼吸先快后慢，呼吸表浅，但呼吸节律整齐。

高热、惊厥及呼吸衰竭是乙脑极期的严重表现，三者相互影响，其中呼吸衰竭常为致死的主要原因。

⑤ 颅内高压征：颅内压增高表现为剧烈头痛、喷射性呕吐、血压升高和脉搏变慢，脑膜刺激征阳性。婴幼儿常有前囟隆起。严重患者可发展为脑疝，最后呼吸、心脏停搏死亡。

（考点：乙脑的临床表现）

（4）恢复期：此期体温逐渐下降，神经精神症状好转，并逐渐恢复。

（5）后遗症期：指恢复期神经系统残存症状超过 6 个月尚未恢复者。主要表现为失语性痉挛、扭转性痉挛及神经障碍等。

2. 心理-社会状况　患儿病情重，且可能迅速恶化，家长表现出自责、焦虑、恐惧；疾病使患儿全身不适而出现焦虑、烦躁。

（三）辅助检查

1. 血常规　外周血白细胞计数增高，常在（10～20）$\times 10^9$/L，中性粒细胞 0.8 以上。

2. 脑脊液　压力增高，外观无色透明或微浑，白细胞计数轻度增加，多在（50～500）$\times 10^6$/L 之间，病初 5 天以中性粒细胞为主，以后淋巴细胞增多。蛋白稍高，氯化物正常，糖正常或偏高。

3. 血清学检查　特异性 IgM 抗体多在病后 3～4 天即可出现，2 周达到高峰，有早期诊断价值。

4. 其他　脑 CT 检查可显示脑组织低密度区；MRI 检查可显示丘脑和脑干部位异常信号。

（四）治疗要点

目前无特效抗病毒药，主要是全面支持和对症治疗。其中，处理好“三关”，即高热、惊厥、呼吸衰竭是抢救乙脑患者的关键。可选用地西泮每次 0.1～0.3mg/kg 肌内注射或缓慢静脉注射止惊。常用 20%甘露醇每次 0.5～1g/kg 静脉注射降低颅内压，或与呋塞米合用，也可用地塞米松每次 0.5mg/kg。保持呼吸道通畅，可用呼吸兴奋药洛贝林和尼可刹米等。

## 三、护理问题

1. 体温过高　与病毒血症及脑部炎症有关。
2. 气体交换受损　与呼吸衰竭有关。
3. 意识障碍　与中枢神经系统损害有关。
4. 潜在并发症：惊厥、脑水肿、呼吸衰竭。

## 四、护理措施

（一）维持正常体温

密切监测患儿体温，遵医嘱使用物理降温、药物降温甚至亚冬眠疗法，争取在短时间内将体温维持在 37℃左右，防高热、惊厥致脑缺氧、脑水肿加重。

（二）保持呼吸道通畅

鼓励并协助患儿翻身拍背，以利分泌物排出。痰液黏稠者给予超声雾化，每日 2 次，每次 20 分钟，必要时吸痰。同时给予吸氧，必要时行气管切开术。

（三）惊厥的护理

患儿取平卧位头偏一侧，松解衣领，清除口鼻分泌物，用开口器置于患儿上、下臼齿之间，防止舌咬伤，或将舌拉出来，以防止舌后坠阻塞呼吸道，遵医嘱使用止惊药物。

（四）密切观察病情

观察病情，监测生命体征，如出现脑水肿或呼吸衰竭，立即通知医生。遵医嘱及时给予脱水药、呼吸兴奋药。保持呼吸道通畅，准备好抢救药物或物品，做好气管切开准备工作。

### 五、健康教育

大力宣传开展防蚊灭蚊工作。加强家畜管理，尤其猪为主要传染源，可在流行季节前对猪进行疫苗接种，以降低发病率。对 10 岁以下小儿和从非流行区进入流行区的人员进行乙脑疫苗接种，初次皮下注射 2 次，间隔 7～10 天，以后每年加强 1 次，连续 3 年可获得持久免疫力。

## 第 8 节　流行性脑脊髓膜炎患儿的护理

**案例 16-7**　患儿，男，5 岁。因高热 4 小时，头痛，呕吐进行性加重，皮肤瘀点、瘀斑，抽搐 1 次来院就诊。查体：体温 39.9℃，脉搏 110 次/分，呼吸 28 次/分，血压 115/95mmHg，嗜睡，颈强直，心肺无异常，脑膜刺激征（+）。血常规检查示白细胞 $150\times10^9$/L，中性粒细胞 0.83，淋巴细胞 0.17。脑脊液检查可见：外观浑浊，细胞数明显增多，以中性为主，蛋白增多，糖、氯化物减少。

问题：1. 患儿可能患了什么疾病？

2. 患儿目前主要的护理问题有哪些？

3. 作为护士，该患儿入院后应做哪些护理工作？

流行性脑脊髓膜炎简称流脑，是由脑膜炎球菌经呼吸道传播而引起的一种化脓性炎症。主要临床表现是突起高热、剧烈头痛、呕吐频繁、皮肤黏膜瘀点、瘀斑，脑膜刺激征阳性，严重者可有败血症休克及脑实质改变，脑脊液呈化脓性改变。带菌者为传染源，通过飞沫传播，人群普遍易感，15 岁以下多见，以 6 个月～2 岁婴幼儿发病率高，病后获得持久免疫。本病冬、春季多见，3～4 月份为发病高峰。

### 一、概　　述

（一）病因

脑膜炎球菌仅存于人体，可在带菌者鼻咽部及血液、脑脊液、皮肤瘀斑中找到。对外界环境抵抗力差，对干燥、寒冷、高温及一般消毒剂均敏感。

（二）发病机制

病原体侵入人体鼻咽部后繁殖，部分产生上呼吸道感染后自愈，大多数成为无症状带菌者，仅少数因机体抵抗力下降或细菌毒力过强使病原菌进入血循环并繁殖，产生败血症。继续侵入脑脊髓膜后引起脑膜的化脓性炎症。同时病原菌亦可进入皮肤血管内壁，引起栓塞、坏死及出血，大量的细菌内毒素可引起全身血管痉挛及血管壁通透性增加，造成微循环障碍及 DIC。

## 二、护理评估

（一）健康史

询问本次发病前有无接触与流行区域小儿接触史；有无流脑疫苗接种史；有无高热、惊厥的表现；了解患儿既往身体状况。

（二）身心状况

1. 躯体表现

（1）普通型：临床上最多见，占90%。①前驱期：症状多不明显，部分患儿可有低热、咽痛、咳嗽及鼻炎等上呼吸道感染症状。②败血症期：常以突然畏寒、高热、头痛开始，伴有恶心、呕吐、乏力、全身关节痛等毒血症状。约70%患儿皮肤黏膜有瘀点、瘀斑，为本期特征性表现。婴幼儿常伴惊厥。少数人出现口唇疱疹或脾大，1～2天后发展为脑膜炎期。③脑膜炎期：除上述症状外，表现为剧烈头痛、喷射性呕吐，脑膜刺激征阳性。重者有抽搐、昏迷等。

（考点：流脑的皮疹特点）

（2）暴发型：多见于儿童。起病急，病情凶险，不及时抢救，常在24小时内死亡。可分为三型。①败血症休克型：突起寒战、高热、头痛呕吐，短期内出现全身广泛性瘀点、瘀斑，休克等症状。②脑膜脑炎型：除高热、瘀点外，表现为剧烈头痛、频繁的呕吐、反复或持续惊厥，迅速昏迷。除脑膜刺激征外，部分患儿可出现呼吸衰竭，瞳孔对光反应迟钝或消失，呼吸快慢深浅不均，呈双吸气、叹息样等中枢性呼吸衰竭表现，甚至呼吸暂停。③混合型：兼有上述两型表现，病情最重，病死率极高，少见。

2. 心理-社会状况　本病起病急，病情重，且短期内变化迅速，常使家长表现出自责、焦虑、恐惧。

（三）辅助检查

1. 血常规　外周血白细胞计数及中性粒细胞明显增高。

2. 脑脊液　压力增高外观浑浊或脓样，细胞数明显增加，以中性粒细胞为主，蛋白增多，氯化物和糖减少。脑脊液沉淀物或瘀点组织液涂片可找到脑膜炎球菌。

3. 血培养及脑脊液培养可获病原体。

（四）治疗要点

青霉素为治疗首选药物。暴发型流脑败血症休克型的治疗原则是积极控制感染，迅速纠正休克，防治DIC；暴发型流脑脑膜脑炎型的治疗原则是积极控制感染，减轻脑水肿，防止脑疝及呼吸衰竭。采用物理和药物降温将体温控制在38℃以下，应以物理降温为主，采用冰枕、乙醇擦浴等方法。止惊可选用地西泮每次0.1～0.3mg/kg肌内注射或缓慢静脉注射。常用20%甘露醇每次0.5～1g/kg静脉注射降低颅内压或与呋塞米合用，也可用地塞米松每次0.5mg/kg。

## 三、护理问题

1. 体温过高　与细菌感染有关。

2. 组织灌流量改变　与细菌内毒素导致微循环障碍有关。

3. 营养失调：低于机体需要量　与疾病引起呕吐或昏迷不能进食有关。

4．潜在并发症：颅内压增高或脑疝。

5．有传播感染的危险 与病原体排出有关。

## 四、护 理 措 施

（一）维持正常体温

密切监测患儿体温，遵医嘱使用物理降温、药物降温甚至亚冬眠疗法，争取在短时间内将体温维持在 37℃左右，防高热、惊厥致脑缺氧、脑水肿加重。

（二）抗休克，维持正常组织灌注

取平卧位，注意保暖。迅速建立静脉通路保证输液通畅，定期观察血压、脉搏、呼吸，判断有无血压下降、发绀等休克体征。备齐各种抢救药品和液体，配合医生抢救。

（三）合理饮食，改善营养

给予营养丰富清淡可口易消化的流质或半流质饮食，并协助进餐。餐间给予水果，保证水分供应。呕吐频繁者，少量多次进餐，以减少呕吐。

（四）密切观察病情

观察病情，监测生命体征，如出现颅内高压症状或脑疝症状，立即通知医生。遵医嘱及时给予脱水剂。保持呼吸道通畅，准备好抢救药物或物品，做好气管切开准备工作。昏迷患者竖起床档，以免发生坠床或其他意外。

（五）预防感染传播

早期发现患者，立即就地隔离，呼吸道隔离至症状消失后 3 天，但不少于发病后 7 天。15 岁以下儿童可接种疫苗。接触者医学观察 7 天。还可用磺胺药、头孢曲松或氧氟沙星进行药物预防。

## 五、健 康 教 育

向家长进行流脑基本知识的宣教。提醒家长，冬春季节如小儿有感冒症状者应及时去医院就诊。教育家长注意小儿个人和环境卫生，流行病多发季节，不带儿童去公共场所。

# 第 9 节 手足口病患儿的护理

**案例 16-8** 患儿，男，2 岁。因发热 2 天，手、足、口腔疱疹 1 天来院就诊。查体：体温 38.5℃，脉搏 110 次/分，呼吸 28 次/分，精神可；手、足和臀部出现较多斑丘疹、疱疹，疱疹周围可有炎性红晕，疱内液体较少，口腔黏膜出现散在米粒大小疱疹，双肺无干、湿性啰音，心率 110 次/分，律齐，未闻及杂音，肝脾肋下未触及，双下肢不肿。血常规检查示白细胞 $9.0\times10^9$/L，中性粒细胞 0.38，淋巴细胞 0.62；胸部 X 线片见双肺纹理稍增多。

**问题**：1．患儿可能患了什么疾病？

2．患儿目前主要的护理问题有哪些？

3．作为护士，该患儿入院后应做哪些护理工作？

手足口病是由肠道病毒引起的传染病，多发生于 5 岁以下儿童，可引起手、足、口腔等部位的疱疹，少数患儿可出现肺水肿、心肌炎、无菌性脑膜炎脑炎等并发症，个别重症患儿可致死亡。

## 一、概　　述

手足口病由肠道病毒引起，以柯萨奇病毒 A16 型（CoxA16）和肠道病毒 71 型（EV71）最为常见。患者、隐性感染者和无症状带毒者为该病主要传染源，其感染途径包括消化道、呼吸道及接触传播。

（考点：手足口病的病因）

## 二、护理评估

（一）健康史

询问本次发病前有无与手足口病患儿接触史；了解患儿既往身体状况，既往有无手足口病或其他慢性疾病史。

（二）身心状况

1. 躯体表现　潜伏期为 3～7 天。急性起病，发热，口腔黏膜出现散在疱疹，米粒大小，疼痛明显；手、足和臀部出现斑丘疹、疱疹，疱疹周围可有炎性红晕，疱内液体较少（图 16-7，彩图 21）。部分患儿可伴有咳嗽、流涕、食欲缺乏、恶心、呕吐、头痛等症状。少数病例（尤其是小于 3 岁者）可出现脑膜炎、脑炎、脑脊髓炎、肺水肿、循环障碍等，病情凶险，可致死亡，存活病例可留有后遗症。

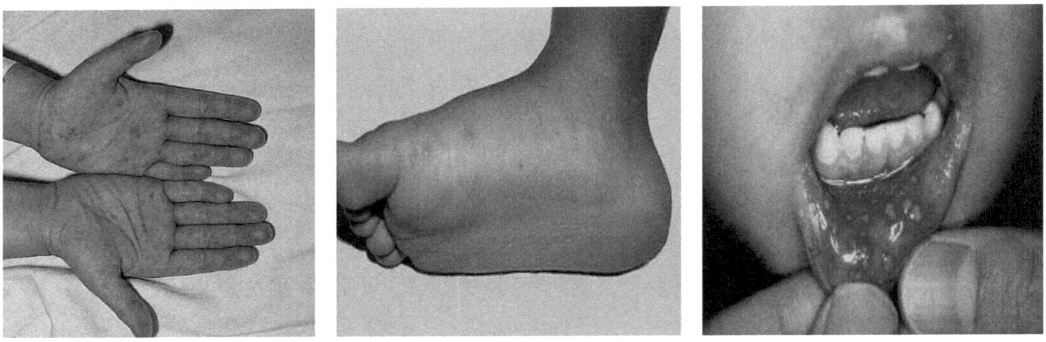

A. 手部疱疹　B. 足部疱疹　C. 口腔疱疹

图 16-7　手足口病

2. 心理-社会状况　手足口病有传染性，他人对患儿有意的躲避会给患儿及其家长带来心理压力。重症病例往往使其家长产生恐惧心理。

（三）辅助检查

1. 血常规　普通病例白细胞计数正常，重症病例白细胞计数可明显升高。

2. 心电图　无特异性改变，但可见窦性心动过速或过缓，Q-T 间期延长，ST-T 改变。

3. 胸部 X 线　双肺纹理增多，网格状、斑片状阴影，重症病例可出现肺水肿、肺出血征象。

4. 病原学检查　肠道病毒（CoxA16、EV71 等）特异性核酸阳性或分离到肠道病毒。

（四）治疗要点

无特殊治疗方法，以对症治疗为主，可选用抗病毒药（如阿昔洛韦、利巴韦林）及中药治疗。

注意消毒隔离，避免交叉感染，适当休息，清淡饮食，做好口腔和皮肤护理。重症患儿可静脉注射免疫球蛋白，酌情应用糖皮质激素治疗。

## 三、护理问题

1．有传播感染的危险　与对患儿隔离不当或对污染物消毒不严有关。

2．体温过高　与病毒血症有关。

3．皮肤完整性受损　与皮疹有关。

4．疼痛　与口腔黏膜疱疹有关。

## 四、护理措施

### （一）预防感染传播

严格执行消毒隔离措施，隔离患儿 7～10 天，至皮损消退为止，以控制流行；密切接触患者的婴幼儿可肌内注射丙种球蛋白 1.5～3ml，以增强预防能力。

### （二）维持正常体温

监测体温，多饮水。体温≥38.5℃予以温水洗浴等物理方法降温或遵医嘱给予退热药，出汗后及时更换衣服，避免受凉。

### （三）皮疹护理

患儿穿着宜宽松、柔软、舒适，勤换内衣，保持皮肤清洁，剪短指甲，戴连指手套，以防抓破皮疹。臀部有皮疹者要及时更换尿布，保持臀部清洁、干燥。手、足部皮疹初期可涂炉甘石洗剂，待有疱疹形成或疱疹破溃时可涂 0.5%碘伏。

### （四）口腔护理

保持患儿口腔清洁，每日清洁口腔 2～4 次，以餐后 1 小时为宜，再涂以锡类散、鱼肝油等，以促进溃疡愈合。

## 五、健康教育

本病流行期间不宜带儿童到人群聚集、空气流通差的公共场所；避免接触患病儿童；患儿所用的物品要进行消毒处理。

## 自 测 题

$A_1/A_2$型题

1．麻疹的出疹时间是在发热后（　　）

A．当日　B．1～2 天

C．2～3 天　D．3～4 天

E．7～10 天

2．患儿，3 岁，麻疹入院，目前处于麻疹恢复期。今日当班护士发现患儿的体温突然再次升高，伴有嗜睡、惊厥。该护士考虑患儿最可能的并发症是（　　）

A．肺炎　B．咽炎

C．胸膜炎　D．心肌炎

E．脑炎

3．对于水痘患儿采取的隔离期应至（　　）

A．出疹后 2 天　B．出疹后 3 天

C．出疹后 10 天　D．皮疹全部结痂

E．皮疹全部消退

4．流行性腮腺炎患儿如出现中上腹剧痛，有压痛和肌紧张，伴发热、寒战、呕吐、腹胀、腹泻或便

秘等提示可能发生了（ ）
A. 肠炎 B. 胰腺炎
C. 脑膜脑炎 D. 阑尾炎
E. 胆囊炎

5. 患儿，男，6岁。1天前突发高热，体温达39℃，并伴有咽痛、吞咽痛。今晨发现耳后、颈部及上胸部出现分布均匀的丘疹，舌头肿胀，呈“杨梅舌”。正确的隔离措施是（ ）
A. 严密隔离 B. 呼吸道隔离
C. 消化道隔离 D. 保护性隔离
E. 无须隔离

6. 关于猩红热的临床表现，正确的是（ ）
A. 发热、全身皮肤充血、鸡皮样皮疹
B. 阵发性犬吠性咳嗽，无呼吸困难
C. 发热、皮疹，始见于耳后发际，开始为不规则红色斑丘疹，疹间皮肤正常
D. 全身散在斑丘疹、疱疹和结痂
E. 发热、咳嗽、球结合膜充血、口腔黏膜斑

7. 猩红热患者应隔离到（ ）
A. 体温正常
B. 症状消失
C. 青霉素治疗后10天
D. 咽拭子培养3次阴性后
E. 症状完全消失1周，咽拭子培养3次阴性后

8. 流脑的隔离时间是（ ）
A. 体温正常 B. 症状消失
C. 青霉素治疗后10天 D. 隔离至病后1周
E. 隔离至病后10天

9. 关于手足口病的临床表现，正确的是（ ）
A. 全身皮肤充血、鸡皮样皮疹
B. 发热、咳嗽、球结合膜充血
C. 发热、口腔黏膜出现散在疱疹，手、足和臀部出现斑丘疹、疱疹
D. 全身散在斑丘疹、疱疹和结痂
E. 阵发性犬吠性咳嗽，无呼吸困难

$A_3$/$A_4$型题

（10～11题共用题干）

患儿，男，8岁。夏季突发高热2天、惊厥3次入院，现患儿面色发灰，四肢凉，血压低，心、肺无异常，脑膜刺激征阴性。

10. 最可能的疾病是（ ）
A. 热性惊厥 B. 化脓性脑膜炎
C. 脑脓肿 D. 中毒型细菌性痢疾
E. 病毒性脑炎

11. 以下处理不妥的是（ ）
A. 用血管活性药物 B. 用抗生素控制感染
C. 扩充血容量 D. 物理降温
E. 用20%甘露醇降低颅内压

（戴玉琴）

# 第 17 章 结核病患儿的护理

本章知识框架，见图 17-1。

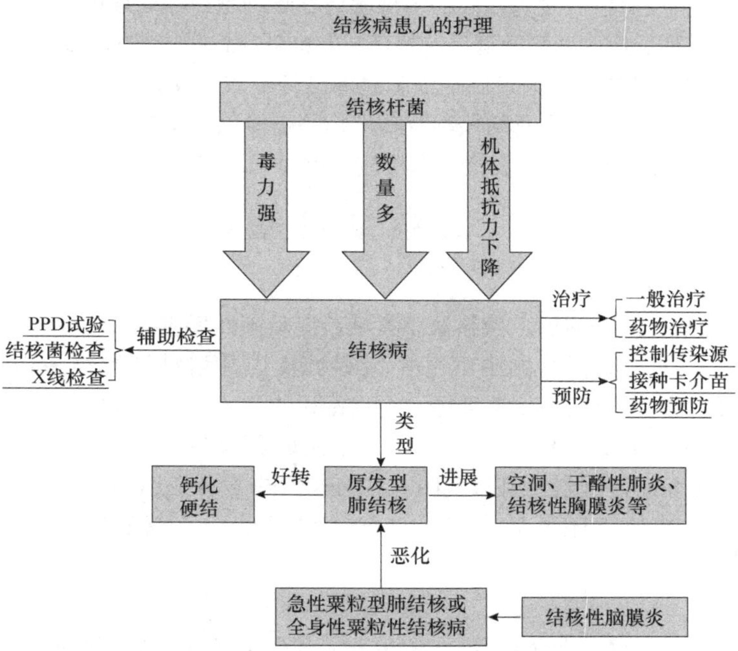


图 17-1　结核病患儿的护理知识框架

## 第 1 节　小儿结核病总论

结核病是由结核分枝杆菌引起的一种慢性传染病，全身各器官均可受累，但以原发型肺结核最常见。严重病例可引起血行播散发生粟粒性结核或结核性脑膜炎，结核性脑膜炎是小儿结核病致死的主要原因。

### 一、病因及发病机制

（一）病因

结核杆菌属于分枝杆菌，具抗酸性，抗酸染色呈红色，革兰染色阳性。导致人类致病的主要是人型结核杆菌，其次是牛型结核杆菌。结核杆菌的抵抗力较强，在阴湿处可存活 5 个月以上，冰冻 1 年后仍保持活力；但对湿热有较高的敏感性，65℃时 20 分钟可灭活。干热 100℃时 20 分钟灭活。将痰液吐在纸上直接焚烧是最简易的灭菌方法。

（二）流行病学

1. 传染源　开放性肺结核患者是主要传染源。

2. 传播途径 呼吸道为主要传播途径，少数经消化道传播，经皮肤或胎盘传染者极少。

3. 易感染人群 生活贫困、居住拥挤、营养不良、卫生环境差等是结核病高发的原因，新生儿对结核菌非常易感，属于易感染人群。

（三）发病机制

小儿感染后发病与否主要取决于以下因素：①结核菌的毒力和数量。②机体抵抗力减弱：患麻疹、百日咳、白血病、淋巴瘤或艾滋病等小儿及接受免疫抑制药治疗者尤其好发结核病。③遗传因素。

1. 细胞介导的免疫反应 侵入人体的结核菌被吞噬细胞吞噬处理后，将抗原信息传递给 T 淋巴细胞，经过一系列反应，可最终消灭结核菌，但也可导致宿主细胞和组织破坏。当免疫反应不足以杀灭结核菌时，结核菌可通过巨噬细胞经淋巴管扩散到淋巴结。

2. 迟发型变态反应 是宿主对结核菌及其产物的超常免疫反应。机体初次感染结核菌 4～8 周后，通过致敏 T 淋巴细胞产生迟发型变态反应，此时做结核菌素试验可呈阳性反应。

## 二、辅助检查

（一）结核菌素试验

小儿受结核菌感染 4～8 周后，做结核菌素试验即呈阳性反应。

1. 试验方法 在左前臂掌侧中下 1/3 交界处皮内注射结核菌纯蛋白衍生物（PPD）0.1ml（含结核菌素 5U），使之形成直径 6～10mm 的皮丘，48～72 小时后观测反应结果，测定局部硬结的直径，取纵、横两径的平均值来判断其反应强度。如硬结平均直径＜5mm 为阴性（－），5～9mm 为阳性（＋），10～19mm 为中度阳性（＋＋），≥20mm 为强阳性（＋＋＋），局部除硬结外，还可见水疱、破溃、淋巴管炎及双圈反应等为极强阳性反应（＋＋＋＋）。

2. 临床意义

（1）阳性反应：见于接种卡介苗后；3 岁以下尤其是 1 岁以内未接种过卡介苗者，表示体内有新的结核病灶，年龄愈小，活动性结核可能性愈大；儿童无明显症状而呈阳性反应，表示曾感染过结核杆菌；强阳性反应，表示体内有活动性结核病；由阴性转为阳性，或反应强度从原来直径＜10mm 增至＞10mm，且增幅超过 6mm 时，表示新近有感染。

（2）阴性反应：见于未感染过结核；初次感染后 4～8 周内；假阴性反应，机体免疫功能低下或受抑制所致，如重症结核病、麻疹、水痘、风疹、原发或继发免疫缺陷病、应用糖皮质激素或其他免疫抑制药治疗时；技术误差或结核菌素失效。

（考点：结核菌素试验的临床意义）

（二）实验室检查

1. 结核杆菌检查 从痰液、胃液、脑脊液、浆膜腔液中找到结核杆菌是重要的确诊手段。

2. 免疫学诊断及分子生物学诊断 作为结核病辅助诊断指标或检测结核杆菌方法，如酶联免疫吸附试验、DNA 探针等。

3. 红细胞沉降率 多增快，可判断结核病灶是否具有活动性，但无特异性。

（三）影像学诊断

1. X 线检查 胸部 X 线检查是筛查小儿结核病的重要手段之一，可了解结核病灶的范围、性质、类型、活动和进展情况，定期复查可观察治疗效果。

2．计算机断层扫描　胸部 CT 检查有利于发现隐蔽区病灶。

## 三、预　防

（一）控制传染源

结核菌涂片阳性患者是小儿结核病的主要传染源，早期发现并合理治疗结核菌涂片阳性患者，是预防小儿结核病的根本措施。

（二）普及卡介苗接种

接种卡介苗是预防小儿结核病的有效措施。我国计划免疫接种对象为新生儿和结核菌素试验阴性的小儿，但下列情况禁止接种卡介苗：结核菌素试验阳性者；注射局部有湿疹或患有全身性皮肤病；急性传染病恢复期；先天性胸腺发育不全或严重免疫缺陷患儿。

（三）预防性化疗

主要用异烟肼 10mg/（kg·d），每天不超过 300mg，疗程 6～9 个月；或异烟肼 10mg/（kg·d）联合利福平 10mg/（kg·d），疗程 3 个月。

## 四、治疗要点

（一）一般治疗

加强营养，给予高热量、高蛋白和高维生素食物。有明显结核中毒症状及高度衰弱者应卧床休息。居室环境应阳光充足，空气流通。避免接触各种传染病。

（二）抗结核药物治疗

抗结核药的用药原则：早期、联合、规律、适量、全程、分段治疗。

1．抗结核药的种类

（1）杀菌药：全杀菌药有异烟肼（INH）和利福平（RFP）。半杀菌药有链霉素（SM）和吡嗪酰胺（PZA）。

（2）抑菌药：乙胺丁醇（EMB）及乙硫异烟胺（ETH）。

（3）几种新型抗结核药：老药的复合剂型，如 Rifamate（内含 INH 和 RFP）和 Rifater（内含 INH、RFP 和 PZA）；老药的衍生物，如利福喷汀，是利福霉素的衍生物；新的化学制剂，如力排肺疾。

2．抗结核药物的不良反应及应用注意事项　见表 17-1。

**表 17-1　几种常用抗结核药物使用简介**

| 药物 | 每日用量 | 给药途径 | 不良反应 | 注意事项 |
|---|---|---|---|---|
| 异烟肼 | 10～20mg/kg | 口服或肌内注射、静脉滴注 | 周围神经炎、精神症状、肝损害、过敏反应 | 每 100mg 异烟肼同时应用维生素 $B_6$10mg 以预防周围神经炎；利福平可增加异烟肼的肝毒性，合用时均以不超过 10mg/（kg·d）为宜，每月查肝功能 |
| 利福平 | 10～15mg/kg | 口服 | 肝损害、消化道反应、过敏反应 | 睡前或清晨空腹顿服。与异烟肼合用可增加肝损害，多在治疗头 2 个月内出现，每月查肝功能 |
| 链霉素 | 15～20mg/kg | 肌内注射 | 第Ⅷ对脑神经损害、肾损害、过敏反应 | 密切观察有无耳鸣、眩晕，监测听力；定期查血尿素氮 |

续表

| 药物 | 每日用量 | 给药途径 | 不良反应 | 注意事项 |
|---|---|---|---|---|
| 吡嗪酰胺 | 20～30mg/kg | 口服 | 肝损害 | 每月查肝功能 |
| 乙胺丁醇 | 15mg/kg | 口服 | 球后视神经炎 | 每月查视力、视野及辨色力 |
| 乙硫异烟胺 | 10～15mg/kg | 口服 | 肝损害、消化道反应、周围神经炎、过敏反应 | 晨起顿服，每月查肝功能 |

3．化疗方案

（1）标准疗法：一般用于无明显症状的原发型肺结核。每日服用异烟肼、利福平和（或）乙胺丁醇，疗程 9～12 个月。

（2）两阶段疗法：用于活动性肺结核、急性粟粒性结核病及结核性脑膜炎。分强化治疗阶段和巩固治疗阶段。强化治疗阶段为 3～4 种杀菌药联合应用，长程化疗时，此阶段一般需 3～4 个月，短程疗法时为 2 个月；巩固治疗阶段联用 2 种抗结核药，杀灭持续存在的结核菌以巩固疗效，防止复发，长程疗法一般需 12～18 个月，短程疗法时需 4 个月。

（3）短程疗法：为结核病现代化疗的重大进展，直接监督下服药与短程化疗是 WHO 提倡的治愈结核病患者的重要策略。有以下几种：6 个月短程化疗方案，2HRZ/4HR、2SHRZ/4HR 和 2EHRZ/4HR（数字为月数，H=INH，R=RFP，Z=PZA，S=SM，E=EMB），若无 PZA 则将疗程延长至 9 个月。

（考点：结核病药物的治疗原则）

# 第 2 节 原发型肺结核患儿的护理

**案例 17-1** 患儿，女，5 岁。1 个月来消瘦，乏力，饮食少，烦躁易哭，时有低热。体检：体温 38℃，脉搏 90 次/分，呼吸 26 次/分，面色黄，精神萎靡，颈部淋巴结大，肺部听诊无啰音，肝大，结核菌素试验（++），胸部 X 线片可见哑铃状阴影。

**问题**：1. 患儿可能患了什么疾病？

2. 患儿目前主要的护理诊断有哪些？

3. 作为护士，该患儿入院后应做哪些护理工作？

## 一、概 述

原发型肺结核为原发性结核病中最常见者，是结核杆菌初次侵入肺部发生的原发感染，是小儿肺结核的主要类型，占儿童各型肺结核总数的 85.3%，包括原发综合征和支气管淋巴结结核。典型的原发综合征由肺部原发病灶、肿大的淋巴结和二者相连的淋巴管炎组成。

原发型肺结核的病理转归：①吸收好转。病变完全吸收，钙化或硬结。此种最常见，是小儿结核病的特点之一。②病变进展。可产生空洞、支气管内膜结核或干酪性肺炎、支气管淋巴结肿大造成肺不张或阻塞性肺气肿、结核性胸膜炎等。③病变恶化。血行播散导致急性粟粒型肺结核或全身性粟粒性结核病。

## 二、护理评估

（一）健康史

询问结核病密切接触史、卡介苗接种史、既往健康状况、近期急性传染病史等。

（二）身心状况

1．躯体表现　症状轻重不一，一般起病缓慢，可有低热、纳差、消瘦、盗汗、疲乏等结核中毒症状。婴幼儿及症状较重者起病急，表现为急性高热，可达 39～40℃，但一般情况尚好，与发热不相称，持续 2～3 周后转为低热，并伴有结核中毒症状，干咳和轻度呼吸困难是最常见的症状。婴儿可表现为体重不增或生长发育障碍。部分结核变态反应强烈的小儿可出现疱疹性结膜炎、皮肤结节性红斑或多发性一过性关节炎。当有胸内淋巴结高度肿大时，可产生压迫症状，出现百日咳样痉挛性咳嗽、喘鸣、声音嘶哑、一侧或双侧颈静脉怒张等。

2．体征　体检可见周围淋巴结有不同程度肿大，肺部体征不明显，与肺内病变不一致。婴儿可伴肝脾大。

3．心理-社会状况　结核病有一定的传染性，他人对患儿有意的躲避会给患儿及家长带来心理压力。结核病病程长、消耗大，可能会造成小儿营养不良而影响生长发育。

（考点：原发型肺结核的临床表现）

（三）辅助检查

1．X 线检查　原发综合征 X 线胸片呈典型哑铃状“双极影”（肺部原发病灶呈小片状阴影，肿大的肺门淋巴结呈团块状阴影，两者相连的淋巴管炎呈条索状阴影）。支气管淋巴结结核表现为肺门淋巴结肿大，边缘模糊称炎症型，边缘清晰称结节型。

2．结核菌素试验　呈强阳性或由阴性转为阳性需做进一步检查。

（考点：原发型肺结核的辅助检查）

（四）治疗要点

杀灭病灶中的结核菌，防止血行播散。无明显症状的原发型肺结核患儿，选用标准疗法以异烟肼为主。活动性原发型肺结核宜采用直接督导下短程化疗（DOTS）。强化治疗阶段宜用 3～4 种杀菌药。常用方案为 2HRZ/4HR。

## 三、护理问题

1．营养失调：低于机体需要量　与食欲缺乏、疾病消耗过多有关。

2．活动无耐力　与结核菌感染中毒有关。

3．有传播感染的可能　与呼吸道排出病原体有关。

## 四、护理措施

（一）饮食护理

应给予患儿高热量、高蛋白、高维生素、富含钙质的易消化食物，以增强机体抵抗力，促进病灶愈合。同时要注意食物的色、香、味，以增加患儿食欲。

（二）生活护理

居室环境清洁，阳光充足，空气新鲜，保证充足睡眠。有发热和中毒症状的患儿应卧床休息，减少体力消耗；病情稳定时可进行适当的户外活动，避免受凉引起呼吸道感染。肺结核患儿出汗多，要注意做好皮肤护理，及时更换衣服及床单。

（三）预防感染传播

结核病患儿活动期应采取呼吸道隔离措施。医护人员要穿隔离衣，戴帽子、口罩。指导患儿尽量将痰液吐在卫生纸上，对患儿的呼吸道分泌物、痰杯、餐具及污染的衣物等要进行消毒处理。

避免与麻疹、百日咳等急性传染病患儿接触。

## 五、健康教育

1. 向家长讲解结核病的传播途径、预防措施及消毒隔离的重要性，避免患儿继续与开放性肺结核病人接触。

2. 告诉家长结核病病程长，治疗期长，坚持全程正规服药是治愈结核病的关键。教会家长观察用药后的不良反应，一旦出现要及时与医护人员联系。

3. 定期复查　了解药物治疗效果及疾病恢复情况，以便酌情调整治疗方案。

## 六、小　　结

原发型肺结核小结，见图 17-2。

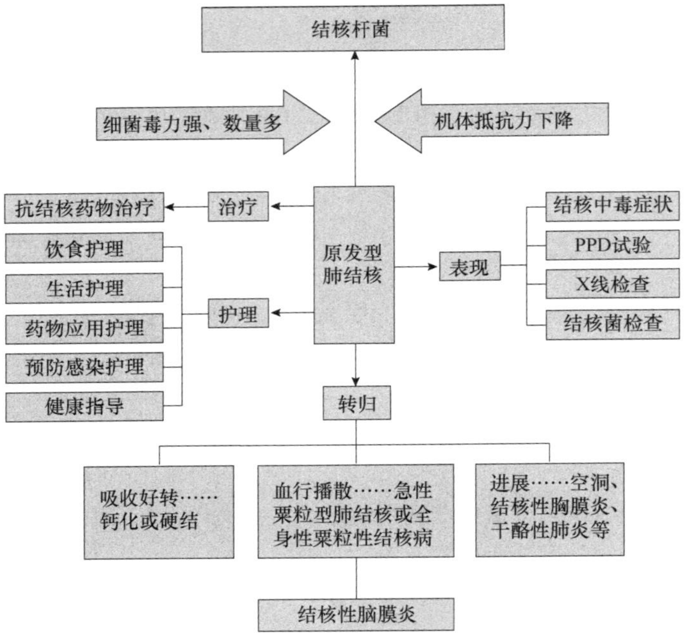


图 17-2　原发型肺结核小结

# 第 3 节　急性粟粒型肺结核患儿的护理

**案例 17-2**　某患儿，男，8 个月。因高热、气促、发绀 2 天入院。患儿母亲有结核病史，患儿近 2 周来出现低热，体温 38.8℃，伴吃奶少，多汗，烦躁、萎靡。昨天开始出现高热，体温达 39.8℃，呼吸急促，口唇、指甲发绀。体检：神志清楚，精神萎靡，面色苍白，口唇发绀，双肺未闻及干、湿性罗音。脑膜刺激征（－）。X 线胸片：双肺粟粒性结核结节，大小均匀、分布均匀、密度均匀。

问题：1. 患儿可能患了什么疾病？

2. 患儿目前主要的护理问题有哪些？

3. 作为护士，该患儿入院后应做哪些护理工作？

急性粟粒型肺结核或称急性血行播散型肺结核，是结核杆菌经血行播散而引起的肺结核，常是原发综合征恶化的结果。春季发病较多，以 3 岁以下婴幼儿多见。年龄幼小，患麻疹、百日咳或营养不良，特别是 HIV 感染时，机体免疫力低下，易诱发本病，婴幼儿易并发结核性脑膜炎。本病早期发现并及时治疗，一般预后良好，伴结核性脑膜炎时，预后较差。

## 一、概　述

多在原发感染后 3～6 个月发生。原发灶或淋巴结干酪样坏死发生破溃时，大量结核杆菌侵入血液而引起全身急性粟粒型结核病，可累及肺、脑膜、脑、肝、脾、腹膜、肠、肠系膜淋巴结等脏器。在肺中的结核结节为灰白色半透明或淡黄色不透明，直径 1～2mm，如针尖或粟粒大小，肺上部较多。

## 二、护理评估

### （一）健康史

询问患儿有无与开放性肺结核患者的密切接触史，是否接种过卡介苗，有无原发型肺结核病史，是否接受过正规治疗。既往健康状况如何，近期是否患过其他急性传染病，如麻疹、百日咳等。

### （二）身心状况

1．躯体表现　起病多急骤，有高热和严重中毒症状，多伴有寒战、盗汗、食欲减退、面色苍白等症状，少数患儿表现为咳嗽、气促、发绀，肺部可听到湿啰音而被误诊为肺炎，约 50%的患儿同时伴有结核性脑膜炎症状。部分患儿伴有肝、脾及浅表淋巴结大等。

2．体征　体格检查缺少明显体征，表现为症状和体征与 X 线不一致性。全身性粟粒性结核患儿眼底检查可见脉络膜结核结节。

3．心理–社会状况　起病急，病情突然加重，家长会产生恐惧、焦虑等心理反应。伴发结核性脑膜炎时担心患儿的预后，疾病的治疗加重家庭经济负担，使家长心理压力增加。

### （三）辅助检查

1．X 线检查　胸部 X 线对诊断起决定性作用。起病 2～3 周后胸部 X 片可发现大小一致、分布均匀的粟粒状阴影，密布于两侧肺野。

2．结核菌素试验　呈阳性，重症患儿可呈假阴性。

3．实验室检查　痰液或胃液中可查到结核菌。

（考点：急性粟粒性肺结核的辅助检查）

### （四）治疗要点

早期抗结核治疗主张分 2 个阶段进行，即强化治疗阶段和维持治疗阶段。伴严重中毒症状、呼吸困难和结核性脑膜炎时，在应用足量抗结核药的同时，可加用糖皮质激素治疗。

（考点：急性粟粒性肺结核的治疗要点）

## 三、护理问题

1．体温升高　与结核菌感染中毒有关。

2．营养失调：低于机体需要量　与疾病消耗过多有关。

3．气体交换受损　与结核菌感染致换气功能障碍有关。

4．潜在并发症：结核性脑膜炎。

## 四、护理措施

（一）维持正常体温

监测体温变化，高热患儿必要时给予降温对症处理，于降温后 30 分钟复测体温。

（二）饮食护理

加强饮食护理，给予患儿充足的营养，以增强机体抵抗力，促进病灶愈合。同时要注意食物的色、香、味，以增加患儿食欲。

（三）改善呼吸功能

卧床休息，多饮水。保持室内安静，空气新鲜。保持呼吸道通畅，必要时吸氧。

（四）密切观察病情

遵医嘱应用抗结核药，观察药物疗效及不良反应。密切观察病情变化，定时测体温、脉搏、呼吸，观察神志变化，如出现烦躁不安、嗜睡、头痛、呕吐、惊厥等脑膜炎症状时要及时报告医生，并配合医生进行处理。

## 五、健康教育

坚持定期复查，全程、合理用药，指导家长观察病情和药物不良反应。制定良好的生活制度，保证休息，病情允许时，适当进行户外活动，供给充足的营养。避免与开放型肺结核患者接触，以防重复感染，积极预防及治疗各种急性传染病。

# 第 4 节　结核性脑膜炎患儿的护理

案例 17-3　患儿，男，2 岁。近 3 周来出现性格异常，发热，头痛，呕吐，精神不振。2 天前头痛、呕吐进行性加重，惊厥发作并发现颈强直而入院治疗。3 个月前患原发型肺结核，服用抗结核药 1 个月，症状好转后家长自行停药。查体：体温 38.5℃，脉搏 110 次/分，呼吸 32 次/分，血压 110/90mmHg。嗜睡，颈项强直，心肺无异常，脑膜刺激征（+）。

**问题**：1. 患儿可能患了什么疾病？

2. 患儿目前主要的护理问题有哪些？

3. 作为护士，该患儿入院后应做哪些护理工作？

结核性脑膜炎简称结脑，是结核杆菌侵犯脑膜所引起的炎症，为血行播散所致的全身性粟粒性结核病的一部分，是小儿结核病中最严重的类型。好发于冬、春季，常在结核原发感染后 1 年内发生，尤其在初染结核 3～6 个月最易发生，多见于 3 岁以下婴幼儿，病死率及后遗症发生率均较高。自普及卡介苗接种和有效抗结核药物应用以来，本病的发病率较过去明显降低，预后也有很大改观。

## 一、概　述

结核性脑膜炎是全身性粟粒性结核病的一部分，通过血行播散而来。婴幼儿中枢神经系统发育未成熟，血-脑屏障功能差，免疫功能低下等导致该病易发。结核性脑膜炎亦可由脑实质或脑膜的结核病灶破溃，结核菌进入蛛网膜下隙，及脑脊液引起。

## 二、护 理 评 估

（一）健康史

询问患儿有无与开放性肺结核患者的密切接触史，是否接种过卡介苗，有无原发型肺结核病史，是否接受过正规治疗。既往健康状况如何，近期是否患过其他急性传染病，如麻疹、百日咳等。有无早期性格改变、呕吐、消瘦等表现。

（二）身心状况

1．躯体表现　典型结核性脑膜炎多起病缓慢，临床表现分为三期。

（1）早期（前驱期）：为 1～2 周，主要症状为小儿性格改变，如表情呆滞、少言、懒动、烦躁、喜哭、易怒、睡眠不安等。可有低热、纳差、消瘦、呕吐、便秘（婴儿可为腹泻）等。年长儿可诉头痛，婴儿则为凝视、嗜睡或发育迟滞等。

（2）中期（脑膜刺激期）：为 1～2 周，因颅内压增高致剧烈头痛、喷射性呕吐、嗜睡或烦躁不安、惊厥等，脑膜刺激征阳性。幼婴则表现为前囟膨隆、颅缝裂开。此期可出现脑神经障碍，最常见为面神经瘫痪，其次为动眼神经和展神经瘫痪。眼底检查可见视盘水肿、视神经炎或粟粒状结核结节。

（3）晚期（昏迷期）：为 1～3 周，以上症状逐渐加重，由意识朦胧、半昏迷进入昏迷状态，频繁惊厥发作，患儿极度消瘦，呈舟状腹，出现水、电解质紊乱，最终因颅内压急剧增高导致脑疝，使呼吸中枢及心血管中枢麻痹而死亡。

2．并发症及后遗症　最常见的并发症为脑积水、脑实质损害、脑出血及脑神经障碍。前 3 种是导致结核性脑膜炎死亡的主要原因。严重后遗症为脑积水、肢体瘫痪、智力低下、失明、失语及尿崩症等。

3．心理–社会状况　由于患儿多为婴幼儿，病情重，病程长，家长缺乏对疾病相关知识的了解，担心患儿的预后，因此产生恐惧、焦虑、自责等心理反应。

（三）辅助检查

1．脑脊液检查　对本病的诊断极为重要。脑脊液压力增高，外观透明或呈毛玻璃样，静置 12～24 小时后，可有蜘蛛网状薄膜形成，取之涂片检查，结核菌检出率较高。白细胞数（50～500）$\times10^6$/L，分类以淋巴细胞为主。蛋白定量增加，一般为 1.0～3.0g/L。糖和氯化物含量同时降低是结核性脑膜炎的典型改变。脑脊液结核菌培养阳性即可确诊。

2．结核菌素试验　阳性对诊断很有帮助，但高达 50%的患儿结核菌素试验阴性。

3．X 线检查　胸部 X 线片证明有血行播散性结核病对确诊结核性脑膜炎意义重大。

（考点：结核性脑膜炎的辅助检查）

（四）治疗要点

重点是抗结核治疗和降低颅内压。抗结核治疗宜联合应用易透过血–脑屏障的抗结核杀菌药物，分阶段治疗。降低颅内压可选用脱水药、利尿药、糖皮质激素，视病情考虑侧脑室穿刺引流、腰椎穿刺减压及鞘内注药、分流手术等。

## 三、护 理 问 题

1．潜在并发症：颅内压增高。

2．营养失调：低于机体需要量　与摄入不足及消耗增多有关。

3．有皮肤完整性受损的危险　与长期卧床、排泄物刺激有关。

4．知识缺乏　家长缺乏对结核性脑膜炎相关知识的了解。

## 四、护理措施

（一）密切观察病情变化，防治颅内压增高

1．密切观察体温、脉搏、呼吸、神志、囟门、双侧瞳孔大小及对光反射情况，及早发现颅内压增高或脑疝，配合医生进行抢救。

2．患儿应绝对卧床休息，保持室内安静，治疗护理操作尽量集中进行，减少刺激。

3．惊厥发作时，松解衣扣，齿间置牙垫，防止舌咬伤；保持呼吸道通畅，取侧卧位，必要时吸氧或进行人工辅助呼吸。

4．遵医嘱给予脱水药、利尿药、肾上腺皮质激素、抗结核药物等，注意观察药物的滴速和药物的不良反应。配合做好腰椎穿刺术、侧脑室引流术，以减低颅内压，做好术后护理。腰穿后去枕平卧4～6小时，以防脑疝发生。

（二）饮食护理

为患儿提供足够热量、蛋白质及维生素的食物，进食宜少量多餐，耐心喂养。对昏迷、不能吞咽者可鼻饲或遵医嘱给予静脉营养支持。

（三）皮肤、黏膜的护理

昏迷及瘫痪患儿应每2小时翻身、拍背1次，骨突处垫气垫或软垫，做局部按摩。昏迷时眼不能闭合者，可涂眼膏并用纱布覆盖，以保护角膜。每日清洁口腔2～3次，以预防口腔溃疡的发生。

## 五、健康教育

告知家长要有长期治疗的思想准备，坚持全程治疗，合理用药。教会家长观察病情变化及药物不良反应。对留有后遗症的患儿要尽早进行康复治疗和训练。

（考点：结核性脑膜炎的护理要点）

## 自测题

$A_1$/$A_2$型题

1．小儿结核病致死的主要原因是（　　）

A．急性粟粒型肺结核

B．结核性脑膜炎

C．原发型肺结核

D．结核性胸膜炎

E．纤维空洞型肺结核

2．下列不属于小儿结核病活动性参考指标的是（　　）

A．红细胞沉降率快　B．发热

C．PPD阳性　D．痰中找到结核菌

E．X线胸片显示钙化灶

3．PPD实验结果可直接判断为强阳性的是皮肤红硬平均直径在（　　）

A．3～5mm　B．6～9mm

C．12～14mm　D．15～19mm

E．＞20mm

4．小儿结核病最常见的临床类型是（　　）

A．结核性胸膜炎　B．支气管内膜结核

C．原发型肺结核　D．干酪样肺炎

E．粟粒型肺结核

5．原发型肺结核最常见的病理转归是（　　）

A．钙化　B．产生空洞

C．支气管内膜结核　D．干酪性肺炎

E．结核性胸膜炎

6. 急性粟粒型肺结核抗结核治疗总疗程是（　　）
A. 3～6 个月　B. 6～9 个月
C. 9～12 个月　D. 1～1.5 年
E. 1.5 年以上

7. 小儿结核性脑膜炎的早期临床表现是（　　）
A. 性格的改变　B. 持续性头痛
C. 喷射性呕吐　D. 反复惊厥
E. 脑膜刺激征明显

8. 患儿，4 岁。诊断为原发型肺结核，给予异烟肼、利福平等药物治疗 6 个月后复查。有助于判断病灶吸收好转的检查是（　　）
A. 血常规
B. 血培养
C. 胸部 B 超检查
D. 胸部 X 线检查
E. 胸部 MRI 检查

9. 男孩，12 个月。近 2 周间歇性低热，好哭，易怒，睡眠不安，食欲缺乏。查体：神情淡漠，颈软，心肺无异常；脑脊液检查：外观清，蛋白阳性，白细胞 $150\times10^6$/L，淋巴细胞为多，糖 1.94mmol/L，氯化物 108.9mmol/L。该患儿可能为（　　）
A. 结核性脑膜炎　B. 化脓性脑膜炎
C. 流行性乙型脑炎　D. 病毒性脑膜炎
E. 流行性脑脊髓膜炎

$A_3/A_4$ 型题

（10～12 题共用题干）

患儿，女，2 岁。低热 2 个月，精神欠佳，食欲减退、咳嗽、夜间多汗，2 周前曾患麻疹。查体：颈部可触及数个 1.0cm×1.0cm 的淋巴结、质硬、无压痛，心肺听诊无异常，肝肋下 3cm，脾未触及，结核菌素试验（－）。

10. 该患儿可能是（　　）
A. 原发型肺结核
B. 传染性单核细胞增多症
C. 支气管肺炎
D. 支气管炎
E. 亚急性坏死性淋巴结炎

11. 首选哪项检查有助于诊断（　　）
A. X 线胸片
B. 外周血图片找异型淋巴细胞
C. 红细胞沉降率
D. 淋巴结活检
E. 骨髓穿刺

12. 最佳的治疗方案是（　　）
A. 青霉素+链霉素
B. 阿昔洛韦抗病毒
C. 异烟肼+利福平+吡嗪酰胺强化治疗
D. 泼尼松+利福平+异烟肼
E. 异烟肼

（戴玉琴）

# 实 训 指 导

## 实训一　儿童体格测量

通过对儿童体格的的正常监测，能准确地判断儿童目前的生长发育和营养状况有无异常。主要介绍儿童体重、身高、头围、胸围和上臂围的测量。

［案例设计］

一母亲带孩子来医院进行体格检查。体格检查结果：体重 11kg，身长 80cm，前囟已闭，出牙 12 颗，胸围大于头围。

讨论：护士是如何进行体格测量的？

［实训目的］

1．了解体格测量各项指标的临床意义。

2．熟悉各项指标测量的用物准备。

3．掌握各项指标测量的操作流程及注意事项。

［实训准备］

1．用物准备　带有身高测量杆的磅秤、测量板、立位测量器、软尺等（详见视频）。

2．学生准备　先观看体格测量的视频，然后练习操作。

［操作流程及护理配合］

1．学生观看体重、身高、坐高、头围、胸围、上臂围测量操作视频。

2．学生分五个小组，每组负责一个体格项目测量操作，当某个组操作时，其他组学生和教师进行评价。

3．教师总结。

［实训评价］

1．学生能正确完成操作前准备，尤其是用物准备及与家长和儿童的沟通。

2．学生能较熟练完成五项体格指标的正确测量操作。

3．学生能正确口述各项指标测量时的注意事项。

4．学生能对测量结果进行正确分析。

［注意事项］

1．体重测量应先核准磅秤，测量儿童在晨起、空腹、排空大小便后或进食后 2 小时称量为佳。

2．婴幼儿好动，仰卧测量身长时，推动滑板动作要轻快、沉稳。

3．操作过程要迅速、准确，避免受凉。

4．注意读数的准确。

［作业］

1．2 人一组，完成对方体格测量，准确记录测量数据，分析测量结果。

2．书写一份实训报告。

# 实训二 婴儿喂养

婴儿生长发育迅速，对热量的需要量相对较大，但消化功能尚未完全成熟，易发生营养紊乱性疾病。为了促进婴儿健康成长，合理喂养是十分重要的。

［案例设计］

李宝宝，3 个月，体重 5kg。现因母亲患活动性肺结核住院治疗，宝宝配方乳人工喂养，未添加辅食。查体：体温 36.5℃，神清，发育中等，一般情况尚可，心肺未见异常。PPD 试验阴性。

讨论：由于母亲患活动性肺结核需住院治疗，现该宝宝暂停母乳喂养，经体检宝宝目前无感染结核病表现。为促进婴儿健康成长，应给予该宝宝哪些喂养方法？如何进行？

［实训目的］

1．了解与家长的沟通技巧。

2．熟悉婴儿热能、营养素及水的需要量；婴儿乳品的配制。

3．掌握人工喂养的方法及护理。

［实训准备］

1．操作者　评估婴儿年龄、意识状态、营养状况、进食情况、吸吮后吞咽情况、腹部情况；服装整洁，举止端庄，语言柔和，动作轻柔；洗手、戴口罩；核对医嘱及执行单，签名。

2．婴儿准备　更换尿布。

3．用物准备　配方奶粉、奶粉专用量勺、无菌乳瓶、无菌奶嘴、乳瓶盖、无菌镊子、干净小毛巾 2 条、托盘、记录单、温开水（40～45℃）、婴儿模型，菜汤、水果汁等。

［操作流程及护理配合］

1．组织实训　在医院儿科保健室或学校护理模拟示教室，由带教老师讲解实训内容、操作方法及注意事项。分组练习，每 4～6 人一组，练习婴儿配方奶的配制。

2．操作过程

（1）配备乳液：检查婴儿配方奶粉质量，按比例在无菌乳瓶中加入温开水，再取奶粉倒入乳瓶，选择大小合适的无菌奶嘴，按无菌操作套于乳瓶口，旋紧，轻轻摇匀乳液。

（2）合适体位：抱起婴儿，将小毛巾围在其颈部，喂哺者坐在凳子上，使婴儿头、肩枕于左臂肘弯呈半卧位；不易抱起者，使婴儿侧卧位，头部抬高，以防溢乳呛入气管。

（3）测试乳温：一手将乳瓶倒转，滴 1～2 滴乳液于另一手背或前臂内测，测试温度，以不烫手为宜。

（4）喂乳观察：轻触婴儿一侧面颊，刺激其吸吮反射，使其含住奶嘴，倾斜乳瓶，使乳液充满奶嘴。喂乳时，及时用小毛巾擦拭嘴边溢出的乳液，喂哺的过程中随时观察婴儿面部肤色和呼吸情况。

（5）拍背驱气：喂乳完毕，将婴儿抱起伏于肩上，用手掌轻拍背部，排出咽下的气体。

（6）整理记录：将婴儿放回床上，右侧卧位，以防溢乳造成窒息，向其家长交代注意事项；清理用物，洗手、脱口罩；记录喂乳量及婴儿反应，签名。

［实训评价］

1．操作评价　婴儿是否安静或睡着、舒适、表情愉悦；操作是否严格查对制度，操作方法是否正确，动作轻柔，婴儿喂饱，情感交流有效等。

2．评价方式　评价方法采取学生自评，小组互评，最后由老师根据各组的实习完成情况总评。

［注意事项］

1. 喂乳时乳液始终充满奶嘴，避免吸入过多气体导致腹胀或溢乳；乳瓶不可压于婴儿唇上，以免妨碍吸吮；如奶嘴孔堵塞，应按无菌操作重新更换奶嘴。

2. 喂乳时，注意观察婴儿有无吸吮过急呛咳，可暂停喂哺，轻拍后背，稍休息后再喂，注意观察面色和呼吸情况。

［实训作业］

李宝宝，3 个月，体重 5kg，现因母亲患活动性肺结核住院治疗，宝宝牛乳人工喂养，未添加辅食。查体：体温 36.5℃，神清，发育中等，一般情况尚可，心肺未见异常。PPD 试验呈阴性。

1. 给该宝宝用鲜牛奶喂哺时，每日所需的热量、8%的牛奶量、水量分别是多少？

2. 给宝宝喂哺时有哪些注意事项？

3. 现在该宝宝可以添加哪些辅食？

4. 认真制定喂养方案。

## 实训三　新生儿及患病新生儿的护理

新生儿学是研究新生儿生理、病理、疾病防治及保健等方面的学科，现已逐渐成为独立的学科。新生儿疾病种类较多，本次实训选用新生儿时期较易出现的黄疸为例。

［案例设计］

某足月男婴，日龄 3 天，因皮肤、黏膜及巩膜黄染 2 天入院。查体：皮肤及巩膜明显黄染，口唇黏膜苍白，心率 160 次/分，呼吸 34 次/分，双肺听诊未闻及干、湿啰音，肝肋下 2cm，脾未触及，肌张力及神经反射正常。实验室检查：血型为 A 型，血清胆红素 318μmol/L，未结合胆红素 285μmol/L，血红蛋白 120g/L，网织红细胞 0.06。初步诊断为新生儿溶血病。

讨论：如何按照护理程序护理该患儿？

［实训目的］

1. 了解新生儿胆红素代谢的特点及黄疸的分类。

2. 熟悉几种常见病理性黄疸的临床表现及辅助检查。

3. 掌握新生儿病理性黄疸的护理程序及健康教育。

［实训准备］

1. 用物准备　患儿病历、实验室报告等医疗文件，体格检查用物，婴幼儿模型等。

2. 操作者准备　衣帽整洁，了解患儿身心特点，具备与患儿家长有效沟通的技巧，并可进行相关护理操作。

3. 患者准备　了解护理实训的目的、方法，愿意配合实训。（可采取角色扮演等形式，由学生扮演患儿家长）

［操作流程及护理配合］

1. 带教老师集中讲授新生儿黄疸的相关知识及护理评估，演示相关的护理操作，讲解实训过程（学生分为三组：角色扮演组、护理小组、观察组）、任务及注意事项。

2. 从学生中自愿产生 1 名模拟患儿（或新生儿黄疸模型）及 1 名模拟家长，在带教老师的引导下，根据患儿病例，组织角色扮演内容。

3. 从剩下的学生中自愿组合 6～8 名护生，成立 1 个护理小组，由小组长合理分配组员，对模拟患儿及其家长进行护理评估。

4．护理小组组员根据各自的任务列出简单的评估提纲。

5．护理小组对模拟患儿（或新生儿黄疸模型）及其家长进行护理评估。通过细致观察、交谈、护理体格检查、查阅资料等方式全面收集患儿相关信息，并做详细、准确的记录。收集的内容包括：一般资料、此次患病情况、护理查体情况、实验室报告、心理状态、家庭状况等。

6．其他同学组成观察组（再以 5～8 人为 1 个小组），观察模拟患儿（或新生儿黄疸模型）、家长及护理小组的评估过程并记录。

7．护理小组成员分类整理、组织资料。带教老师引导护理小组根据模拟患儿（或新生儿黄疸模型）状况，提出首优护理问题及其他护理问题。组织护理小组学生根据护理问题讨论护理计划及护理措施。

8．观察组同学讨论评估过程中模拟患儿、家长及护理小组成员的表现。

9．护理小组选派一名同学汇报护理评估内容、护理问题、护理计划、拟施行的护理措施，以及具体思路和依据。

10．观察组各小组选派一名同学点评模拟患儿、家长的角色扮演情况，以及护理小组的评估过程和内容。

11．带教老师对角色扮演、护理小组、观察组分别点评、小结。

［实训评价］

1．护理小组学生是否准确、全面收集患儿资料、能否有效沟通，制定的护理问题是否切实可行。

2．观察组学生能否正确提出角色扮演和护理小组评估过程出现的问题。

［注意事项］

1．认真分析案例，合理分配任务。

2．收集患儿主观资料时，主要是靠医护人员观察询问其家长。

3．根据患儿实际情况，提出相应的护理问题。

4．拟实行的护理措施应切实可行。

［实训作业］根据实训案例，列表写出完整的护理评估、诊断、计划、实施、评价内容。

## 实训四　维生素 D 缺乏性佝偻病患儿的护理

维生素 D 缺乏性佝偻病简称佝偻病，被列为我国儿童保健工作重点防治的“四病”之一。随着我国儿童保健工作的大力开展，发病率已逐年降低，病情也趋于减轻。

［案例设计］

患儿，女，12 个月。因爱哭闹、睡眠不实，多汗来院就诊。生后牛乳喂养，未添加辅食。家住 8 楼，平时晒太阳少，现患儿不能独站，不会叫“爸爸”“妈妈”。查体：表情淡漠，前囟 1.8cm×1.8cm、平坦，乳牙 2 个，头发稀少，有枕秃，方颅，鸡胸，可见肋骨串珠。心肺（–），腹软，肝肋下 1.5cm，肌张力低下，查血钙 1.75mmol/L。腕部 X 线检查：骨骺端增宽，钙化带消失，骨密度降低。

讨论：

1．该患儿存在哪些护理问题？请说明依据。

2．应采取哪些措施来解决这些护理问题？

3．对该患儿家长应做哪些健康教育？

［实训目的］

1．了解维生素D缺乏性佝偻病的发病机制。

2．熟悉维生素D缺乏性佝偻病的护理问题及辅助检查。

3．掌握维生素D缺乏性佝偻病的病因、临床表现、主要护理措施及健康教育。

［实训准备］

1．综合医院儿科门诊、病区见习准备。

2．病历一份及护理计划单。准备好光盘，调试好播放设备。

3．操作者按要求穿戴整齐，态度亲切，操作认真，有爱心。

4．联系好见习医院，选择数名维生素D缺乏性佝偻病患儿，向患儿及其家长说明见习目的，取得配合。

［操作流程及护理配合］

1．复习并讲解维生素D缺乏性佝偻病的护理评估及护理措施，演示相关护理操作。

2．将学生每6～10人分为1组。每组对1名患儿进行护理评估，带教老师巡回指导，保证见习有效、有序进行。

3．各组汇报护理评估结果并提出护理问题，制定相应护理措施。

4．带教老师对各组同学的结果进行讨论、点评。

［实训评价］小组内评价（组员在组内的贡献）；组间互评（组员参与度、积极性）；教师评价（护理问题及护理措施的正确性）。

［注意事项］注意与患儿家长的有效沟通。

［实训作业］写出一份维生素D缺乏性佝偻病护理计划。

## 实训五　腹泻病患儿的护理

小儿腹泻是婴幼儿时期的常见病，是我国儿童保健重点防治的“四病”之一。小儿腹泻常见于2岁以下的婴幼儿，1岁以内者占半数以上，四季均可发病，夏秋季高发。

［案例设计］

患儿，女，9个月。两天前发热、咳嗽、腹泻，今日拟“急性腹泻”收治入院。患儿每日大便10余次，呈黄色蛋花汤样，量多，近5小时无尿。患儿体温39.8℃，呼吸深快，口唇樱桃红色，精神萎靡、嗜睡，皮肤黏膜干燥，前囟、眼窝凹陷，臀部皮肤发红，有少量皮疹，便后清洗臀部时哭闹。听诊双肺呼吸音清，心率130次/分，心音略低钝，肝肋下1.5cm，肠鸣音减弱。辅助检查：血钠124mmol/L，血钾3.0mmol/L，二氧化碳结合力12mmol/L，大便镜检少量白细胞，未见脓血。

讨论：

1．如何按照护理程序护理该患儿？

2．如何给患儿进行液体疗法的安排及护理？

［实训目的］

1．了解腹泻病患儿的发病机制。

2．熟悉腹泻病患儿的分类、病因及常用液体疗法的溶液。

3．掌握腹泻病患儿护理评估、护理问题、护理措施、健康教育内容及液体疗法。

［实训准备］

1．用物准备　患儿病历、实验室报告等医疗文件，与病例相关的视频资料和演示录像，体格检查用物，婴幼儿模型等；准备头皮静脉输液常用的操作用物等。

2．操作者准备　按护士着装要求穿戴整齐，态度和蔼，语言亲切；了解患儿的身体状况，具备腹泻病的相关知识，具备与患儿家长有效沟通的技巧；具备输液操作能力。

3．患儿准备　了解护理实训的目的、方法，愿意配合实训。（由学生或者教师扮演患儿家长）

［操作流程及护理配合］

1．带教老师集中讲授腹泻病患儿的身体评估方法、评估内容，播放腹泻患儿身体状况的视频与小儿头皮静脉输液的护理操作视频，讲解实训过程与要求：学生将分为三部分（家长角色扮演组、护理小组、观察组），布置各自任务及注意事项。

2．学生培训

（1）角色扮演组学生在教师的引导下，根据患儿病例组织角色扮演内容。

（2）护理小组由 6～8 名护生组成，小组长合理分配组员任务，例如采集病史、体格检查、生活护理、液体疗法、健康教育等，对模拟患儿及其家长进行评估、护理与健康教育。

（3）观察组成员观察模拟患儿、家长及护理小组的护理过程并记录。

3．实施过程

（1）护理小组组员根据各自的任务列出简单的评估提纲。

（2）护理小组对模拟患儿及其家长进行护理评估。通过细致的观察、交谈、护理体格检查、查阅资料等方式全面收集患儿相关信息，并做详细、准确的记录。收集的内容包括一般资料、此次患病情况、既往健康状况、心理状态、家庭状况等；对患儿进行护理查体，包括皮肤、眼窝、前囟，体温测量，听诊等；对患儿的实验室报告进行分析讨论。

（3）根据采集、分析资料内容进行讨论，护理小组成员分类整理、组织资料。带教老师引导护理小组根据模拟患儿状况，提出首优护理问题及其他护理问题。组织护理小组学生根据护理问题讨论护理计划及护理措施。确认患儿的护理问题，制定护理目标与护理计划。

（4）观察组同学讨论评估过程中模拟患儿、家长及护理小组成员的表现。

（5）护理小组成员按分工完成饮食护理、臀部护理、液体疗法、健康宣教等护理内容，鼓励学生提出问题，归纳讨论护理要点，形成具体的护理措施内容。

4．观察组反馈　观察组各小组选派一名同学点评模拟患儿、家长的角色扮演情况，以及护理小组的评估过程和内容。

5．带教老师对角色扮演、护理小组、观察组分别点评、小结。

［实训评价］

1．角色扮演者能否正确描述腹泻病患儿的疾病过程与临床特点。

2．护理小组学生是否准确、全面收集患儿资料；对腹泻病患儿的病情判断是否准确；能否正确指出该患儿的护理问题；制定的护理问题是否切实可行；能否对患儿家长进行准确恰当的健康教育。

3．观察组学生能否正确提出角色扮演和护理小组评估过程出现的问题，能否对不恰当的地方进行讨论、指导与纠正。

［注意事项］

1．对各任务小组进行恰当分工与培训，确保案例讨论的顺利进行。

2．护理小组成员分工得当，任务明确。护理患儿时，根据患儿年龄特点使用恰当的语气、态度，增强沟通能力，体现对患儿的同情与关爱。

3．根据该案例患儿实际情况，提出相应的护理问题。

4．拟实行的护理措施详细、全面、可执行性强。

［实训作业］根据实训案例，列表写出完整的护理评估内容与护理计划。

## 实训六　支气管肺炎患儿的护理

小儿肺炎是婴儿时期重要的常见病，也是我国住院小儿死亡的第1位原因，严重威胁小儿健康，其中最常见的肺炎类型为支气管肺炎。

［案例设计］

患儿，女，3岁。以“发热、咳嗽5天，加重1天”入院。5天前，患儿无明显诱因出现咳嗽，初为干咳，而后有痰，并有呼吸困难。入院查体：体温39.2℃，心率146次/分，呼吸52次/分，精神萎靡，口周、指端发绀，鼻翼扇动，咽部充血。听诊双肺布满哮鸣音及中等量湿啰音，心音有力，律齐，未闻及杂音，腹稍胀，肝右肋下1.5cm，无压痛。实验室检查：白细胞总数为$18\times10^9$/L，中性粒细胞0.74，淋巴细胞0.23。胸部X线示双肺纹理增粗、紊乱，可见点状、斑片状阴影。初步诊断为支气管肺炎。

讨论：如何按照护理程序护理该患儿？

［实训目的］

1．了解支气管肺炎的概念、分类及病因、发病机制。

2．熟悉支气管肺炎患儿的临床表现及辅助检查。

3．掌握支气管肺炎患儿的护理程序及健康教育。

［实训准备］

1．用物准备　患儿病历、实验室报告等医疗文件，体格检查用物，婴幼儿模型等。

2．操作者准备　衣帽整洁，了解患儿身心特点，具备与患儿及其家长有效沟通的技巧，并可进行相关护理操作。

3．患者准备　了解护理实训的目的、方法，愿意配合实训。（采取角色扮演的形式，由学生扮演患儿及其家长）

［操作流程及护理配合］

1．带教老师集中讲授支气管肺炎患儿的评估方法、内容，演示相关的护理操作，讲解实训过程（将学生分为三组：角色扮演组、护理小组、观察组）、任务及注意事项。

2．从学生中自愿产生1名模拟患儿及1名模拟患儿家长，在带教老师的引导下，根据患儿病例组织角色扮演内容。

3．从剩下的学生中自愿组合6～8名护生，成立1个护理小组，由小组长合理分配组员，对模拟患儿及其家长进行护理评估。

4．护理小组组员根据各自的任务列出简单的评估提纲。

5．护理小组对模拟患儿及其家长进行护理评估。通过细致的观察、交谈、护理体格检查、查阅资料等方式全面收集患儿相关信息，并做详细、准确的记录。收集的内容包括一般资料、此次患病情况、既往健康状况、护理查体情况、实验室报告、心理状态、家庭状况等。

6．其他同学组成观察组（再以5～8人为1个小组），观察模拟患儿、家长及护理小组的评估过程并记录。

7．护理小组成员分类整理、组织资料。带教老师引导护理小组根据模拟患儿状况，提出首优护理问题及其他护理问题。组织护理小组学生根据护理问题讨论护理计划及护理措施。

8．观察组同学讨论评估过程中模拟患儿、家长及护理小组成员的表现。

9．护理小组选派一名同学汇报护理评估内容、护理问题、护理计划、拟实行的护理措施，以及具体思路和依据。

10．观察组各小组选派一名同学点评模拟患儿、家长的角色扮演情况，以及护理小组的评估过程和内容。

11．带教老师对角色扮演、护理小组、观察组分别点评、小结。

［实训评价］

1．角色扮演是否符合支气管肺炎患儿临床特点。

2．护理小组学生是否准确、全面收集患儿资料、能否有效沟通，制定的护理问题是否切实可行。

3．观察组学生能否正确提出角色扮演和护理小组评估过程出现的问题。

［注意事项］

1．认真分析案例，合理分配任务。

2．收集患儿主观资料时，根据患儿年龄特点使用恰当的语气、态度，患儿无法表达的内容，可询问其家长。

3．根据患儿实际情况，提出相应的护理问题。

4．拟实行的护理措施应切实可行。

［实训作业］根据实训案例，列表写出完整的护理评估、诊断、计划、实施、评价内容。

## 实训七　先天性心脏病患儿的护理

先天性心脏病简称先心病，是胎儿时期心脏血管发育异常而导致的心血管畸形，正确评估先心病患儿，采取恰当的治疗和护理措施，对于先心病患儿具有重要的意义。

［案例分析］

患儿，男，1.5 岁。出生后不久就出现喂养困难的症状，主要表现在哺喂时吸吮气急、面色苍白，出生一年半以来，已出现多次上呼吸道感染、支气管肺炎。查体：生长发育较同龄人落后，听诊在胸骨左缘第 3～4 肋间可闻及Ⅲ～Ⅳ级粗糙的全收缩期杂音，肺动脉第二心音增强。辅助检查：心电图示左心室、右心室均肥大，彩色多普勒可见心室内有左向右分流。

讨论：如何对先天性心脏病患儿进行合理的护理?

［实训目的］

1．了解 X 线、心电图、超声心动图等检查的结果和临床意义。

2．熟悉先心病的治疗要点。

3．掌握先心病患儿的疾病特点、各类先心病主要的临床表现，并能对不同的先心病患儿给予不同的护理。

［实训准备］

1．用物准备　病室环境要保持安静、整洁、空气清新，预防感染，供给充足的营养，备好体温计、秒表、血压计、听诊器、大孔的奶瓶、开塞露、纱布等，必要时使用。

2．操作者准备　按照规定穿戴好工作服，修剪指甲，洗手、戴口罩。

3．患者准备　患儿要保持心情愉快，活动量需适当限制，能较好地配合护理工作。

［操作流程及护理配合］

1．与家长核对患儿的床号、姓名等基本信息，解释本次护理操作的目的，并取得患儿及其家长的配合工作。

2．携用物至病房，根据医嘱给予患儿相应的护理操作，如测量生命体征、静脉输液使用抗生素等。

3．与家长沟通，尽量让患儿保持安静、避免哭闹、保证充足的休息，并且注意适当的运动。

4．患儿在吸吮时易出现气急，可根据患儿年龄、吞咽功能等，适当加大奶瓶的奶嘴孔，易于患儿进食。

5．先心病患儿应少食多餐，但也需要保证足够的蛋白质、糖类和维生素的摄入，营养丰富、易消化。

6．应适当给予患儿进食富含粗纤维的食物，保持大便通畅，若出现便秘会使腹压增加，从而加重心脏负担，必要时使用开塞露通便。

7．病室保持空气流通，告知家长尽量避免到人多的公共场所，减少呼吸道感染发生率，注意防止感冒等感染疾病，预防感染性心内膜炎的发生。

8．如果患儿出现气促、发绀、呼吸困难等心力衰竭的表现，应立即将患儿置于半坐卧位、给予吸氧，并及时报告医生，配合医生进行抢救。

9．指导患儿及其家长先天性心脏病的日常护理，要合理用药、配合治疗。

［实训评价］评估患儿活动耐力是否得到加强，是否能够满足基本生活所需；能否获得充足的营养，并满足生长发育的需要；有没有感染等并发症出现；患儿及其家长是否了解本病的相关知识，积极配合治疗和护理工作。

［注意事项］

1．喂养患儿时，若加大了奶嘴孔，注意患儿是否出现呛咳、发绀等症状。

2．患儿多次出现肺部感染、支气管肺炎，要预防感染性心内膜炎的发生。

3．由于患儿年龄较小、易哭闹，故在日常的护理工作中要注意与患儿的交流，避免患儿出现不配合的情况。

［实训作业］

1．为何患儿会出现反复的肺部感染？

2．该患儿的主要护理问题是什么？

3．作为一名合格的护士，如何对患儿及其家长进行健康教育？

## 实训八　营养性缺铁性贫血患儿的护理

营养性缺铁性贫血是小儿时期最常见的贫血类型，也是我国儿童保健工作重点防治的“四病”之一。

［案例设计］

患儿，女，1岁。面色苍白进行性加重2个月，食欲减退，精神差，喜食泥土，有慢性腹泻史。喂养史为单纯奶糕喂养，未添加过瘦肉及蛋类食物，也未补充过铁剂。查体：体温36.7℃，脉搏126次/分，呼吸30次/分，神志清，精神差，面色苍白，睑结膜及口唇黏膜苍白，双肺呼吸音粗，未闻及干、湿啰音，心率126/分，律齐，未闻及杂音。肝脏右肋缘下可触及3cm，脾大，神经系统检查未见异常。化验：血红蛋白60g/L，红细胞$2.6\times10^{12}$/L，网织红细胞0.01，白细胞

$10\times10^9$/L，血小板 $200\times10^9$/L，血涂片中红细胞形态不一，以小者居多，中央苍白区扩大，血清铁 7.85μmol/L，血清总铁结合力 66.65μmol/L。

讨论：如何对该患儿家长进行健康教育？

［实训目的］

通过角色扮演、情境模拟学习法，使学生达到如下目标。

1．了解缺铁性贫血的发病机制。

2．熟悉缺铁性贫血的病因、临床表现、辅助检查、治疗原则及护理措施。

3．掌握缺铁性贫血的健康教育。

［实训准备］

1．用物准备　患儿病历、实验室报告等文件，体格检查用物。

2．操作者准备　衣帽整洁，了解患儿情况，具备与家长有效沟通的技巧，并可进行相关护理操作。

3．患儿及其家长准备　采取角色扮演的形式，由学生扮演患儿家长，患儿由婴儿模型替代。

［操作流程及护理配合］

1．提问式复习营养性缺铁性贫血的病因、临床表现、主要辅助检查、饮食及药物治疗和护理要点。

2．学生分为三组，患儿家长扮演组、护士扮演组、评价组。三组在实践过程中互换角色。评价时以组为单位计分，小组分数即为个人分数。

3．小组充分讨论后，角色扮演组推举一名学生扮演患儿家长，护理组推举一名学生扮演护士，评价组及教师对二组表现进行评价。

4．家长带患儿就医，叙述患儿病情，护理组对该患儿进行护理评估，制定护理方案，进行健康教育。

5．评价组和教师对两个组的表现依据评价量表进行评价。

6．两组互换，再次进行情境模拟和角色扮演。

［实训评价］

1．家长扮演组角色是否真实。

2．护理小组学生是否准确、全面收集患儿资料、能否有效沟通、健康教育是否准确、恰当。

3．评价组学生能否正确评价，肯定成绩，提出问题和不足。

［注意事项］

1．认真分析案例，合理分配任务。

2．患儿家属及护士表达能力的训练。

3．评价指标要详细分解，评价应公平、公正。

［实训作业］根据实训案例，每人写出一份完整的健康指导。

## 实训九　急性肾小球肾炎患儿的护理

通过病例“急性肾小球肾炎的护理”的情景剧及病例讨论，让学生锻炼基础护理技术，并学会用护理程序解决临床疾病，建立临床思维。

［案例设计］

男孩，10岁。下行性水肿14天，尿少、头痛6天，全身抽搐3小时，急症入院，14天前出现面部水肿，向下蔓延至四肢，近 2 天尿少、浓茶样。同时感剧烈头痛、视物不清。入院当日中午突然神志不清，全身抽搐而急诊，病后无发热，咳嗽或端坐呼吸。查体：体温 36.8℃，脉搏 72 次/分，呼吸 22 次/分，血压 160/112mmHg，急性病容，神志清楚，四肢肌张力增高，有小抽动，全身皮肤明显非凹陷性水肿，无化脓性病灶，咽红，颈软，两肺未闻及啰音，心界左下扩大，心音强，心率 72 次/分，律齐，双膝反射灵敏，无病理征。实验室检查：镜检红细胞（++），蛋白尿（++）。

讨论：

1．该疾病临床诊断是什么？

2．针对该患儿的护理诊断有哪些？

3．护理措施有哪些？

［实训目的］

1．了解急性肾小球肾炎患儿急性入院护士的处理措施。

2．复习急性肾小球肾炎的病因及发病机制、临床症状、体征。

3．掌握急性肾小球肾炎患儿的护理措施及对患儿的健康指导。

［实训准备］

1．用物准备　体温计、血压计、听诊器、手电筒、叩诊锤、笔、记录单等。

2．操作者准备　将学生分为若干小组。

［操作流程及护理配合］

1．在疾病的理论知识讲解完成的基础上，给学生病历。

2．情景剧的基本情节　患儿入院——护士接诊进行护理评估——护理诊断内容报告——患儿的健康教育——护理评价。

3．让学生在课下按基本情节自行分组，分为患者组、接诊组、护理诊断组、健康教育组、评价组五组，并自行推选代表进行表演。

4．让学生在课堂上进行情景剧表演。

5．学生自我评价、相互评价。

6．老师评价。

［实训评价］

通过情景剧的训练，不仅让学生对急性肾小球肾炎的临床表现及护理措施内容有了直观的了解，还锻炼了学生基础护理操作技能（如测体温、脉搏、心率、血压、护理体检等内容）和语言表达能力。

［注意事项］

1．因为急性肾小球肾炎为自限性疾病，本次疾病讨论只讨论如何进行护理评估及如何对症处理，对患者实施健康教育，不讨论医护配合及用药后护理。

2．每组找两个代表，例如：患儿组一个患儿表演临床症状，一个演患儿家长进行病情汇报。接诊组一名同学进行基础护理操作，另一名同学报告检查结果。护理诊断组一名同学根据护理评估提出完整护理诊断，另一名同学根据护理诊断提几个护理措施。

［实训作业］

总结情景剧的知识，写出一份较完整的护理病历。

# 实训十　儿童惊厥的护理

小儿惊厥是儿科常见的急症,小儿惊厥的护理对惊厥的控制、并发症的预防及预后都至关重要。

[案例设计]

患儿，男，1 岁。两天前感冒发热，家长为给孩子保温“发汗”，为孩子加盖过多衣物，致使患儿体温不断升高。今晨患儿突然牙关紧闭，浑身抽搐，两眼上翻，急诊入院。入院时已停止抽搐，体温 39.5℃，脉搏 121 次/分，呼吸 32 次/分，神志清醒。给予降温、吸氧、生命体征监测等护理措施。下午 5：20 再次发生抽搐。

讨论：

1．该患儿出现抽搐的原因是什么?

2．此时该患儿首要的护理问题是什么?

3．应如何护理该患儿?

[实训目的]

1．了解惊厥的发生原因、发病机制、治疗要点和辅助检查。

2．熟悉小儿惊厥的临床表现、护理评估和护理问题。

3．掌握小儿惊厥的护理措施。

[实训准备]

1．用物准备　床、小儿模型、开口器、舌钳、弯盘、体温计、秒表、抢救车（内备地西泮等药品）。

2．操作者准备　衣着整洁，洗手，戴口罩，修剪指甲。

3．患儿准备　扮演患儿的学生躺在床上，按惊厥的临床表现模拟病情。

[操作流程及护理配合]

1．护士评估患儿的生命体征、意识状态，迅速将患儿去枕平卧，松解衣领，头偏向一侧，清除患儿口鼻腔分泌物，保持呼吸道通畅。

2．遵医嘱应用抗惊厥药物。

3．专人守护，保持安静，勿用力摇晃、牵拉、按压患儿肢体，必要时在上、下臼齿间放牙垫。

[实训评价]

1．学生能否顺利完成实训流程。

2．学生在操作过程中有无失误。

3．学生能否正确说出处理小儿惊厥的注意事项。

[注意事项]

1．密切观察患儿生命体征、神志、瞳孔的变化。

2．惊厥发作时，应就地抢救。地西泮静脉滴注量不宜过大，速度不宜过快。

3．保持病室内安静，避免家长大声呼叫、紧抱、摇晃患儿。

[实训作业]

写一份小儿惊厥的实训报告。

# 参 考 文 献

崔焱．2013．儿科护理学．第 5 版．北京：人民卫生出版社
黄力毅．2004．儿科护理学．北京：人民卫生出版社
黄力毅．2016．儿科护理．修订版．北京：科学出版社
邱尚英．2013．儿科护理．北京：中国中医药出版社
王萍．2010．儿科护理．北京：军医出版社
王卫平．2013．儿科学．第 8 版．北京：人民卫生出版社
叶春香．2013．儿科护理．第 2 版．北京：人民卫生出版社
朱念琼．2000．儿科护理学．北京：人民卫生出版社
朱鹏云．2014．儿科护理．第 2 版．西安：第四军医大学出版社

# 教学基本要求

## 一、课程性质和课程任务

儿科护理是中等卫生职业教育护理、助产专业的一门重要的专业核心课程。本课程的主要内容包括儿童生长发育的规律、儿童营养与喂养、儿童保健和疾病预防，患病儿童的护理与常用儿科护理技术操作等。本课程的主要任务是使学生能够树立以“儿童及其家庭为中心”的现代护理理念，掌握专业知识与技能，培养良好的职业素质及职业能力，能运用现代护理理论和技术对健康及患病儿童进行整体护理，能对个体、家庭及社区进行保健指导与健康教育。

## 二、课程教学目标

（一）职业素养和能力目标

1．具有科学、严谨、实事求是的学习态度。

2．具有良好的职业道德与慎独精神。尊重儿童及其家庭的信仰，理解儿童及其家庭的人文背景及文化价值观念，尊重儿童人格，保护儿童及其家庭的隐私。

3．具有良好的法律意识和医疗安全意识，自觉遵守有关医疗卫生的法律法规，依法为儿童实施护理任务。

4．具有从事护理工作的健康体质、健全人格、良好的心理素质及自我保护意识。

5．初步具备向个体、家庭、社区提供儿童保健服务和开展健康教育的能力。具备儿科常见疾病的整体化护理能力。

6．具有对儿科常见疾病的病情变化和治疗反应进行观察、分析并解决问题的能力。

7．具有举一反三、融会贯通的能力；具有良好的沟通、合作与社会适应能力；具有自主学习、终生学习及可持续发展能力；具有评判性思维能力和创新能力。

（二）专业知识和技能目标

1．掌握儿童生长发育规律、营养与喂养及儿童保健知识。

2．掌握儿科常见疾病的护理评估、护理问题、护理措施及健康教育。

3．熟悉儿科常见疾病的病因、主要辅助检查的临床意义及治疗要点。

4．熟悉儿科常见危急重症的急救原则。

5．了解儿科常见疾病的概念、发病机制。

6．熟练掌握儿科常用护理技术操作。

## 三、教学内容和要求

为方便教学应用，实训插入相应章末。

| 教学内容 | 教学要求 | | | 教学活动参考 |
|---|---|---|---|---|
| | 了解 | 熟悉 | 掌握 | |
| 一、绪论 | | | | 理论讲授<br>情境教学<br>教学视频<br>案例教学 |
| （一）儿科护理的任务与范围 | | √ | | |
| （二）儿科护理的特点 | | √ | | |
| （三）儿科护理理念和儿科护士素质要求 | √ | | | |
| （四）儿童年龄分期及各期特点 | | | √ | |
| 二、儿童生长发育 | | | | 理论讲授<br>案例教学<br>任务驱动<br>情境教学<br>技能实践<br>教学见习 |
| （一）儿童生长发育规律 | | √ | | |
| （二）影响生长发育的因素 | √ | | | |
| （三）儿童体格生长发育 | | | √ | |
| （四）儿童感知觉、运动功能和语言发育 | | | | |
| 1. 感知觉发育 | √ | | | |
| 2. 运动发育 | | | √ | |
| 3. 语言发育 | | √ | | |
| 实训一　儿童体格测量 | | √ | | |
| 三、儿童营养与喂养 | | | | 理论讲授<br>案例教学<br>角色扮演<br>情境教学<br>教学教学<br>技能实践<br>教学见习 |
| （一）儿童能量与营养素的需要 | | √ | | |
| （二）小儿喂养 | | | | |
| 1. 婴儿喂养 | | | √ | |
| 2. 幼儿膳食 | √ | | | |
| 实训二　婴儿喂养 | | √ | | |
| 四、儿童保健 | | | | 理论讲授<br>案例教学<br>情境教学<br>教学视频 |
| （一）不同年龄期儿童的保健特点 | √ | | | |
| （二）儿童计划免疫 | | | √ | |
| 五、住院患儿的护理 | | | | 理论讲授<br>教学视频<br>案例教学<br>情境教学<br>任务驱动 |
| （一）儿科医疗机构的组织特点 | √ | | | |
| （二）儿科护理常规 | √ | | | |
| （三）儿童用药护理 | | | √ | |
| 六、儿科常用护理技术 | | | | 理论讲授<br>情境教学<br>教学视频<br>教学见习<br>技能实践 |
| （一）婴儿抚触 | | | √ | |
| （二）婴儿沐浴法 | | | √ | |
| （三）脐部护理法 | | | √ | |
| （四）更换尿布法 | | | √ | |
| （五）臀红护理法 | | | √ | 理论讲授<br>情境教学<br>教学视频<br>教学见习<br>技能实践 |
| （六）约束法 | | | √ | |
| （七）头皮静脉输液法 | | | √ | |
| （八）颈外静脉穿刺法 | | | √ | |
| （九）股静脉穿刺法 | | | √ | |
| （十）光照疗法 | | | √ | |
| （十一）温箱使用法 | | | √ | |
| 七、新生儿及患病新生儿的护理 | | | | 理论讲授<br>教学视频<br>情境教学<br>任务驱动<br>案例分析<br>项目教学<br>教学见习<br>技能实践 |
| （一）新生儿分类 | | | √ | |
| （二）正常新生儿和早产儿的特点及护理 | | | √ | |
| （三）新生儿缺氧缺血性脑病的护理 | | | | |
| 1. 概述 | √ | | | |
| 2. 护理评估 | | | √ | |
| 3. 护理问题 | √ | | | |
| 4. 护理措施 | | | √ | |
| 5. 健康教育 | | | √ | |
| （四）新生儿颅内出血的护理 | | | | |
| 1. 概述 | √ | | | |
| 2. 护理评估 | | | √ | |
| 3. 护理问题 | √ | | | |
| 4. 护理措施 | | | √ | |
| 5. 健康教育 | | | √ | |
| （五）新生儿黄疸的护理 | | | | |
| 1. 概述 | | | √ | |
| 2. 护理问题 | | | √ | |
| 3. 护理措施 | | | √ | |
| 4. 健康教育 | | | √ | |
| （六）新生儿寒冷损伤综合征的护理 | | | | |
| 1. 概述 | √ | | | |
| 2. 护理评估 | | | √ | |
| 3. 护理问题 | √ | | | |
| 4. 护理措施 | | | √ | |
| 5. 健康教育 | | | √ | |

续表

| 教学内容 | 教学要求 | | | 教学活动参考 |
|---|---|---|---|---|
| | 了解 | 熟悉 | 掌握 | |
| （七）新生儿脐炎的护理 | | | | 理论讲授<br>教学视频<br>情境教学<br>任务驱动<br>案例分析<br>项目教学<br>教学见习<br>技能实践 |
| 1．概述 | √ | | | |
| 2．护理评估 | | √ | | |
| 3．护理问题 | √ | | | |
| 4．护理措施 | | | √ | |
| 5．健康教育 | | | √ | |
| （八）新生儿败血症的护理 | | | | |
| 1．概述 | √ | | | |
| 2．护理评估 | | √ | | |
| 3．护理问题 | √ | | | |
| 4．护理措施 | | | √ | |
| 5．健康教育 | | | √ | |
| （九）新生儿低血糖的护理 | | | | |
| 1．概述 | √ | | | |
| 2．护理评估 | | √ | | |
| 3．护理问题 | √ | | | |
| 4．护理措施 | | | √ | |
| 5．健康教育 | | | √ | |
| （十）新生儿低钙血症的护理 | | | | |
| 1．概述 | √ | | | |
| 2．护理评估 | | √ | | |
| 3．护理问题 | √ | | | |
| 4．护理措施 | | | √ | |
| 5．健康教育 | | | √ | |
| （十一）新生儿呼吸窘迫综合征的护理 | | | | |
| 1．概述 | √ | | | |
| 2．护理评估 | | √ | | |
| 3．护理问题 | √ | | | |
| 4．护理措施 | | √ | | |
| 5．健康教育 | | | √ | |
| （十二）新生儿破伤风的护理 | | | | |
| 1．概述 | √ | | | |
| 2．护理评估 | | √ | | |
| 3．护理问题 | √ | | | |
| 4．护理措施 | | | √ | |
| 5．健康教育 | | | √ | |
| 实训三　新生儿及患病新生儿的护理 | | √ | | |

| 教学内容 | 教学要求 | | | 教学活动参考 |
|---|---|---|---|---|
| | 了解 | 熟悉 | 掌握 | |
| 八、营养性疾病患儿的护理 | | | | 理论讲授<br>案例教学<br>教学视频<br>任务驱动<br>情境教学<br>小组讨论<br>教学见习<br>案例分析 |
| （一）蛋白质-能量营养不良患儿的护理 | | | | |
| 1．概述 | | | √ | |
| 2．护理评估 | | | √ | |
| 3．护理问题 | | | √ | |
| 4．护理措施 | | | √ | |
| 5．健康教育 | | | √ | |
| （二）单纯性肥胖患儿的护理 | | | | |
| 1．概述 | √ | | | |
| 2．护理评估 | | √ | | |
| 3．护理问题 | √ | | | |
| 4．护理措施 | | | √ | |
| 5．健康教育 | | | √ | |
| （三）维生素D缺乏性佝偻病患儿的护理 | | | | |
| 1．概述 | | | √ | |
| 2．护理评估 | | | √ | |
| 3．护理问题 | | | √ | |
| 4．护理措施 | | | √ | |
| 5．健康教育 | | | √ | |
| （四）维生素D缺乏性手足搐搦症患儿的护理 | | | | |
| 1．概述 | | | √ | |
| 2．护理评估 | | | √ | |
| 3．护理问题 | | | √ | |
| 4．护理措施 | | | √ | |
| 5．健康教育 | | | √ | |
| 实训四　维生素D缺乏性佝偻病患儿的护理 | | √ | | |
| 九、消化系统疾病患儿的护理 | | | | 理论讲授<br>案例教学<br>教学视频<br>任务驱动<br>项目教学<br>情境教学<br>教学见习<br>案例分析 |
| （一）儿童消化系统解剖生理特点 | √ | | | |
| （二）口炎患儿的护理 | | | | |
| 1．概述 | √ | | | |
| 2．护理评估 | | √ | | |
| 3．护理问题 | √ | | | |
| 4．护理措施 | | | √ | |

续表

| 教学内容 | 教学要求 | | | 教学活动参考 |
|---|---|---|---|---|
| | 了解 | 熟悉 | 掌握 | |
| 5．健康教育 | | | √ | 理论讲授<br>案例教学<br>教学视频<br>任务驱动<br>项目教学<br>情境教学<br>教学见习<br>案例分析 |
| （三）腹泻病患儿的护理 | | | | |
| 1．概述 | | | √ | |
| 2．护理评估 | | | √ | |
| 3．护理问题 | | | √ | |
| 4．护理措施 | | | √ | |
| 5．健康教育 | | | √ | |
| （四）儿童体液平衡的特点和液体疗法 | | | | |
| 1．儿童体液平衡的特点 | √ | | | |
| 2．液体疗法常用的溶液及其配制 | | | √<br>√ | |
| 3．液体疗法 | | | √ | |
| 4．儿童液体疗法的护理 | | | √ | |
| 实训五　腹泻病患儿的护理 | | | √ | |
| 十、呼吸系统疾病患儿的护理 | | | | 理论讲授<br>教学视频<br>案例教学<br>情境教学<br>项目教学<br>小讲课（学生）<br>小组讨论<br>案例讨论<br>教学见习 |
| （一）儿童呼吸系统解剖生理特点 | | √ | | |
| （二）急性上呼吸道感染患儿的护理 | | | | |
| 1．概述 | √ | | | |
| 2．护理评估 | | | √ | |
| 3．护理问题 | | | √ | |
| 4．护理措施 | | | √ | |
| 5．健康教育 | | | √ | |
| （三）急性感染性喉炎患儿的护理 | | | | |
| 1．概述 | √ | | | |
| 2．护理评估 | | √ | | |
| 3．护理问题 | √ | | | |
| 4．护理措施 | | | √ | |
| 5．健康教育 | √ | | | |
| （四）急性支气管炎患儿的护理 | | | | |
| 1．概述 | √ | | | |
| 2．护理评估 | | √ | | |
| 3．护理问题 | √ | | | |
| 4．护理措施 | | | √ | |
| 5．健康教育 | | √ | | |
| （五）肺炎患儿的护理 | | | | |
| 1．概述 | | | √ | |
| 2．护理评估 | | | √ | |
| 3．护理问题 | | | √ | 理论讲授<br>教学视频<br>案例教学<br>情境教学<br>项目教学<br>小讲课（学生）<br>小组讨论<br>案例讨论<br>教学见习 |
| 4．护理措施 | | | √ | |
| 5．健康教育 | | | √ | |
| （六）急性呼吸衰竭患儿的护理 | | | | |
| 1．概述 | √ | | | |
| 2．护理评估 | √ | | | |
| 3．护理问题 | √ | | | |
| 4．护理措施 | | √ | | |
| 5．健康教育 | √ | | | |
| 实训六　支气管肺炎患儿的护理 | | √ | | |
| 十一、循环系统疾病患儿的护理 | | | | 理论讲授<br>教学视频<br>案例教学<br>情境教学<br>任务驱动<br>案例讨论<br>教学见习 |
| （一）儿童循环系统解剖生理特点 | | | | |
| 1．解剖生理特点 | | | √ | |
| 2．胎儿血液循环与出生后的改变 | | √ | | |
| （二）先天性心脏病分类 | | | √ | |
| （三）先天性心脏病患儿的护理 | | | | |
| 1．概述 | | | √ | |
| 2．护理评估 | | | √ | |
| 3．护理问题 | | √ | | |
| 4．护理措施 | | | √ | |
| 5．健康教育 | | | √ | |
| （四）充血性心力衰竭患儿的护理 | | | | |
| 1．概述 | | √ | | |
| 2．护理评估 | | | √ | |
| 3．护理问题 | | | √ | |
| 4．护理措施 | | | √ | |
| 5．健康教育 | √ | | | |
| 实训七　先天性心脏病患儿的护理 | | √ | | |
| 十二、血液系统疾病患儿的护理 | | | | 理论讲授<br>案例教学<br>角色扮演<br>情境教学<br>教学视频<br>小讲课（学生）<br>案例分析<br>思维导图 |
| （一）儿童造血及血液特点 | | | | |
| 1．儿童造血特点 | | √ | | |
| 2．儿童血液特点 | | √ | | |

续表

| 教学内容 | 教学要求 | | | 教学活动参考 |
|---|---|---|---|---|
| | 了解 | 熟悉 | 掌握 | |
| （二）儿童贫血概述 | | | | 理论讲授 |
| 1．贫血的定义 | | | √ | 案例教学 |
| 2．贫血的分度 | | | √ | 角色扮演 |
| 3．贫血的分类 | √ | | | 情境教学 |
| （三）营养性缺铁性贫血患儿的护理 | | | | 教学视频<br>小讲课（学生） |
| 1．概述 | | | √ | 案例分析 |
| 2．护理评估 | | | √ | 思维导图 |
| 3．护理问题 | √ | | | |
| 4．护理措施 | | | √ | |
| 5．健康教育 | | | √ | |
| （四）营养性巨幼细胞贫血患儿的护理 | | | | |
| 1．概述 | | | √ | |
| 2．护理评估 | | | √ | |
| 3．护理问题 | √ | | | |
| 4．护理措施 | | | √ | |
| 5．健康教育 | | | √ | |
| 实训八　营养性缺铁性贫血患儿的护理 | | | | |
| 十三、泌尿系统疾病患儿的护理 | | | | 理论讲授<br>案例教学 |
| （一）儿童泌尿系统解剖生理特点 | | √ | | 角色扮演<br>项目教学 |
| （二）急性肾小球肾炎患儿的护理 | | | | 教学视频<br>小讲课（学生）<br>案例分析 |
| 1．概述 | √ | | | 教学见习 |
| 2．护理评估 | | | √ | 理论讲授 |
| 3．护理问题 | | √ | | |
| 4．护理措施 | | | √ | |
| 5．健康教育 | | | √ | |
| （三）原发性肾病综合征患儿的护理 | | | | |
| 1．概述 | √ | | | |
| 2．护理评估 | | | √ | |
| 3．护理问题 | | | √ | |
| 4．护理措施 | | | √ | |
| 5．健康教育 | | | √ | 理论讲授 |
| （四）泌尿道感染患儿的护理 | | | | 案例教学<br>角色扮演 |
| 1．概述 | √ | | | 项目教学 |
| 2．护理评估 | | | √ | 教学视频<br>小讲课（学生） |
| 3．护理问题 | √ | | | 案例分析 |
| 4．护理措施 | | | √ | 教学见习 |
| 5．健康教育 | | | √ | 理论讲授 |
| 实训九　急性肾小球肾炎患儿的护理 | | √ | | 案例教学 |
| 十四、神经系统疾病患儿的护理 | | | | 项目教学<br>情境教学 |
| （一）儿童神经系统解剖生理特点 | | √ | | 教学视频<br>小讲课（学生） |
| （二）惊厥患儿的护理 | | | | 案例分析<br>教学见习 |
| 1．概述 | | √ | | |
| 2．护理评估 | | | √ | |
| 3．护理问题 | | | √ | |
| 4．护理措施 | | | √ | |
| 5．健康教育 | | | √ | |
| （三）急性颅内压增高患儿的护理 | | | | |
| 1．概述 | | √ | | |
| 2．护理评估 | | | √ | |
| 3．护理问题 | | | √ | |
| 4．护理措施 | | | √ | |
| 5．健康教育 | | | √ | |
| （四）化脓性脑膜炎患儿的护理 | | | | |
| 1．概述 | | √ | | |
| 2．护理评估 | | | √ | |
| 3．护理问题 | | | √ | |
| 4．护理措施 | | | √ | |
| 5．健康评估 | | | √ | |
| （五）病毒性脑膜脑炎患儿的护理 | | | | |
| 1．概述 | √ | | | |

续表

| 教学内容 | 教学要求 | | | 教学活动参考 |
| --- | --- | --- | --- | --- |
| | 了解 | 熟悉 | 掌握 | |
| 2．护理评估 | | | √ | 案例教学<br>项目教学<br>情境教学<br>教学视频<br>小讲课（学生）<br>案例分析<br>教学见习 |
| 3．护理问题 | | √ | | |
| 4．护理措施 | | | √ | |
| 5．健康教育 | | | √ | |
| 实训十　儿童惊厥的护理 | | | √ | |
| 十五、结缔组织疾病患儿的护理 | | | | 理论讲授<br>教学视频<br>案例教学<br>情境教学<br>小组讨论 |
| （一）风湿热患儿的护理 | | | | |
| 1．概述 | √ | | | |
| 2．护理评估 | | | √ | |
| 3．护理问题 | | √ | | |
| 4．护理措施 | | | √ | |
| 5．健康指导 | | | √ | |
| （二）过敏性紫癜患儿的护理 | | | | |
| 1．概述 | √ | | | |
| 2．护理评估 | | √ | | |
| 3．护理问题 | | √ | | |
| 4．护理措施 | | √ | | |
| 5．健康指导 | | √ | | |
| （三）川崎病患儿的护理 | | | | |
| 1．概述 | √ | | | |
| 2．护理评估 | | | √ | |
| 3．护理问题 | | √ | | |
| 4．护理措施 | | | √ | |
| 5．健康指导 | | | √ | |
| 十六、传染病患儿的护理 | | | | 理论讲授<br>教学视频<br>案例教学<br>情境教学<br>任务驱动<br>项目教学<br>小讲课（学生） |
| （一）传染病患儿的一般护理 | | | | |
| （二）麻疹患儿的护理 | | | | |
| 1．概述 | | | √ | |
| 2．护理评估 | | | √ | |
| 3．护理问题 | | | √ | |
| 4．护理措施 | | | √ | |
| 5．健康指导 | | | √ | |
| （三）水痘患儿的护理 | | | | |
| 1．概述 | | | √ | |
| 2．护理评估 | | | √ | |
| 3．护理问题 | | | √ | |
| 4．护理措施 | | | √ | 理论讲授<br>教学视频<br>案例教学<br>情境教学<br>任务驱动<br>项目教学<br>小讲课（学生） |
| 5．健康指导 | | | √ | |
| （四）猩红热患儿的护理 | | | | |
| 1．概述 | | | √ | |
| 2．护理评估 | | | √ | |
| 3．护理问题 | | | √ | |
| 4．护理措施 | | | √ | |
| 5．健康指导 | | | √ | |
| （五）流行性腮腺炎患儿的护理 | | | | |
| 1．概述 | | | √ | |
| 2．护理评估 | | | √ | |
| 3．护理问题 | | | √ | |
| 4．护理措施 | | | √ | |
| 5．健康指导 | | | √ | |
| （六）中毒型细菌性痢疾患儿的护理 | | | | |
| 1．概述 | | | √ | |
| 2．护理评估 | | | √ | |
| 3．护理问题 | | | √ | |
| 4．护理措施 | | | √ | |
| 5．健康指导 | | | √ | |
| （七）流行性乙型脑炎患儿的护理 | | | | |
| 1．概述 | | | √ | |
| 2．护理评估 | | | √ | |
| 3．护理问题 | | | √ | |
| 4．护理措施 | | | √ | |
| 5．健康指导 | | | √ | |
| （八）流行性脑脊髓膜炎患儿的护理 | | | | |
| 1．概述 | | | √ | |
| 2．护理评估 | | | √ | |
| 3．护理问题 | | | √ | |
| 4．护理措施 | | | √ | |
| 5．健康指导 | | | √ | |
| （九）手足口病患儿的护理 | | | | |
| 1．概述 | √ | | | |
| 2．护理评估 | | √ | | |
| 3．护理问题 | √ | | | |
| 4．护理措施 | | √ | | |
| 5．健康指导 | | √ | | |

续表

| 教学内容 | 教学要求 | | | 教学活动参考 |
| --- | --- | --- | --- | --- |
| | 了解 | 熟悉 | 掌握 | |
| 十七、结核病患儿的护理 | | | | 理论讲授 |
| （一）小儿结核病总论 | | | | 教学视频 |
| 1．病因及发病机制 | | √ | | 案例教学 |
| 2．辅助检查 | | | √ | 情境教学 |
| 3．预防 | | | √ | 任务驱动 |
| 4．治疗要点 | | | √ | 小组讨论 |
| （二）原发型肺结核患儿的护理 | | | | |
| 1．概述 | | | √ | |
| 2．护理评估 | | | √ | |
| 3．护理问题 | √ | | | |
| 4．护理措施 | | | √ | |
| 5．健康指导 | | | √ | |
| （三）急性粟粒型肺结核患儿的护理 | | | | 理论讲授 |
| 1．概述 | √ | | | 教学视频 |
| 2．护理评估 | | | √ | 案例教学 |
| 3．护理问题 | √ | | | 情境教学 |
| 4．护理措施 | | | √ | 任务驱动 |
| 5．健康指导 | | | √ | 小组讨论 |
| （四）结核性脑膜炎患儿的护理 | | | | |
| 1．概述 | √ | | | |
| 2．护理评估 | | | √ | |
| 3．护理问题 | √ | | | |
| 4．护理措施 | | | √ | |
| 5．健康指导 | | | √ | |

## 四、学时分配建议（72 学时）

| 教学内容 | 学时数 | | |
| --- | --- | --- | --- |
| | 理论 | 实践 | 小计 |
| 一、绪论 | 2 | 0 | 2 |
| 二、儿童生长发育 | 3 | 1 | 4 |
| 三、儿童营养与喂养 | 2 | 2 | 4 |
| 四、儿童保健 | 2 | 0 | 2 |
| 五、住院患儿的护理 | 2 | 0 | 2 |
| 六、儿科常用护理技术 | 1 | 3 | 4 |
| 七、新生儿及患病新生儿的护理 | 7 | 1 | 8 |
| 八、营养性疾病患儿的护理 | 4 | 1 | 5 |
| 九、消化系统疾病患儿的护理 | 6 | 1 | 7 |
| 十、呼吸系统疾病患儿的护理 | 5 | 1 | 6 |
| 十一、循环系统疾病患儿的护理 | 3 | 1 | 4 |
| 十二、血液系统疾病患儿的护理 | 3 | 1 | 4 |
| 十三、泌尿系统疾病患儿的护理 | 3 | 1 | 4 |
| 十四、神经系统疾病患儿的护理 | 3 | 1 | 4 |
| 十五、结缔组织疾病患儿的护理 | 2 | 0 | 2 |
| 十六、传染病患儿的护理 | 6 | 0 | 6 |
| 十七、结核病患儿的护理 | 2 | 0 | 2 |
| 机动 | 2 | 0 | 2 |
| 合计 | 58 | 14 | 72 |

## 五、教学基本要求说明

（一）教学安排

本教学大纲主要供中等卫生职业教育护理、助产专业教学使用，第 4 学期开设，总学时为 72 学时，其中理论教学 56 学时，实践教学 14 学时，机动 2 学时，学分为 4 学分。

（二）教学要求与建议

1. 本课程重点突出以工作过程为导向、以职业胜任为目的的教学理念。对理论教学部分要求分为掌握、熟悉、了解 3 个层次。掌握：指对基本知识、基本理论有较深刻的认识，并能综合、灵活地运用所学的知识解决问题。熟悉：指能够领会概念、原理的基本含义，解释护理现象。了解：指对基本知识、基本理论能有一定的认识，能够记忆所学的知识要点。在实践技能方面分为熟练掌握和学会 2 个层次。熟练掌握：指能独立、规范地解决临床护理问题，完成常用护理技术操作。学会：指在教师指导下能初步实施护理操作，解决临床护理问题。

2. 本课程依据护理岗位的工作任务、职业能力需求，强调理论实践一体化，突出“做中学、做中教”的职业教育特色，根据培养目标、教学内容和学生心理特点以及职业资格考核要求，提倡项目教学、案例教学、角色扮演、情境教学等方法，利用校内外实训基地，以学生为主体，将学生的自主学习、合作学习和教师引导等教学组织形式有机结合，培养学生的综合职业能力和可持续发展能力。

3. 教学过程中，可通过学习态度、课堂提问、阶段测验、小组讨论、观察记录、学生小讲课、技能考核和理论考试等多种形式对学生的职业素养、专业知识和技能、职业能力进行综合评价。应体现评价主体和评价方式的多元化，即教师评价、学生自评、同学互评、家长评价相结合及诊断性评价、过程性评价、终结性评价以及量化评价和质性评价相结合。评价内容不仅关注学生对知识的理解和技能的掌握，更要关注学生运用所学知识解决实际问题的能力，重视护士职业素质的培养。

# 自测题参考答案

**第 1 章**

1. B　2. D　3. E　4. A　5. A　6. C　7. A　8. B　9. C

**第 2 章**

1. D　2. D　3. D　4. E　5. C　6. C　7. C　8. C　9. C　10. C
11. B

**第 3 章**

1. B　2. A　3. E　4. D　5. B　6. D　7. C　8. A　9. B　10. D
11. D　12. B　13. D

**第 4 章**

1. D　2. D　3. D　4. D　5. C　6. B　7. A　8. A　9. B　10. C

**第 5 章**

1. E　2. A　3. B　4. D　5. C　6. E

**第 6 章**

1. E　2. B　3. E　4. C　5. C　6. B　7. D　8. A　9. C　10. B

**第 7 章**

1. C　2. D　3. C　4. C　5. B　6. C　7. E　8. D　9. B　10. D
11. B　12. B　13. E　14. C　15. B　16. E　17. D　18. B　19. D　20. E
21. D　22. D

**第 8 章**

1. A　2. D　3. E　4. D　5. A　6. D　7. A　8. D　9. E　10. E
11. D　12. D　13. B　14. D　15. B

**第 9 章**

1. A　2. E　3. A　4. D　5. E　6. D　7. D　8. C　9. D　10. D
11. B　12. C　13. D　14. A　15. C　16. B　17. B　18. D　19. C　20. A
21. B

**第 10 章**

1. D　2. C　3. B　4. E　5. E　6. B　7. A　8. D　9. D　10. C
11. E　12. C　13. D　14. E　15. D　16. C　17. A

**第 11 章**

1. D　2. D　3. E　4. A　5. A　6. C　7. B　8. E　9. A　10. A

11. E　12. A　13. B　14. C　15. D　16. E

**第 12 章**

1. E　2. B　3. B　4. B　5. D　6. A　7. E　8. A　9. D　10. B
11. A　12. D　13. B　14. C　15. D

**第 13 章**

1. A　2. A　3. D　4. B　5. A　6. A　7. E　8. B　9. E　10. C
11. E　12. D　13. B　14. E　15. A　16. D

**第 14 章**

1. B　2. C　3. D　4. A　5. E　6. E　7. B　8. D　9. E　10. E
11. B　12. A

**第 15 章**

1. C　2. D　3. A　4. C　5. A　6. A　7. D　8. A　9. E　10. B

**第 16 章**

1. D　2. E　3. D　4. B　5. B　6. A　7. E　8. D　9. C　10. D
11. E

**第 17 章**

1. B　2. E　3. E　4. C　5. A　6. E　7. A　8. D　9. A　10. A
11. A　12. C